企业内部控制

王国生 ◎ 编著

首都经济贸易大学出版社
Capital University of Economics and Business Press
·北 京·

图书在版编目（CIP）数据

企业内部控制 / 王国生编著. -- 北京 : 首都经济贸易大学出版社, 2022. 9

ISBN 978-7-5638-3366-5

Ⅰ. ①企… Ⅱ. ①王… Ⅲ. ①企业内部管理 Ⅳ. ①F272. 3

中国版本图书馆 CIP 数据核字（2022）第 099881 号

企业内部控制
王国生 编著
QIYE NEIBU KONGZHI

责任编辑 佟周红 赵 杰
封面设计 砚祥志远 · 激光照排 TEL: 010-65976003
出版发行 首都经济贸易大学出版社
地 址 北京市朝阳区红庙（邮编 100026）
电 话 （010）65976483 65065761 65071505（传真）
网 址 http://www. sjmcb. com
E- mail publish@cueb. edu. cn
经 销 全国新华书店
照 排 北京砚祥志远激光照排技术有限公司
印 刷 唐山玺诚印务有限公司
成本尺寸 170 毫米×240 毫米 1/16
字 数 401 千字
印 张 24. 5
版 次 2022 年 9 月第 1 版 2022 年 9 月第 1 次印刷
书 号 ISBN 978-7-5638-3366-5
定 价 49. 00 元

前　言

为满足各类院校开设企业内部控制课程的需要，我们以 2008 年中华人民共和国财政部（以下简称“财政部”）会同中国证券监督管理委员会（以下简称“证监会”）、中华人民共和国审计署（以下简称“审计署”）等联合发布的《企业内部控制基本规范》（财会〔2008〕7 号）、《企业内部控制配套指引》（财会〔2010〕11 号）为依据，在参考国内外同类教材的基础上，精选了企业内部控制案例编写了此书。

众所周知，“不以规矩，不能成方圆”，无论是做人、做事还是经营企业都要遵循一定的标准、规则。企业发展达到一定规模，如果没有基本的制度规范作为基础，其发展必然是问题重重，甚至会陷入混乱状态。管理实践证明，企业的一切管理工作都始于内部控制的建立；企业的一切决策都应统驭在完善的内部控制体系之下；企业的一切活动都无法游离于内部控制之外。企业内部控制管理理念和管理实践在不断地发展和完善，已贯穿企业经营的全过程。理论具有指导实践的作用，企业内部控制理论不仅是引领内部控制实践发展的指南，也是人才培养（如经济类、管理类本科专业教学）所必须的。

本书为各类教育形式（本专科教育、后续学历教育、非学历教育和职业培训等）学习企业内部控制理论与方法提供了获取系统知识的基本材料。在编写此书的过程中，力求突出以下特色。

第一，编写依据规范。我国的企业内部控制体系包括一项基本规范和三类配套指引（应用指引、评价指引和审计指引）。本书在编写过程中紧扣我国企业内部控制基本规范和评价及审计指引的内容，系统阐述了基本规范和评价及审计的基本原理与应用。

第二，案例新颖。书中精选了大量企业内部控制的案例。除一些经典案例外，大部分精选的是近几年案例。

第三，理论与实务兼备。企业内部控制是一项融理论、实践和方法于一体的管理活动。本书以企业内部控制基本规范为依据，运用内部控制基本理论和方法，着重从企业层面、业务层面对企业内部控制活动进行说明。本书所涉及的内容均为企业日常运营管理中的一些基本并且重要的控制活动，对这些控制活动的分析，不仅可以让读者深入理解和掌握企业内部控制基本规范，还有助于提高其解决实际问题的能力。

第四，结构设计合理。每章以框架图开始，让读者对本章内容有一个整体了解；以“导入案例”方式，深入浅出地对企业内部控制业务流程、控制目标、控制风险及其控制措施进行了阐述；对难以理解的内容，以流程图形式加以说明；有些章节的内容较多，且各章具有一定的对应关系，本教材以表格形式予以了归纳，既适合教师讲授，也便于读者自学。此外，为了巩固学习效果，本书精选了部分练习题，安排在“思考与练习”中。

第五，适用范围广泛。本书既可以满足各类财经院校会计学、财务管理、审计学、资产评估、金融学、保险学、财政学等专业开设企业内部控制课程教学的需要，也可以作为研究生学习内部控制的参考教材，还可以作为企业开展内部控制培训的教材使用。

在本教材编写过程中，我们参阅了国内外大量的文献尤其是由财政部会计司编写的《企业内部控制规范讲解（2010）》，参考内容在本书中已注明，如有遗漏，敬请谅解。在此，向在本教材编写过程中所参考的全部文献的作者致以最诚挚的谢意。

由于能力有限以及时间仓促等原因，本教材在编写过程中难免会出现或多或少的纰漏，恳请各位读者批评指正。

作者

2022 年 4 月

目 录

第一章 总论

学习目标

本章主要阐述企业内部控制的历史沿革、企业内部控制的特点与分类以及作用。

通过对本章的学习，应了解企业内部控制的产生与发展、企业内部控制的特点，熟悉企业内部控制的分类、企业内部控制的局限性，掌握企业内部控制概念及其作用。

本章框架

英国历史学家汤因比说过："一个国家乃至一个民族，其衰亡是从内部开始的，外部力量不过是其衰亡前的最后一击。"① 企业的存亡又何尝不是如此呢？既然一个企业的衰亡是从其内部开始的，企业的生存发展也就必须从其内部抓起。企业内部控制正是基于这一理念而被世界各国理论界和实务界所重视。

企业内部控制是被组织管理层使用的流程，用以确保按照规定的要求执行组织的任务、政策、程序、计划和遵从适用的法律法规；内部控制从员工自下而上反馈需要关注和解决的问题，有助于管理层采用纠正运营缺陷所需的

① 刘玉廷.《企业内部控制基本规范》导读［J］. 会计研究，2010（5）.

任何措施，了解和执行内部控制是员工日常工作的重要组成部分。企业内部控制是组织运营和管理活动发展到一定程度的产物，其内涵随着企业经营规模的扩大、管理水平的提高而逐步完善和丰富①。

导入案例

“中原之行哪里去？郑州亚细亚！”这是20世纪90年代中央电视台经常播放的广告语。广告语中说的“郑州亚细亚”指的是郑州亚细亚商场，其曾以先进的经营管理机制创下“商战”奇迹，给20世纪90年代中国暮气沉沉的传统零售业注射了一针兴奋剂。1989年5月开业的郑州亚细亚商场，仅一年时间就跨入全国50家大型商场行列，并在全国商场中创造了几个第一：第一个设立迎宾小姐、电梯小姐；第一个设立琴台；第一个创立自己的仪仗队；第一个在中央电视台做广告；第一个将妇女、儿童作为主流购物对象等。当年的郑州亚细亚商场以其在经营管理方面的创新创造了令人称奇的“亚细亚现象”。然而，九年后，商场变集团，集团变“连锁帝国”，1998年8月亚细亚集团却悄然倒闭，“连锁帝国”之梦如肥皂泡般地破灭。亚细亚集团经营管理出了什么问题让它经营失败？究其深层原因，是企业内部控制存在严重的缺陷：

第一，内部环境缺失。比如治理结构上，董事会形同虚设，决策管理层一直处于不断变化的状态，大权由总经理一人掌控。产权关系混乱，股权转让缺乏严密控制，造成集团资产流失。管理者素质低，不懂管理不会看账的商

① 佩里．国际注册内部控制师通用知识与技能［M］．北京：中国财政经济出版社，2009.

场艺术团报幕员被任命为开封亚细亚商场的总经理。任人唯亲，集团某领导的一位农民表弟被任命为北京亚细亚商场的总经理，就连领导家的小保姆也被任命为亚细亚集团配送中心的财务总监。

第二，风险管理意识薄弱。经营中领导者过于自信、拍脑袋决策，其结果是骄兵必败。

第三，信息沟通不畅。亚细亚集团内部不关注成本信息，不收集市场信息，信息沟通系统几乎不存在。

第四，缺乏适当的财务控制。亚细亚集团缺乏对财务活动的管控，如20世纪90年代亚细亚集团年度场庆花费超70万元，股东向亚细亚集团借巨额债务也不打借条，且资金用途凭证也存在瑕疵。

第五，内部监督乏力。按照规定，企业每年都要进行审计，据报道，亚细亚集团全面的审计工作却少之又少，坏账也不计其数，偶尔的局部内审只是流于形式，而且亚细亚集团很少对其内部控制制度进行自我检查与评估，也未能真正形成书面报告。

亚细亚集团的兴衰让我们警醒，企业要想健康、有序发展，必须加强内部控制。那么，什么是企业内部控制？企业内部控制的对象、主体、客体、程序、特征、组织架构、组织职责等内涵及其内容包括哪些？企业内部控制是如何发展的？内部环境、风险管理、信息沟通、内部监督等内涵是什么？它们与企业内部控制有什么关系？我国企业内部控制规范体系又如何？

通过本章及后续章节的学习，对上述问题会有一定的了解和认识。①

---

① 魏文杰．企业内部控制应用分析：以郑州亚细亚集团为例［J］．经济研究导刊，2020（1）．

第一节　企业内部控制的产生与发展

一、企业内部控制的概念

控制是一个古老的话题，也是一个极为重要的课题。事实上，人类总是不断地在与控制问题打交道，如早期有对洪水的侵害控制，2002 年有对“非典”疫情的控制，2020 年有对新冠肺炎疫情的控制。在现实生活中，控制关系及控制活动是一种普通的现象，如对汽车、飞机、轮船的驾驶，机器的操作等都是一种控制。个人有自我控制，企业有对生产进度、产量、成本费用的控制，国家有对政治、经济和文化的控制等。人类社会发展史从某种意义上讲就是人类对自然与社会如何控制的历史。

“内部”一词是相对于“外部”而言的，本身的含义是“存在于或位于某个事物的边界或表面以内”。“内部控制”中的“内部”，其实是在界定控制的范围。就企业而言，其内部控制的范围取决于企业的范围或边界。但是，关于企业“内部”从哪里开始，又延伸至何处结束问题，至今缺乏清晰的界定。因此，正确理解“内部”二字具有重要的意义。

按照企业内部控制理论，企业的“内部”不仅是指企业内部独立流程，还包括企业与股东、投资者、债权人、供应商、客户、政府监管部门等外部利益相关者之间发生的衔接流程。从人力资源的角度分析，“董事会、监事会、经理层和全体员工”都是企业内部控制的对象；从业务事项角度分析，企业所从事的任何业务及其相关事项都是企业内部控制应作用的对象；从区域分布角度分析，企业分布在不同国家或地区的分部也是“受控”对象。有效的内部控制不仅能够帮助企业解决自身问题，还有助于改善企业与外部相关方的关系。例如，企业内部控制社会责任指引的作用就是规范化解决内外关系的问题；此外，随着企业“外包业务”或称“外购服务”的发展，企业的生产经营活动也延伸到其法律边界以外，内部控制业务外包指引的作用就是规范化解决内外衔接流程的问题。可见，内部控制中的“内部”实际上延伸到产品售后服务和市场营销，延伸至企业法律边界以外。

内部控制是社会经济发展到一定阶段的产物，其内容随着企业对内强化管理、对外满足社会需要而不断丰富和发展。什么是企业内部控制？我国财政部会同证监会、审计署等部门联合制定的《企业内部控制基本规范》第三条第一款明确指出：“本规范所称内部控制，是由企业董事会、监事会、经理层和全体员工实施的、旨在实现控制目标的过程。”该概念内涵丰富，在逻辑上将内部控制的本质、主体以及客体等内容融为一体。为全面理解内部控制的概念，着重对以下五个方面予以说明：

第一，企业内部控制的本质是防范风险，旨在减少各种潜在风险给企业生存和发展带来的影响。获取盈利与业绩增长，使所有者权益保值、增值是企业经营活动的目标。纵观企业发展史，其生存、成长和获利的过程总是与风险相伴。所以总是存在某些事件有可能对组织实现其目标产生负面影响。[①]风险给企业带来的影响可能仅是一次运营活动的成败，也可能使企业遭受灭顶之灾，破产倒闭。可见，防范并化解风险对于企业的发展是至关重要的。

第二，作为人类有目的的社会实践活动，企业内部控制具有一定的目标。企业内部控制的目标就是内部控制所要达到的标准，没有目标，内部控制也就失去了明确的指向。《企业内部控制基本规范》规定了内部控制的目标：“合理保证企业经营管理合法合规、资产安全、财务报告及相关信息真实完整，提高经营效率和效果，促进企业实现发展战略。”企业内部控制目标的设定为企业内部控制活动明确了方向，以目标为核心形成了严密的内部控制工作秩序，并为考核内部控制效率提供了依据。

第三，企业内部控制是静动融合。从静态上讲，企业内部控制是企业为了防范和管控经济活动风险而建立的内部管理系统，该系统由内部控制环境、风险评估、控制活动、信息与沟通和内部监督等五要素组成，具体体现为各项内部管理制度以及落实制度所需的控制措施和程序。从动态上讲，企业内

① Treadway 委员会发起组织委员会（COSO）．内部控制：整合框架［M］．北京：中国财政经济出版社，2013.

部控制是通过制定制度、实施措施和执行程序，以实现控制目标的自我约束和规范的过程。而且，企业内部控制还是一个循环往复、不断优化完善的过程，企业应当针对内部监督检查发现的问题，对相关的制度、措施和程序进行持续调整、改进，使其能够适应新情况、新问题，在经济活动风险管控中持续发挥积极作用。

第四，企业内部控制是主体和客体的统一。企业内部控制主体是指内部控制实践活动的承担者、操作者。《企业内部控制基本规范》指出，企业内部控制是由企业董事会、监事会、经理层和全体员工实施的、旨在实现控制目标的过程。可见，董事会、监事会、经理层和全体员工构成了企业内部控制的主体。

企业内部控制客体是指企业内部控制评价的对象及其范围，它包括两部分：一是内部控制的对象，包括财产、交易和信息；二是影响内部控制有效性的因素，主要包括企业内部控制系统和相关人员。

第五，企业内部控制是一个过程。在这个过程中，设定目标、确立标准、衡量绩效和纠正偏差是控制过程的主要环节。确定目标是基础，“衡量、监督、检查和评价”和“纠正偏差”是控制方式。控制的范围有大有小，具体范围可能是某个人、某件事、某个业务单元或者整个组织。控制的时间有事前、事中和事后。

管理实践证明，企业的一切管理工作始于企业内部控制的建立；企业的一切决策都应统驭在企业完善的内部控制体系之下；企业的一切活动都无法游离于企业内部控制之外，内部控制管理贯穿企业经营的全过程。企业内部控制是企业提升竞争能力的重要手段，为企业长期发展起到保驾护航的作用。

二、企业内部控制的历史演进

在20世纪40年代，企业内部控制作为一个完整概念被提出和应用。但内部控制作为人类的一项实践活动已有几千年的历史，其历史可以追溯到远古时期对公共资金的管理，在公元前三千多年，内部控制的思想就已经在人们的日常经济生活中得以运用。① 企业内部控制实务与理论随着社会经济和技

---

① 陈汉文，池国华．CEO内部控制：基业长青的奠基石［M］．北京：北京大学出版社，2015.

术等变化经历了一个漫长的发展过程，大致可分为内部牵制、企业内部控制制度、企业内部控制结构、企业内部控制整合框架等不同的阶段。

（一）内部牵制阶段

内部牵制是内部控制的最初形式。在20世纪30年代以前，人们通常使用内部牵制的概念。按照《现代汉语词典》的解释，“牵制”就是拖住使不能自由活动。内部牵制是以账目的相互核对为主要内容并实行职务分离，以确保所有账目正确无误的一种控制机制。内部牵制的特点是以账目核对和职务分离为主要手段对财物进行交叉检查或交叉控制。一般来说，内部牵制执行可分为实物牵制（如将保险柜设为多把解锁的钥匙，并把钥匙交由两个或两个以上的人员分别保管，以防一人持有钥匙作弊）、机械牵制（如保险柜柜门若没有按正常程序操作则无法打开）、体制牵制（包括恰当的组织分工、职责分离、相互牵制）以及簿记牵制（总账与明细账之间定期核对）四种方式。

内部牵制的基本思想是“安全是制衡的结果”。它的应用基于两个前提：一是两个或两个以上人或部门无意识地犯同样错误的概率是很小的；二是两个或两个以上的人或部门合伙舞弊的可能性大大低于单独一个人或部门舞弊的可能性。

内部牵制是企业内部控制发展的初始阶段，其管理目的比较单一，即保证财产物资的安全和完整，防止贪污、舞弊。作为一项管理制度，内部牵制基本上不涉及会计信息的真实性和提高工作效率的问题，因此，其范围和管理作用都比较有限。但内部牵制的有关组织机构控制、职务分离控制为现代企业内部控制理论建设和发展奠定了基础。

（二）企业内部控制制度阶段

进入20世纪以后，内部控制开始突飞猛进地发展，其间又以20世纪40年代为分水岭，内部控制经历了实践塑造和理论完善两大过程。①

20世纪30年代出现的世界性经济大危机，迫使很多企业为求生存，不断地探索应用一系列控制措施。内部控制实践由以职务分离、账户核对为主要内容的内部牵制，逐渐演变成由组织结构、职务分离、业务程序、处理手续

---

① 李凤鸣，韩晓梅．内部控制理论的历史演进与未来展望［J］．审计与经济研究，2001，16（4）．

等因素构成的控制系统。第二次世界大战后，为适应这一时期的资本主义商品经济快速发展，投资者和债权人对公司强化内部管理提出高要求，企业管理者对企业管理提出了建立完善人员条件、检查标准和内部审计等控制措施的要求，并促使企业内部控制从以单项经济活动独立控制为主向以全部经济活动系统控制为主发展，形成了包括组织结构、岗位责任、人员条件、业务程序、处理手续、检查标准和内部审计在内的严密的控制系统。至此，企业内部控制完成了其主体内容的塑造。

随着企业内部控制实践的发展，企业内部控制理论也不断完善。1936 年，美国会计师协会（1957 年更名为美国注册会计师协会）在其发布的《独立公共会计师对财务报表的审查》中，首次正式使用“内部控制”这一专业术语。1949 年，美国会计师协会所属的审计程序委员会发表了题为《内部控制：协调系统诸要素及其对管理部门和注册会计师的必要性》的专题报告，首次对内部控制作出权威定义。1950 年，美国国会在其制定的预算及会计程序法案中规定，“各机关应负责对各种款项、财产及其他资产的有效控制，会计记载等应经由恰当的内部稽核”。这是世界上第一次将内部控制列入政府法令。

1958 年 10 月，美国注册会计师协会所属的审计程序委员会发布第 29 号审计程序公告《独立审计师对内部控制进行审核的范围》，该公告将企业内部控制划分为管理控制和会计控制，并指出前者注重促进经营效率与对既定的管理政策的遵循，后者注重保护资产的安全完整以及会计资料的可靠性。1972 年，美国注册会计师协会在其第 54 号审计准则公告——《审计师对内部控制的研究与评估》中，进一步明确区分了会计控制与管理控制。会计控制与管理控制并不是互不相容的，有些控制措施既可以用于会计控制，也可用于管理控制，而内部会计控制是企业内部控制的核心。

（三）企业内部控制结构阶段

企业内部控制结构阶段是内部控制由“制度”向“框架”转变的过程，由偏重研究具体的控制程序和方法发展为对内部控制系统的全方位研究。

20 世纪 70 年代，美国社会和政治发展处在极其混乱的时期。为促进社会的发展，1977 年美国国会出台了一部专门针对发生在美国以外的贿赂行为的法律，即《反海外贿赂法》，该法律中的部分条款还对公司账簿的准确性、记录和内部会计控制系统提出了要求。正是因为出台了《反海外贿赂法》，美国许多公司的董事会成员以及审计委员会开始积极地审视公司内部控制系统。①

1988年，美国注册会计师协会发布了《审计准则公告第55号》，该公告首次正式提出企业内部控制结构的概念，并指出企业内部控制结构包括控制环境、会计系统和具体控制程序三要素，其中：

控制环境反映董事会、管理层和其他人员对控制的态度和行为，包括管理学和经营风格、组织结构、董事会以及审计委员会的职能、人力资源政策和程序、确定职权和责任的方法、管理者监督和检查工作时所用的控制方法（如经营计划、预算、盈利预测、责任会计和内部审计等）。

会计系统是指对各项经济业务事项的确认、计量、记录、分析和编制财务报表的方法。一个有效的会计系统包括鉴定和登记一切合法的经济业务；对各项经济业务适当进行分类，以此作为编制财务报表的依据；计量确定经济业务的价值以使其货币价值能记录在财务报表中；确定经济业务发生的时间，以确保它记录在适当的会计期间；在财务报表中恰当地表述经济业务及其相关的披露内容。

具体控制程序是指具体采用的控制政策和方法，包括对经济业务和活动的批准，明确每名员工的职责分工，充分的凭证、账单设置和记录，资产和记录的接触控制，对业务的独立审核等。

需要说明的是，企业内部控制结构概念的提出表明美国会计职业界对内部控制的研究视角不再局限于具体的控制政策、程序，而是从企业总体控制环境的角度审视内部控制。从此，会计职业界对企业内部控制的研究初步摒弃了会计控制与管理控制的“二分法”。②

（四）企业内部控制整合框架阶段

在企业内部控制整合框架阶段，内部控制理论研究日渐成熟，以科索报告为代表的新研究成果不断涌现并在世界范围内产生巨大而深远的影响。

---

① 罗伯特．控制实施指南［M］．北京：电子工业出版社，2015.

② 王宏．基于国际视野与科学发展的我国内部控制框架体系研究［M］．大连：东北财经大学出版社，2008.

1. 反虚假财务报告委员会

1985 年，美国注册会计师协会、美国会计学会、财务经理人国际、内部审计师协会和管理会计师协会共同成立了美国反虚假财务报告委员会（又称 Treadway 委员会）。该委员会的任务是对美国的财务报告制度加以研究，找出导致虚假财务报告产生的原因并提出有针对性的建议。在反虚假财务报告委员会的倡议下，研究内部控制问题的科索委员会（COSO）应运而生。科索委员会是全球最具影响力的企业内部控制和风险管理标准制定机构，是在内部控制、企业风险管理和舞弊防范领域提供先进理念和指引的专业组织。科索委员会的企业内部控制框架得到世界许多国家内部控制标准制定机构的一致认可和广泛借鉴。科索报告发展过程如表 1-1 所示。

表 1-1　科索报告发展过程

时间	名称	基本内容	贡献
1992	企业内部控制——整合框架	（1）对企业内部控制下了一个迄今为止最为权威的定义 （2）提出经营目标、报告目标和合规目标三项内部控制目标 （3）界定了控制环境、风险评估、控制活动、信息与沟通和内部监督五个内部控制要素	该报告系企业内部控制发展历程中的一座重要里程碑，是内部控制领域最为权威的文献之一①
2004	企业风险管理——整体框架	将企业风险管理划分为 8 个相互关联的组成要素：内部环境、目标设定、事件识别、评估风险、应对风险、控制活动、信息与沟通和内部监督	
2013	企业内部控制——整体框架	与 1992 年版企业内部控制框架保持一致，仅对旧框架的某些概念和指引进行更新和改进	替代 1992 年版内部控制框架
2016	企业内部控制——整合框架	（1）总体框架包括定义、风险评估、控制活动、信息与沟通、监督活动及内部控制的局限性 （2）重新定义企业内部控制，指出：企业内部控制为一套流程，受组织的董事会、管理层和其他员工的影响，被设计用来为组织提供合理保证，实现运营、报告和遵循目标	该报告提出 17 项原则，其中，控制环境原则 5 项、风险评估原则 4 项、控制活动原则 3 项、信息与沟通原则 3 项、监督活动原则 2 项

① 池国华．企业内部控制规范实施机制研究［M］．大连：东北财经大学出版社，2011.

2.《萨班斯-奥克斯利法案》

2001年美国安然公司、2002年安达信等公司的财务丑闻败露后，美国股票价格和养老金储蓄暴跌，美国公众变得异常愤怒并强烈要求改革。2002年7月，作为对公众改革要求的回应，美国国会颁布了《萨班斯-奥克斯利法案》，其中第404条强制要求上市公司披露内部控制报告；第103条要求注册会计师在审计报告中描述对公司内部控制结构和程序进行测试的范围，同时在审计报告中单独出具一份报告，记述内部控制测试过程的情况，并进行评价。

《萨班斯-奥克斯利法案》修正了1933年和1934年的《证券法案》，它是自《证券法案》颁布以来对会计业影响最大的法律。

（五）我国企业内部控制标准体系的建设

中国古代曾经有过灿烂的内部控制文明。美国会计史学家迈克尔·查特菲尔德在做了翔实论证后指出："在内部控制、预算和审计程序等方面，周代在古代世界是无与伦比的。"[①] 可见，我国古代的内部控制实践已经走在其他国家的前列。但与成熟市场经济国家相比，我国企业内部控制标准体系建设起步较晚，发展速度很快。企业内部控制标准体系建设大体经历了以下三个阶段[②]：

第一个阶段：内部牵制阶段。改革开放初期，是我国公司内部控制的空白期。但是我国公众公司财务报告舞弊案，让监管者和理论界将目光投向了内部牵制，内部牵制问题随之受到重视。1984年4月，财政部发布《会计人员工作规则》，要求各单位"建立会计人员岗位责任制……切实做到事事有人管，人人有专责，办事有要求，工作有检查……"，"会计人员岗位责任制要同本单位的经济（经营）责任制相联系。以责定权，责权明确，严格考核，有奖有惩"，"出纳人员不得兼管收入、费用、债权、债务账簿的登记工作以及稽核工作和会计档案保管工作"。1985年1月21日，第六届全国人民代表大会常务委员会第九次会议通过《中华人民共和国会计法》（以下简称《会计法》），重申了会计岗位责任制的要求。

---

① 查特菲尔德．会计思想史［M］．北京：中国审计出版社，1989.

② 主要参考了财政部会计司《企业内部控制规范讲解2010》中"全面提升企业管理水平和风险防范能力的重大举措"一文的内容。

第二个阶段：会计控制阶段。20 世纪 90 年代，经济社会加速转型，现代企业制度和市场经济体制开始建立。1996 年 6 月，财政部发布《会计基础工作规范》，要求各单位进一步建立健全包括但不限于内部牵制制度的内部会计管理制度。1999 年 10 月，第九届全国人民代表大会常务委员会修订通过的《会计法》，对内部会计监督制度提出了明确要求。1999 年颁布的《会计法》是我国第一部反映内部会计控制要求的法律，将“各单位应当建立、健全本单位内部会计监督制度”写入其中，这在我国内部控制制度建设历程中是一次重大的突破。

根据加强单位内部会计监督的法律要求，2001 年 6 月财政部正式发布《内部会计控制规范——基本规范（试行）》和《内部会计控制规范——货币资金（试行）》，并规定从发布之日起试行。此后至 2004 年底，财政部连续发布采购与付款、销售与收款、工程项目、对外投资和担保等 5 项内部会计控制规范。《内部会计控制规范》作为《会计法》的配套规章，成为各企业单位建立与实施内部控制的重要依据。

第三个阶段：全面风险控制阶段。进入 21 世纪以来，完善社会主义市场经济体制、贯彻实施“走出去”战略成为时代的主流。2005 年 7 月 20 日召开的国务院常务会议强调，“要特别解决好资产质量不高、管理方式粗放、内控机制不完善等问题”。2006 年 7 月 15 日，财政部、证监会、国资委、审计署、银监会、保监会联合发起成立我国企业内部控制标准委员会，并在 2008 年发布了《企业内部控制基本规范》。该规范被称为“中国版科索报告（COSO）”①，标志着我国内部控制体系建设取得了重要的阶段性成果。

为了发挥《企业内部控制基本规范》应有的作用，2010 年 4 月我国财政部等部门以财会〔2010〕11 号文件印发《企业内部控制配套指引》。《企业内部控制配套指引》以及 2008 年 5 月发布的《企业内部控制基本规范》，共同构建了中国企业内部控制规范体系。

三、企业内部控制相关概念的辨析

厘清内部牵制、内部审计、会计准则、公司治理、全面风险管理和内部

① 刘玉挺．企业内部控制规范论［M］．上海：立信会计出版社，2012.

控制之间的相互关系，有助于加深对企业内部控制（以下简称“内部控制”）的认识。

（一）内部控制与内部牵制

内部牵制概念出现的时间早于内部控制。作为一种管理机制，内部牵制由内部控制的雏形发展成为内部控制的重要组成部分。内部牵制的目的是保证企业内部资产的安全和账务记录的准确性，其实现方式主要是不相容职务分离。内部牵制覆盖了企业的所有职能、相关经营活动及其部门。总之，内部牵制是内部控制的“神”，是内部控制的“灵魂”，是内部控制体系中“最核心的环节”。因此，不可轻视内部牵制。

（二）内部控制与内部审计

我国《内部审计基本准则》指出：“内部审计是一种独立、客观的确认和咨询活动，通过运用系统、规范的方法，审查和评价组织的业务活动、内部控制和风险管理的适当性和有效性，以促进组织完善治理、增加价值和实现目标。”内部审计本质是一种控制。《国际内部审计专业实务框架》中指出：“内部审计活动必须应用系统、规范的方法，评估并协助改善治理、风险管理和控制过程；内部审计部门必须评估控制的效果和效率，并促进控制持续改进，从而协助组织维持有效的控制；内部审计控制的目的就是帮助组织管理风险、促进有效治理，实现组织目标”。①

纵观内部审计的历史，无论在财务领域还是在业务领域，无论是财务审计还是管理审计，内部审计一直是一种控制机制。责任与控制是内部审计的永恒主题。内部审计和内部控制的发展目标一致，服务对象一致，彼此相互交融。具体表现为：内部控制目标决定了内部审计人员的工作内容和工作程序，一切审计活动都紧紧围绕内部控制展开；内部审计是内部控制的有机组成部分，是对其他内部控制的再控制；内部审计监督是内部控制监督要素的重要内容；内部控制是内部审计的审计对象，在内部审计的发展历程中，始终离不开对内部控制的审计，监督内

① 国际内部审计师协会．国际内部审计专业实务框架［M］．北京：中国财政经济出版社，2009.

部控制执行的有效性是内部审计的重要职责，内部控制的性质决定着内部审计的性质。总之，内部审计的发展决定了内部控制的功效和成果。

（三）内部控制与会计准则

会计准则体系与企业内部控制体系之间的关系是相互影响、相互促进、互为补充。一方面，内部控制是有效实施会计准则的保证。会计准则实施涉及众多的职业判断，如收入的确认、成本的结转、资产减值的运用以及财务报告的编制等。强有力的内部控制机制，如良好的控制环境、规范的业务处理程序、严格的监督机制等，能够确保职业判断科学有据、合法合规，避免判断的随意性，约束人为操纵利润的行为。另一方面，实现内部控制目标，也有赖于会计准则的有效实施。会计准则的实施为内部控制提供可靠的财务报告，从而为企业内部控制提供了决策依据。

（四）内部控制和公司治理

公司治理是现代企业制度的永恒命题，内部控制是公司治理的核心内容。虽然两者产生的背景、服务的目的存在差异，但都是以控制企业各种风险为前提的。随着内部控制理论的嬗变及公司治理的发展，内部控制与公司治理的关系愈加密切。一个健全的内部控制机制实际上是完善的公司治理结构的体现；反过来，企业内部控制的创新和深化也会促进公司治理结构的完善和现代企业制度的建立。内部控制和公司治理的关系如表 1-2 所示。

表 1-2　内部控制和公司治理的关系

		内部控制	公司治理（或公司治理结构）
联系	目的一致	保证实现企业基本目标	
	产生的同源性	公司所有权与经营权分离前提下的委托代理关系	
	要素相互依存	（1）良好的内部控制是完善公司治理的主要保证；公司治理是内部控制的控制环境 （2）内部控制的内部环境要素的核心是权责分配；而权责分配既是公司治理的关系要素，也是内部控制的制度基础 （3）内部监督要素既是公司治理的行为要素，也是内部控制的重要保证	

续表

		内部控制	公司治理（或公司治理结构）
区别	定义	内部控制是由企业董事会、监事会、经理层和全体员工实施的、旨在实现控制目标的过程*	公司治理结构是指由所有者、董事会和高级执行人员即高级经理三者组成的一种组织结构**
	性质	属于管理当局（董事会及经理阶层）建立的内部管理制度，属于内部管理层面，解决的是管理当局与其下属之间的管理控制关系	解决股东、董事会、经理及监事会之间的权责利划分的制度安排问题，主要是法律层面的问题
	委托代理关系的层次	管理当局与其下属高级管理人员之间、高级管理人员与低阶层管理人员之间、管理人员与一般员工之间的委托代理关系	所有者与管理者之间的委托代理关系
	目标	合理保证企业运营的效率和效果、财务报告的可靠性、相关法规的遵循性，以及企业资产的安全。兴利与防弊	实现科学决策、有效激励与约束，并通过内部控制、组织结构实现效率经营
	主体	董事会、经理层、员工 仅限于企业内部，但其所施行的程序还是有可能会涉及企业外部主体	包括股东、债权人、雇员、顾客、供应商、政府、社区等在内的广大利益相关者
	客体	（1）内部控制的对象，包括财产、交易和信息 （2）影响内部控制有效性的控制系统和人	所有者、董事会和经营者
	手段	侧重于审批、检查、考核、记账、盘点等技术措施	监督机制、激励机制等
	法律体系	主要体现于《会计法》和财政部等部委颁布的内部控制规范体系之中	主要体现在《公司法》以及证监会颁布的《公司治理指南》之中

资料来源：*企业内部控制基本规范（2008）.

**吴敬琏．现代公司与企业改革［M］．天津：天津人民出版社，1994.

（五）内部控制与风险管理

这里所说的风险管理指的是全面风险管理。全面风险管理是指企业围绕总体经营目标，通过在企业管理的各个环节和经营过程中执行风险管理的基本流程，培育良好的风险管理文化，建立健全全面风险管理体系，从而为实现风险管理的总体目标提供合理保证的过程和方法①。概括地讲，企业风险管理，是指企业为实现风险管理目标，对风险进行有效识别、分析和应对等管理活动的过程。风险管理包含风险管理目标和战略的设定、风险评估方法的选择、管理人员的聘用、有关的预算和行政管理，以及报告程序等活动。企业风险管理目标是分析企业面对的不确定性，识别将会影响企业发展的潜在事件，并把不利因素控制在可以承受的范围之内，帮助企业顺利实现发展目标。

作为企业管理的两大工具，风险管理与内部控制是相互依存的、不可分离的。

1. 内部控制与风险管理的联系

风险管理是内部控制的发展，风险管理拓展了内部控制的内涵，内部控制发展成了以风险为导向的内部控制。

内部控制与风险管理的联系：①实施的主体具有一致性。内部控制与风险管理都是全员参与的过程，最终责任人都是管理者。②目标具有一致性。内部控制与风险管理最终目标都是控制风险。③组成要素具有重合性。内部控制与风险管理的组成要素均包括控制环境、风险评估、控制活动、信息与沟通以及内部监督。

2. 内部控制与风险管理的区别

风险管理与内部控制目标的具体内容较为相似，但风险管理比内部控制多一项战略目标。相对于内部控制，风险管理更注重从全局战略角度对企业经营活动进行规划。风险管理是建立在内部控制整体框架之上的，其要素除控制环境、风险评估、控制活动、信息与沟通、内部监督五个内部控制要素之外，还包括目标设定、事件识别和风险对策三个要素。需要说明的是，内部控制不负责企业经营目标的具体设立，只是对目标的制定过程特别是对目标和战略计划制定中的风险进行评估。内部控制采用的控制手段主要是通过事后和过程的控制来实现其控制目标；风险管理不仅采用事中和事后控制，更为重要的是在事前制定目标时就充分考虑了风险。内部控制仅是管理职能中的一项内容，风险管理则贯穿管理过程的各个方面。

---

① 国务院国有资产监督管理委员会．中央企业全面风险管理指引（国资发改革〔2006〕108 号）．

第二节　企业内部控制的特点和分类

一、企业内部控制的特点

（一）企业内部控制是一个多目标的管控体系

企业内部控制的目标不是空想的产品，也不是对未来业绩的猜想，它是对内部控制预期结果的一种决策或选择，为企业开展内部控制活动指明方向。《企业内部控制基本规范》规定了内部控制的五方面目标：一是合规性目标，要求企业在法律允许的经营范围内开展经营活动；二是资产目标，即确保企业的各项资产安全，防止资产流失；三是报告目标，即财务报告要能反映企业的经营业绩及其价值增值过程；四是经营目标，即通过内部控制提高经营效率和效果；五是战略目标，即以内部控制为契机，促进企业实现发展战略。由此可见，企业内部控制的目标不是单一、孤立的，而是由多维目标构成的目标体系。

（二）企业内部控制是全员控制、全面控制和全程控制

企业内部控制不是一个孤立事件或者环境，而是渗透至整个企业经营活动的一系列控制行动。它是全员控制、全面控制和全程控制的有机融合。全员控制强调企业成员都是内部控制的参与主体，上至董事会、董事，下至普通员工，中间是各阶层管理者；全面控制是指控制活动涉及企业整体层面、业务活动层面、子公司层面、分支机构层面等，涵盖企业所有的业务、事项、每个层级和环节；全程控制是指按照时间先后实施的事前控制、事中控制和事后控制，包括内部控制决策设计和制定、内部控制政策执行和监督等。总之，企业内部控制是一个动态、反复、持续不断且整合的过程。

（三）企业内部控制的核心机制是会计控制

在一个组织系统内部实现既定目标依赖于忠实的记录，在经济领域集中表现为经济活动控制职能的实现往往依赖于一个强有力的会计系统。从这个

角度看，企业内部控制与会计系统联系密切，甚至会计系统有部分控制监督职责。①

会计控制系统是企业正常运转的基础，也是企业内部控制整体框架的核心。同任何控制系统一样，会计控制系统采用科学方法，通过以下步骤促进企业有效地实施和发挥内部控制的作用。一是确定被控系统的运行目标和轨道（如参与制定和分解预算等），与企业目标、会计目标有机融合，发挥事前控制（会计决策）功能；二是确认、计量、记录和报告，衡量控制对象的运行情况与目标的差异，保证预算的执行，即发挥事中控制功能；三是调节活动，纠正控制对象偏离目标的误差，或者调整控制对象向新的目标运行。

可见，企业内部控制的兴衰与相应的会计控制系统强弱紧密相关。会计控制系统是进行内部控制活动的基础工程和中枢，它制约内部控制系统的运行。缺乏有效的会计控制系统，企业内部控制工作就会判断失误、指挥失灵、考核失准，最终影响企业目标的实现。

（四）企业内部控制机制的运行表现为经常性、潜在性和关联性

经常性是指企业内部控制不是阶段性、突击性的工作。它是贯穿企业所有部门和职能的业务流程，并通过计划、组织、执行、监控以及经常性检查考核等手段，持续影响着企业日常经营活动，促进企业实现经营目标。潜在性是指企业内部控制活动与日常的业务活动、管理活动并不是严格分离的，而是隐藏与融汇在其中。不论采取何种管理方式、执行何种业务，均有潜在的控制意识与控制行为。企业关联性是指内部控制不是独立的管理职能；相反，它是整个管理流程的重要一环，与企业的经营活动相互关联。一种控制行为会影响到另一种控制行为，一种控制行为的建立可能会导致另一种控制措施的加强、减弱或取消。

（五）企业内部控制只能提供合理保证，而非绝对保证

有效的企业内部控制是避免企业经营失败的手段。它的基本功能是帮助企业实现目标，创造、增加并维护股东价值。需要强调的是，企业内部控制可以帮助企业避开经营活动中的隐患，实现经营目标，但任何内部控制体系

---

① 杨雄胜．内部控制理论研究新视野［J］．会计研究，2005（7）．

都存在局限性，没有人能够对不确定性和风险事件进行绝对准确的预测，也不可能防控企业所有问题，特别是潜在隐患，如管理层的逾越和串通舞弊等。《国际审计准则第 6 号》第 9 条规定："内部控制只能为管理人员达到其目标提供合理的确信，因为内部控制有其固有的限制。"《最高审计机关国际组织内部控制准则》指出："无论内部控制制度多么严谨，仍无法保证组织均能有效率地运作、记录均能完全正确地制作，舞弊也无法完全杜绝，尤其是在某些涉及特别授权或信赖的情况下。"

总之，企业内部控制只能为控制目标的实现提供"合理保证"，而非"绝对保证"。因为，内部控制无法避免外部环境的影响，无法防止决策失误或判断错误。

二、企业内部控制的分类

企业内部控制可以根据不同标准进行不同的分类，如图 1–1 所示。

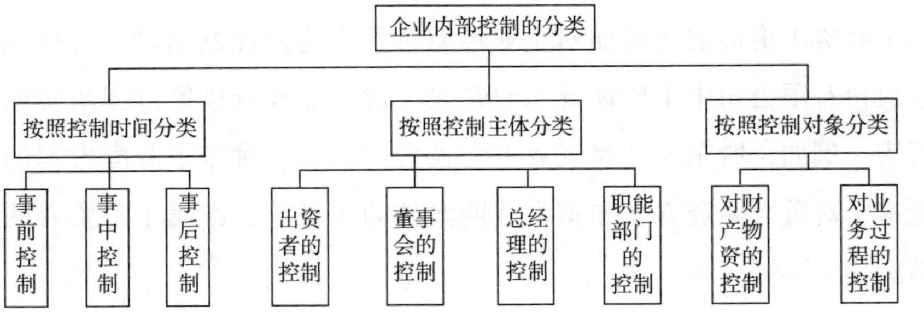

图 1–1　企业内部控制分类

（一）按控制时间分类

企业内部控制按控制的时间分为事前控制、事中控制和事后控制。

1. 事前控制

事前控制，是指在经济业务发生前所实施的控制。它主要是对内部控制最终产出（结果）的预判和对资源投入的控制，重点是防止企业所使用的资源在质和量上产生偏差。如投资的申请和批准、融资的申请与批准、各种费用报销的限额制定和批准等，都属于事前控制。事前控制可以防患于未然，因此控制效果要优于事中控制和事后控制。

2. 事中控制

事中控制，是指在经营活动发生过程中所进行的控制。例如，在成本形成过程当中对成本开支等所进行的控制，属于事中控制。

3. 事后控制

事后控制，是指在经济活动完成后所实施的控制。如企业的期末考评活动属于事后控制。事后控制的目的是通过控制活动预防未来出现相同的差错。事后控制的方式是根据经济活动完成的实际结果与事先设定的目标对照，确定达标程度，以此对相关责任部门或个人进行考核和评价，实施相应的奖惩措施。

（二）按控制主体分类①

企业内部控制按照控制主体可分为出资者的控制、董事会的控制、总经理的控制和职能部门的控制四类。

1. 出资者的控制

出资者（股东）的控制，是指投资人为了保护自己的权益，实现其资本保全和资本增值的目的而对企业经营过程实施的控制活动。这种控制活动在股份有限公司中主要体现为股东大会对企业经营决策过程所实施的决策行为。例如，股东大会对企业重大投资的审议、对年末分配方案的审议和批准、对重大融资方案和重大并购案件的审批等，都属于出资者的控制范畴。

2. 董事会的控制

董事会的控制是指企业的董事会为了实现企业预定的经营目标而对企业生产经营过程和各个责任中心所实施的控制活动。在股份有限公司中，这种控制是最为关键的一个控制层次。按照《中华人民共和国公司法》（以下简称《公司法》）的规定，董事会需要决策和控制的事项主要有：①制订公司经营计划和投资方案；②制订年度财务预算和决算；③制订利润分配和亏损弥补方案；④制订注册资本变更和发行债券的方案；⑤制订公司合并、分立、解散的方案；⑥决定公司内部管理机构的设置；⑦决定总经理、副总经理和财

① 李连华．内部控制学［M］．厦门：厦门大学出版社，2009.

务负责人的人选；⑧制定本公司的基本管理制度。

3. 总经理的控制

总经理的控制是指以总经理为实施主体的控制行为。这种控制是董事会的控制延伸。在《公司法》中，总经理可以对如下经济活动实施控制与管理：①组织实施经营计划和投资方案；②拟订公司内部组织机构设置方案；③拟订公司的基本管理制度；④提请聘任副总经理和财务负责人；⑤决定聘任或解聘除由董事会决定聘任之外的所有人员。

4. 职能部门的控制

职能部门的控制是指以部门经理和有关岗位负责人为主体实施的控制行为。这种控制主要是直接面向业务过程，并以执行有关董事会和总经理的决议为特征。职能部门的控制内容在各个不同职能部门之间差别很大。例如，财务会计部门的控制是指有效组织现金流动，通过编制和执行现金预算，对企业日常财务活动进行控制；而对生产部门来说，则是在生产过程中，对在产品、产成品的数量和流动过程进行控制等。

（三）按控制对象分类

按照企业内部控制的控制对象分类，内部控制可分为对财产物资的控制和对业务过程的控制。

1. 对企业财产物资的控制

对企业财产物资的控制，是指对企业某些财产物资所实施的控制，其控制的对象是真实存在实体的财产物资，如货币资金、存货、工程项目、固定资产等。对财产物资控制的直接目的是保护财产物资的安全和完整。

2. 对企业业务过程的控制

对企业业务过程的控制，是指对企业的生产经营过程所实施的控制，其控制对象通常是企业的业务经营或管理等环节，如销售与收款、采购与付款、成本费用、预算、对外投资、担保、筹资等。控制这些业务过程或环节，可以让企业的生产经营过程按照既定的程序和手续进行，防止经营过程中的舞弊行为。

第三节　企业内部控制的作用及其局限性

一、企业内部控制的作用

企业内部控制是企业的一项重要的管理活动和制度安排，它既是企业治理的基石、内部管理与监督的关键架构，也是企业风险防范、预警和控制的重要机制。企业建立和有效实施内部控制，对合理保证企业经营管理合法合规、资产安全、财务报告及相关信息真实完整，提高经营效率，促进企业实现发展战略具有重要意义。内部控制的作用具体表现在以下六个方面：

第一，健全、有效的企业内部控制是避免企业经营失败的防线。内部控制有利于修复管理漏洞，保障企业资产的安全，有效提高企业风险防范能力，减少乃至避免舞弊事件的发生，促进企业可持续发展。

（1）保护企业资产的安全。一个成功的企业除了拥有先进的理念和科学的管理，还需要有雄厚的经济资源，即资产，不仅包括有形的资产，也包括无形的人力、信息、信用、商誉等资产。资产是企业实现经营目标所必需的物质基础，离开资产，企业将无法运转。保护企业资产的安全是内部控制的基本任务。企业通过实施内部控制财产保护机制（如限制接触和处置、财产记录、实物保管、定期盘点、账实核对、财产保险等）确保财产的安全完整；通过对计算机信息系统采取开发与维护、网络安全等方面的措施，保证信息资源安全。可见，有效地实施内部控制有助于保护资产安全。

（2）提高资产的使用效能。企业想要做强、做大，走向长远，就需要不断强化资产的管理，提高资产的使用效能。资产控制贯穿企业生产经营的全过程，其不仅要保证企业全部资产的安全与完整，而且力求提高资产的使用效率，确保企业营运目标的实现。通过资产的预算控制，构建合理的资金约束机制，优化企业资产管理模式；通过资产评估，增强风险控制意识，实施资产的决策权、监督权和执行权三权分离制度，规范管理。

第二，按照国家规定编制和提供真实完整的财务信息是企业的法定义务，是提升内部管理水平的有效手段。健全、有效的企业内部控制，在保障企业经营活动稳健高效运行的同时，能确保财务记录、财务报告信息和其他管理信息及时、可靠、完整，提高财务信息质量，提升财务报告的有效性，为企业提供准确而完整的信息，支持企业经营管理决策和对营运活动及业绩的监控；同时，保证对外披露的信息报告的真实、完整，有利于提升企业的诚信度和公信力，维护企业良好的声誉和形象。

第三，健全、有效的企业内部控制，是提升企业经营效率和效益的重要驱动力。通过建立和实施内部控制，加强对企业经济活动的风险防范与管控，切实合理保证经济活动的合法合规、资产安全和使用有效、财务信息真实完整，并有效防范舞弊，能够为企业有效履行职能夯实物质基础，有助于提高企业经营管理水平、盈利能力和持续发展能力，增强企业竞争力，实现企业提高经营效率和效益的目的。

第四，健全、有效的企业内部控制，有利于企业遵守国家法律法规、行政规章及其他相关规定。企业的经济活动合法合规是其完成生产任务、实现经营目标、有效履行受托责任的前提。企业通过制定制度、程序、流程和方法、构筑风险防范机制等一系列控制措施，保证企业的经济活动在法律法规允许的范围内进行。企业利用内部控制机制自动检查、制止造假违法行为，不断修正和调节企业内部各部门、各单位和个人的关系，保证国家的法律法规、政策在企业得到贯彻执行，使企业的生产经营活动在法律法规规定的轨道上持续发展。

第五，健全、有效的企业内部控制，有助于维护企业相关利益者的利益。企业是谁的?《公司法》最早解释说公司（或企业）是出资人、股东的，现在提出了公司（或企业）是利益相关者如股东、董事会、经理层、员工、政府、银行、债权人、客户和供应商、社区等，它们与公司利益紧密相连）的。

既然现代公司（或企业）是利益相关者的，那么从企业内部控制的角度出发，就不仅要追求股东利益最大化，还要不断追求公司价值和利益相关者利益的最大化，这样才能符合利益相关者的诉求。众所周知，现代企业是契约关系的联结点。企业的基本目标是通过自身持续不断的发展和增值，最大限度地满足各缔约方对各自利益的追求和价值实现。这些相关主体在追求利益和实现价值的过程中在不同程度、不同方面都存在对内部控制的需求。健全、有效的企业内部控制有助于满足企业利益相关者的各种诉求，从而维护企业利益相关者的各种利益。

第六，健全、有效的企业内部控制，有助于总经理等受托人保护自身和解除受托责任。现代企业的“受托责任”已发展成为“法人治理结构”的代理关系。它有两个层次的代理关系：一是股东大会和董事会之间的信任托管关系；二是董事会与总经理之间的委托代理关系。在第二层代理关系中，总经理作为受托人，其承担的主要受托责任包括：向利益相关者提供真实可靠的财务报表，实现合理的获利能力，保护受托资产的安全、完整，诚实合法经营等。总经理定期向董事会汇报委托范围内履约义务执行情况。董事会根据其履行职责情况，做出是否继续聘用的决策。由于健全、有效的内部控制有助于促进企业完成经营任务，实现经营目标（即受托责任的内容和范围），因此，它不仅促进企业持续发展，还有助于总经理等受托人保护自身和解除受托责任。

二、企业内部控制的局限性

任何企业的内部控制系统都不是万能的。一些人为因素或意外情况可能使得本来设计良好、运行稳定的控制政策和程序面临危险，即企业内部控制存在局限性。企业内部控制的局限性是指即使是合理构建和运行的内部控制，由于内部控制本身固有的约束，也会存在不能有效地发挥功能或者不能完全实现企业内部控制目标的情况。[①] 企业内部控制的局限性主要体现在以下五方面。

（一）成本与效益

企业的资源是有限的，企业建立和实施内部控制必须考虑其相关成本和效益，权衡内部控制的利弊得失。在确定企业是否应该建立某一特定的控制

① 日本企业会计审议会发布．日本内部控制评价与审计准则［M］．大连：东北财经大学出版社，2007.

时，需要考虑其失效的风险和对企业的潜在影响，以及建立新控制的相关成本。通常需要考虑的企业内部控制成本主要包括与构建控制有关的直接成本，以及实际上可以计量的间接成本。有些企业还会考虑与利用资源有关的机会成本。具体可分为设计成本、实施成本、配件成本和其他成本等。内部控制的效益是多方面的，可能是直接的或间接的，可能是短期的或长期的，也可能是局部的或全面的，也可能是个人的或社会的，甚至效益还有有形与无形之分，如减少人员是一种有形的效益，而增加客户信任度则是一种无形的效益。内部控制成本与其效益紧密相关，如果企业管理层在设计和实施某项内部控制时，其程序设计、实施和运行的成本超过其所产生的效益，就应放弃实施这项内部控制。

（二）人为因素

任何制度都是靠人执行的制度，制度的制定、实施以及演变都是人的行为的结果。智者千虑，必有一失。任何“完美的”内部控制系统，之所以出现系统功能降低甚至失效，主要是由于两个方面因素的制约：第一，对于设计者而言，企业经营环境、业务性质的改变会导致企业常规或经常性业务设计内部控制系统削弱或失效。同时，由于设计人经验和知识水平的限制，内部控制系统存在先天性缺陷或不足。第二，对于执行人来说，受控制环境的影响，执行人员有可能粗心大意、判断失误以及误解指令等，从而使企业内部控制系统陷于瘫痪。

（三）管理层凌驾

管理层凌驾，是指出于非法目的而逾越既定的规则或程序，以获取个人利益、粉饰主体业绩状况或合规情况。任何控制制度都不能发现和防止那些负责监督和控制的管理人员滥用职权或不正当使用权力。通常，对于基层职员违规行为，可通过使用文件凭证、限制接近和职务分离等措施来防止滥用职权，但是，任何制度都是防不胜防的。高层管理人员有可能越权管理，他们凌驾于内部控制之上，使本该在各经营环节发挥制衡作用的授权审批制度形同虚设，而越权审批会让内部控制瞬间崩溃，从而将企业经营风险无限地扩大，给企业带来不可估量的损失。管理层凌驾不仅打乱了正常的工作秩序和工作流程，而且还会为徇私舞弊、违法违规创造一定的条件。但需要注意的是，管理层凌驾不能与管理层干预相混淆，后者是指管理层为了合法目的而偏离既定控制的行为。

（四）串通（谋）

通过集体行动来隐瞒和掩盖某些行为的人员，通常会以企业内部控制体系无法识别的方式改动财务数据或其他管理信息。如一名执行重要控制职能的员工与客户、供应商或另一名员工之间可能出现串通。通过暗中勾结，互相配合，从而联合舞弊，达到目的。一旦出现相互串通，共同作弊，再完备、再严密的内部控制措施也无法发挥作用。串通的结果是破坏了内部牵制的设想，削弱了制度的约束力，使内部控制制度无效。

（五）环境变迁和制度滞后

企业内部控制一般是针对企业具有经常性、重复发生的经济业务而设计的，具有相对的稳定性。而市场经济在其发展过程中必然会不断地出现新情况和新问题，企业一旦出现非常规、非重复并且未能预计的经济业务，原有的控制措施或程序就会对新业务失去控制作用，在变化过程中就有可能出现差错和不合规行为，从而使企业蒙受损失。

第四节　企业内部控制规范体系

企业实施内部控制应以内部控制规范为依据。内部控制规范是人们在开展内部控制活动时，所应遵循的约束性或指导性的行为准则。通过设定内部控制行为准则，企业的内部控制活动能够按照既定标准、规范的要求开展，以达到内部控制目标。

我国企业内部控制规范体系主要由基本规范、配套指引所组成，其中、配套指引包括 18 项应用指引、1 项评价指引和 1 项审计指引。具体内容如图 1-2 所示。

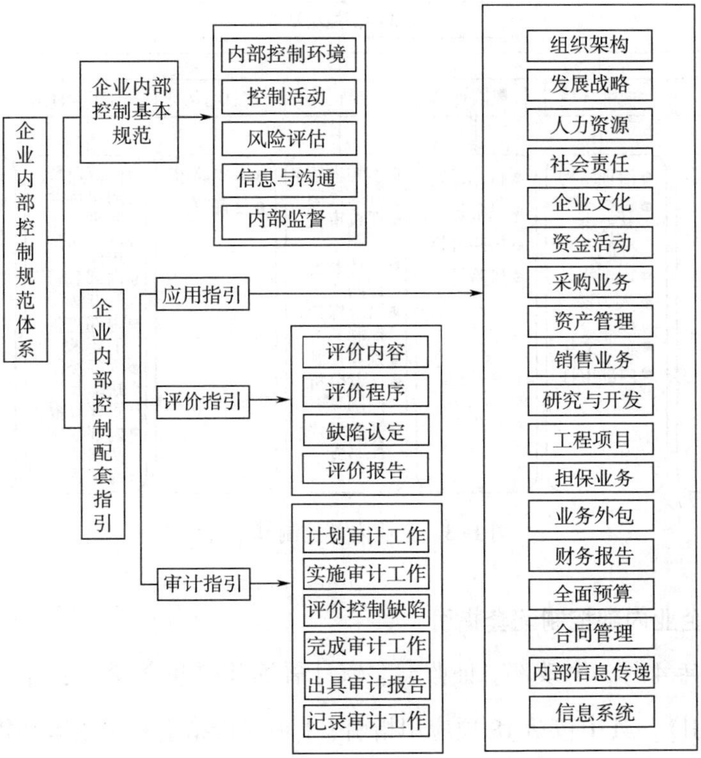

图 **1-2**　企业内部控制规范体系

一、企业内部控制基本规范

2008 年 5 月，财政部、证监会、审计署等部门联合发布了《企业内部控制基本规范》，并要求自 2009 年 7 月 1 日起此规范在上市公司范围内施行，同时鼓励非上市大中型企业执行此规范。

《企业内部控制基本规范》明确了企业建立健全内部控制应遵循的基本原则和基本要求。它在内部控制规范体系中处于最高层次，起统驭作用，搭建了企业建立与实施内部控制体系必须建立的框架结构，规定了内部控制的定义、目标、原则、要素等基本要求，是制定应用指引、评价指引、鉴证指引和企业内部控制制度的基本依据。

《企业内部控制基本规范》共七章五十条，各章分别是：总则、内部环境、风险评估、控制活动、信息与沟通、内部监督和附则，如图 1-3 所示。

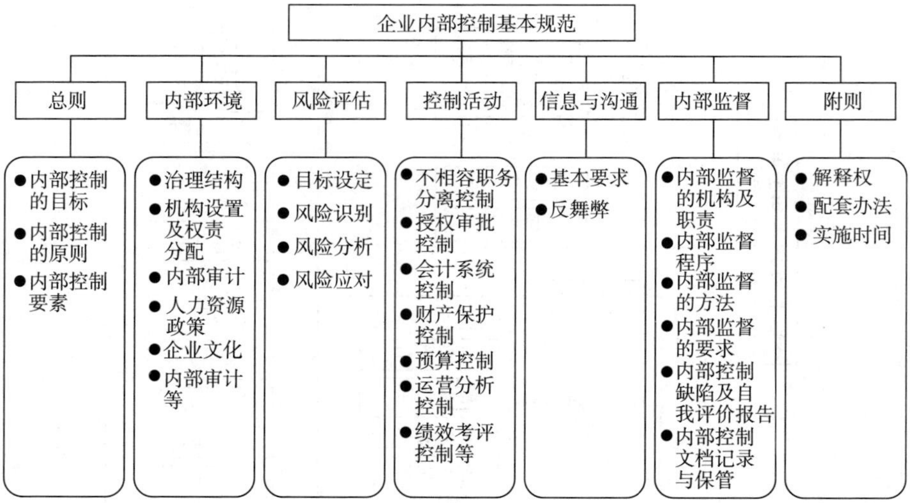

图 **1-3**　企业内部控制基本规范

二、企业内部控制配套指引

2010 年 4 月，财政部、证监会、审计署等部门联合发布了《企业内部控制配套指引》，其中包括 18 项应用指引、1 项评价指引和 1 项审计指引，为企业实施内部控制规范体系提供了具体的操作指南。应用指引被划分为三类，即内部环境类指引、控制活动类指引、控制手段类指引，其中涵盖了企业资金流、实物流、人力流和信息流等业务和事项。

（一）企业内部控制应用指引

企业内部控制应用指引在内部控制体系中居于主体地位，主要包括两方面的内容：一是针对企业主要业务与事项的应用指引。应用指南所规范的主要业务与事项都是企业最为常见、迫切需要加强风险控制的业务环节和领域，如资金活动、采购业务、资产管理、销售业务、研究与开发、工程项目、担保业务、业务外包、财务报告、全面预算、合同管理、内部信息传递、信息系统等业务环节以及组织架构、发展战略、人力资源、社会责任、企业文化等领域。二是针对特殊企业或者行业的应用指引。比如金融类企业（如商业银行、保险公司、证券公司、信托公司、基金公司、期货公司等），由于其经营业务特殊，涉及金融风险，与国家经济发展和金融安全关系重大，在内部控制方面除遵循一般内部控制要求外，有必要规定特殊应用指引，构成应用指引的组成部分。

（二）企业内部控制评价指引

企业内部控制评价，是指企业董事会或类似决策机构对内部控制有效性进行全面评价、形成评价结论、出具评价报告的过程。在企业内部控制实务中，内部控制评价是极为重要的一环，它与日常监督共同形成了对内部控制制度自身的控制。

企业内部控制评价指引是为企业管理层对本企业进行内部控制自我评价提供的指引和要求，其主要内容包括：实施内部控制评价应遵循的原则、内部控制评价的组织、内部控制评价的内容、内部控制评价的流程与方法、内部控制评价缺陷的认定、内部控制评价报告及其报送与披露。

（三）企业内部控制审计指引

企业内部控制审计指引，是会计师事务所执行内部控制审计业务的执业准则。企业内部控制基本规范要求接受委托从事内部控制鉴证的会计师事务所，应当根据基本规范及其配套办法和相关执业准则，对企业内部控制的有效性进行审计，出具审计报告。内部控制审计指引的主要内容包括：审计责任划分、审计范围、整合审计、计划审计工作、实施审计工作、评价控制缺陷、出具审计报告以及记录审计工作。

企业内部控制审计指引是企业内部控制规范体系实施中引入的强制性要求，既有利于促进企业健全内部控制体系，又能增强企业财务报告的可靠性。

针对企业内部控制的应用指引、评价指引和审计指引三者之间既相互独立又相互联系，形成一个有机整体。其中，应用指引是按照内部控制原则和内部控制五要素建立健全本企业内部控制所提供的指引，在配套指引乃至整个内部控制规范体系中占据主体地位；评价指引是为企业管理层对本企业内部控制有效性进行自我评价提供的指引；审计指引是注册会计师和会计师事务所执行企业内部控制审计业务的执业准则。

三、小企业内部控制规范

为了适应我国小企业数量众多且类型多样、差别显著的特点，解决小企业执行企业内部控制规范体系适用性不强、实施成本高等问题，2017 年财政部印发了《小企业内部控制规范（试行）》(财会〔2017〕21 号)，以引导和帮助小企业加强内部控制建设，提高经营管理水平，降低经营风险，减少各类经济损失，促进小企业健康成长，推动我国经济健康可持续发展。

【注意】

《企业内部控制基本规范》规定了企业内部控制的定义、目标、原则、要素、基本框架和主要内容，是企业内部控制领域的“母法”；《小企业内部控制规范（试行）》是依据《企业内部控制基本规范》而制定的，是《企业内部控制基本规范》在小企业范围内的具体规范。已经执行《企业内部控制基本规范》及其配套指引的企业，不得转为执行《小企业内部控制规范（试行）》。

《小企业内部控制规范（试行）》包括总则、内部控制建立与实施、内部控制监督、附则等四章，共四十条。各章主要内容为：

（1）总则。主要明确了制定《小企业内部控制规范（试行）》的目的、依据和适用范围，小企业内部控制的定义、目标、原则和总体要求，以及小企业负责人的责任等内容。

（2）内部控制建立与实施。主要明确了小企业内部控制建立与实施工作的总体要求，风险评估的对象、方法、内容、方式、频率，特别说明了小企业常见的风险类别、常用的风险应对策略，明确了小企业建立内部控制的重点领域、常见的内部控制措施、内部控制实施的基本要求、内部控制与现有企业管理体系的关系、内外部信息沟通方式、人员培训和控制措施的更新优化等内容。

（3）内部控制监督。主要明确了小企业内部控制的监督机制，包括实施监督的方式、监督人员要求、日常监督的重点、内部控制存在的问题及整改、定期评价频率、内部控制报告、监督与评价结果的使用等内容。

（4）附则。主要明确了微型企业参照执行、小企业可以参照执行《企业内部控制基本规范》及其配套指引、《小企业内部控制规范（试行）》的解释权归属和生效时点等问题。

关键词汇

内部控制（internal control）

内部牵制（internal check）

内部控制系统（internal control system）

企业风险管理（enterprise risk management）

内部控制目标（internal control objectives）

内部控制组织架构（internal control organization structure）

内部控制分类（classification of internal control）

内部控制基本规范（basic specifications for internal control）

企业内部控制制度（enterprise internal control system）

内部控制程序（internal control procedure）

思考与练习

一、思考题

1. 什么是企业内部控制？应从哪些方面全面理解企业内部控制的概念？

2. 与企业其他管理活动相比，企业内部控制的特征表现在哪些方面？

3. 简述内部控制发展的阶段，并指出每一阶段的特点。

4. 企业内部控制的作用主要表现在哪些方面？试分析说明内部控制的局限性。

5. 根据不同的分类标准，企业内部控制是如何进行分类的？

6. 简述企业内部控制与内部牵制、内部审计的关系。

7. 简述我国内部控制的组织架构及其与内部控制相关组织责任的内容。

8. 我国企业内部控制规范体系由哪些内容构成？各部分主要内容是

什么？

9. 简述我国《企业内部控制基本规范》的基本框架与具体内容。

二、单项选择题

1. 下列各项中，属于内部控制基本概念逐步发展起来的思想基础的是（　　）。

A. 科学管理　　B. 内部牵制

C. 内部审计　　D. 管理控制

2. 下列关于内部控制特征表述错误的是（　　）。

A. 内部控制是一个多目标的管控体系

B. 内部控制是全员控制、全面控制和全程控制

C. 内部控制的核心机制是会计

D. 内部控制保证企业实现其经营目标

3. 下列各项中，作为企业内部控制发展历程中的重要里程碑的是（　　）。

A. COSO《内部控制——整合框架》(1992)

B. COSO《企业风险管理——整体框架》(2004)

C. COSO《内部控制——整体框架》(2013)

D. COSO《内部控制——整合框架》(2016)

4. 下列各项中，在内部控制规范体系中处于最高层次并起统驭作用的规范是（　　）。

A. 企业内部控制基本规范　　B. 企业内部控制审计指引

C. 企业内部控制应用指引　　D. 企业内部控制制度

5. 下列各项中，领导本企业内部控制的日常运行机构是（　　）。

A. 董事会　　B. 经理层

C. 总会计师　　D. 审计委员会

6. 下列各项中，企业实施内部控制的首要环节是（　　）。

A. 制订实施方案　　B. 衡量控制结果

C. 确立控制目标　　　　　　D. 采取补偿措施

三、多项选择题

1. 下列各项中，属于企业内部控制配套指引的有（　　）。

A. 企业内部控制应用指引　　B. 企业内部控制评价指引

C. 企业内部控制审计指引　　D. 企业内部控制风险管理指引

2. 下列各项中，可能导致内部控制规则和程序面临风险的有（　　）。

A. 成本与效益　　　　　　　B. 管理层凌驾

C. 环境变迁　　　　　　　　D. 制度滞后

3. 下列各项中，对内部控制的理解错误的有（　　）。

A. 内部控制实质上是内部会计控制

B. 内部控制就是内部牵制

C. 内部控制并不是越严格越好

D. 内部控制制定后应一成不变

4. 下列各项中，属于企业内部控制按控制对象分类的有（　　）。

A. 财产物资的控制　　　　　B. 职能部门的控制

C. 业务过程的控制　　　　　D. 董事会的控制

5. 下列各项中，企业内部控制的局限性有（　　）。

A. 人为错误和越权管理　　　B. 公司内部缺乏制衡机制

C. 资本市场发育不完善　　　D. 投资者风险意识淡薄

四、案例分析题

资料：某国有大型企业为切实提升管理水平和风险防范能力，于2×20年12月10日召开了企业关于完善公司内部控制建设总结大会。大会上，总经理在总结发言时指出：“提升内部控制建设水平若干方案十分重要，可以杜绝财务欺诈、串通舞弊、违法违纪等现象的发生，这是关系到企业可持续发展的重要举措。为此，公司要上下齐行动，做好内部控制建设工作。”

会下，总经理针对公司效益下滑、面临亏损的情况，电话请示正在外地出差的董事长。董事长指示把财务报表做得漂亮一些，总经理把这项工作交给公司总会计师，要求按董事长的意见办。总会计师按公司领导的意图，对当年度的财务报表进行了技术处理，虚拟了若干笔无交易的销售收入，从而使公司报表由亏变盈。经诚信会计师事务所审计后，公司财务会计报告对外披露。

次年4月，在财务检查中，当地财政部门发现该公司存在重大会计作假行为，依据相关法规，拟对该公司董事长、总经理、总会计师等进行行政处罚，并分别下达了行政处罚告知书。该公司相关人员接到行政处罚告知书后，均要求举行听证会。在听证会上，有关当事人做了如下陈述：

董事长称：“我前一段时间出差在外，对公司情况不太了解。虽然在财务报表上签名并盖章，但只是履行会计手续，我不能负任何责任。具体情况可由公司总经理予以说明。”

总经理称：“我是搞技术出身的，主要抓生产和经营，对会计我是门外汉。我虽在财务报表上签名并盖章，但也只是履行程序而已。以前也是这样做的，我不应承担责任。有关财务报表情况应由总会计师解释。”

总会计师称：“公司对外披露的财务报表是经过诚信会计师事务所审计的，他们出具了无保留意见的审计报告。诚信会计师事务所应对本公司财务报表的真实性等内容负责，承担由此带来的一切责任。”

思考分析：

(1) 从企业内部控制理论和方法角度，指出总经理在会议总结发言中的观点有何不当之处，并分别简要说明理由。

(2) 根据我国与会计相关的法规，分析公司董事长、总经理、总会计师在听证会上的陈述是否正确，并分别说明理由。

第二章
企业内部控制基础理论

学习目标

本章主要阐述了企业内部控制的主体和客体、目标、要素、措施和原则等基础理论。

通过对本章的学习，应了解企业内部控制的主体和客体、内部控制要素、措施等概念，熟悉企业内部控制目标、内部控制要素的内涵，熟悉企业内部控制原则的基本内容，掌握企业内部控制的主体和客体内容、内部控制要素、内部控制目标和内部控制措施。

本章框架

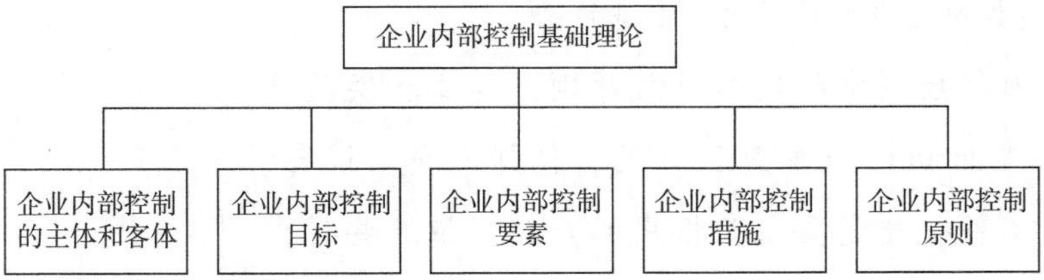

众所周知，任何问题的接触和了解都是从基本概念、基础理论开始的，对于问题的深入研究也必须在基本概念、基础理论的基础上进行，认识内部控制也需要了解内部控制的基本概念和基础理论。

导入案例

海尔集团在激烈的市场竞争中能够脱颖而出，成为世界级家电企业，得益于公司建立的一整套内部控制管理体系，其中认真贯彻“成本效益原则”无疑起到了重要的作用。

越是科学、严谨的企业内部控制，其推行的难度越大，实施过程中的控制成本越大。比如质量控制方面，就有张瑞敏砸冰箱砸出世界500强的故事：1985年的一天，张瑞敏的一位朋友要买一台冰箱，结果挑了很多台都有毛病，最后勉强拉走一台。朋友走后，张瑞敏派人把库房里的400多台冰箱全部检查了一遍，发现共有76台存在各种各样的缺陷。张瑞敏把职工叫到车间，问大家怎么办。多数人提出：这些冰箱并不影响使用，便宜点儿处理给职工算了。当时一台冰箱的价格为800多元，相当于一名职工两年的收入。张瑞敏说：“我要是允许把这76台冰箱卖了，就等于允许你们明天再生产760台这样的冰箱。”他宣布，这些冰箱要全部砸掉。谁干的谁来砸，并抡起大锤亲手砸了第一锤！很多职工砸冰箱时心疼得流下了眼泪。三年以后，海尔人捧回了我国冰箱行业的第一块国家质量金奖，从此，海尔集团依靠科学的管理、严格的质量控制逐渐发展成为家电业巨头。

结合企业内部控制中的成本效益原则，建立和实施产品质量内部控制付出的成本是巨大的，包括人员、设备、软件，以及因不符合质量要求而报废的产品，但这些付出和由此给海尔集团带来的经济效益相比，却是微不足道的。可以说，没有科学、系统的内部控制，就没有海尔集团的今天。① 那么，什么是企业内部控制的主体和客体？内部控

① 李兴付，皋玲．如何理解内部控制的成本效益原则［J］．商场现代化，2011（20）．

制有哪些要素？企业内部控制措施有哪些？企业在内部控制过程中应遵循哪些原则？通过对本章的学习，你将能够全面准确地回答上述问题。

第一节　企业内部控制的主体和客体

企业内部控制的主体是指谁实施企业内部控制，企业内部控制的客体是指企业对什么进行内部控制。所以，内部控制的主体和客体也就是解决谁实施控制和控制什么的问题。

一、企业内部控制的主体

企业内部控制的主体有广义与狭义之分。广义的主体包括对企业内部控制的需求主体和实施主体。需求主体是指谁对内部控制有需求，主要包括股东、潜在的投资者、管理当局、银行、供应商、其他外部利益相关者；实施主体是指谁会实施内部控制评价，包括企业董事会、监事会、经理层和全体员工。狭义的主体是指企业内部控制建设和实施的责任主体①。本节讲的内部控制的主体是指狭义的企业内部控制主体。

实施内部控制首要的任务是明确内部控制的实施主体。如果不能清晰地确定内部控制主体，将影响内部控制效率效果，容易造成管理缺位或管理混乱，建立和实施风险应对机制也就无从谈起。《企业内部控制基本规范》对企业内部控制的实施主体做出了基本规定："董事会负责内部控制的建立健全和有效实施。监事会对董事会建立与实施内部控制进行监督。经理层负责组织领导企业内部控制的日常运行。企业应当成立专门机构或者指定适当的机构具体负责组织协调内部控制的建立实施及日常工作。"科索（2013）指出："内部控制由董事会、管理层和其他人员实施，即其是由组织中的人及其言行

① 郑石桥．内部控制基础理论研究［M］．北京：中国国际广播出版社，2018.

举动来完成。”可见，内部控制的主体主要包括董事会、管理层和其他人员。按照组织层次划分，内部控制的主体可分为高层主体、中层主体和基层主体，它们在企业内部控制中的职责如表 2-1 所示。

表 2-1 企业内部控制的主体及其职责

<table>
<tr><th>主体</th><th colspan="2">职 责</th></tr>
<tr><td rowspan="4">高层主体</td><td colspan="2">高层主体由一个组织副职以上的管理者组成。对企业来说，高层主体包括董事会、监事会、经理层</td></tr>
<tr><td>董事会</td><td>就内部控制而言，董事会负责内部控制的建立健全和有效实施，对股东（大）会负责，对内部控制责任进行委托，对整个公司内部控制的有效性负有最终责任，包括对各个委员会负责的内部控制进行监督报告与审阅评价、对风险管理进行督导与调整等</td></tr>
<tr><td>监事会</td><td>对董事会和经理层的内部控制职责履行情况进行监督</td></tr>
<tr><td>经理层</td><td>具体负责内部控制的建立和实施</td></tr>
<tr><td>中层主体</td><td colspan="2">中层主体是组织内部各单位、各部门的负责人，他们需要对本单位、本部门内部控制的建立健全和有效实施负责。
职责如下：
（1）负责本单位、本部门的内部控制建立
（2）本人带头执行本单位、本部门的内部控制，并监督检查本单位、本部门其他人员执行内部控制
（3）组织本单位、本部门的内部控制自我评价
（4）负责本单位、本部门的内部控制缺陷整改
总体来说，中层主体在内部控制各环节都要承担责任</td></tr>
<tr><td>基层主体</td><td colspan="2">基层主体包括各岗位的普通员工，他们不需要对内部控制建立承担责任。
职责如下：
（1）执行本岗位相关的内部控制
（2）对本岗位相关的内部控制进行自我评价，及时发现内部控制缺陷并报告上级
（3）协助对本岗位相关的内部控制缺陷进行整改
总体来说，基层主体在内部控制执行、内部控制评价这些环节要承担责任</td></tr>
</table>

【注意】

尽管不同的管理级别有着不同的内部控制责任和职能划分，但是在企业的内部控制体系中，他们采取的行动应该是互相配合的。总经理根据法定职权、企业章程和董事会的授权，负责组织领导本企业内部控制的正常运行。总会计师（或者财务总监、分管财务会计工作的负责人）在董事长和总经理的领导下，主要负责与财务报告的真实可靠、资产的安全完整密切相关的内部控制的建立、健全与有效执行。

二、企业内部控制的客体

企业内部控制的客体也称内部控制对象，是指内部控制的最终指向物，也就是内部控制的主体通过一定的程序和方法作用的对象。在一个组织中，内部控制对象主要是指纳入控制过程和范围的财产、交易和信息。此外，一个组织的控制应该是全面和统一的控制，基于组织中的各个层次，如企业的部门、车间、班组、各个岗位等也是控制的对象；财产、交易和信息相互组合，形成组织内不同的业务阶段和业务内容（研发、生产、采购、销售等）的交易循环。据此，企业内部控制的客体可以概括为财产、信息和交易循环。

明确企业内部控制的客体，有助于确定内部控制目标，指导内部控制实践，有效地发挥内部控制的作用。

（一）财产

作为企业内部控制的客体的财产，是指组织占有的、能够带来经济利益的资源。它不仅包括具有经济价值和实物形态的物品，以及货币和有价证券，还包括智力成果、精神（或知识）财富。财产不完全等同于资产，资产强调拥有或控制，而享有财产的最低标准是“使用”。以企业经营租入设备为例，会计并不将其确认为资产，然而，从企业拥有其使用权的角度讲，该设备属于企业的资源，应当纳入企业内部控制对象中。

（二）信息

信息，泛指各种情报、资料、消息和数据。与企业内部控制对象相关的信息主要包括会计信息、统计信息。作为企业内部控制的客体的信息具有三个特性：信息系统中自身流程的合理性；信息记录内容、格式以及记录流转程序的合理性；具有畅通的特殊信息沟通渠道。

（三）交易循环

交易循环是以企业基本业务流程为基础的财产交易和信息的有机组合。

通常主要包括货币资金、实物资产、对外投资、工程项目、采购与付款、筹资、销售与收款、成本费用、担保等经济业务。一般而言，制造业企业的业务循环主要包括：销售与收款循环；购货与付款循环；生产循环；筹资与投资循环。

需要进一步说明的是，企业内部控制过程是企业内部控制的主体和客体相互作用的过程。因此，企业内部控制的主体和客体是不能孤立存在的，双方互为依存，如果失去一方，另一方就不能存在。在内部控制活动中，企业内部控制的主体和客体不是绝对的划分，在一定条件下会发生角色与职责的相互转换。

第二节　企业内部控制目标

一、企业内部控制目标的内涵

企业内部控制目标，是指企业开展内部控制活动想要达到的状态和标准，它为企业及其内部职工开展内部控制活动指明了方向，引导企业全体成员按目标统一行动。所以，有人把内部控制目标的这一作用比喻为内部控制集体活动的“北斗星”。同时，企业内部控制目标也为企业管理经济活动、制定和实施内部控制标准提供了依据，内部控制的方法、程序和措施都以内部控制目标为基础。企业内部控制目标不仅是企业内部管理人员制定决策方案的出发点，也是考核制定管理决策和执行工作优劣的尺度；外部审计人员或社会中介机构也把企业内部控制目标作为评价内部控制系统有效性的重要依据。

《企业内部控制基本规范》规定的企业内部控制的目标包括：一是合理保证企业经营管理合法合规；二是维护资产安全；三是保证财务报告及相关信息真实完整；四是提高经营效率和效果；五是促进企业实现发展战略。企业内部控制目标的确定，一方面可以使与企业相关的部门、单位或个人专注于内部控制的不同方面，分清不同部门或个人的直接责任；另一方面有助于区分各类内部控制的预期结果。

企业内部控制目标可分为基础目标和非基础目标两部分。

二、企业内部控制基础目标

(一) 保证企业经营管理合法合规

保证企业经营管理合法合规的目标简称“合规性目标”，是指内部控制要合理保证企业经营活动符合国家法律法规的要求，严禁违法经营、非法获利。制定合规性目标是防范违反法规的风险和损失。市场经济是法制经济，在法制的框架下市场才能有序运行，企业才能安全、高效发展。守法是企业长期生存和健康发展的基石，逾越法律底线，获得短期发展，终究会付出沉重代价。企业内部控制要求企业的发展必须在法律法规与制度框架之内，在法律允许范围内开展经济活动，严禁违法经营。同时，内部控制系统能够有效地将法律法规的内在要求嵌入控制活动和业务流程中，及时化解经营活动中的违规风险，促进企业可持续发展。

合规性目标与企业适用的法律法规有关，旨在合理保证企业的经营行为必须符合适用的法律法规，是企业内部控制最基础的目标。

(二) 维护资产安全和完整

维护资产安全和完整的目标简称“资产目标”，是指预防和控制资产管理过程中的风险和损失。资产一般是指企业、单位的货币资金、重要单据（支票、汇票、合同等）证明，股票、债券等有价证券。资产目标是企业对商品、产品以及其他重要的实物资产的安全和完整进行的保护，它是企业实现经营目标的物质前提。资产管理混乱，就可能导致有些资产被盗或被占为私有，或者被滥用、损坏。企业通过设定内部控制目标，利用企业内部控制系统，结合风险评估，实施有效的控制措施，主要达到三个方面的目的：一是确保资产在使用价值上的完整性，防止资产被挪用、转移、侵占、盗窃；二是确保资产在价值上的完整性，即防止资产被低价处置，损害企业利益；三是通过维护资产安全和完整，充分发挥资产效能，提高资产管理水平。

(三) 保证财务报告及相关信息真实完整

保证财务报告及相关信息真实完整的目标简称“报告目标”，是指企业内部控制要合理保证包括财务报告在内的各种经营信息的真实、完整、准确。真实完整的财务报告及相关信息是与企业有利益关系的各方进行政策决策的重要依据。这些信息反映了企业的过去与现状，并可预测企业的未来发展，有助于投资人进行投资决策、债权人进行信贷决策、管理者进行管理决策和宏观调控。同时，财务报告及相关信息反映了企业的经营业绩，乃至企业的价值增值过程。财务报告作为社会公共产品，其真实完整地体现了企业履行的社会责任。

事实上，控制和信息是密不可分的，决策导向的信息受限于内部控制，没有完备的内部控制便不能保证信息的质量。通过健全、完善的内部控制，可以保证财务报告及相关信息真实完整。

三、企业内部控制非基础目标

（一）提高经营效率和效果

提高经营效率和效果的目标简称“经营目标”。这个目标有两方面含义：一是与企业宗旨有关。企业是营利性组织，获利是其出发点和归宿，而企业能否获利往往直接取决于经营效率和效果，所以经营目标是内部控制要达到的核心目标。二是经营目标与企业资源利用的有效性及其效率有关。所有的企业都是在一个资源有限的环境中运作的，一个企业实现其目标的能力取决于其能否以低廉的成本取得高质量的资源（经济性），并对资源进行合理配置，避免不必要的工作和浪费（效率）。同时，资源的稀缺性会随着时间的推移而变化，企业只有实现对资源的优化配置以及高效、高质量使用资源，才能保证企业实现可持续发展。因此，提高经营效率和效果是企业发展所追求的永恒主题。

实施有效的企业内部控制，可以通过一系列的控制手段和方法，提高企业经营活动的效率和效果。例如，通过明确企业内部各个层次之间的权责利关系，充分有效地使用资源，提高经营绩效；通过优化业务流程，提高经营效率；通过建立畅通的信息与沟通体系，提高决策和反馈效率；通过构建完善的绩效考核机制，激励职工提高工作效率。

（二）促进企业实现发展战略

促进企业实现发展战略目标简称“战略目标”，它是企业内部控制的最高目标和终极目标。在企业管理领域，发展战略是企业在对现实状况和未来趋势进行综合分析和科学预测的基础上，制定并实施的长远发展目标与战略规划。其中，长远发展目标是企业未来发展方向和奋斗目标，如企业产品的发展方向、企业生产的发展规模、企业技术发展水平和技术改造方向等；战略规划是指对企业未来具有重大的、全局性的、前瞻性任务的谋划。对任何组织而言，没有发展战略就意味着没有了方向。因此，在企业内部控制的系列目标中，促进企业实现发展战略是企业内部控制最高层次的目标。究其原因，一方面，企业内部控制最终所追求的是如何通过强化风险管控企业实现发展战略；另一方面，实现企业发展战略必须以建立和健全内部控制体系作为保证。

在企业内部控制的五个目标中，战略目标与其他目标是统领与被统领的关系。战略目标统领其他目标，其他四个目标服从并服务于战略目标。内部控制目标的构成及其相互关系如图 2-1 所示。

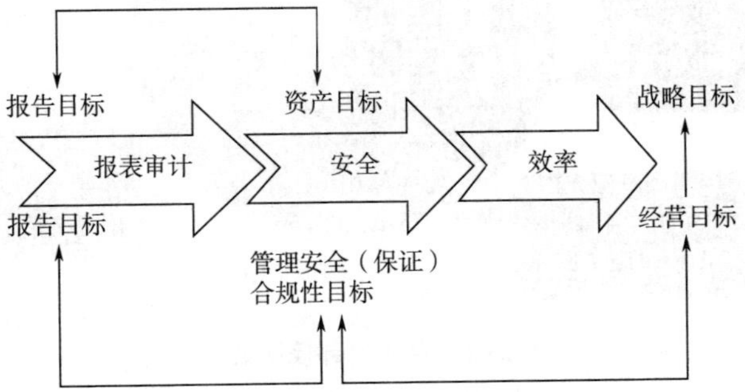

图 2-1　企业内部控制目标的构成及其相互关系

由图 2-1 可知，企业内部控制的五个目标不是彼此孤立的，而是相互联系，共同构成一个完整的内部控制目标体系。其中，战略目标是最高目标，是与企业使命相联系的终极目标；经营目标是战略目标的细化、分解与落实，是战略目标的短期化与具体化，是内部控制的核心目标；资产目标是实现经营目标的物质前提；报告目标是经营目标的成果体现；合规性目标是实现经营目标的有效保证。

第三节　企业内部控制要素

企业内部控制要素是组成内部控制系统的基本元素或单元，这些要素构成了企业内部控制的内容。《企业内部控制基本规范》规定企业内部控制包括内部环境、风险评估、控制活动、信息与沟通、内部监督五个相互关联的要素。这五要素构成了完善的内部控制系统，五要素贯穿于企业内部控制全过程，缺少任何一个要素都将影响内部控制的质量。企业内部控制要素如图 2–2 所示。

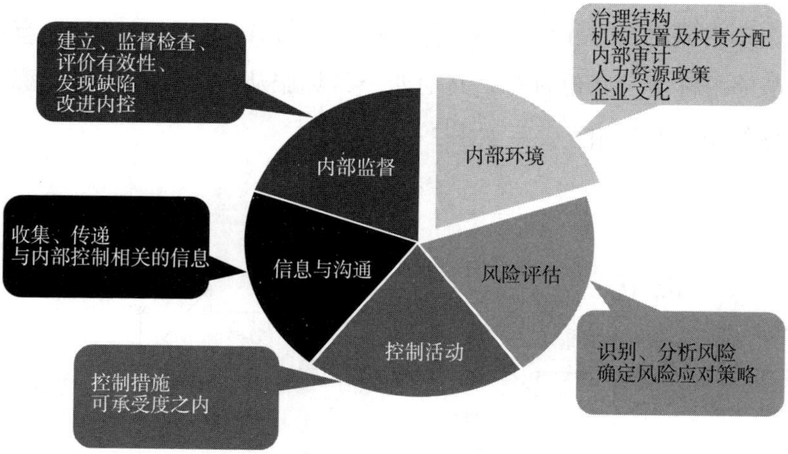

图 2–2　企业内部控制要素

一、内部环境

内部（控制）环境，是指为在企业中实施内部控制提供基础的一套标准、流程和结构。它能够为内部控制的实施提供基础①。《企业内部控制基本规范》规定，内部环境是企业建立与实施内部控制的基础。内部环境的作用是提供企业纪律与架构，塑造企业文化，并影响企业员工的控制意识。内部环

① Treadway 委员会发起组织委员会（COSO）. 内部控制：整合框架（2013）［M］. 北京：中国财政经济出版社，2014.

境一般包括治理结构、机构设置及权责分配、内部审计、人力资源政策、企业文化等。企业内部环境影响着企业内部控制的方方面面，是内部控制其他四个要素的基础，在企业内部控制建立与实施中发挥着基础性作用。如果没有良好的内部环境，现代企业内部控制将形同虚设。

二、风险评估

《企业内部控制基本规范》指出，风险评估是企业及时识别、系统分析经营活动中影响内部控制目标实现的相关风险，合理确定风险应对策略。企业要生存发展，就必然要面对来自企业内外部的种种风险。在内部控制中，风险通常是指未来的不确定性对企业实现其经营目标的影响。[①] 或者说，风险是指某项事件会发生对组织实现其目标产生负面影响的可能性。[②] 企业内部控制风险影响内部控制功效发挥或导致内部控制失效，如天灾、盗窃、市场竞争激化、外汇和资源行情的变动等外部因素；信息系统故障及不合理、会计处理发生错误和不当行为、个人信息及重要的商业信息流失或泄露等内部因素。导致企业内部控制风险的因素是多方面的，主要包括内部控制执行不力、治理结构不完善、信息和沟通问题严重、监督不到位等。

三、控制活动

控制活动，是指企业通过政策和程序所确立的行动，旨在协助企业管理层对降低影响目标实现的风险的方针落实。[③] 《企业内部控制基本规范》指出，控制活动是企业根据风险评估结果，采用相应的控制措施，将风险控制在可承受度之内。企业应当结合风险评估结果，通过手工控制与自动控制、预防性控制与发现性控制相结合的方法，运用相应的控制措施，将风险控制在可承受范围之内。控制措施一般包括：不相容职务分离控制、授权审批控制、会计系统控制、财产保护控制、预算控制、运营分析控制、绩效考评控制等。

---

① 国务院国有资产监督管理委员会．中央企业全面风险管理指引（国资发改革〔2006〕108号）．

② Treadway委员会发起组织委员会（COSO）．内部控制：整合框架（2013）［M］．北京：中国财政经济出版社，2014.

③ Treadway委员会发起组织委员会（COSO）．内部控制：整合框架（2013）［M］．北京：中国财政经济出版社，2014.

四、信息与沟通

信息与沟通，是指企业及时、准确、完整收集整理与企业经营管理相关的各种内外部信息，并借助信息技术，促使这些信息以恰当的方式在企业各个层级之间进行及时传递、有效沟通和正确使用的过程。

信息与沟通贯穿于内部控制体系的内部环境、风险评估、控制活动、内部监督四个基本要素，同时是四个基本要素的重要工具，为企业内部控制的有效运行提供信息保证，从而有助于提高企业内部控制的效率和效果。

五、内部监督

内部监督是企业内部控制得以有效实施的机制保障，其旨在评估内部控制要素及相关原则是否存在并持续运行。作为评估企业内部控制体系在一定时期内运行的质量监督活动，内部监督是由企业各层级员工共同参与实施的完整系统。不论是内部控制的建立与实施，还是内部控制系统的评价与报告，均离不开内部监督。监督方式可以通过持续监督活动、个别评价或两者的结合来实现。持续监督发生在企业经营的过程之中，包括日常管理和监控活动，以及员工在履行他们的职责时采取的其他行动。通过监督活动帮助董事会及经理层预防、发现和整改内部控制设计与运行中存在的问题和薄弱环节，以便及时加以改进，确保内部控制体系有效运行。需要说明的是，受成本效益原则制约，内部监督只能对企业内部控制有效性的合理评价提供支持。

第四节　企业内部控制措施

控制活动是对企业所面临的风险具有抑制作用的内部控制要素，它结合风险评估结果，运用相应的措施，将风险控制在可承受范围之内，以确保企业管理层能贯彻执行风险应对方案的政策和程序。其功能是抑制风险发生的可能性或减少风险发生后的损失。企业内部控制活动以控制措施为抓手或着力点。企业内部控制措施一般包括：不相容职务分离控制、授权审批控制、会计系统控制、财产保护控制、预算控制、运营分析控制和绩效考评控制等。

一、不相容职务分离控制

所谓不相容职务，是指那些如果由一个人担任，既可能发生错误和舞弊行为，又可能掩盖其错误和舞弊行为的职务。不相容职务一般包括授权批准与业务经办、业务经办与会计记录、业务经办与财产保管、会计记录与财产保管、业务经办与稽核检查等。

对于不相容的职务，如果不实行相互分离的措施，极易发生舞弊等行为。如某人同时负责现金的收取和应收账款的会计记录，可能会通过注销应收账款和截留应收账款等方法私自挪用现金；同时负责购货订单的审批和货物的收取，可能以组织的名义为个人购入货物，在收取货物时利用职务之便将货物占为已有；同时负责付款的审批和购货订单的签发与审核，可能会伪造购货业务并支付货款，从中贪污现金。

不相容职务分离控制，要求企业全面系统地分析、梳理业务流程中所涉及的不相容职务，实施相应的分离措施，形成各司其职、各负其责、相互制约的工作机制。

不相容职务分离的核心是“内部牵制”。因此，企业在设计内部控制系统时，一方面应确定哪些岗位和职务是不相容的；另一方面要明确规定各个机构和岗位的职责权限，使不相容岗位和职务之间能够相互监督、相互制约，形成有效的制衡机制。因资源限制等原因无法实现不相容职务相分离的，企业应当采取抽查交易文档、定期资产盘点等替代性控制措施。不相容职务分离控制内容如图 2-3 所示。

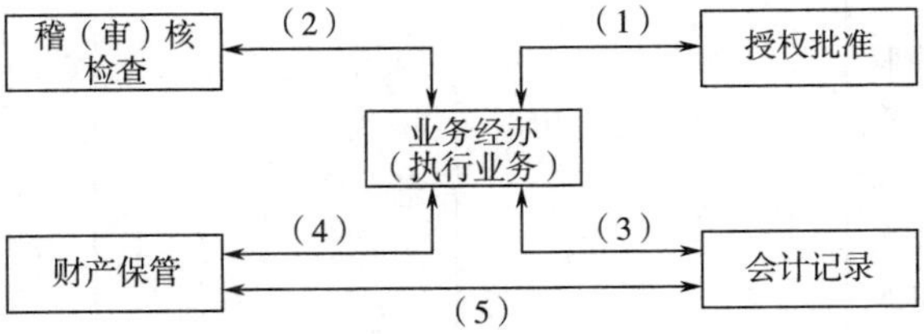

图 2-3　不相容职务分离控制

根据图 2-3，不相容职务分离控制具体内容如下：①授权进行某项经济业务的职务和执行该项经济业务的职务分离，如有权决定或审批材料采购的人员不能同时兼任采购员职务。②执行某项经济业务的职务和审核这项经济业务的职务分离，如填写销货发票的人员不能兼任审核人员。③执行某项经济业务的职务和记录该项经济业务的职务分离，如销货人员不能同时兼任会计记账工作。④保管某些财产物资的职务和对其进行记录的职务分离，如会计部门的出纳员与记账员分离，不能兼任。⑤保管某些财产物资的职务和核对实存数与账存数的职务分离，不能兼任。

不相容职务分离原则的实际应用情况如表 2-2 所示。

表 2-2　不相容职务分离原则的应用

不相容职务分离原则			
不得由一人办理货币资金业务的全过程	不得由同一部门或个人办理合同业务全过程	不得由同一部门或个人办理固定资产采购业务的全过程	不得由同一部门或个人办理投资业务的全过程
不相容职务的分离			
(1) 会计职务与出纳职务分离，出纳人员不得兼任稽核、会计档案保管和收入、支出、费用、债权债务账目的登记工作 (2) 会计职务与审计职务分离 (3) 支票保管职务与印章保管职务分离 (4) 支票审核职务和支票签发（由出纳担任）职务分离 (5) 银行印鉴保管职务、企业财务章保管职务、人名章保管职务分离，不得由一人保管支付款项所需的全部印章	(1) 合同签署（或委托签署）职务与条款订立职务分离 (2) 条款订立职务与法律顾问职务分离 (3) 合同谈判职务与合同定价职务分离 (4) 合同履行职务与收付款职务分离 (5) 合同审计职务与上述合同相关职务分离	(1) 批准采购职务与采购经办职务分离 (2) 询价定价职务与确定供应商职务分离 (3) 采购职务与验收职务分离 (4) 付款审批职务与付款执行职务分离 (5) 采购职务、入库登记职务、会计记录职务分离	(1) 投资计划的编制职务与投资的审批职务分离 (2) 投资业务的操作职务与会计记录职务分离 (3) 有价证券的保管职务与会计记录职务分离 (4) 投资股利、利息的经办职务与会计核算职务分离

二、授权审批控制

（一）授权与授权审批控制的内涵

一般而言，授权是指使企业、单位或个人承担法定义务的权力从一个人正式书面转移到另一个人。授权是在组织内部共享权力，将部分权力和相应职责授予直接下属或其他部门、人员，其本质特征就是决策权力的下放过程，也是职责的再分配过程。

授权审批控制是指企业在办理各项经济业务时，必须经过规定程序的授权批准从而进行控制。如在公司制企业中，一般由股东（大）会授权给董事会，然后再由董事会授予企业的总经理和有关管理人员。企业每一层的管理人员既是上级管理人员的授权客体，又是对下级管理人员授权的主体。授权审批控制强调的是明确企业内部经济活动各岗位办理业务和事项的权限范围、审批程序和相关责任，目的是确保相关人员按照职责权限进行经营活动，确保审批人按照授权范围和审批程序进行业务审批，从而防止相关人员未经授权就行使相应的权力、开展相应的经济活动，防止审批人超越授权范围审批业务。

如果工作人员进行某项活动未得到授权批准，则实施舞弊的机会将大大减少。例如，如果某人未被授权批准进入贵重物品保险库，则不可能盗窃保险库中的财物。如果某人未被授权批准核准采购，则不可能订购个人自用物品并由公司进行付款。反之，如果对企业工作人员没有实行授权审批控制，则其实施舞弊机会将会大大增加。

授权审批控制对企业的影响主要表现为三个方面：

第一，企业所有人员未经授权，不能行使相应权力；

第二，企业的所有业务未经授权不能执行；

第三，对于审批人超越授权范围的审批业务，经办人员有权拒绝办理，并向上级授权部门报告。

授权审批这一控制程序具有多种形式：密码授权批准某人使用电脑和接触特定的数据库，印鉴卡授权批准某人进入贵重物品保险库、兑现支票或履行其他职能，费用限额则授权批准某人在预算或经同意的额度内花费公款。

（二）授权审批的形式

授权审批的形式通常有常规（一般）授权和特别授权。

1. 常规授权

常规授权，是指企业在日常经营管理活动中按照既定的职责和程序进行的授权，用以规范经济业务的权力、条件和有关责任者，其时效性一般较长。常规授权具体分为基本授权和岗位授权两类。基本授权是指针对具体业务赋予特定单位或部门的事务决策权、人事任免权或财务审批权等权力；岗位授权是指根据具体业务管控要求，将基本授权细化落实到内部控制流程关键环节，明确相应执行人的权力范围和责任。

2. 特别授权

特别授权，是指企业在特殊情况、特定条件下，对办理例外的非常规性交易事项的权力、条件和责任的应急性授权。与常规授权不同，特别授权的对象是某些例外的经济业务，只涉及特定的经济业务处理的具体条件及有关具体人员。这些例外的经济业务往往是个别的、特殊的，一般没有既定的计划、制度等标准为依据，需要根据具体情况进行具体的分析研究。

特别授权是对非正常业务处理的授权，具有无连续性授权或为一次性授权之特征，一旦业务完成，授权也就自行撤销。

（三）授权审批控制的内容

授权审批控制的内容一般包括：

（1）授权批准的范围。授权批准的范围通常包括企业所有常规性业务活动，从业务的预算编制、执行、业绩报告到事后的考核等，均应授权相关岗位人员办理。

（2）授权批准的层次。企业应当根据经济业务的重要性和金额大小确定不同的授权批准层次。

（3）授权批准的责任。企业应当明确被授权者在履行权利时应当对哪些具体业务负责，避免授权责任不清，出现问题后无法追究责任的情况发生。

（4）授权批准的程序。企业应规定每一类经济业务的审批程序，以便按照程序办理审批，避免越级审批或违规审批。

（四）授权审批控制的要求

企业必须建立授权审批体系，编制常规授权的权限指引，规范特别授权的范围、权限、程序和责任，严格控制特别授权。对于重大的业务和事项，企业应当实行集体决策审批或者联签制度，任何个人不得单独进行决策或擅自改变集体决策。授权审批控制应符合以下基本要求：

第一，要明确一般授权与特别授权的界限和责任；

第二，要明确每类经济业务的授权审批程序；

第三，要建立必要的检查制度，以保证经授权后所处理的经济业务的工作质量。

三、会计系统控制

会计系统，是指用于确认、计量、记录和报告经济业务事项的财务信息系统。会计系统控制，是指通过会计系统而实施的控制活动。根据《企业内部控制基本规范》的要求，会计系统控制要求企业严格执行国家统一的会计准则制度，加强会计基础工作，明确会计凭证、会计账簿和财务会计报告的处理程序，建立和完善会计档案保管和会计工作交接办法，实行会计人员岗位责任制，充分发挥会计的监督职能。

会计系统按照服务对象可分为财务会计和管理会计，它们都是企业内部控制的重要组成部分。

（一）财务会计控制

财务会计控制就是通过对企业发生的各项经济业务进行确认、计量、记录和报告等活动而实施的控制。

从会计工作分工看，依法设置会计机构，配备会计从业人员，建立会计工作的岗位责任制，对会计人员进行科学合理的分工，使之相互监督和制约，实现控制目的。

从财务会计程序看，每个环节都有效地实施了控制，财务会计控制程序基本框架如图 2-4 所示。

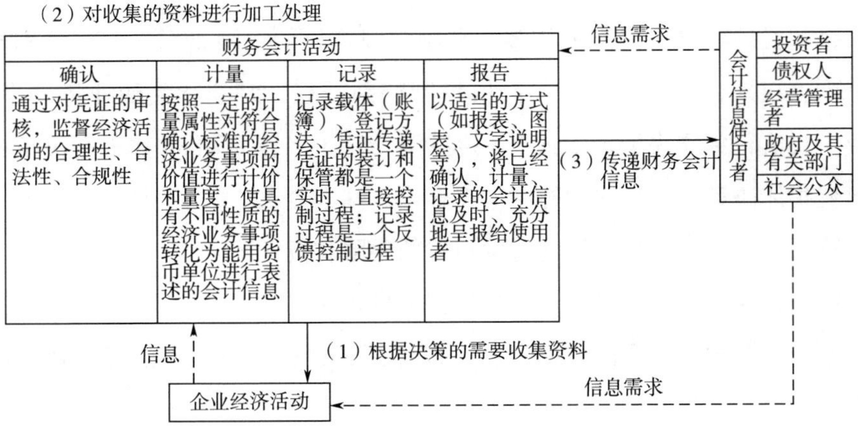

图 2-4 财务会计控制程序

（二）管理会计控制

管理会计主要服务于企业内部管理需要，是通过利用相关信息，融合财务与业务活动，在企业规划、决策、控制和评价等方面发挥重要作用的管理活动。管理会计的基本框架如图 2-5 所示。①

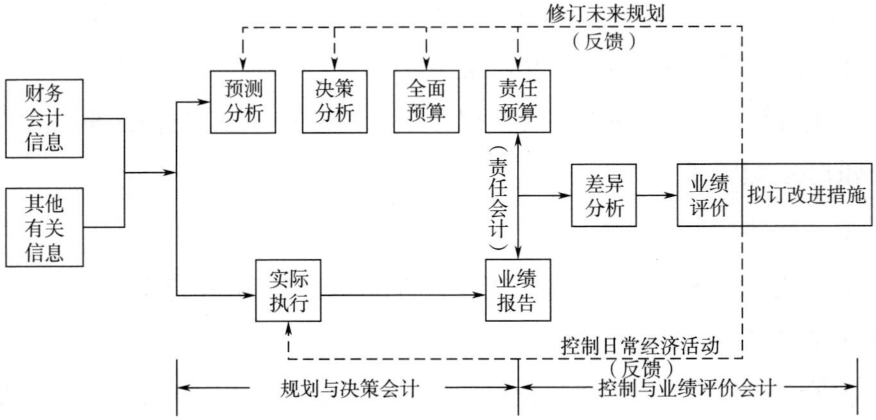

图 2-5 管理会计的基本框架

图 2-5 表明，管理会计重在"创造价值"，它渗透于企业管理的全过程，管理会计的内容由两大部分构成，即控制和规划。就控制而言，有明确的控

① 李天民．管理会计学［M］．北京：中央广播电视大学出版社，1984.

制标准和方法（存货控制、预算控制、标准成本控制等），针对控制标准进行比较、评判，及时剔除不合法、不经济的行为因素，及时修正。规划是对未来事务和行为的谋划，属于反馈控制系统。反馈实际是面向未来的控制，以基本会计信息及分析、预测信息为中介，通过一系列的信息分析与处理规范和控制未来决策与行为。因此可以说，管理会计的全部内容和方法都属于控制的范畴或源于控制的需要。

四、财产保护控制

保护财产安全是内部控制的重要目标之一。财产保护控制要求企业建立财产日常管理制度和定期清查制度，采取财产记录、实物保管、定期盘点、账实核对等措施，确保财产安全。

从广义上说，财产保护控制包括对企业实物的采购、保管、发货及销售等各个环节。财产保护控制的措施主要包括：

（1）财产记录和实物保管。关键是要妥善保管涉及财产的各种文件资料，避免记录受损、被盗、被毁。对重要的文件资料，应当留有备份，以便在遭受意外损失或毁坏时重新恢复，这在计算机处理条件下尤为重要。

（2）定期盘点和账实核对。它是指定期对实物资产进行盘点，并将盘点结果与会计记录进行比较。盘点结果与会计记录如不一致，说明资产管理上可能出现错误、浪费、损失或其他不正常现象，应当分析原因、查明责任、完善管理制度。

（3）限制接近。指严格限制未经授权的人员对企业财产的直接接触，只有经过授权批准的人员才能接触该资产。限制接近包括限制对资产本身的接触和通过文件批准方式对财产使用或分配的间接接触。一般情况下，对货币资金、有价证券、贵重物品、存货等变现能力强的财产必须限制无关人员的直接接触。

五、预算控制

预算是用数字形式编制的未来一定时期的计划，或者说是未来一定时间实现企业经营目标的具体化、数量化步骤。它是对未来企业在一定时期内经营、资本、财务等各方面的收入、支出、现金流的总体计划。企业预算可分为经营预算、专门决策预算和财务预算。

预算控制是对单位各项经济业务编制详细的预算或计划，并通过授权，由有关部门对预算或计划的执行情况进行控制。预算控制的目的是通过制定系统性的预算审批流程，协调相关方的努力和相关营运活动，分析实际结果与预算的差异并向负责方提供适当的反馈，以确保预算目标的实现。预算控制的基本要求包括：一是所编制预算必须体现单位的经营管理目标，并明确责权；二是预算在执行中，应当允许经过授权批准对预算进行调整，以使预算更加切合实际；三是应当及时或定期反馈预算执行情况。

预算控制具体内容见本书的第五章第十节全面预算。

六、运营分析控制

运营分析是对企业内部各项业务、各类机构的运行情况进行独立分析或综合分析，进而掌握企业运营的效率和效果，为持续的运营优化调整奠定基础。

运营分析控制就是通过企业建立运营情况分析制度，综合运用生产、购销、投资、筹资、财务等方面的信息，利用因素分析、对比分析、趋势分析等方法，定期开展运营情况分析，发现存在的问题，及时查明原因并加以改进。运营分析控制内容如图 2-6 所示。

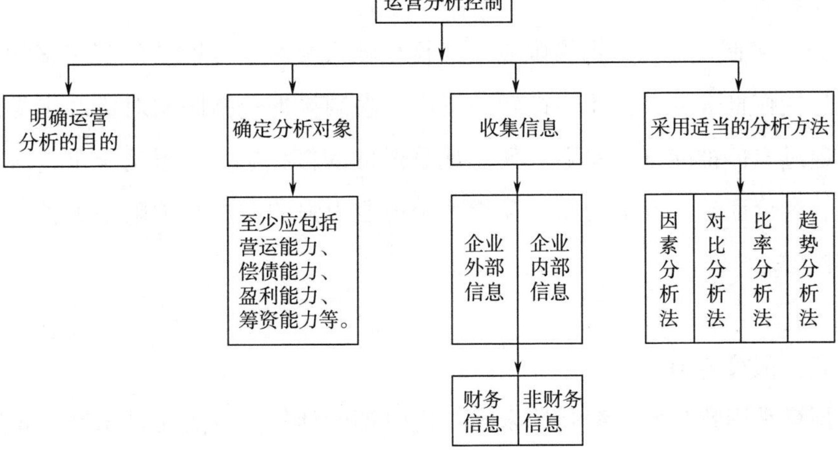

图 2-6　运营分析控制内容

关于收集信息，需要说明的是，企业可以通过财务会计资料、经营管理资料、调研报告等渠道获取内部信息；可以通过行业协会、中介机构、市场调查以及有关监管部门等渠道获取外部信息。

（一）因素分析法

因素分析法，是依据财务指标与其指标驱动因素之间的关系，从数量上确定各因素对指标影响程度的一种方法。该方法将财务指标分解为几个可以量化的因素，并根据各个因素之间的依存关系，顺次用各因素的比较值（通常为实际值）替代基准值（通常为历史值、标准值或计划值），据以测定各因素对财务指标的影响。由于分析时要逐次进行各因素的有序替代，因此又称为连环替代法。

因素分析法一般分为四个步骤：

第一，确定分析对象，即确定需要分析的财务指标，比较其实际数额和标准数额（如上年实际数额），并计算两者的差额；

第二，确定该财务指标的驱动因素，即根据该财务指标的内在逻辑关系，建立财务指标与各驱动因素之间的函数关系模型；

第三，确定各驱动因素的替代顺序；

第四，按顺序计算各驱动因素脱离标准的差异对财务指标的影响。

例如：设某一分析指标 M 是由相互联系的 A、B、C 三个因素相乘得出的数值，报告期（实际）指标 M_1 和基期（计划）指标 M_0 为：

$$报告期（实际）指标\ M_1=A_1\times B_1\times C_1$$

$$基期（计划）指标\ M_0=A_0\times B_0\times C_0$$

计算报告期（实际）指标与基期（计划）指标的差值，找出分析对象。在测定各因素变动指标对指标的影响程度时可按顺序进行，如表 2-3 所示。

把各因素变动综合起来，总影响（ΔM）：

$$\Delta M=M_1-M_0=［④-③］+［③-②］+［②-①］$$

因素分析法完整分析过程如表 2-3 所示。

表 2-3　因素分析法应用过程

<table>
<tr><td>分析对象</td><td colspan="4">报告期（实际）指标-基期（计划）指标=影响总额（M）
⑤-①</td></tr>
<tr><td>①</td><td>②</td><td>③</td><td>④</td><td>⑤</td></tr>
<tr><td rowspan="4">基期（计划）指标
$M_0=A_0\times B_0\times C_0$</td><td>第 1 次替换</td><td>第 2 次替换</td><td>第 3 次替换</td><td rowspan="3">报告期（实际）指标：
$M_1=A_1\times B_1\times C$
$M_1=A_1\times B_1\times C_1$</td></tr>
<tr><td>$M_0=A_1\times B_0\times C_0$</td><td>$A_1\times B_1\times C_0$</td><td>$A_1\times B_1\times C_1$</td></tr>
<tr><td>②-①
A 变动对 M 的影响</td><td>③-②
B 变动对 M 的影响</td><td>④-③
C 变动对 M 的影响</td></tr>
<tr><td colspan="3">A 变动额+B 变动额+C 变动额=总变动额（影响总额）</td><td></td></tr>
</table>

（二）对比分析法

对比分析法是通过实际数与基数的对比来揭示实际数与基数之间的差异，从而了解经济活动的成绩和问题的一种分析方法。对比分析法又可分为绝对数比较和相对数比较两种形式。其中，绝对数比较，是利用指标绝对数进行对比并寻找差异的一种方法。这种方法是通过将反映企业某一方面财务指标的绝对值进行对比和分析，以确定财务指标的增减变动情况。相对数比较，是指由两个有联系的指标（数值）对比计算的，用以反映客观现象之间数量联系程度的综合指标，其数值表现为相对数。由于研究目的和对比基础不同，相对数主要有结构相对数、比例相对数、比较相对数、计划完成程度相对数、动态相对数等。

（三）比率分析法

比率分析法是把某些彼此存在关联的项目加以对比，计算出比率，据以确定经济活动变动程度的分析方法。采用这种方法，能够把某些条件下的不可比指标变为可以比较的指标，以利于进行分析。

七、绩效考评控制

根据《企业内部控制基本规范》的要求，企业应建立和实施绩效考评制度，科学设置考核指标体系，对企业内部各责任单位和全体员工的业绩进行定期考核和客观评价，将考评结果作为确定员工薪酬以及职务晋升、评优、降级、调岗、辞退等的依据。

（一）绩效考评的内涵

“绩效考评”一词是由“绩效”、“考核”与“评价”三个词复合而成的概念。

绩效是业绩和效率的统称，包括行为过程和行为结果两层含义。绩效，是指组织或个人在一定时期内投入产出的效率与效能。其中，企业投入指的是人、财、物、时间、信息等资源，产出指的是工作任务和工作目标在数量与质量方面的完成情况。绩效通常有两层含义：一是任务执行的完整过程，类似于某一时间段内的录像；二是任务执行的结果，类似于最终时点的快照。那么，任务的执行是否达到所预期的效果？这就需要进行绩效考评。考评是考核与评价的简称，指用一定标准检查和衡量任务或活动的价值或质量高低或完成情况。

企业绩效考评，是指运用数理统计和运筹学原理，采用特定的指标体系，对照统一的标准，按照一定的程序，通过定量定性对比分析，对企业一定经营期间的经营效益和经营者业绩做出客观、公正和准确的综合评判。[①] 对于绩效考评的理解应主要把握以下几点：

第一，绩效考评主体。绩效考评主体又称评价组织机构，是评价行为的组织发动者，一般为股东或股东大会、董事会及经理层。

第二，绩效考评目的。绩效考评目的是整个评价活动的灵魂，是指通过绩效考评所要达到的境地或结果。企业管理者应根据绩效考评的结果进行有效决策，引导和规范员工行为，促进实现发展战略和提高经营效率效果。

第三，绩效考评对象或内容。经营者评价内容分为企业业绩和经营者个人业绩。

第四，绩效考评机制的运作环节。绩效考评机制的运作环节包括确定绩效考评目标，设置考核指标，选择考核评价标准，通过定期考核和客观评价形成评价结论，制定奖惩措施等。

（二）绩效考评的模式

1. 平衡计分卡法

平衡计分卡法是一个绩效考核系统。它从企业发展战略“提高企业市场

---

① 财政部统计评价司．企业绩效评价工作指南［M］．北京：经济科学出版社，2002.

价值，提高企业净现金流量”出发，从财务、顾客、内部业务流程、学习与成长四个维度，将战略目标逐层分解转化为具体的、相互平衡的绩效指标体系，并据此进行绩效管理。平衡计分卡绩效考评方法采用全面的评估指标体系，是同其他绩效考评方法区别的关键所在。平衡计分卡法的核心是注重企业战略，以顾客为导向，平衡企业长期目标与短期目标、结果目标和过程目标、部门绩效和个人绩效、历史绩效与未来业绩、财务指标与非财务指标、外部关注和内部管理等管理要素，以提高顾客满意度，提高产品竞争力。平衡计分卡法适用于战略目标明确、管理制度比较完善、管理水平相对较高的企业绩效考评，可使管理者全面了解企业，把企业战略转化成具体目标和考评指标。

平衡计分卡法的操作流程是：明晰组织使命、发展战略和重要的绩效领域，从财务状况、顾客服务、内部流程和学习与成长四个维度确定各个领域目标，分解目标并根据目标设定具体绩效考评指标，根据绩效考评指标确定工作方案和任务，对绩效进行跟踪评估并进行修正完善，调动一切资源确保战略和使命的完成。

平衡计分卡法的指标体系分为三个层次：

第一层次是从企业愿景和战略出发划分出四个维度，即财务、顾客、内部业务流程和学习与成长，如图 2-7 所示。

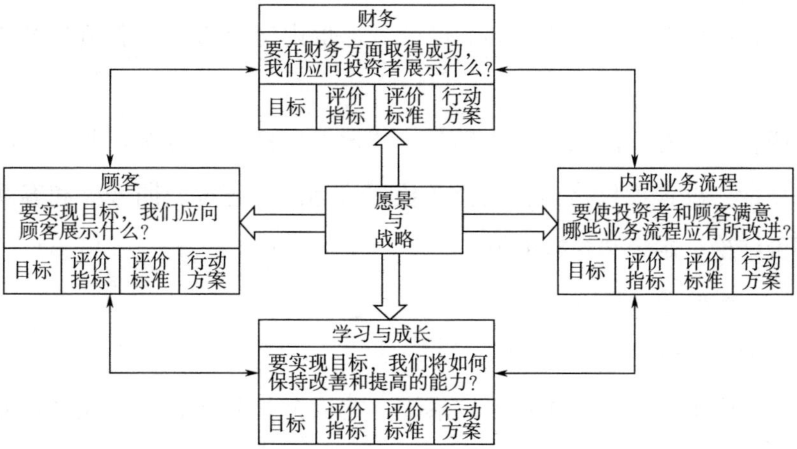

图 2-7　平衡计分卡法

第二层次即划分出的四个维度中每个维度所包含的内容。

（1）财务维度。此维度目标是解决“股东如何看待我们”这一类问题。表明企业的努力是否最终对企业的经济收益产生了积极的作用，注重提升企业自身市场价值。

（2）顾客维度。这一维度回答“顾客如何看待我们”的问题。顾客是企业之本，是现代企业的利润来源。顾客就是企业的服务对象。

（3）内部业务流程维度。着眼于企业的核心竞争力，以及在业务领域内所必须擅长的技能，解决“我们的优势是什么”的问题。企业应当选出那些对顾客满意度有最大影响的业务流程，明确自身的核心竞争能力，并把它们转化成具体的测评指标。

（4）学习与成长维度。这是指企业的自我学习和提高的能力，此维度目标是解决“我们是否能继续提高并创造价值”的问题。只有持续不断地开发新产品，为客户创造更多价值并提高经营效率，企业才能打入新市场，赢得顾客的满意，从而增加股东价值。

第三层次即对每一维度的具体内容进行可量化测评的指标。

（1）财务维度。对企业价值目标的计量是离不开相关财务指标的。财务维度指标通常包括利润、收入、现金流量、投资回报率、经济增加值、增加的市场份额等。

（2）顾客维度。顾客需求和顾客满意程度应成为企业关注的焦点。常用的顾客维度指标包括按时交货率、新产品销售占全部销售的百分比、重要客户的购买份额、顾客满意度指数、顾客忠诚度、新客户增加比例、客户利润贡献度等。

（3）内部业务流程维度。内部业务流程维度指标包括生产布局与竞争情况、生产周期、单位成本、产出比率、缺陷率、存货比率、新产品投入计划与实际投入情况、设计效率、原材料整理时间或批量生产准备时间、订单发送准确率、货款回收与管理、售后保证等。

（4）学习与成长维度。学习与成长维度指标主要包括产品创新、过程创新和生产水平提高等方面内容，如新产品开发周期、员工满意度、平均培训时间、再培训投资和关键员工流失率等。

根据这四个不同的维度，平衡计分卡中的“平衡”包括外部评价指标（如股东和客户对企业的评价）和内部评价指标（如内部经营过程、新技术学习等）的平衡；成果评价指标（如利润、市场占有率等）和产生成果的驱动因素评价指标（如新产品投资开发等）的平衡；财务评价指标（如利润等）和非财务评价指标（如员工忠诚度、客户满意程度等）的平衡；短期评价指标（如利润指标等）和长期评价指标（如员工培训成本、研发费用等）的平衡。

平衡计分卡法打破了传统绩效考评中只重视财务指标的做法，而是采用全面评估指标体系评价企业绩效，这是平衡计分卡法同其他绩效考评方法区别的关键所在。

2. 关键绩效指标法（KPI）

关键绩效指标法，是指基于企业战略目标，通过建立关键绩效指标体系，将价值创造活动与战略规划目标有效联系，并据此进行绩效管理的方法。

关键绩效指标法是基于以下理念实施的：企业必须明确自己在一定时期的经营战略，明确判断哪些客户、项目、投资或活动超出了组织的战略边界，经理人员应该将精力集中在与公司战略推进有关的项目上，以提高管理效率。选择绩效评价指标的目的只有一个，那就是保证企业所有人员的视线都盯住企业的战略目标。因此，必须简化评价指标体系，选择并提炼那些可以衡量企业战略实施效果的关键指标，搭建最能代表绩效的关键指标体系。该体系既能定量测算量化工作绩效，也可以定性评价企业绩效管理水平的高低。

关键绩效指标法的操作流程是：

（1）认清关键绩效指标的本质。关键绩效指标是对企业绩效产生关键影响力的指标，是通过对企业战略目标、关键成果领域的绩效特征分析，识别和提炼出的最能有效驱动企业价值创造的指标。关键绩效指标是连接个体绩效与组织目标的一个桥梁。通过这些指标建立一种机制，将企业战略转化为企业的内部过程和活动，不断增强企业的核心竞争力和持续地取得高效益。

（2）确定关键绩效指标的级别、各级别指标的制定方法以及指标的类型，如表 2-4 所示。

（3）关键绩效指标选取的方法。关键绩效指标应定义明确、可度量、与战略目标高度相关。每一层级的关键绩效指标的数量不宜过多。选取关键绩效指标的依据有三个：第一，根据关键成果的领域，识别关键成功要素，确定关键绩效指标；第二，按照所属单位（部门）对企业总目标所承担的职责，逐级分解和确定关键绩效指标；第三，按照工作流程各环节对企业价值的贡献程度，识别出关键业务流程，将企业总目标层层分解至关键业务流程相关所属单位（部门）或岗位（员工），从而确定关键绩效指标。

表 2–4　关键绩效指标的级别、制定方法和类型

<table>
<tr><th rowspan="2">级别</th><th rowspan="2">制定方法</th><th colspan="2">关键绩效指标的类型</th></tr>
<tr><th>结果类指标：反映企业绩效的价值指标</th><th>动因类指标：反映企业关键驱动因素的价值指标</th></tr>
<tr><td>企业级关键绩效指标</td><td>企业应根据战略目标，结合价值创造模式，综合考虑企业内外部经营环境等因素，设定企业级关键绩效指标</td><td rowspan="3">投资报酬率、权益净利率、经济增加值、息税前利润、自由现金流量等</td><td rowspan="3">资本性支出、单位生产成本、产量、销量、客户满意度、员工满意度等</td></tr>
<tr><td>所属单位（部门）级关键绩效指标</td><td>根据企业级关键绩效指标，结合所属单位（部门）关键业务流程，按照上下结合、分级编制、逐级分解的程序，在沟通反馈的基础上，设定所属单位（部门）级关键绩效指标</td></tr>
<tr><td>岗位（员工）级关键绩效指标</td><td>根据所属单位（部门）级关键绩效指标，结合员工岗位职责和关键工作价值贡献，设定岗位（员工）级关键绩效指标</td></tr>
</table>

（4）关键绩效指标的权重及目标值。

关键绩效指标的权重分配应以企业战略目标为导向，反映被评价对象对企业价值贡献或支持的程度，以及各指标之间的重要性水平。单项关键绩效指标的权重一般设定在 5%～30%，对特别重要的指标适当提高权重。

企业确定关键绩效指标目标值，一般可参考国家有关部门或权威机构发布的行业标准或参考竞争对手标准；企业内部标准如企业战略目标、年度生产经营计划目标、年度预算目标、历年指标水平等；如果不能按前两项方法确定，可根据企业历史经验值确定。

需要说明的是，关键绩效指标法既可以单独使用，也可与经济增加值法、平衡计分卡法等其他方法结合使用。

3. 经济增加值法（EVA）

经济增加值法，是指以经济增加值为核心，建立绩效指标体系，引导企业注重价值创造，并据此进行绩效管理的方法。经济增加值是指税后净营业利润扣除全部投入资本的成本后的剩余收益。

经济增加值的计算公式为：

经济增加值=税后净营业利润-平均资本占用×加权平均资本成本

式中：

（1）税后净营业利润衡量的是企业的经营盈利情况，计算经济增加值时，需要进行相应的会计项目调整，以消除财务报表中不能准确反映企业价值创造的部分：①研究开发费、大型广告费等一次性支出但收益期较长的费用，应予以资本化处理，不计入当期费用；②反映付息债务成本的利息支出，不作为期间费用扣除，计算税后净营业利润时扣除所得税影响后予以加回；③当期发生的营业外收支从税后净营业利润中扣除；④将当期减值损失扣除所得税影响后予以加回，并在计算资本占用时相应调整资产减值准备发生额。

（2）平均资本占用反映的是企业持续投入的各种债务资本和股权资本；加权平均资本成本反映的是企业各种资本的平均成本率。

经济增加值及其改善值是全面评价经营者有效使用资本和为企业创造价值的重要指标。经济增加值为正，表明经营者在为企业创造价值；经济增加值为负，表明经营者在消耗企业价值。

需要说明两点：一是经济增加值法较少单独应用，一般与关键绩效指标法、平衡计分卡法等其他方法结合使用；二是企业应用经济增加值法进行绩效管理的对象，一般是企业及其所属单位、部门和高级管理人员。

【例 2-1】某企业现有甲、乙两个部门，其 2020 年度相关财务数据如表 2-5 所示。假设没有需要调整的项目，计算甲、乙两部门的经济增加值。

表 2-5　某企业基本财务数据

部门	税后经营利润（万元）	资产总额（万元）	加权平均资本成本（%）
甲部门	560	3 200	8
乙部门	590	3 360	9

甲部门的经济增加值＝560−3 200×8%＝304（万元）

乙部门的经济增加值＝590−3 360×9%＝287.6（万元）

结果表明，虽然甲部门税后经营利润不如乙部门高，但其经济增加值更大。因此，从经济增加值的角度来看，甲部门的绩效更好。

从经济增加值法的基本理论和方法可以看出，经济增加值不仅是最直接的与股东财富的创造联系起来的一种业绩评价指标，同时，它第一次真正把管理者的利益和股东利益统一起来，使管理者像股东那样思考和行动。而且，经济增加值法是一种治理公司的内部控制制度。在这种控制制度下，所有员工可以协同工作，积极地追求最好的业绩。

4. 目标管理法（MBO）

目标管理法是以目标为导向，以人为中心，以成果为标准，而使组织和个人取得最佳业绩的现代管理方法。目标管理法作为一种成熟的绩效考核模式，始于管理大师彼得·德鲁克的目标管理模式。之后，美国著名的管理学大师哈罗德·孔茨等对德鲁克的目标管理理论进行了全面系统的阐述。

目标管理法是一种程序，它促使组织中的上级和下级一起协商，根据组织的使命确定一定时期内组织的总目标，由此决定上、下级的责任和分目标，并把这些目标作为组织经营、评估和奖励每个单位和个人贡献的标准。目标完成情况作为各部门或个人绩效评定的依据。目标管理法不是用目标来控制下级，而是用它来激励下级。

目标管理法实施的具体程序如下：

（1）目标设定。把任务尽可能地转化为目标体系，使组织内的每个部门、每一个人都明确自己的工作目标，按目标导向原则来指导人们的行动，从而实现由被动管理转向主动管理。

（2）目标分解。目标应一层一层地分解到各部门，使各部门也清楚各自工作目标。根据公司总体的目标将目标分解至各部门并确定权重，根据公司发展策略制定相应的配合目标和绩效评估指标。

目标分解应符合以下要求：①目标分解应按整分合原则进行，将总体目标分解为不同层次、不同部门的分目标，各个分目标的综合又体现总体目标，并保证总体目标的实现。②分目标要保持与总体目标方向一致，内容上下贯通，保证总体目标的实现。③目标分解中，要注意到各分目标所需要的条件及其限制因素，如人力、物力、财力和协作条件、技术保障等。各分目标之间在内容与时间上要协调、平衡，并同步地发展，不影响总体目标的实现。④各分目标的表达也要简明、扼要，有具体的目标值和完成时限要求。目标分解的具体程序如图 2-8 所示。

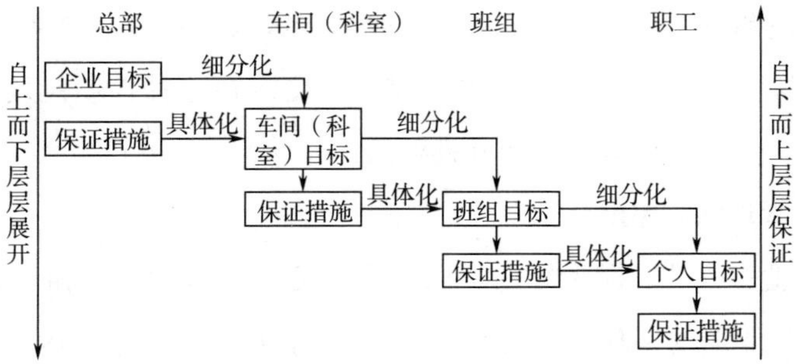

图 2-8　目标分解的具体程序

（3）目标的实施。一般来说，目标实施过程分为目标状态的进程控制和关键点控制两部分。目标状态的进程控制是指由直接下达目标的主管逐级对目标的实施过程进行控制。主管可以把目标展开、将总目标划分为具体目标值、建立信息系统和信息反馈制度，根据目标的特点和要求，采取日报、周报、月报、季报等形式，将目标实施的情况及时反馈给控制者，并且根据实施中的偏差，及时提出有力的控制措施，纠正偏差。

关键点控制是一种重要的控制形式。通过对关键点进行目标控制，推动总体目标的实现。做好关键点控制的要点是选好关键点。关键点选择的原则为：选择重点目标为关键点；选取重点对策为关键点；选取重点单位为关键控制点。

（4）成果评价。目标管理注重结果，因此对部门及个人目标的完成情况必须进行自我评定、群众评议、领导评审。通过评价活动，肯定成绩、发现问题、及时总结目标执行过程中的成绩与不足，完善下一个目标管理过程。

成果评价应注意以下三点：①绩效指标既是企业主要的管理工具，也是员工学习改进及提高积极性的工具。考核指标应是明确、具体、有挑战性的，并且兼顾短期目标与长期目标的平衡。②考核内容应联系到客户满意程度及对公司的价值创造，通过与工作及权力范围的联系以增加员工的积极性。③考核方法必须公平，应由最了解业务的经理负责，也须由高层领导定期参与，并实行360度绩效评估。其中，360度绩效评估是指从员工自己、上司、直接部属、同事甚至顾客等多个角度全方位地了解个人的绩效。

企业内部控制的内容，归根结底是由内部控制基本要素组成的。这些要素及其构成方式，决定着内部控制的内容与形式。设计内部控制，可以根据企业特征和需求（如企业规模、业务构成、管理水平等），对内部控制要素加以有机组合。

第五节　企业内部控制原则

企业内部控制原则是企业建立和实施内部控制应当遵循的基本标准。它为企业内部控制指明方向，约束内部控制行为，是保证内部控制质量的依据。关于企业内部控制原则，强调以下四点：第一，企业内部控制原则是内部控制概念框架体系的重要组成或理论单元，它源于企业长期内部控制实践，具有客观性。第二，企业内部控制原则是企业从事内部控制活动应遵循的行动准则，但它不具有法律那样的强制力。第三，企业内部控制原则是能指引企业正确选择和运用内部控制的程序和方法。第四，企业内部控制原则会根据社会经济结构的变革、企业管理要求的变化等不断修订和完善。

一、全面性原则

全面性原则强调企业的内部控制应当贯穿决策、执行和监督全过程，覆盖企业及其所属单位的各种业务和事项。企业内部控制是一个全员控制、全程控制和全面控制的控制系统。千里之堤溃于蚁穴，企业建立和实施内部控制应当避免存在盲区，一定要将相关控制渗透到管理决策、执行、监督等各个环节，实现全员、全程、全面控制。

（一）全员控制

全员控制，是指内部控制需要企业全体成员的参与，并渗透到每个基层员工、中层部门经理、高层领导、董事会等各部门和人员，他们既是施控主体，又是受控主体。企业的活动是由人实施的，内部控制的政策和程序是由人控制的，因此内部控制效果由全员决定和承担。企业内部控制应由董事会、监事会、经理层和全体员工实施，保证内部控制目标的实现。

（二）全程控制

全程控制，是指内部控制需要对企业整个经营管理活动过程进行全面的控制。内部控制范围包括企业经营管理、资产安全、财务报告及相关信息、经营效率和效果以及企业发展战略。全程控制既涉及管理部门授权与指导供、产、销等生产经营管理的方式，也包括报告核算、分析、检查各种信息的程序。同时，企业内部控制与企业法人治理、企业风险管理和战略管理互动，兼顾企业长期规划与短期目标、战略目标与经营目标。全程控制必须将内部环境、风险评估、控制活动、信息与沟通、内部监督这五要素落实完善到位。

（三）全面控制

全面控制，是指企业内部控制必须全面规范企业的各项经营活动，使得企业业务活动的各个方面都有章可循，形成一个完整的、相互补充、相互协调的内部控制制度体系。

二、重要性原则

重要性原则是指企业内部控制应当在全面控制的基础上，一定要关注重要业务事项和高风险领域。

重要性原则要求企业内部控制在兼顾全面的基础上，格外关注重要业务事项和高风险领域。建立与实施内部控制应当突出重点、兼顾一般，着力防范可能对企业“伤筋动骨”的重大风险。在内部控制过程中做出重要性判断时，企业必须从单项和总体两方面考虑。企业要单独考虑每一事项的重要性，但同时也要注意若干不重要的事项加总后可能形成重要事项。应用重要性原则需要进行一定的职业判断，企业应当根据所处行业环境和经营特点，从业务事项的性质和涉及金额两方面来考虑是否及如何实行重要性控制。

三、制衡性原则

制衡性原则是指企业内部控制应当在治理结构、机构设置及权责分配、业务流程等方面相互制约、相互监督，同时兼顾运营效率。

相互制衡是建立和实施企业内部控制的核心理念，更多地体现为不相容机构、岗位或人员的相互分离和制约。可以从横纵两个方面理解相互制衡：一是横向完成某个环节的工作需由彼此独立的两个部门或人员协调运作、相互监督、相互制约、相互证明；二是纵向完成某个工作须经过上下两个或两个以上等级的岗位和环节，并且要求下级受上级监督，上级受下级牵制。具体而言，制衡性原则主要体现在以下四个方面：

第一，在公司治理层面，内部控制要形成股东（大）会、董事会、监事会和经理层之间的制衡关系。

第二，在经营层面，一般情况是在业务组织机构设置及权责分配、业务流程上将责任落实到个人，对于涉及不相容职务的经济业务都应严格加以分离、相互牵制。否则，可能会导致滥用职权或串通舞弊，给企业经营发展带来重大隐患。

第三，对内部控制进行监督、检查、评估的部门或人员要有其独立性。

第四，制衡必须要以各部门、各方面人员相互配合为前提，要统筹兼顾、相互协调，不能影响效率。

四、适应性原则

适应性原则是指企业内部控制体系应当与企业经营规模、业务范围、竞争状况和风险水平等相适应，并随着情况的变化及时加以调整。一是企业内部控制的建立和实施要考虑部门规模和管理模式，企业制定战略目标要顺应社会环境的现实，进行风险管理须随时应对竞争环境挑战，促进企业可持续发展；二是内部控制的内容应与企业的内外部环境及其变化相适应，应体现企业经营规模、业务范围、业务特点及风险状况等方面的控制要求；三是企业要依据环境和内外部条件随机应变，灵活采取相应的、适当的内部控制方法；四是企业应当在保持稳定的基础上，根据内外部环境的变化，不断对内部控制加以优化和改进。

五、成本效益原则

成本效益原则是指企业内部控制活动应以成本效益原则作为支配思想。在市场经济条件下，企业追求最大的经济效益是其一切经营活动的主题。企业的内部控制活动也不例外。成本效益原则中的成本，是指拟实施的内部控制所耗费的各种资源，比如内部控制建设、运行以及维护过程中的资源耗费所确认的设计成本、实施成本、评价成本和其他成本等；效益则是指以合理的资源（成本）投入达到的控制目标及实现程度，如合理保证企业经营管理合法合规、资产安全、财务报告及相关信息真实完整，提高经营效率和效果，促进企业实现发展战略等。成本效益不是指经济效益的高低，而是指企业在占有一定资源的前提下如何在合理的时间内，以合理的成本投入，达到预期的内部控制目标。

对一个企业的内部控制来说，成本效益原则可以理解为当企业运用某内部控制系统时，必须保证实施此项控制所引起的成本增加小于其所带来的效益增加。企业之所以要努力降低内部控制成本，是为了避免给企业带来负面影响或损失，确保企业的效益。

在成本效益原则中，企业内部控制成本具有现实性、确定性，影响企业的效益也是直接的，而其对企业收益的影响具有间接性、长远性以及社会性。为此，企业应从可持续发展整体层面和具体业务层面权衡利弊，分析确定内部控制成本与效益之间的关系，并对内部控制的程序和方法进行取舍，选择恰当的内部控制措施。

企业内部控制的五项原则对企业内部控制建设提出了总体性的要求，形成了一个完整的体系，既体现了牵制与制衡，又体现了全方位、全过程的控制以及动态适应性的要求。

关键词汇

内部控制原则（principles of internal control）

内部控制要素（internal control elements）

内部控制措施（internal control measures）

内部控制目标（internal control objectives）

内部监督（internal supervision）

风险评估（risk assessment）

内部牵制（internal check）

平衡计分卡法（balanced scorecard method）

经济增加值法（economic value added method）

目标管理法（management by objectives）

关键绩效指标法（key performance indicator）

比率分析法（ratio analysis method）

因素分析法（factor analysis）

会计系统控制（accounting system control）

思考与练习

一、思考题

1. 企业内部控制的目标分为几个层次？各个目标之间的关系如何？

2. 企业建立与实施内部控制应把握哪些原则？全面性原则、重要性原则与成本效益原则具有怎样的内在联系？

3. 企业内部控制要素包括哪些内容？简述信息与沟通要素的作用。

4. 企业内部控制环境包括哪些内容？试举例说明内部控制环境的作用。

5. 什么是不相容职务分离控制？不相容职务相分离具体表现在哪些方面？

6. 简述在内部控制措施中会计系统控制的作用。

7. 什么是预算？简述预算控制的作用。

8. 什么是运营分析？简述运营分析控制的方法及其作用。

二、单项选择题

1. 下列各项中，属于企业内部控制基础目标的是（　　）。

A. 强化内部监督　　B. 维护资产安全

C. 提高经营效率和效果　　D. 促进企业实现发展战略

2. 企业内部控制应当在全面控制的基础上，关注重要业务事项和高风险领域。体现的内部控制原则是（　　）。

A. 全面性原则　　B. 重要性原则

C. 制衡性原则　　D. 适应性原则

3. 甲公司的股东要求管理层建立重大风险预警机制，明确风险预警标准，对可能发生的重大风险条件，制订应急方案，明确相关责任人和处理流程、程序和政策，确保重大风险事件得到及时、稳妥处理。甲公司股东的要求所针对的内部控制要素是（　　）。

A. 控制活动　　B. 内部监督

C. 信息与沟通　　D. 风险评估

4. 下列职务中，不属于不相容职务的是（　　）。

A. 授权业务与执行业务　　B. 记录业务与审核业务

C. 记录资产与保管资产　　D. 授权业务与审核业务

5. 2007 年河北省邯郸农行盗窃案中，管库员之间钥匙、密码的交接混乱，库房钥匙登记簿与实际情况不符。这些内部控制失范行为与下列内部控制要素最为相关的是（　　）。

A. 内部环境　　　　　　B. 控制活动

C. 风险评估　　　　　　D. 内部监督

三、多项选择题

1. 下列各项企业活动中，属于内部控制活动的有（　　）。

A. 办公楼设置门禁系统

B. 人力资源部门安排员工年度考核评价

C. 员工要请事假，须向部门经理申请及获得批准

D. 复核行政部门向贵州捐款建设希望小学是否符合预算

2. 甲公司管理层为了改进完善内部控制，正在重新检查本公司现有的职责、岗位设置的合理性。下列各项中，属于兼任不相容岗位的情况有（　　）。

A. 财务部主任同时担任采购部的审批主管

B. 记录存货明细账的会计人员同时负责存货的实物管理

C. 行政部经理兼任工会主席

D. 销售部经理同时负责客户信用的调查评估与销售合同的审批签订

3. 甲信托投资公司自成立以来，结合业务特点和内部控制要求设置内部机构，明确职责权限，将权力和责任落实到责任单位，同时综合运用风险规避、风险降低、风险分担和风险承受等风险应对策略，实现对风险的有效控制。根据我国《企业内部控制基本规范》的规定，该公司的上述做法涉及的内部控制要素有（　　）。

A. 风险评估　　　　　　B. 内部环境

C. 信息与沟通　　　　　D. 控制活动

4. 下列各项中，属于采用平衡计分卡法进行业绩考评需要考虑的有（　　）。

A. 顾客维度　　　　　　B. 股东维度

C. 债权人维度　　　　　D. 学习与成长维度

5. 不相容职务之间应实行分离。下列各项中，属于会计记录应与其相

分离的有（　　）。

A. 会计监督　　　　B. 业务经办

C. 财产保管　　　　D. 预算编制

四、案例分析题

1. 资料：2021 年 12 月末，某新组建的有限责任公司召开内部控制体系建设专题会议，部署实施企业内部控制体系建设工作。在专题会议上，董事长发言要点如下：内部控制对于提升企业内部管理水平和风险防范能力、促进企业持续健康发展意义重大。本公司作为首批实施内部控制规范的企业，应当树立强烈的责任感和使命感。请在座各位务必高度重视，将实现企业经济效益最大化作为内部控制体系建设的唯一目标，全力做好相关工作。

思考分析：根据《企业内部控制基本规范》和《企业内部控制配套指引》，分析判断该公司董事长的发言存在哪些不当之处，并简要说明理由。

2. 资料：甲公司是一家物业管理服务企业。为了加强风险管理与内部控制，甲公司制定了较为详细的规范业务流程的工作程序。以下是甲公司现金出纳的主要工作程序：

①出纳人员办理收款业务时先把收到的现金清点入库，再给交款人开具收据，交款人签字、收款人签字、加盖财务专用章等收据要素要齐全。

②出纳人员每天必须根据交款人已签字的收据汇总金额盘点现金，做到账实相符。

③出纳人员每天中午前将核对无误的现金存入银行。当天下午收到的现金在 18：00 后进行清点，然后把现金放进保险库。

④出纳人员对当天经手的银行存款及现金交易在每天 18：00 后使用会计软件填制凭证，并打印相关凭证记录，核实其相关交易内容。可打印凭证记录均预先连续编号。

⑤月度终了，出纳人员及时收集银行对账单，及时核对银行对账单余额与会计记录中的余额，编制银行存款余额调节表，调节表交财务经理审

核签字确认。

思考分析：

(1) 指出甲公司上述工作程序中涉及的三项控制活动，并简要说明其所属类别。

(2) 针对甲公司上述第③项和第④项工作程序，指出可以强化内部控制的改进措施。

第三章
内部控制环境

学习目标

本章主要阐述了内部控制环境的基本理论。

通过对本章的学习，应了解内部控制环境的概念和基本内容，熟悉治理结构、人力资源管理、企业文化在内部控制中所起的作用，掌握机构设置及权责分配、内部审计的内容。

本章框架

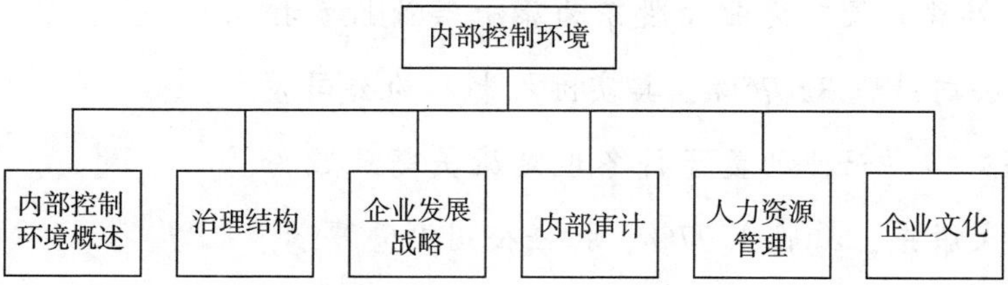

导入案例

康美药业股份有限公司成立于1997年，注册资金76 440万元，2001年3月在上交所上市。公司的主要业务是中医药的研发、生产和销售。经过20年的发展，康美药业凭借自身独特的企业文化和经营理念，持续推动业绩稳步上升，已成为医药行业的“领头羊”，在行业内享有较好的声誉。然而，康美药业300亿元货币资金不翼而飞，给其股价带来了强烈的冲击，市值一落千丈。2018年12月底，康美药业因涉嫌信息披露违法违规，中国证监会对康美药业展开立案调查。2019年4月30日，康美药业发布了高达300亿元的“会计差错”。5月17日，证监会查明康美药业2016~2018年的财务报表中存在重大虚假。

“白马股”变成黑天鹅的背后是内部控制的严重失效。其中，内部环境问题主要表现在以下方面：一是内部控制制度浮于表面。康美药业虽然建立了内部控制制度，但制度未能及时更新，也严重脱离公司现状；同时，管理层内部控制意识薄弱，公司制度形同虚设，如已在制度中明确规定的“先签订工程协议，后开工建设”等条款，未能得到有效推行，先开工后补手续时有发生。二是人力资源管理投入不足。对于新老员工，公司都缺乏系统的培训，相关人员的专业水平无法满足公司业务快速发展的需要。三是公司治理存在弊端。康美药业大股东为康美实业投资控股有限公司，该公司持股32.75%，其实际控制人为公司董事长兼总经理马兴田，而他的妻子许冬瑾是康美药业股份有限公司的第七大股东，持股1.97%，担任公司副董事长、副总经理。马兴田夫妇的主导地位导致了公司治理结构未能实现监督制衡的作用，股权集中度偏高，控股股东对其制衡力量不足，康美药业的治理结构存在严重缺陷。①

什么是内部控制环境？内部控制要素除案例涉及的内容外，还包括哪些内容？在内部控制要素中，其地位如何？通过对本节的学习，可以对上述问题有一个全面的理解和认识。

---

① 卞海鋆．上市公司内部控制案例研究：以康美药业为例．［J］．现代商贸工业，2020（16）．

第一节　内部控制环境概述

一、内部控制环境的内涵

企业内部控制环境简称“内部环境”。它是对内部控制建立和发展产生影响的各种因素的总称，是实施内部控制的基础。《企业内部控制基本规范》第五条规定：“内部环境是企业建立与实施内部控制的基础，一般包括治理结构、机构设置及权责分配、内部审计、人力资源政策、企业文化等。”

企业内部控制不是存在于真空之中，它是在一定的环境下建立和发展的。离开这个特定环境，内部控制就是空中楼阁，内部环境影响和决定着内部控制建设的质量，影响内部控制目标的实现。可以看出，内部环境是内部控制其他组成要素的基础，是有效实施内部控制的保障。

内部环境的内涵十分丰富，应着重理解以下六个方面：

第一，内部环境概念始于董事会、监事会等高级管理层，这是他们为企业确定的“最高层基调”，是建立内部控制流程最重要的第一步，是其他所有构成要素的基础，为其他要素提供规则和结构，具有治理、引导、约束和控制的作用，对内部控制整体实施产生全面影响。

第二，内部环境是内部控制所有其他要素的基础，它犹如内部控制的根基，如果根基不牢固，再漂亮的建筑也不会长久。内部环境是其他四个要素的保护伞，如果没有一个有效的控制环境，其他四个要素无论质量如何，都不可能形成有效的内部控制。美国一本内部控制的书中这样形容控制环境的作用[①]：假设一个人走在去火车站的路上，雨下得很大。在路上，他需要用手机打个电话并带份报纸回家。没有雨伞，他不可能有效地执行这些任务。但是雨伞提供了一个“最小的环境”，在其中他可以得到保护，而且能以最可能

① 卡尼．联邦政府内部控制［M］．北京：中国时代经济出版社，2009.

成功的机会完成这些任务。内部环境保护了他，正如这个雨伞一样，没有这个拱形的保护，他将很难实现目标。

第三，内部环境是增强或弱化企业各种方针、政策、组织效率等各种因素作用的一种氛围。

第四，内部环境受到多种内部因素和外部因素的影响，包括企业的历史和价值观、市场、竞争和监管环境等。

第五，内部环境可视为内部控制文化的同义词。文化是企业控制环境的一部分，也是构成其他内部控制要素的元素。有效的内部控制文化要素包括积极向上的价值观和社会责任感，诚实守信、爱岗敬业、开拓创新和团队协作精神等，这些文化元素都能够使控制环境更有效。同时，企业建立的一系列预期价值或行为标准，如整体价值观、高级管理人员管理理念、经营哲学与职业操守、员工行为守则等，也实现了企业文化要素对控制环境的支持。

第六，现代企业是在一定的环境中进行经营的，构成企业内部控制的因素分为企业外部环境和企业内部环境。企业外部环境对企业内部控制的影响更多体现的是约束和规范，但不能把它作为内部控制系统的组成部分，因为它超出了企业的控制能力；而企业内部环境是直接造成各企业内部控制形式和内容差异的根本原因。相对于企业的内部控制来讲，内部环境显得格外重要，并被视为内部控制的基本构成要素。

二、内部控制环境的地位

内部控制环境的地位需要通过与其他内部控制因素相互比较予以确认。内部控制五要素之间的相互关系如图 3-1 所示。

内部环境位于内部控制要素体系的最底部。内部环境是内部控制的基础，对其他要素产生影响。由于企业在实施战略的过程中会受到内外部环境的影响，所以企业需要通过一定的技术手段找出那些会影响战略目标实现的有利因素和不利因素，并对其存在的风险隐患进行定量和定性的分析，从而确定相应的风险应对策略，这就是风险评估，它是采取控制活动的根据。信息与沟通在这五个要素中处于一个承上启下、沟通内外的关键地位。根据明确的风险应对策略，企业需要及时采取应对措施，有效控制风险，尽量避免风险

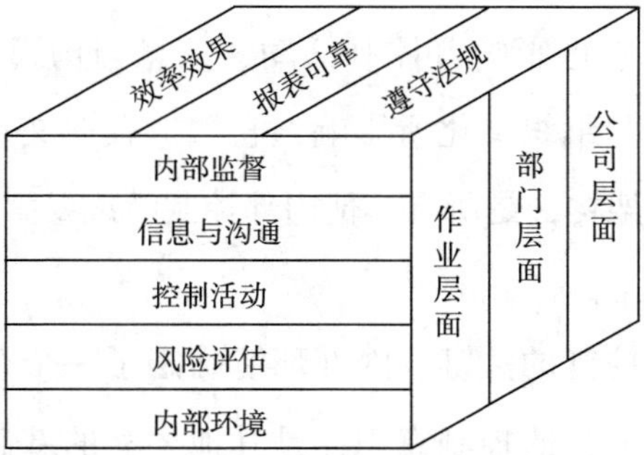

图 3–1　企业内部控制五要素之间的关系

的发生，尽量降低企业的损失，这就是控制活动因素。内部监督在最高部，这表示内部监督是针对内部控制其他要素的，是自上而下的单项检查，是对内部控制的质量进行评价的过程。

内部环境是整个内部控制的基础，是推动企业发展的引擎，也是其他一切要素的核心，决定了其他控制要素能否发挥作用，是内部控制其他要素作用的基础。内部环境的好坏决定着内部控制其他要素能否有效运行。内部环境与其他组成因素之间的相互作用需要通过信息与沟通这一桥梁才能发挥作用；风险评估、控制活动和内部监督的实施需要以信息与沟通的结果为依据，它们的结果也需要通过信息与沟通渠道来反映。缺少了信息传递和内外沟通，内部控制其他因素就可能无法保持紧密的联系，整个框架也就不再是一个有机的整体。

如果没有一个比较好的内部控制环境，再好的内部控制制度都将流于形式，一切内部控制措施都是空谈。内部控制环境直接影响企业信誉、经营活动、企业目标的实现。内部控制环境在内部控制理论体系中占据着基础性的地位，对内部控制的实施效果起决定性作用。

三、内部控制环境的作用

为什么同样的制度会在不同企业间发挥不同的作用？为什么企业之间相似的内部控制的形式和内容会产生巨大差异？显然，内部控制环境发挥了不可替代的作用。内部控制环境的作用正如科索（COSO，2013）报告所言：

“对企业架构及其活动的方式、制定之目标及所评估的风险而言，控制环境均有重大影响，此外，它也影响着控制活动、信息与沟通系统以及监督活动。控制环境受企业历史和组织文化所影响，它塑造企业文化，影响员工的控制意识，它提供纪律与架构，是所有其他内部控制组成要素的基础。”①

（一）基础作用

内部环境是内部控制的关键。内部环境确定了一个企业的基调，它影响着整个企业内部所有人员的控制意识，是其他要素的基础；内部环境影响着企业程序运用的一致性以及会计系统和控制程序运用的总体效果。

（二）决定作用

内部环境决定了企业风险管理、控制活动、信息与沟通、监督等要素作用的发挥，是内部控制其他要素作用的基础。从构成内部环境的各要素来看，董事会、审计委员会、管理者体现公司治理结构，在内部控制系统中起关键性作用；组织结构的有效性、权责划分与委派提供控制架构，是内部控制作用发挥的保障；而企业文化、经营理念以及企业与控制有关人员的素质、品行、价值观与道德观，则是内部环境及整个内部控制系统的基础，影响其他内部控制组成要素的设计、执行与监控，是其他一切赖以成功的根本。

第二节　治理结构

一、治理结构概述

治理结构是“公司治理结构”的简称，它是“公司治理”与“结构”复合而成的概念。公司治理有狭义或广义之分。狭义的公司治理，是指股东与公司的关系，是股东对公司（管理层）监督和制衡的过程，以保证公司管理

---

① Treadway委员会发起组织委员会（COSO）．内部控制：整合框架［M］．北京：中国财政经济出版社，2014.

层的行为同股东的利益相一致，其核心是通过搭建公司治理结构实施内部治理。广义的公司治理，不仅包括监督和控制公司及其所有者之间的关系，也包括监督和控制公司与其他广泛的利益相关者的关系，这些利益相关者包括员工、客户、供应商、债权人，甚至社会公众等。概括地讲，公司治理是以股东为核心的各利益相关者之间相互制衡关系的泛称，包括公司治理结构、公司治理机制等。

公司治理结构，是指一组联结并规范所有者股东、支配者董事会、管理者经理、使用者工人相互权力和利益关系的制度安排。① 这种制度安排的目的，在于通过一定的治理结构，从公司法人资产的权利、责任的结构制衡上来规范所有者与资产受托者，受托者与代理者相互间权、责、利关系，达到诸方面利益的均衡，以保证效率的提高。我国公司治理结构采用“三权分立”制度，即决策权、经营管理权、监督权分属于股东会、董事会或执行董事、监事会。通过权力的制衡，三大机关既各司其职，又相互制约，保证公司顺利运行。

二、组织架构

（一）组织架构的内涵

《企业内部控制应用指引第 1 号：组织架构》指出：“组织架构是指企业按照国家有关法律法规、股东（大）会决议、企业章程，结合本企业实际，明确董事会、监事会、经理层和企业内部各层级机构设置、职责权限、人员编制、工作程序和相关要求的制度安排。”

关于组织架构的内涵，应主要理解以下内容：

第一，组织架构是内部控制要素中控制环境的有机组成部分，也是企业开展风险评估、实施控制活动、促进信息沟通、强化内部监督的基础设施和平台载体。通过组织架构，企业自上而下地对风险进行管控，促进信息在企业内部、企业与外部利益相关者之间有效地传递，提升日常监督和专项监督的力度和效能，实现内部控制目标。

---

① 刘伟．公司（企业）法人产权与治理结构［J］．改革，1994（8）．

第二，组织架构的核心是完善公司治理结构、管理体制（内部机构设置）和运行机制（权责分配）问题。

第三，关于组织架构的本质，可从治理结构和内部机构两个层面理解。其中，治理结构即企业治理层面的组织架构，它是企业可以与外部主体发生各项经济关系的法人所必备的组织基础，也就是使企业能够在法律许可的框架下拥有特定权利、履行相应的义务，以保障各利益相关方的基本权益。内部机构则是企业内部机构层面的组织架构。它是指企业根据业务发展需要，分别设置不同层次的管理人员及其由各专业人员组成的管理团队，针对企业各项业务行使相应（决策、计划、执行、监督或评价等）权力并承担相应的义务。这种组织架构为企业顺利开展业务活动、实现企业发展战略提供了支撑平台。

第四，建立和完善组织架构是建立现代企业制度的开端。无数事实已证明，一个企业保持成功的秘诀就是依靠现代企业制度，而科学完善的组织架构是现代企业制度的核心和灵魂。

（二）组织架构的性质

1. 组织架构在组织关系中起到一个框架的作用

一方面，建立和完善组织架构可以优化企业治理体系，全面提升企业治理能力；另一方面，根据组织架构的设立去制定创新的管理体制和经营机制，从而促进企业建立现代化完整的管理制度。

通常，企业组织一般是由股东大会、董事会、监事会和经理层所组成的架构体系。通过不同的岗位责任和相应权利、义务，在企业内部逐步形成了逐层逐级的发展关系，通过这种多层次管理关系，搭建了各司其职、协调稳定和发展的良性循环的组织架构，促进企业实现预期的目标。

2. 组织架构是企业内部控制的基础。

首先，内部控制的关键要素是人员、资金和信息，通过建立组织架构，进行合理的分工协调，可以有效地实施内部控制。企业具有战略意义上的变革应当从组织架构开始。一个企业内部控制健康发展需要与其相适应的组织架构作为支撑。

其次，组织架构为内部控制提供了框架。企业组织架构是企业按照国家有关法律法规设置的，包含股东大会、董事会、监事会、经理层和企业内部各层级机构设置。“一个主体的组织结构提供了一个框架，在这个框架内对实现主体层次目标的活动进行规划、执行、控制和监控。”（COSO，1994）基于此，组织架构为内部控制提供了框架，这个框架界定了控制活动的空间范围和控制活动可依附的主体。

最后，组织架构为企业组织内部控制活动、实施内部控制措施提供了基本保障。

（三）治理结构

《企业内部控制基本规范》规定：“企业应当根据国家有关法律法规和企业章程，建立规范的公司治理结构和议事规则，明确决策、执行、监督等方面的职责权限，形成科学有效的职责分工和制衡机制。”

就公司来说，治理结构是指由所有者、董事会和高级管理层三者组成的一种组织架构，是一种规范公司所有者、董事会和管理层的制度安排。在这种结构中，上述三者之间形成一定的制衡关系。通过这一结构，所有者将自己的资产交由公司董事会托管；公司董事会是公司的决策机构，拥有对高级经理人员的聘用、奖惩和解雇权；高级经理人员受雇于董事会，组成在董事会领导下的执行机构，在董事会的授权范畴内经营企业。[①]

公司治理，是一种对公司内部和外部的制衡体系，以保证公司对其所有的利益相关者履行受托责任，并且以一种对社会负责的方式开展业务经营活动；公司治理的目的是用来帮助所有人员及其所执行的所有程序和活动，确保公司资产得到恰当经管。公司治理的关键在于明确、合理地确定公司股东、董事会、经理人员和其他利益相关者之间的权利、责任和利益，从而形成有效的制衡关系。公司治理一般结构如图 3-2 所示。

1. 股东（大）会

股东（大）会是指由全体股东组成的，决定公司经营管理的重大事项的机构。股东（大）会享有法律法规和企业章程规定的合法权利，依法行使企业经营方针、筹资、投资、利润分配等重大事项的表决权。

---

① 吴敬琏．现代公司与企业改革［M］．天津：天津人民出版社，1994.

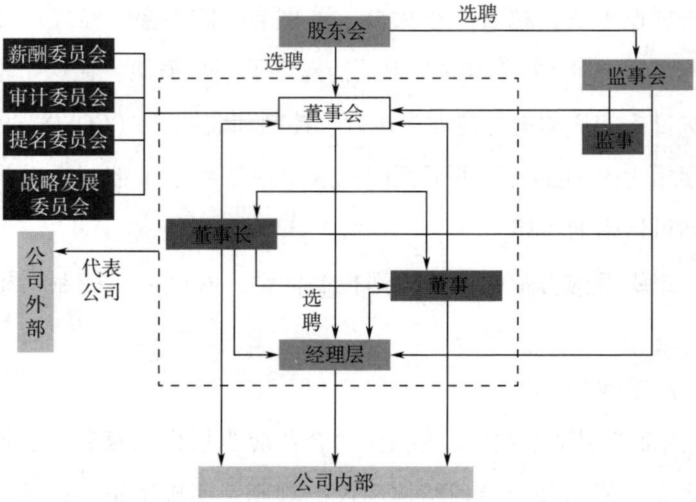

图 3–2 公司治理一般结构

根据《公司法》的相关规定，股东（大）会是股份有限公司的最高权力机关，对公司重大事项进行决策，有权选任和解除董事，并对公司的经营管理有广泛的决定权。企业一切重大的人事任免和重大的经营决策一般都得股东大会认可和批准方才有效。

2. 董事会

公司法人治理结构是否规范，关键要看董事会能否发挥作用。董事会是依照法定程序产生的，是公司的业务执行和经营决策机关，享有经营管理公司的权力。董事会决定公司的生产经营计划和投资方案、公司内部管理机构的设置，并且制订公司年度财务预算、决算方案以及利润分配方案和弥补亏算方案。另外，董事会还有人事任免的权力，包括聘任或解聘公司总经理、副总经理、财务部门负责人，并决定其奖惩报酬等事项。

董事会是实施内部控制的主要责任主体。它有责任构建一套涉及财务会计、经营管理、遵循法律、风险控制的内部控制机制，并负责监督内部控制机制的有效性。

3. 监事会

监事会是股份公司的常设监督机构，根据《公司法》的相关规定，监事会是由股东（大）会选举的监事以及由公司职工民主选举的监事组成的，对公司的业务活动进行监督和检查的法定必设和常设机构。监事会具备独立性、法定性和专门性的特征。

监事会的职权包括对公司财务的检查权；有权利调查公司异常的经营情况；提议召集会议的权利以及有监督权、罢免建议和纠正、起诉的权利。

4. 审计委员会

按照《企业内部控制基本规范》规定，企业应当在董事会下设立审计委员会。审计委员会是董事会设立的专门工作机构，主要负责公司内、外部审计的沟通、监督和核查工作。它负责审查企业内部控制，监督内部控制的有效实施和内部控制自我评价情况，协调内部控制审计及其他相关事宜等。

5. 内部审计

按照《企业内部控制基本规范》规定，企业应当加强内部审计工作，保证内部审计机构设置、人员配备和工作独立性。内部审计机构设在审计委员会下，应当结合内部审计监督，对内部控制的有效性进行监督检查。内部审计机构对监督检查中发现的内部控制缺陷，应当按照企业内部审计工作程序进行报告；对监督检查中发现的内部控制重大缺陷，有权直接向董事会及其审计委员会、监事会报告。

6. 经理层

经理层是指公司的高级管理人员，包括公司的总经理、副总经理、财务负责人、上市公司董事会秘书和公司章程规定的其他人员。

经理层职责包括：对内主持企业的日常生产经营管理工作，组织实施董事会决议并向董事会汇报工作；提出企业的发展战略、经营计划、财务预算、投资方案以及其他相关的议案，等议案批准通过后，就组织人员开始实施。对外代表公司进行经营宣传和交流活动。

【例 3-1】中国石油天然气集团有限公司是国有重要骨干企业和中国主要的油气生产商和供应商之一，是集油气勘探开发、炼油化工、销售贸易、管道储运、工程技术、工程建设、装备制造、金融服务于一体的综合性国际能源公司，在国内油气勘探开发中居主导地位，在全球 35 个国家和地区开展油气业务。2020 年，公司在世界 50 家大石油公司综合排名中位居第三，在《财富》杂志全球500家大公司排名中位居第四①。中国石油天然气集团有限公司治理结构如图3-3所示。

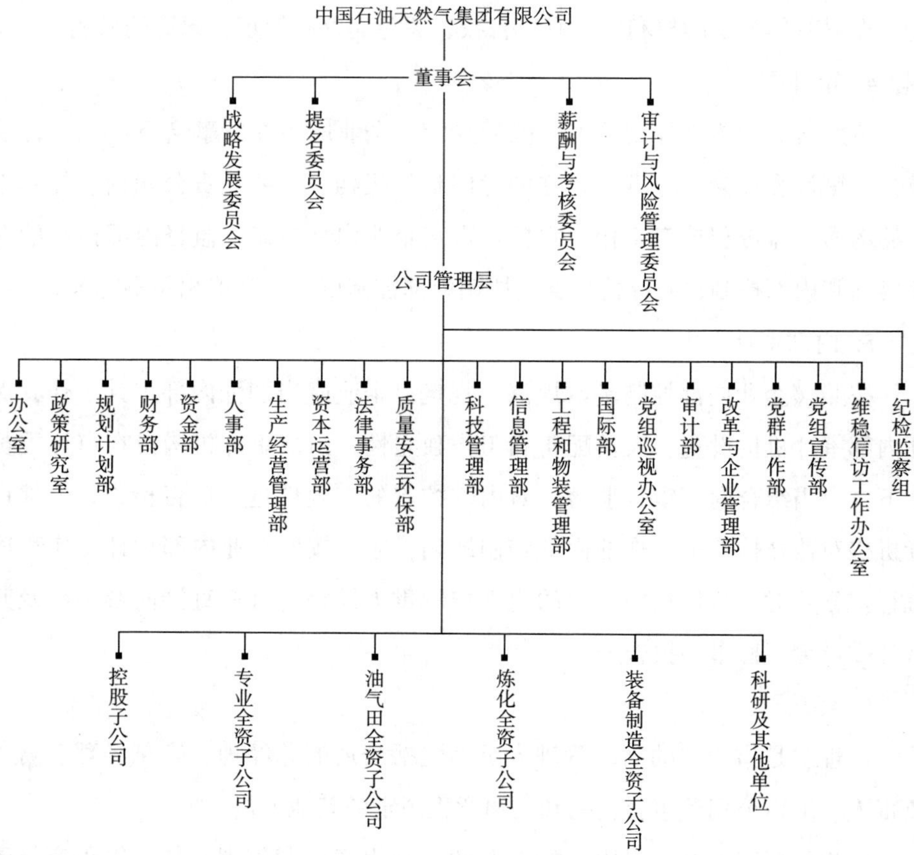

图3-3 中国石油天然气集团有限公司治理结构

（四）内部机构

内部机构是企业内部机构层面的组织架构。它是指企业根据业务发展需要，分别设置不同层次的管理人员及其由各专业人员组成的管理团队，针对各项业务功能行使决策、计划、执行、监督、评价的权力并承担相应的义务，从而为业务顺利开展进而实现企业发展战略提供支撑平台。

企业应当根据发展战略、业务需要和控制要求，选择适合本企业的内部

① 转载于中国石油天然气集团公司网站（http：//www. cnpc. com. cn）。

机构类型。现代企业内部机构层面的组织架构形式多种多样，一般包括直线职能制、区域事业部制、控股公司制、矩阵制四种，其中直线职能制被大多数人认为是内部机构的典型模式，如图 3-4 所示①。

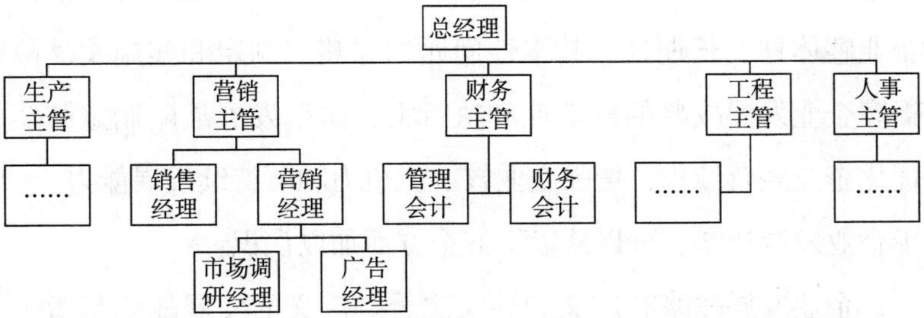

图 3-4　直线职能制内部组织结构

直线职能制组织结构的优点：①能够通过集中单一部门内所有某一类型的活动来实现规模经济；②有利于培养职能专家；③任何部门及其管理者承担的任务为常规和重复性任务，因而工作效率得到提高；④董事会便于监控各个部门。

直线职能制组织结构的局限性：①由于对战略重要性的流程进行了过度细分，在协调不同职能时可能出现问题；②难以确定各项产品产生的盈亏；③导致职能部门各自为政、职能部门间发生冲突，不是出于企业整体利益进行相互合作；④等级层次以及集权化的决策制定机制会放慢反应速度。②

第三节　企业发展战略

一、企业发展战略的内涵

《企业内部控制应用指引第 2 号：发展战略》指出："发展战略，是指企

① 中国注册会计师协会．公司战略与风险管理［M］．北京：经济科学出版社，2010.

② 方红星，池国华．内部控制［M］．大连：东北财经大学出版社，2017.

业在对现实状况和未来趋势进行综合分析和科学预测的基础上，制定并实施的长远发展目标与战略规划。”企业战略是对企业各种战略的统称，其中既包括竞争战略，也包括营销战略、发展战略、品牌战略、融资战略、技术开发战略、人才开发战略、资源开发战略等。企业战略虽然有多种，但基本属性都是对企业整体性、长期性、基本性问题的谋略。制定和实施发展战略的目的在于提高企业发展战略的科学性和执行力，防范发展战略制定与实施中的风险，优化企业经营结构，增强企业核心竞争力和可持续发展能力。

关于企业发展战略，可以从以下五个方面加以认识：

第一，企业发展战略有广义和狭义之分。广义的发展战略是指企业如何实现发展的战略理论，包括愿景、战略目标、业务战略和职能战略四个部分。其中：愿景为企业指明了发展方向，战略目标明确了企业的发展速度与发展质量，业务战略明确了企业的战略发展点，职能战略确定了企业的发展能力，通过四个相互支撑的组成部分，形成了能够解决企业发展问题的发展战略理论体系。狭义的发展战略主要是指战略目标、业务战略和职能战略。

第二，企业发展战略是企业发展的灵魂与纲领，指引企业发展方向，明确企业的责任领域，指导企业资源配置，指明企业的发展策略及发展措施。任何企业都具有战略，没有战略的企业就像一艘没有舵的船一样只会在原地转圈。

第三，企业发展战略可以分为发展目标和战略规划两个层次。其中，发展目标是企业发展战略的核心和基本内容，是在最重要的经营领域对企业使命的具体化，表明企业在未来一段时期内所要努力的方向和所要达到的水平。战略规划是为了实现发展目标而制定的具体规划，表明企业在每个发展阶段的具体目标、工作任务和实施路径。

第四，企业发展战略是一个组织为达成其目标，而将自身能力与市场机会进行的匹配。发展战略制订企业发展战略规划，有利于建立企业和员工的共同愿景，使员工对企业产生归属感和奉献精神，从而更加全身心地投入工作。

第五，企业发展战略不仅反映企业发展的长期性、战略性，还反映了企业发展的相对稳定性，不能因主观原因而频繁变动企业发展战略。

二、企业发展战略制定与实施中的风险

企业应当关注发展战略制定与实施中的下列风险：缺乏明确的发展战略或发展战略实施不到位，可能导致企业盲目发展，难以形成竞争优势，丧失发展动力和后劲；发展战略过于激进，脱离企业实际能力或偏离主业，可能导致企业过度扩张，甚至经营失败；发展战略因主观原因频繁变动，可能导致资源浪费，甚至危及企业的生存和持续发展。

三、企业发展战略的制定

（一）设立战略委员会

企业应当在董事会下设立战略委员会，或指定相关机构负责发展战略管理工作，履行相应职责。战略委员会对董事会负责。战略委员会的成员包括董事长和其他董事，战略委员会主席应当由董事长担任，委员中应当有一定数量的独立董事，以保证委员会更具独立性和专业性。必要时，战略委员会还可聘请社会专业人士担任顾问，提供专业咨询意见。

战略委员会委员的主要职责包括：①对公司的长期发展规划、经营目标、发展方针进行研究并提出建议。应当组织有关部门对发展目标和战略规划进行可行性研究和科学论证，形成发展战略建议方案。②对公司涉及产品战略、市场战略、营销战略、研发战略、人才战略等经营战略进行研究并提出建议。③对公司重大战略性投资、融资方案进行研究并提出建议。④对公司重大资本运作、资产经营项目进行研究并提出建议等。

（二）识别和评估发展战略风险

准确识别发展战略风险是成功制定发展战略的前提和保证。企业应从发展战略的特征和重要性角度出发，紧密结合企业发展战略的制定过程，重点从以下两个方面识别和评估企业发展战略风险：

1. 分析由企业外部环境变化引起的发展战略风险

环境是适应性因素，环境的变化会引起企业相关资源和竞争能力的变化。其中，外部环境对企业战略风险的影响主要表现在宏观环境、行业环境及竞争对手状况、经营环境等。

(1) 宏观环境分析。宏观环境分析一般通过政治和法律环境、经济环境、社会和文化环境、技术环境等因素分析企业所面临的状况（如图 3-5 所示）。

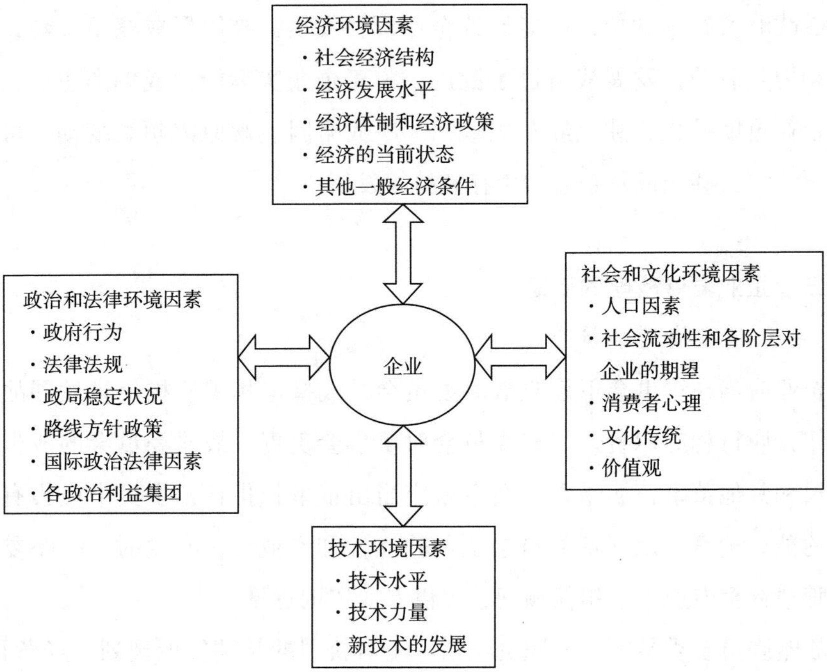

图 3-5　企业宏观环境分析

(2) 行业环境及竞争对手分析。企业应当加强对所处行业的调研、分析，通过分析应发现以下问题：影响该行业盈亏的决定性因素，当前及预期的盈利性以及这些因素的变动情况。其目的是与同行业竞争对手区别开来（所提供产品或服务的类型、方式及地点等），建立和巩固自身市场优势，制定差异化竞争战略。

(3) 经营环境分析。经营环境分析侧重于对市场及竞争地位、消费者消费状况、融资者、劳动力市场状况等因素的分析。

2. 分析由企业内部资源引起的发展战略风险

内部资源是企业发展战略的重要制约条件，包括企业资源、企业能力、核心竞争力等各种有形资源和无形资源。分析企业拥有的内部资源和能力，应当着重分析这些资源和能力使企业在同行业中处于何种地位，与竞争对手相比企业有哪些优势和劣势。具体内容如表 3-1 所示。

表 3-1　企业内部资源及其分析内容

制约条件	分析的内容	分析的作用
企业资源	对企业现有资源的数量和利用效率，以及资源的应变能力等方面的分析	(1) 通过分析，确定企业资源的状态，找出企业资源的优势和劣势 (2) 通过与主要竞争对手资源情况的比较，明确形成企业核心能力和竞争优势的战略性资源
企业能力	研发能力分析；生产能力分析；营销能力分析；财务能力分析；组织管理能力分析等	(1) 了解发展战略能否适应企业面临的各种机遇和挑战 (2) 可能发现让竞争对手无法企及的新机会和新领域
核心竞争力	稀缺资源；不可模仿的资源；不可替代的资源；持久的资源等	确定企业核心竞争力的内容

注：企业能力是企业有形资源、无形资源和组织资源等各种资源有机组合的结果；核心竞争力是指能为企业带来相对于竞争对手存在竞争优势的资源和能力。

企业通过分析内、外部环境识别出内外部环境带来的风险后，还需要对这些风险进行认真准确的评估。发展战略风险评估主要包括两个方面的工作：一是风险发生损失的概率，二是风险损失的程度。风险损失的程度包括直接损失和间接损失，评估时既要考虑直接损失，又要考虑间接损失，而且要关注风险损失带来的严重程度和后果。有的风险虽然发生的概率较低，但一旦发生，产生的损失巨大、后果严重。所以，评估时要注意两类重要的数据：一是在最坏的情况下所产生的最大的损失；二是最可能发生的风险产生的最大损失。

(三) 制定发展目标和战略规划

发展战略可以分为发展目标和战略规划两个层次。其中，发展目标是企业发展战略的核心和基本内容，是在最重要的经营领域对企业使命的具体化，表明企业在未来一段时期内所要努力的方向和所要达到的水平。战略规划是为了实现发展目标而制定的具体规划，表明企业在每个发展阶段的具体目标、工作任务和实施路径。

(1) 制定发展目标。企业发展目标是指导企业生产经营活动的准绳。企业应当在充分调查研究、科学分析预测和广泛征求意见的基础上制定发展目标。

（2）制定战略规划。发展目标确定后，就要考虑使用何种手段、采取何种措施、运用何种方法来达到目标，即编制战略规划。战略规划应当明确发展的阶段性和发展程度，确定每个发展阶段的具体目标、工作任务和实施路径。

（3）严格审议和批准发展战略。企业发展战略拟订后，应当按照规定的权限和程序对企业发展战略方案进行审议和批准，主要有两个方面内容：第一，董事会应当严格审议战略委员会提交的发展战略方案，重点关注其全局性、长期性和可行性。第二，董事会在审议方案时如果发现重大问题，应当责成战略委员会对方案做出调整。企业的发展战略方案经董事会审议通过后，报经股东（大）会批准后实施。

（四）发展战略的实施

1. 发展战略的细化

企业应当根据发展战略，逐步将发展战略进行细化：要根据战略规划，制订年度工作计划或目标。要按照上下结合、分级编制、逐级汇总的原则编制全面预算，将发展目标分解并落实，确保发展战略能够真正有效地指导企业各项生产经营管理活动。要进一步将年度预算细分为季度预算、月度预算，通过实施分期预算控制，促进年度预算目标的实现。要通过建立发展战略实施的激励约束机制，将各责任单位预算目标完成情况纳入绩效考评体系，切实做到有奖有惩、奖惩分明，以促进发展战略的有效实施。

2. 发展战略的宣传和落实

企业应当重视发展战略的宣传工作，为推进发展战略实施提供强有力的思想支撑和行为导向。首先，在企业董事、监事和高级管理人员中树立战略意识和战略思维，充分发挥其在战略制定与实施过程中的模范带头作用；其次，通过采取内部会议、培训、讲座等多种行之有效的方式，把发展战略及其分解落实情况传递到各管理层级和全体员工，营造强大的舆论氛围；最后，企业高管层要加强与广大员工的沟通，使全体员工充分认清企业的发展思路、战略目标和具体举措，自觉将发展战略与自己的具体工作结合起来，促进发展战略的有效实施。

3. 实施监控

企业要加强对发展战略的实施监控，重点是对其在实施中及实施后的评估。

（1）事中评估。它是对事中发展战略的效果进行评估，是战略调整的重要依据。企业应当结合战略期内每一年度工作计划和经营预算完成情况，侧重对战略执行能力和执行效果进行分析评价。

（2）事后评估。它是对发展战略实施后效果的评估，应结合战略期末发展目标实现情况，侧重对发展战略的整体实施效果进行概括性的分析评价，总结经验教训，并为新一轮发展战略的制定提供信息、数据和经验。

（3）评估方法。企业应当采取定性与定量相结合、财务指标与非财务指标相结合的方法对发展战略进行评估。对于发展战略制定与实施过程中存在的问题和偏差，应当及时进行内部报告，并采取措施予以纠正。

4. 进行调整

一般来说，企业发展战略是根据企业经营目标所做的前瞻性长期规划，其覆盖的时间为3~5年。但如果外部客观环境或企业内部经营管理发生较大变化，也应根据需要做出调整。

（1）调整原则。企业的战略思想、战略步骤、战略业务组合及战略重大指标等问题应该保持基本稳定。

（2）调整权限和程序。首先，各战略执行单位提出各自的战略规划评估报告和修订意见；其次，战略管理部门汇总各单位意见，并提出修订后的发展战略规划草案；再次，战略委员会对修订后的发展战略规划草案进行评估论证，向董事会提出发展战略建议方案；又次，企业董事会严格审议战略委员会提交的发展战略建议方案，按公司章程规定，董事会审议通过的方案须报经股东（大）会批准的，还应履行相应的程序；最后，由企业战略管理部门将批准的新发展战略下发各战略执行单位遵照执行。

【例3-2】青岛海尔1984年创业至今，一直将成为“时代的企业”作为其奋斗目标，经历了名牌战略、多元化战略、国际化战略、全球化品牌战略、网络化战略五个发展战略阶段。每个阶段的战略主题都是随着时代变化而不断变化的，但贯穿海尔发展历程的，都离不开管理创新，重点关注的就是“人”的价值实现，使员工在为用户创造价值的同时实现自身的价值。

一、名牌战略阶段（1984—1991 年）

在这个阶段，海尔只生产冰箱一种产品，其目标就是保质量，做名牌。1985 年 12 月，厂长张瑞敏亲手对不合格电冰箱砸下了第一锤，海尔进入了名牌战略实施阶段。1988 年获得了中国电冰箱史上第一枚国优金牌奖。1990 年，海尔获得国家质量管理奖，同年通过美国 UL 认证。1992 年通过 ISO 9001 认证，实现了名牌战略任务。

二、多元化发展战略阶段（1992—1997 年）

在这个阶段，海尔进入了多元化发展战略阶段。1991 年海尔集团成立，并通过资产（资本）重组、资本盘活方式，兼并了青岛红星电器股份有限公司等 18 家大企业，盘活了 15.5 亿元资产，以“吃休克鱼”的方式进行资本运营，海尔由 1984 年只生产一种冰箱产品发展到 1998 年的几十种电器产品，实现了多元化发展战略目标。

三、国际化战略发展阶段（1998—2004 年）

在这个阶段，海尔进入了国际化战略发展阶段。先进入发达国家，1999 年 4 月海尔美国工厂动工，2000 年 3 月投产，从冰箱扩展到空调、洗衣机等领域。创出名牌后，再进入发展中国家，如印度、巴基斯坦等国家，在这些国家建立市场营销基地、经销商网络和售后服务网络，海尔品牌具有极高的知名度、信度和美誉度。2004 年 1 月 31 日，全球最具影响力的 100 个品牌揭晓，中国的海尔历史性入选，成为首次、唯一入选的中国品牌，海尔全球化的战略目标实现。

四、全球化品牌战略实施阶段（2005—2012 年）

在这个阶段，海尔进入全球化品牌战略实施阶段。2005 年 8 月 30 日，海尔被英国《金融时报》评为中国十大品牌之首。面对全球化竞争条件，海尔的全球化品牌战略提出“创造资源、美誉全球”的企业精神和“人单合一、速决速胜”的工作作风；挑战自我，挑战明天，为创出中国人自己的世界名牌而持续创新。不论是产品创新还是管理模式创新，海尔都成为全球品牌，实现了全球化品牌战略的目标。

五、网络化发展战略阶段（2013 年至今）

2012 年，海尔进入网络化发展战略阶段，海尔从传统制造家电产品的企业转型为面向全社会孵化创客的平台，致力于成为互联网企业。为此，海尔在战略、组织、员工、用户、薪酬管理等六个方面进行了颠覆性探索，打造出一个动态循环体系，加快推进互联网转型。在战略上，建立以用户为中心的共创共赢的生态图，实现生态图中各方的共赢增值；在组织上，变传统的自我封闭为开放的互联网节点，变科层制为网状组织。在这一过程中，员工从雇佣者、执行者转变为创业者、动态合伙人，目的是构建社群最佳体验生态，满足用户的个性化需求。在薪酬机制上，将“企业付薪”变为“用户付薪”，驱动员工转型为真正的创业者，在为用户创造价值的同时实自身价值。

2016 年海尔的战略方向是以诚信为核心竞争力，以社群为基本单元，建立后电商时代的共创共赢新平台。

从海尔的发展战略轨迹可以看到，海尔在不同的时期实施了不同的发展战略，从小到大，从单一到多元，从国内到国际，从合格到名牌，从线下到线上，从实体到网络，以点带面，与时俱进，脚踏实地，实事求是，从小厂做到了国际化大集团。它的成功，是在企业科学发展战略下实施的典范。

根据海尔发展战略阶段，你认为企业发展战略的意义体现在哪些方面？

四、机构设置及权责分配

在股份有限公司中，股东大会、董事会、监事会、经营管理机关（经理）是《公司法》规定企业应设置的四个机构，有限责任公司的经营管理机关（经理）为选设机构。这种机构设置体系为内部控制机构的建立、职责分工与制约提供了基本的组织框架。但为了适应内部控制对企业组织结构的要求，企业应当结合业务特点设置内部机构，常见的内部机构包括规划、设计、采购、生产、销售、会计、审计、人事、法律、后勤等。企业应当对各机构的职能进行科学合理的分解明确各个机构的权限和相互关系。

企业应当制定组织结构图、业务流程图、岗（职）位说明书和权限指引等内部管理制度或相关文件，形成企业的内部管理手册，使全体员工掌握内部机构设置、岗位职责、业务流程等情况，确定具体岗位的名称、职责和工作要求等，明确权责分配，正确行使职权、履行职责。

第四节 内部审计

一、内部审计概述

内部审计是一种独立、客观的确认和评价活动，它通过运用系统、规范的方法，审查和评价组织的业务活动、内部控制和风险管理的适当性和有效性，以促进组织完善治理、增加价值和实现目标。《企业内部控制基本规范》第十五条规定，企业应当加强内部审计工作，保证内部审计机构设置、人员配备和工作的独立性。

内部审计是外部审计的对称，是由企业或单位内部设置的审计机构或专职审计人员从事的审计活动，是对企业或单位内部控制的有效性、财务信息的真实性和完整性以及经营活动的效率和效果等开展的一种评价活动。内部审计的目的是促进和帮助组织治理层和管理层有效履行其受托责任以实现组织目标，审计领域涉及组织内部各个方面和各项活动。内部审计具有预防保护、服务促进和评价鉴证的作用。其中，预防保护是指内部审计机构通过对会计部门工作的监督，可以强化单位内部管理控制制度，及时发现问题纠正错误，堵塞管理漏洞，减少损失，保护资产的安全与完整，提高会计资料的真实性和可靠性；服务促进是指内部审计机构利用得天独厚的优势，可在企业改善管理、挖掘潜力、降低生产成本、提高经济效益等方面起到积极的作用；评价鉴证是指内部审计可以对各部门经营业绩做出客观、公正的审计结论和意见，起到评价和鉴证的作用。

在我国，内部审计不仅是企业或单位内部经济管理的重要组成部分，而且作为国家审计的基础，被纳入审计监督体系，与政府审计、注册会计师审计并列为三种审计类型之一。内部审计在内部控制中的职责主要是对内部控制的有效性进行监督检查，其对监督检查中发现的内部控制重大缺陷，有权直接向董事会及其审计委员会、监事会报告。

二、内部审计的特点

内部审计机构应当接受企业董事会或者最高管理层的领导和监督，内部审计机构负责人应当对内部审计机构管理的适当性和有效性负主要责任。内部审计的审计委托人、审计主体和审计对象都来自企业或单位内部，这就决定了内部审计具有以下的特点。

服务对象的内向性。内部审计是基于企业或单位内部管理的需要产生和发展起来的。内部审计的目标与组织目标的实现紧密相关。内部审计为企业董事会或最高管理层提供服务，这种服务的内向性，是内部审计区别于国家审计和社会审计的基本特征。

审计领域的广泛性。内部审计的内容不仅包括对财务收支的真实性、合规性、资产的安全性和完整性的检查、监督和评价，还包括对经营管理活动的经济性、效率性和效果性的检查、监督和评价。

审计过程和方法的灵活性。虽然内部审计准则对内部审计过程进行了规定，但由于内部审计是企业或单位内部的一种自身活动或行为，在审计过程中，内部审计机构可以根据实际情况，参照内部准则对内部审计程序做出灵活的调整，审计人员可以根据审计目标灵活选择适用的审计方法。

三、内部审计的职责和权限

内部审计机构按照本单位主要负责人或者权力机构的要求，履行其所对应的职责和权限（如表 3–2 所示）。

表 3–2　内部审计机构的职责和权限

职　责	权　限
对本单位及所属单位的财政收支、财务收支及其有关的经济活动进行审计	要求被审计单位按时报送生产、经营、财务收支计划、预算执行情况、决算、财务报表和其他有关文件、资料
对本单位及所属单位预算内、预算外资金的管理和使用情况进行审计	参加本单位有关会议，召开与审计事项有关的会议。参与研究制定有关的规章制度，提出内部审计规章制度，由单位审定公布后施行

续表

职　责	权　限
对本单位内设机构及所属单位领导人员的任期经济责任进行审计	检查有关生产、经营和财务活动的资料（凭证、账册、报表等）、文件和现场勘查实物。检查有关的计算机系统及其电子数据和资料
对本单位及所属单位固定资产投资项目进行审计	对与审计事项有关的问题向有关单位和个人进行调查，并取得证明材料
对本单位及所属单位内部控制制度的健全性和有效性以及风险管理进行评审	对正在进行的严重违法违规、严重损失浪费行为，做出临时制止决定。对可能转移、隐匿、篡改、毁弃会计凭证、会计账簿、财务报表以及与经济活动有关的资料，经本单位主要负责人或者权力机构批准，有权予以暂时封存
对本单位及所属单位经济管理和效益情况进行审计	对审计工作中的重大事项有权直接向上级审计机构如实反映；对违法违规和造成损失浪费的单位和人员，给予通报批评或者提出追究责任的建议。提出纠正、处理违法违规行为的意见以及改进经济管理、提高经济效益的建议
对法律法规和本单位主要负责人或者权力机构要求办理的其他审计事项进行审计	参与重大经济决策的可行性论证或可行性报告事前审计

四、内部审计的内容

内部审计是建立于企业内部、服务于管理部门的一种独立的检查、监督和评价活动。内部审计的内容主要包括：

（一）财务审计

财务审计，是指对财务报表、资产、负债、所有者权益以及损益的审计。通过审查会计账目、会计行为和财务收支活动，检查内部牵制的执行情况，重点是审查经济活动是否合法合规、目标的实现情况、经营效率等方面的内容。

（二）经营审计

经营审计，是指对企业单位生产经营活动全过程的合理性和生产力诸要素的开发利用情况及其经济性、效率性与效果性的实现程度进行审查，旨在帮助被审计单位挖掘人、财、物的潜力，改进经营工作。其主要内容包括：对企业物资供应、生产组织、技术工艺、资源利用、资源利用、成本、存货资金以及产品销售状况的审查。

（三）管理审计

内部管理审计，通常是指对企业管理制度和管理工作所进行的审计。主要审查企业的管理职能以及企业各管理职能部门的工作落实情况。

（四）风险管理

风险管理，是指企业通过对潜在意外或损失的识别、衡量和分析，并在此基础上进行有效的控制，用最经济、合理的方法处理风险，以实现最大的安全保障的过程。内部审计参与风险管理的主要内容包括：监督和评价企业风险管理系统的有效性；评价与企业相关的管理、经营和信息系统的风险暴露。

第五节　人力资源管理

一、人力资源的概念

人力资源，是指企业组织生产经营活动而录（任）用的各种人员，包括董事、监事、高级管理人员（以下简称“高管人员”）和全体员工。其中，“人力”包括人的体能、智力、知识和技能等多项内容。人力资源就是指能够为企业带来经济利益并推动企业生产经营持续发展的劳动者能力的总称。与其他资源相比，人力资源最大的特点是能动性和情感性，是能发挥主观能动性的资源。

人是控制环境中一个最活跃的控制因素，也是唯一具有主观能动性和创造性的因素。以人力资源形成的人力资本已经成为凝聚企业核心竞争力的重要部分，人力资源的管理关乎企业战略的成败，科学的人力资源政策对内部控制至关重要。

二、人力资源管理的对象

企业人力资源管理的对象包括：一是高管人员，即企业的决策层和执行层，是企业人力资源管理的重要领域；二是企业的专业技术人员，即企业核心技术的创造者和维护者；三是企业的一般员工，即企业人力资源的主体。企业人力资源管理的内容包括：高管人员、专业技术人员以及一般员工在引进环节的管理、开发环节的管理、使用环节的管理和退出环节的管理。

三、人力资源管理的主要风险

人力资源管理风险可归纳为理念风险、管理制度风险和管理技术风险等三个层次。

（一）缺乏科学理念

理念是企业最基本、最集中的价值取向，有什么样的理念就有什么样的实践。如有的企业在人力资源管理中任人唯亲，排除异己，严重影响员工的积极性，使企业失去了发展潜力。

（二）缺乏现代管理制度，或者制度不健全、不系统

缺乏现代人力资源管理理念指导下的制度，或者制度本身不健全、不系统都会造成人力资源管理的风险。如在实际工作中，因企业在招聘、考核、激励、薪资、晋升、奖励等方面缺乏制度或制度不完善等发生的劳资矛盾等。

（三）人力资源管理技术的选择与管理理念和制度不相吻合的风险

人力资源管理既需要理念和制度的支撑，又需要相应的管理技术与之相匹配。如果忽略人力资源管理技术和方法的适用条件，盲目使用先进的人力资源管理技术，不但不会取得好的成效，反而适得其反。

四、人力资源的管理过程

（一）人力资源的引进和开发

1. 高管人员的引进与开发

企业应当制定高管人员引进计划，该计划要提交董事会审议通过后实施。董事会应着重审议计划中关于高管人员资格、条件及其引进方式等。

在高管人员开发过程中，要注重激励和约束相结合，创造良好的干事业的环境，让他们的聪明才智充分显现，使其真正成为企业的核心领导者。

2. 专业技术人员的引进与开发

专业技术人员是企业发展的动力和技术支撑。专业技术人员的引进，既要立足眼前，同时又要有一定的前瞻性，适量储备人才；既要注重专业技术人员的素质和科研能力，同时也要注意其职业道德水平以及对企业价值观和文化的认同感；同时关注他们的事业心、责任感和使命感。

专业技术人员的开发，要注重知识持续更新，结合企业生产、技术、经营等特点开展各种专题培训等继续教育活动，帮助专业技术人员实现知识更新。同时，要建立良好的专业人才激励约束机制。

3. 一般员工的引进与开发

企业应当根据年度人力资源计划和生产经营的实际需要，通过公开招聘方式引进一般员工，确保企业生产经营正常运转；企业要根据组织生产经营需要，不断拓展一般员工的知识和技能，加强岗位培训，提升其实际技能和水平。

（二）人力资源的使用与退出

企业应当建立以绩效为核心的分配激励制度，设置科学的业绩考核指标体系，对各级管理人员和全体员工进行严格的考核与合理评价，以此作为确定员工薪酬、职级调整和解除劳动合同等的重要依据。在人才的使用过程中，通过多种方式，如调整优秀人才的岗位和职位，促进人才的快速成长。

企业通过多种方式（如自愿离职、再次创业、提前退休等），实现与企业战略或流程不适应的员工直接或间接地退出，让更优秀的人员充实相应的岗位，实现人力资源的优化配置和战略目标。实施人力资源退出机制，可以保证企业人力资源的高效且富有活力。

【例 3-3】世界快餐之王麦当劳不仅经营艺术十分高超，在人力资源管理方面也有独到之处，尤其是它的人才发展系统，堪称一绝。其人才发展系统包括两方面：一方面是个人能力发展系统；另一方面是个人职位发展系统。

麦当劳的个人能力发展系统与其他公司的相似之处是，主要依靠培训提高个人能力；不同之处是，麦当劳比较注重让员工在实践中学习和提高。

员工进入麦当劳之初，就会有先入职的员工对其进行专门辅导，传授工作经验，并带其从事实际工作。麦当劳的管理人员95%以上都是从基层员工做起的。

值得一提的是麦当劳的个人职位发展系统。一般企业的职位系统都呈“金字塔”形，即董事长、总裁等位于最顶层，中间是高层经理人员，最下面是一般员工。很多优秀人才为争夺一个职位费尽心机，不能实现目标的就会自起炉灶或另谋高就，这不利于公司和个人的发展。麦当劳的职位系统更像是“圣诞树”，公司的核心管理层就像树根，为众多树干和树枝提供根基，只要员工有能力，就可以上一层成为一个分枝，更出色者可能发展成为树干。因此麦当劳的离职率很低，从而使人力成本大幅下降。①

第六节　企业文化

一、企业文化的内涵

《企业内部控制应用指引第5号：企业文化》指出：“企业文化，是指企业在生产经营实践中逐步形成的、为整体团队所认同并遵守的价值观、经营理念和企业精神，以及在此基础上形成的行为规范的总称。”企业文化是企业生存、竞争、发展的灵魂。把一个企业比作人，如果只有财富，没有积极向上的精神和良好的文化氛围，那么这个企业就会萎靡不振，失去了灵魂，当然绝不可能成为一流企业。可见，企业文化在一定程度上决定、支配、影响企业成员的思维方法和行为方式。它是一种很强的凝聚力，一种无形的力量，代表着组织成员所持有的共同观念。这些共有的价值观，不仅可以促进企业的发展，还可以阻止企业的衰败，避免企业陷入困境。

企业文化的基本功能就是使员工凝聚在一起，引导大家认同企业的目标，

① 张俊民．内部控制［M］．2版．北京：高等教育出版社，2020.

并把自己的人生追求与企业的目标相结合；培训员工理解企业的政策；调节个人与个人之间、个人与团队之间、个人与企业之间的相互利益关系。

企业文化与内部控制相辅相成、共同发挥作用。背离文化作用的内部控制终将是企业发展的绊脚石，而离开内部控制制约的企业文化也将毫无生机与活力。为此，企业在构建和完善其内部控制时，应当加强企业文化建设，培育积极向上的价值观和社会责任感，树立现代管理理念，强化风险意识。

【例 3-4】同仁堂品牌始创于 1669 年（清康熙八年），自 1723 年（清雍正元年）起为清宫供御药。同仁堂是我国中药行业的金牌老店，迄今已有三百五十多年的悠久历史。在长达三个多世纪的岁月里，同仁堂历经风风雨雨，逐渐发展壮大，并以 1997 年在深圳证券交易所挂牌上市为标志，又开启了其崭新的发展历程。

同仁堂独特的中医药文化体现在“同修仁德，济世养生”的价值观，“炮炙虽繁必不敢省人工，品味虽贵必不敢减物力”的质量观和“讲信义，重人和”的经营理念，“童叟无欺，一视同仁”的职业道德，以及同仁堂的品牌和特有标记。

从最初的同仁堂药室、同仁堂药店到北京同仁堂集团，经历了历史沧桑，但同仁堂在海内外信誉卓著，树起了一块金字招牌，真可谓药业史上的一个奇迹。1989 年，“同仁堂”商标被国家工商行政管理局认定为驰名商标，受到国家特别保护。同仁堂商标还是中国第一个申请马德里国际注册的商标；1998 年，全国总工会授予同仁堂“全国五一奖状”；2006 年，中华人民共和国文化部确定，国务院批准“同仁堂中医药文化”列入“第一批国家级非物质文化遗产名录”；2019 年，同仁堂中医药文化，被文化和旅游部办公厅列入国家级非物质文化遗产代表性项目；2020 年 5 月 10 日，“2020 中国品牌 500 强”排行榜发布，同仁堂排名第 359 位。

同仁堂的金字招牌之所以能几百年不倒，其重要原因之一是持之以恒地打造自己的企业文化，并取得了显著成绩。

根据案例，我们对企业文化在企业发展中所起到的作用有了一定的了解。

那么，企业文化由哪些基本要素所构成？企业文化建设中所遇到的主要风险包括哪些？优秀的企业文化如何建设？通过对以下内容的学习，你会得出正确的答案。

二、企业文化的基本要素

企业文化主要是由企业价值观、经营理念和企业精神所构成。

（一）企业价值观

企业价值观是企业文化的核心，是企业经营管理者和企业员工共享的群体价值观念或准则。它决定和影响着企业存在的意义，是企业各项规章制度的价值和作用的评价标准，为企业的生存发展提供了基本的方向和行动指南，决定了全体员工的行为取向。

美国学者托马斯·彼得斯和小罗伯特·沃特曼在《追求卓越》[①] 一书中指出："我们研究的所有优秀公司都很清楚他们的主张是什么，并认真建立和形成了公司的价值准则。事实上，一个公司缺乏明确的价值准则或价值观念不正确，我们则怀疑它是否有可能获得经营上的成功。"因此，企业价值观决定着员工行为的取向，关系着企业的生死存亡。

（二）经营理念

经营理念，是指由企业最高管理层发布的关于企业生存和发展的方向、目的、宗旨和全部意图的表述，它是高级管理层追求企业绩效的依据。其内容主要包括企业基本设想、质量方针、责任意识、营销战略、团队精神以及企业追求的经营目标等。

世界级管理大师彼得·德鲁克曾经讲过："当前的革命不是一场技术的革命，也不是一场软件、速度的革命，而是一场观念上的革命。"经营理念是系统的、整体的管理思想，是企业及其员工认识、对待事物的基本出发点及其一切行为的逻辑起点，决定着企业的经营方向。经营理念和使命与愿景一样是企业发展的基石。经营理念最初形成于以最高管理者为代表的高层决策团队，如企业所有人、最高管理者、人力资源总监等；他们的理念影响着企业

---

① 彼得斯，沃特曼．追求卓越［M］．北京：中信出版社，2008.

经营思想及其员工行为，成为指导企业行为的基础。如果没有形成清晰的经营理念，整个企业的发展就会失去方向。为充分发挥经营理念作为企业经营行为导向作用的功能，经营理念应是真实表述，并便于理解的；具有共同信念、能够相互沟通之特性，可以使全体员工理解和认识趋于一致。因此，确立正确的经营理念是企业文化建设的一项重要任务。

（三）企业精神

企业精神，是指企业基于自身特定的性质、宗旨、时代要求和发展方向，经过精心培养而形成的企业成员群体的精神风貌。企业精神要通过企业全体职工有意识的实践活动体现出来，通过一些既富于哲理又简洁明快的语言予以表达，既能让职工铭记在心，也便于对外宣传，从而在社会上形成个性鲜明的企业形象。例如，北京王府井百货大楼的“一团火”精神，就是用百货大楼人的光和热去照亮、温暖每一颗心，其精神实质就是奉献服务；北京西单商场的“求实、奋进”精神，体现了以求实为核心的价值观念和真诚守信、开拓奋进的经营作风。因此，企业精神又是企业职工观念意识和进取心的外化。

企业精神以价值观念为基础，以价值目标为动力，对企业经营理念、管理制度、道德风尚、团体意识和企业形象起着决定性的作用。可以说，企业精神是企业的灵魂。

【例 3-5】2021 年 8 月 10 日，财富中文网发布了 2020 年《财富》世界 500 强最新榜单，世界前 5 大公司分别是沃尔玛、中石化、国家电网、中石油、壳牌石油，其中沃尔玛以 5 239.64 亿美元的营业收入规模位居世界 500 强榜首。自此，沃尔玛连续七年成为全球最大公司。沃尔玛成功的经验是多方面的，但良好的企业价值观起到重要的作用。对待顾客，沃尔玛一直遵循着“顾客第一”和“保证顾客满意”的原则。沃尔玛认为，“顾客满意是保证我们未来成功和成长的最好投资”。为此，沃尔玛不仅要“天天平价”，对待顾客“三米微笑”，还为顾客提供“无条件退款保证”和“高品质服务”的担保。正是这种“我为人人”价值观，使得沃尔玛结出“人人为我”这样丰厚的硕果。

三、企业文化建设中的主要风险和管控措施

（一）主要风险

企业文化建设中的主要风险包括以下四个方面：

第一，缺乏积极向上的企业文化，可能导致员工丧失对企业的信心和认同感，企业缺乏凝聚力和竞争力。

第二，缺乏开拓创新、团队协作和风险意识，可能导致企业发展目标难以实现，影响可持续发展。

第三，缺乏诚实守信的经营理念，可能导致舞弊事件的发生，造成企业损失，影响企业信誉。

第四，忽视企业间的文化差异和理念冲突，可能导致并购重组失败。

针对企业文化建设中的主要风险，企业应努力打造优秀的企业文化，从而减小文化风险对企业发展的影响：

第一，企业的核心价值观是企业文化的内核。要建设先进的企业文化，关键是塑造核心价值观。

第二，打造以主业为核心的品牌，将品牌建设贯穿于企业经营活动全过程，增强员工对企业的信心和认同感。

第三，加强企业和员工的融合，挖掘员工创造潜能，增强员工主人翁意识和社会责任感，鼓励员工开拓创新、团队协作，增强风险意识。

第四，诚信为本，培育诚实守信的经营理念，像同仁堂一样坚守“修合无人见，存心有天知”的价值观，以义取利，企业才能有生命力，才能永远立于不败之地。

（二）管控措施

对于企业文化建设中存在的这些风险，《企业内部控制应用指引第 5 号：企业文化》也明确提出以下管控措施：

第一，要求企业积极培育具有自身特色的企业文化，充分体现企业特色的发展愿景、积极向上的价值观、诚实守信的经营理念、履行社会责任和开拓创新的企业精神，以及团队协作和风险防范意识，以此引导和规范员工行为，打造以主业为核心的企业品牌，形成整体团队的向心力，促进企业长远

发展。打造企业主业品牌应当作为企业文化建设中的重要内容。

第二，要重视并购重组后的企业文化建设，平等对待被并购方的员工，促进并购双方的文化融合。

第三，要求董事、监事、经理和其他高级管理人员在企业文化建设中发挥主导和垂范作用，以自身的优秀品格和脚踏实地的工作作风，带动影响整个团队，共同营造积极向上的企业文化环境。

第四，要求企业加强企业文化的宣传贯彻，促进文化建设在内部各层级的有效沟通，并确保全体员工共同遵守；同时，要求企业文化建设融入生产经营全过程，切实做到文化建设与发展战略的有机结合，增强员工的责任感和使命感，规范员工行为方式，使员工自身价值在企业发展中得到充分体现。也就是说，企业文化的建设不能停留在企业最高层，不能停留在文本上，不能停留在泛泛的宣传上，不能脱离生产经营过程，不能背离发展战略，而应融入企业的肌体、汇入企业的血脉。

关键词汇

内部控制环境（internal control environment ）

组织架构（organizational structure）

发展战略（development strategy）

内部审计（internal audit ）

人力资源（human resources）

企业文化（enterprise culture）

思考与练习

一、思考题

1. 什么是企业内部控制环境？说明企业内部控制环境的地位及其作用。

2. 什么是企业的组织架构？企业的组织架构可分为哪几个层面？

3. 什么是企业发展战略？如何理解企业发展战略的意义及其重要性？

4. 什么是内部审计？说明内部审计在内部控制中的作用。

5. 如何理解人力资源管理中的主要风险？

6. 什么是企业文化？企业文化的作用主要表现在哪些方面？

二、单项选择题

1. 下列关于组织架构的设计目的的表述中，正确的是（　　）。

A. 帮助企业实现预期目标

B. 起到一个框架的作用

C. 有效实施的基本保障

D. 考虑企业自身的组织结构的发展规律

2. 下列各项中，战略委员会的发展战略建议方案应提交给（　　）审议。

A. 股东大会　　B. 董事会

C. 监事会　　D. 总经理

3. 分别设置不同层次的管理人员及由各专业人员组成的管理团队，针对各项业务功能行使决策、计划、执行、监督、评价的权利并承担相应的义务，是保证业务顺利开展的支撑平台，这指的是企业（　　）。

A. 内部机构　　B. 治理结构

C. 管理机构　　D. 董事会

4. 既可以为企业提供精神支柱，提升企业的核心竞争力，还可以为内部控制有效性提供有力保证的是（　　）。

A. 企业的规章制度　　B. 企业文化

C. 管理层的管理理念　　D. 管理者与员工的关系

三、多项选择题

1. 下列各项中，关于内部控制与内部环境关系的表述正确的有（　　）。

A. 内部环境是内部控制的基础

B. 内部环境与内部控制相互联系又相互依存

C. 内部环境与内部控制相互制衡

D. 内部控制与内部环境是互动关系

E. 内部环境制约着内部控制

2. 内部环境是企业实施内部控制的基础。下列各项中，属于内部环境要素内容的有（　　）。

A. 企业文化　　B. 内部审计

C. 人力资源管理　　D. 公司治理结构

E. 机构设置及权责分配

3. 下列各项中，属于组织架构运行内容的有（　　）。

A. 梳理治理结构和内部机构　　B. 完善公司治理结构

C. 加强对管理层的控制　　D. 根据企业实际情况选择框架

4. 下列各项中，属于企业文化构成要素的有（　　）。

A. 企业价值观　　B. 经营理念

C. 企业精神　　D. 企业竞争策略

四、案例分析题

资料：小米公司成立初期的组织架构和硅谷的许多互联网一样，小米公司采用的也是极度扁平化的组织架构模式。小米公司的CEO雷军崇尚扁平化管理，他曾说过："过去的行业是慢的，允许你有时间以制度来保证周期很长的项目。但现在速度太快，需要随时可以调整的模式。"小米公司扁平化的组织架构基本上分为三个层级：第一层级是以CEO雷军为代表的包括总裁林斌及其余八位合伙人在内的公司最高核心管理层。这八位合伙人按照各自擅长的领域分别负责小米公司的某一业务部门，每位合伙人都拥有相当大的自主权，相互之间并不干预。第二层级由各部门负责人和产品经理构成。其余普通员工构成第三层级。这些中层的部门负责人和经理分别带着一些普通员工组成一个团队，而且不会让团队太大，稍微大一点就拆分成小团队。每个小团队专门负责一个特定的模块。而当时的小米公司，是一个拥有8 000余名员工的公司。高度扁平化的组织形式是小米公司自成立以来获得快速成长的重要原因。

2018年9月13日，雷军通过内部邮件宣布小米集团最新的组织架构调整和人事任命，新设集团组织部和集团参谋部。这是小米公司成立以来最大的组织架构变革。

小米公司的案例折射出企业组织架构的设立对于企业的发展生存有着至关重要的作用。小米公司通过强化公司各个部门的管理职能，提升了组织效率，优化了组织架构，夯实了公司人才建设。因此，合理地制定符合企业的组织结构，一方面可以使企业各项经营业务活动顺利进行，另一方面可以减少企业内部人员的矛盾摩擦，从而提高企业效率。

思考分析：

通过上述资料，阐述企业组织架构的内涵，简述企业组织架构的模式、设计是怎样运行的。

第四章 风险评估

学习目标

本章主要介绍了企业内部控制风险评估的理论和方法。

通过对本章的学习，应了解风险概念、风险评估范围，熟悉风险评估识别、风险评估工作机制，掌握风险评估概念、风险评估程序、风险评估分析方法和风险评估应对措施等。

本章框架

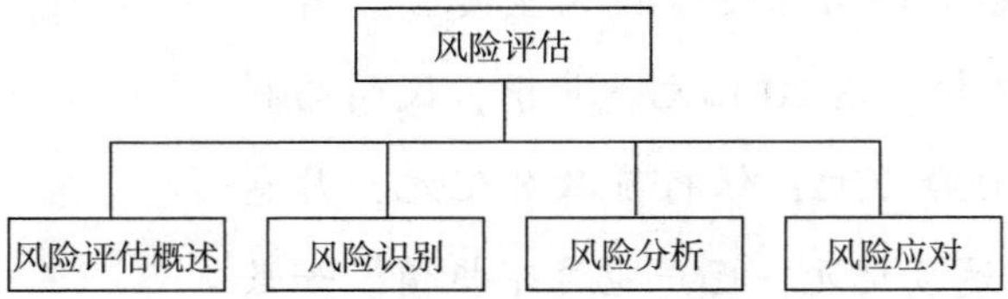

风险是指预期结果的不确定性。这种不确定性，不仅包括负面效应的不确定性，也包括正面效应的不确定性。无论如何，企业面临的不确定性可能会成为企业实现其战略目标、运营目标和财务目标的障碍。有风险不可怕，可怕的是对风险熟视无睹。由于风险结果的不确定，要加强风险管控，必须做好风险评估工作。风险评估是内部控制的重要环节。在企业生产经营过程中，只有进行科学的风险评估，自觉地将风险控制在可承受范围之内，才能实现企业的可持续发展。

导入案例

浙江信泰集团成立于1993年，有员工3 000多人，它是瓯海经济技术开发区眼镜行业的龙头老大。旗下的“海豚”品牌是中国眼镜业的驰名商标之一。除了眼镜业外，该公司还涉足太阳能光伏、房地产等行业。据统计，信泰集团2010年仅眼镜的产值就有2.72亿元，

2011年9月21日晚，信泰集团董事长胡福林“跑路”的消息传开，债权人和供货商蜂拥而来，不少人开着面包车、小货车，准备哄抢财物。22日下午，大批保安守在温州信泰集团新厂房门口，所有东西只许进不许出。

眼镜配件厂的规模一般不大，二三十个工人，基本上只为一两家企业供货，利润很低，一般付款周期为3个月左右。信泰集团由于缺乏风险意识，不断扩大经营规模，导致周转资金不足，开始不断向社会筹借大量资金。有知情人透露，胡福林实际欠款高达20亿元。其中，民间高利贷12亿元，月息高达2 000万元；银行贷款8亿元，月息500多万元。资债差额高达9亿元，已严重资不抵债。如果信泰集团不能支付货款，将会有上百家企业、几千名工人受到牵连。再加上信泰集团本身员工3 000余人以及民间借贷背后的关系人。如果损失有所叠加，有超过万人受到牵累。

如果信泰集团能够理解和认识风险的重要性，积极采取内部控制方法及时识别和化解潜在风险，就不会沦落到破产的境地。由此可见，企业的生存发展无法避免风险，

企业经营离不开风险管理。什么是风险、什么是风险管理？风险的种类有哪些？企业风险的识别、分析、应对和选择的内容都包括什么，方法有哪些？通过本章的学习，对此将有一个全面的了解。

第一节　风险评估概述

一、风险评估的内涵

（一）什么是内部控制风险

企业要生存发展，就必然要面对来自内外部的种种风险；政府的治理和发展总是面临着各种风险和不确定性。风险无处不在，人类是在应对各类风险和挑战的过程中赢得生存和发展的。

在内部控制中，风险通常是指未来的不确定性对企业实现其经营目标的影响。[①] 或者说，风险是指某项事件将发生并对组织实现其目标产生负面影响的可能性。[②] 内部控制风险影响内部控制功效发挥和目标实现或导致内部控制失效。如天灾、盗窃、市场竞争激化、外汇和资源行情的变动等外部因素；信息系统故障及不合理、会计处理发生错误或不当行为、个人信息及重要的商业信息流失或泄露等内部因素。导致内部控制风险的因素是多方面的，主要包括内部控制执行不力、治理结构不完善、信息和沟通问题严重、监督不到位等。

（二）风险评估的概念

在内部控制中风险评估概念有广义和狭义之分。广义的风险评估包括目

---

① 国务院国有资产监督管理委员会．中央企业全面风险管理指引（国资发改革〔2006〕108号）．

② Treadway委员会发起组织委员会（COSO）．内部控制：整合框架［M］．北京：中国财政经济出版社，2014.

标设定、风险识别、风险分析、风险应对等；狭义的风险评估仅指风险分析，即通过采用定性分析和定量分析，按照企业风险发生的可能性及其影响程度等，对识别的风险进行分析和排序，确定关注重点和优先控制的风险。① 本章关注的是广义的风险评估。对于风险评估概念应主要从以下方面来认识：

第一，在市场经济环境下，任何一项风险都有可能影响企业的整体运营情况甚至阻碍企业的发展。通过风险评估，企业能够防患于未然，将不利于企业发展的风险因素消除在萌芽阶段。因此，风险评估是内部控制的主线，现代企业内部控制是以全面风险管理为导向的内部控制，而风险管理的前提是对风险必须先行进行评估。没有风险评估，内部控制将无所作为。

第二，风险评估的方法众多，既有定性分析法，也有定量分析法。定性分析法是以风险的发生对项目结果影响的大小来比较风险的相对重要性。通常，在风险评估的初始阶段应用定性分析法。定量分析法试图确定项目结果的绝对值范围和其概率分布，分析过程复杂，经常需要借助计算机来完成。采用定量分析法，应该依据备选项目建立模型，然后修改模型，量化在初始评估阶段用定性分析法确定的特定风险的影响。

第三，风险评估是一个持续反复的过程，进行一次风险评估并不能一劳永逸。风险评估是企业识别和分析与目标实现有关的风险的过程。内部控制中的风险评估过程必须判明企业实现既定目标存在的外部风险与内部风险，分析各种风险的类型和程度。

第四，风险评估是内部控制的关键构成要素，也是公司内部控制实施成功与否的关键。科学有效的风险评估能够识别出企业潜在的风险因素，并帮助企业及时采取相应措施进行应对。

第五，风险评估所要评估的风险必须是影响控制目标实现的风险。风险评估将控制目标与其他内部控制要素联结成一个有机整体，贯穿于内部控制的始终。

---

① 李玉环．内部控制中的风险评估［J］．会计之友，2008（10）．

风险评估为做出风险管理的决策夯实基础。风险评估的实施流程如图 4-1 所示。

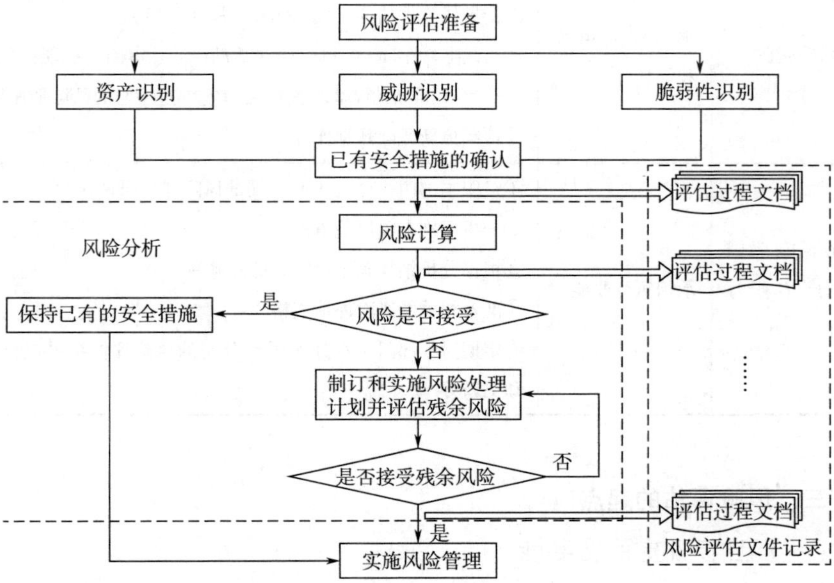

图 4-1　风险评估的实施流程

二、风险评估机制①

风险评估的有效性需要相应的机制来保证。从以全面风险管理为导向的内部控制角度看，风险评估要覆盖企业各层级、各分部、各业务条线，相关工作较为复杂，需要强有力的领导和严密的组织。通常情况下，企业可从以下三个层面来建立健全风险评估机制，如表 4-1 所示。

表 4-1　风险评估机制各层次内容

管理层次	职责	具体内容
高管层	承担领导、审批和把握全局的风险评估	①确定统一的评估标准和评估时间跨度 ②审批各职能部门、分（子）公司提交的风险评估表 ③确定企业层面重大和主要的风险 ④定期对企业层面的重大和主要风险进行回顾和更新

① 刘玉廷，朱海林，王宏．中国内部控制改革与发展［M］．北京：经济科学出版社，2010.

续表

管理层次	职责	具体内容
风险管理部门	承担业务指导和汇总	①建立和完善用于风险事项评估的方法和工具 ②指导风险评估的有关工作并开展业务培训 ③组织协调跨部门的风险研讨活动；汇总审阅各职能部门、分（子）公司准备的风险评估表格，并形成企业总的风险评估表 ④持续更新风险数据库等
其他职能部门或分（子）公司	承担执行职能	①组织本部门、分（子）公司的风险评估研讨活动 ②分析识别有关风险事件 ③根据分析结果确定风险高低并排序 ④准备相关的风险评估表格 ⑤定期对本部门、本分（子）公司的风险评估结果进行回顾和更新等

三、风险评估的起点

（一）目标设定的必要性

企业进行风险评估时，应先设定风险评估目标。只有先设定评估目标，企业管理层才能识别实现这些目标的风险，并采取必要的控制措施来管理风险。这里的“目标”是指《企业内部控制基本规范》中规定的内部控制五目标。目标设定是风险评估的起点，也是风险应对的前提。因为任何控制目标的确立、目标的实现过程都需要进行风险评估，风险评估贯穿内部控制活动的始终。

（二）目标设定的方法

企业应在遵循其目标的前提下，结合自身实际情况来设定风险评估目标。企业的目标一般可分为企业总体战略目标（企业层面目标）和具体目标（业务层面目标）两个层次。风险评估目标的设定方法分为根据总体战略目标设定和根据具体目标设定。

首先，根据总体战略目标设定风险评估目标。企业的战略目标大致分为两类：一类是用来满足企业生存和发展所必需的项目目标，这些项目目标又可以分解成业绩目标和能力目标；另一类是用来满足与企业有利益关系的各个社会群体所要求的目标，这样的群体主要有顾客、企业职工、股东、所在社区和企业社会群体。

其次，根据具体目标设定风险评估目标。企业在明确战略目标之后，还会制定一些相关的具体目标。与战略目标相比，具体目标更详细、更具针对性。企业的具体目标是在总体战略目标统驭之下的目标，包括遵循目标、资产安全目标、报告目标和经营目标。这和《企业内部控制基本规范》中对内部控制的目标设计一致。

基于以上具体目标，企业需要设定对应的风险评估目标。根据企业在实现具体目标过程中可能存在的风险，按照具体的工作和岗位职责确定应采取的风险管理措施及预测其应达到的效果。

四、风险评估环节

风险评估是组织识别和分析与目标实现有关的风险的过程。风险评估提供了控制风险的基础。内部控制中的风险评估过程必须判明企业实现既定目标存在的外部风险与内部风险，分析各种风险的类型和程度。风险评估环节如图 4-2 所示。

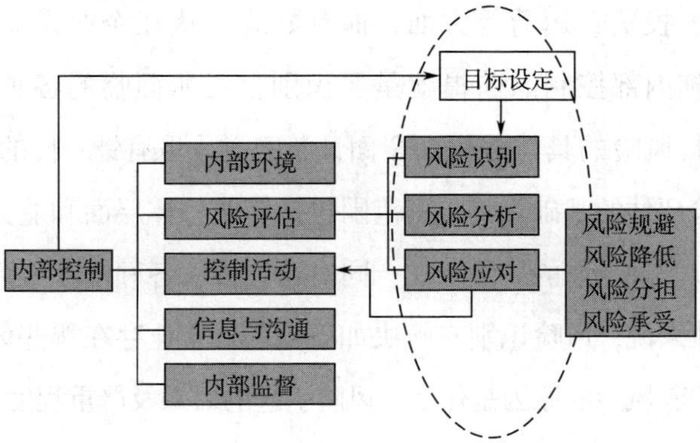

图 4-2　风险评估环节

第一步：目标设定。前已述及，不再重复。

第二步：风险识别。企业的风险会存在于公司层和业务层两个层面。公司层会因为内部或外部因素而存在风险，业务层会因为业务流程或职能而存在风险。

第三步：风险分析。在识别公司层和业务层风险后，企业需要进行风险分析。

第四步：风险应对。随着世界经济形势、行业和法规环境不断变化，企业业务活动不断升级，以前有效的内部控制体系在当下可能会失效，而风险评估的本质就是一个发现变化的环境并采取相应行动的过程。

第五步：风险评估。风险评估与管理层设立的目标、风险分析方法和应对变化的策略紧密联系，也直接影响着业务活动的实施。

第二节　风险识别

一、风险识别的内涵

识别风险的重要性不言而喻，如果连风险在何处都不知道，风险评估、风险分析也就无从谈起。

风险识别是指对企业所面临的潜在风险进行判断、归类和确定的过程。企业作为市场的参与主体，随时面临各种各样的风险。风险不仅存在于财务管理中的筹资、投资、运营等方面，而且始终潜伏在企业设立、成长的全过程中。有效实施内部控制的前提就是要识别自身所面临的各种风险，在此基础上才可能进行风险的具体分析和全面评价，并采取有针对性的风险控制措施。风险识别是风险评估的基础，其应用范围包括企业整体层面和业务活动层面。通过风险识别可以发现企业的风险所在，同时还要辨认各种潜在风险的来源，分析风险性质。具体来说，风险识别应解决如下问题：企业存在哪些风险、哪些风险应予以考虑、引起风险的原因是什么、风险引起的后果及严重程度等。

需要说明的是，风险识别必须与目标联系，无论要达到的目标是明确的还是隐含的，企业的风险识别都应当考虑到目标达成过程中的可能出现的各种风险。同时，进行风险识别时应当关注整个企业层面的风险，包括公司层的风险和业务层的风险。

二、风险因素和风险信息的收集

（一）影响内部控制目标实现的风险因素

企业在风险评估过程中，更应当关注引起风险的主要因素，应当准确识别与实现控制目标有关的内部风险和外部风险。影响内部控制目标实现的风险因素如表4-2所示。

表4-2　影响内部控制目标实现的风险因素

整体层面风险因素	内部风险因素	(1) 人力资源因素，如董事、监事、经理及其他高级管理人员的职业操守、员工专业胜任能力等
		(2) 管理因素，如组织机构、经营方式、资产管理、业务流程等
		(3) 自主创新因素，如研究开发、技术投入、信息技术运用等
		(4) 财务因素，如财务状况、经营成果、现金流量等
		(5) 安全环保因素，如营运安全、员工健康、环境保护以及其他因素
	外部风险因素	(1) 经营因素，如经营形势、产业政策、融资环境、市场竞争、资源供给等
		(2) 法律因素，如法律法规、监管要求等
		(3) 社会因素，如安全稳定、文化传统、社会信用、教育水平、消费者行为等
		(4) 科学技术因素，如技术进步、工艺改进等
		(5) 自然环境因素，如自然灾害、环境状况以及其他因素
业务层面风险因素	销售、生产、营销、技术（或研究）开发等业务所面临的风险	

(二) 风险信息的收集

全面收集企业内外部风险信息是做好风险识别工作的前提和基础。风险信息主要涵盖三个方面：一是内外部审计发现的问题。虽然审计主要关注企业内部控制缺陷及脆弱性，但它有助于提升风险事件识别的全面性。二是内部风险事件。收集企业过去发生的风险事件，有利于后期更好地界定风险，明确是系统性控制缺陷还是孤立性控制缺陷。三是外部风险事件。收集外部风险事件应当及时、全面，特别是一些偶然事件。

三、风险识别的方法

风险识别的具体方法包括实施现场调查法、流程图分析法、风险清单法、编制事故树、财务报表分析法、统计分析法等方法。以下主要介绍现场调查法、流程图分析法、风险清单法和财务报表分析法。

(一) 现场调查法

现场调查法是在一定理论指导下，有目的、有计划、系统地了解社会现象，并对观察到的现象做出科学解释。

现场调查必须按照调查的目的、调查的内容和调查对象的特点选择不同的调查方法。现场调查具体分为定量调查和定性调查。两者都是通过对一部分调查对象的研究来认识整体或某种事物的规律，但调查对象的产生有所不同：定量调查一般遵循随机化等概率原则抽样产生具有代表性的个体（有时可以是整体）作为调查对象；定量调查是通过开展样本调查，用数据定量地解释问题。而定性调查则从特定的研究目的、需要和实际情况出发，一般采用非概率抽样方法选择调查对象，具有相当强的灵活性，调查对象可以是个体、群体或组织。定性调查主要解决“如何？”“为什么？”“怎样？”“问题可能出在哪里？”等问题。

现场调查法经常采用的方法是集体访谈法。集体访谈法又称小组座谈法，是由一个有经验的主持人以一种无固定程序的自然形式与一个小组的被访者交谈，通过交谈和讨论对一些问题做深入的定性调查。

（二）流程图分析法

流程图是指使用一些标准符号代表某些类型的动作，直观地描述一个工作过程的具体步骤。流程图分析法是将一项特定的生产或经营活动按步骤或阶段顺序以若干个模块形式组成一个流程图系列，在每个模块中都标示出其潜在的风险因素或风险事件，从而给决策者一个清晰的总体印象。

流程图分析法的基本步骤为：①识别产品加工等过程的各个阶段；②设计流程图，标示工序或流程中的所有风险；③对流程图进行解释，寻找风险事故的原因；④预测可能的损失。流程图分析法特别有助于识别企业经营中断的风险。它可以将复杂的生产过程或业务流程予以简单化，从而有利于发现风险；但是流程图的编制要耗费大量的时间，另外也不能通过定量分析来判断风险发生的可能性。

流程图分析法是识别风险最常用的方法之一。其主要优点是清晰明了，易于操作，且组织规模越大、流程越复杂，流程图分析法就越能体现出其优越性。通过流程分析，可以更好地发现风险点，从而为防范风险提供支持。其局限性主要是该方法的使用效果依赖于专业人员的分析水平。

以财务费用报销流程为例，采用流程图分析法的过程如表 4-3 所示。

表 4–3　财务费用报销流程风险分析

<table>
<tr><th>流程图</th><th>风险审核点</th><th>权责部门</th></tr>
<tr><td rowspan="7">报销单据整理粘贴
↓
填写费用报销单
↓
部门领导审核
↓
财务部确认
↓
财务负责人审查
↓
副总经理批准
↓
董事长总经理批准</td><td>报销人员根据公司费用报销制度要求，整理好需要报销的发票或单据，并进行整齐粘贴。根据报销内容填写费用报销单</td><td>报销人员</td></tr>
<tr><td>报销单填写要求不得涂改，不得用铅笔或红色的笔填写，并附上相关的报销发票或单据。若属于出差的费用报销，必须附上经过批准签字的差旅费报销单。采购物品报销需附上总经理签字确认的采购申请表</td><td>报销人员</td></tr>
<tr><td>费用报销单及相关单据准备完成后，报销人员提交给部门主管审核签字，部门主管须对以下方面进行审核：
①费用产生开支的原因及真实性；
②费用的标准性及合理性；
③费用的控制等。
若发现不符合要求，立即退还给相关报销人员重新整理提报</td><td>相关部门领导</td></tr>
<tr><td>部门领导审核签字后，报销人员将报销单据提交给财务部，由财务部门会计人员进行报销费用的确认，审核主要内容包括：
①产生的费用是否符合报销标准；
②财务是否能及时安排此费用；
若发现不符合要求，立即退还给相关人员重新整理提报</td><td>财务部主管</td></tr>
<tr><td>财务主管审核签字后，报销人员将报销单据提交给财务部负责人，由财务部负责人进行报销费用的审查，审查主要内容包括：
①单据或票据是否符合财务规范要求；
②财务人员是否合理按照报销标准审核。
若发现不符合要求，立即退还给相关人员重新整理提报</td><td>财务部负责人</td></tr>
<tr><td>财务部对审核签字后，报销人员将报销单据提交给副总经理（总经理助理），由副总经理进行最后核查，核查主要内容包括：
①部门领导审核的公正性；
②财务部门审核的严谨性。
若副总经理发现不符合要求，立即退还给相关人员重新整理提报</td><td>副总经理（总经理助理）</td></tr>
<tr><td>副总经理（总经理助理）对审核要求的报销单签字后，最后由报销人员呈交董事长（总经理），由总经理进行批准签字。签字后报销人员方可去财务部领款</td><td>董事长（总经理）</td></tr>
</table>

（三）风险清单法

风险清单法，是指企业以表单形式进行风险识别、风险分析、风险报告和沟通等管理活动的工具方法。这种方法的主要目标是使企业从整体上了解自身风险概况和存在的重大风险，明确各部门的风险管理责任，规范风险管理流程，并为企业构建风险预警和风险考评机制奠定基础。

企业应用风险清单法，一般按照编制风险清单、沟通与报告、评价与优化等程序进行。

1. 编制风险清单

企业一般按企业整体和部门两个层级编制风险清单。风险清单应由企业风险管理部门牵头组织实施。各部门主管对与本部门相关的风险清单的有效性负直接责任，有效性包括风险清单使用的效率和效果等。

风险管理部门应会同各责任主体结合企业的风险偏好、风险管理能力等制定相应的风险管理应对措施，填制风险清单基本框架中的风险应对措施要素，由此填制完成企业整体风险清单。风险管理部门及各责任主体既可对企业整体重大风险进行进一步的分析，也可直接对各部门相关的业务流程进行细化分解，形成相关部门的风险清单。企业整体风险清单如表 4-4 所示。

表 4-4　企业整体风险清单

风险识别								风险分析						风险应对
风险类别						风险描述	关键风险指标	可能产生的后果	关键影响因素	风险责任主体	风险发生可能性	风险后果严重程度	风险重要性等级	风险应对措施
一级风险		二级风险		……										
编号	名称	编号	名称	编号	名称									
1	战略风险	1. 1												
		1. 2												
		…												
2	营运风险	2. 1												
		2. 2												
		…												
3	财务风险	3. 1												
		3. 2												
		…												
	……													

2. 沟通与报告

风险管理部门应根据已填列的风险识别部分的内容，在与相关部门主管沟通后，分析各类风险可能产生的后果，确定导致该后果的关键影响因素及责任主体，并填制完成风险清单基本框架中的可能产生的后果、关键影响因素、风险责任主体等要素。风险管理部门应以风险重要性等级结果为依据确定企业整体的重大风险，报企业风险管理控制机构批准后反馈给相关责任主体。风险管理部门应将风险清单所呈现的风险信息及时传递给相关责任主体，确保各责任主体准确理解相关的风险信息，有效开展风险管理活动。

3. 评价与优化

风险管理部门应会同各责任主体定期或不定期地根据企业内外部环境变化，对风险清单是否全面识别风险并准确分类、是否准确分析风险成因及后果、是否采取了恰当的风险应对措施等进行评估，及时对风险清单进行更新调整。

风险清单的主要优点是：能够直观反映企业的风险情况，易于操作，能够适应不同类型企业、不同层次风险、不同风险管理水平的风险管理工作。风险清单的主要缺点是：风险清单所列举的风险往往难以穷尽，且风险重要性等级的确定可能因评价的主观性而产生偏差。

(四) 财务报表分析法

财务报表分析法，是指通过财务报表信息的分析来识别风险事项，对企业的资产、负债等情况进行风险分析，以便从财务的角度发现企业面临的潜在风险。如资产负债表所提供的资产信息，有助于风险识别人员发现资产面临的风险以及企业承担损失的能力；利润表中的收入和成本信息，提供了识别风险的基础情况；另外，财务报表提供了许多反映企业经营状况的财务指标，可以为管理人员发现风险因素提供线索和指示重点。利用财务报表上的丰富信息，可以分析企业生产经营活动中的潜在损失和风险。

财务报表分析法具体可以分为趋势分析法、比率分析法、因素分析法和杜邦分析法等。

1. 趋势分析法

趋势分析法是利用会计报表等提供的数据资料，将各期实际指标与历史指标进行定基对比和环比对比，揭示企业财务状况和经营成果变化趋势的一种分析方法。趋势分析法一般采用编制比较财务报表的方法，将连续多期的同一报表（最近两三年甚至五年）并列在一起加以比较。这样一来，不仅能从中了解各项目的增减变化情况，而且可以看出其带有规律性的发展趋势。趋势分析法通常又可以分为横向分析法和纵向分析法。

2. 比率分析法

比率分析法是把某些彼此存在关联的项目数值加以对比，计算出比率，据以确定经济活动变动程度的分析方法。采用这种方法，能够把某些条件下的不可比指标变为可以比较的指标，以利于进行分析。比率指标分为构成比率、效率比率和相关比率三类。其中，构成比率又称结构比率，它是某项经济指标的各个组成部分与总体的比率，反映部分与总体的关系；效率比率是某项经济活动发生的耗费与所得的比率，反映投入与产出的关系，如成本利润率、销售利润率及资本利润率等利润率指标；相关比率是以某个项目中相互联系但又性质不同的两个指标加以对比所得的比率，反映有关经济活动的相互关系。

3. 因素分析法

因素分析法，是指在相互关系的诸因素中，通过依序用各项因素的实际数替换基数，据以计算各项因素影响程度的一种分析方法。因素分析法既可以全面分析各因素对某一经济指标的影响，又可以单独分析某个因素对经济指标的影响，在财务分析中应用颇为广泛。

4. 杜邦分析法

杜邦分析法是从财务角度评价企业绩效的一种经典方法，因其最初由美国杜邦公司成功应用而得名。

杜邦分析法，是利用各种财务指标之间相互依存、相互联系的内在关系，从权益净利率（或净资产收益率）这一核心指标出发，通过对影响这些指标的各种因素进行分析，重点揭示企业盈利能力及权益乘数对权益净利率的影响，以及各相关指标间的相互影响和作用关系，从而深入分析比较企业经营业绩。

权益净利率，又称股东权益报酬率/净值报酬率/权益报酬率/权益利润率/净资产利润率，是净利润与平均股东权益的百分比，是公司税后利润除以净资产得到的百分比率。该指标反映股东权益的收益水平，用以衡量公司运用自有资本的效率。指标值越高，说明投资带来的收益越高。该指标体现了自有资本获得净收益的能力。

权益净利率不仅有很强的可比性，而且有很强的综合性。公司为了提高权益净利率，可从如下三个分解指标入手：

$$权益净利率=\frac{净利润}{营业收入}\times\frac{营业收入}{总资产}\times\frac{总资产}{股东权益}$$

$$=营业净利率\times总资产周转次数\times权益乘数$$

根据计算，“营业净利率”“总资产周转次数”“权益乘数”三个指标无论提高其中的哪个比率，权益净利率都会提高。其中，“营业净利率”是利润表的一种概括表示，“净利润”和“营业收入”两者的比值可以概括企业的经营成果；“权益乘数”是资产负债表的一种概括表示，表明资产、负债和股东权益的比例关系，可以反映企业最基本的财务状况；“总资产周转次数”把利润表和资产负债表联系起来，使权益净利率可以综合分析评价整个企业的经营成果和财务状况。杜邦分析法的基本原理如图 4-3 所示。

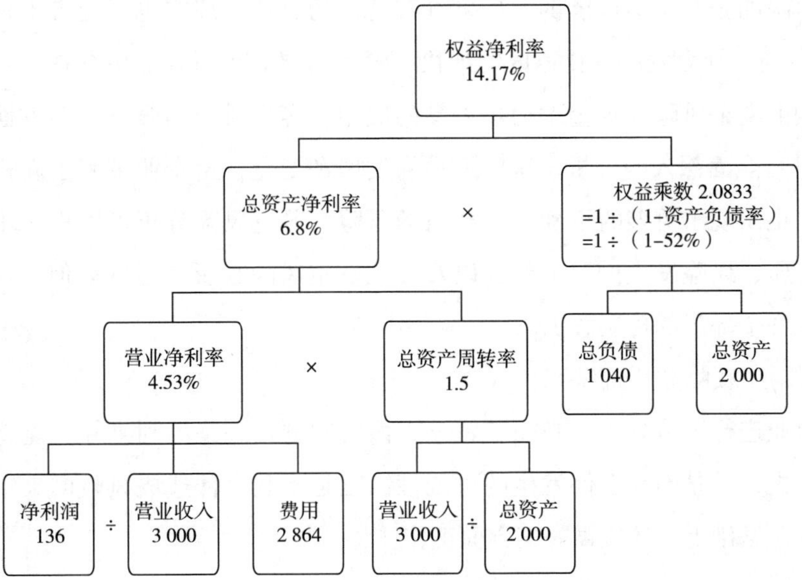

图 4-3　杜邦分析法的基本原理

第三节　风险分析

一、风险分析的目标和要求

（一）风险分析的目标

企业识别出风险后需要进一步展开风险分析。风险分析是在风险识别的基础上，运用定量和定性方法，进一步分析风险发生的可能性和对企业目标实现的影响程度，以便为制定风险应对策略、选择应对措施提供依据。风险分析的目标是帮助管理层在风险影响（不利事件可能造成的损失）和在采取保护措施的成本之间保持一种的经济平衡。

众所周知，不确定性在当今的经济活动中普遍存在。任何组织，无论它提供什么产品或服务，都或多或少涉及风险管理和控制。“要创办一个不存在任何风险的企业是不可能的。如果真有这样的企业，那它也不会带来任何收益。”① 随着社会发展变化速度的加快，管理高层必须对企业中存在的具有重大影响的复杂风险（如金融衍生工具的应用、客户对产品服务的多方面需求等）进行全面深入的分析。这些因素的发展和变化，给企业带来了新机会的同时，也出现了更多的不确定性和新的风险。通过风险分析可以进一步指出风险性质、风险发生的可能性，以及一旦发生风险其影响程度如何，从而增强组织各个部门的控制意识。

（二）风险分析的要求

企业进行风险分析，必须了解三方面的问题：一是不利事件可能造成的各种损失；二是不利事件发生的可能性；三是不利事件造成风险的大小等级等。在此基础上，还应做好三方面工作：

---

① 巴顿，申克，沃克．企业风险管理［M］．北京：中国人民大学出版社，2004.

第一，企业应当合理分析、准确掌握董事、经理及其他高级管理人员、关键岗位员工的风险偏好，并予以特别关注，避免因个人风险偏好给企业经营带来重大损失。

第二，企业进行风险分析，应当充分吸收专业人员，组成风险分析团队，按照严格规范的程序开展工作，确保风险分析结果的准确性。

第三，风险分析不是只完成一次就可以一劳永逸的任务，它必须定期进行，才能适应各种环境的发展和变化。事实已经证明，在系统开始时设计的控制措施要比系统建成之后叠加上去的控制更加有效。因此，风险分析应当在每一系统的设计阶段就做出安排。

二、风险的定性分析

风险的定性分析，是指通过观察与分析，借助于经验和判断对风险进行分析的方法。

定性分析一般不需要运用大量的统计资料，使用起来简单易行，但具有很强的主观性。该方法主要是通过问卷、面谈及研讨会等形式进行风险分析，依靠专业人员的经验和判断，或者行业标准及惯例等，对风险相关要素的大小或高低程度进行定性分级。

定性分析法是目前风险分析中采用比较多的方法，具体操作方法多种多样，有问卷调查法、集体讨论、专家咨询法等。

（一）问卷调查法

问卷调查法是指利用问卷调查表进行风险识别的方法。问卷调查表是企业根据自身需要，收集和统计与风险相关信息的表格，如表 4-5 所示。调查对象主要为领导班子成员、部门负责人及以上人员、风险内部控制人员。调查方式可以采用当面填写、邮寄或通过网络传递。问卷调查法能够在较短时间内获得较多的资料，具有适用面广、信息量大的特点。

表 4-5　企业内部控制调查问卷

委托单位：　　　　　　　　填表人：
被调查人：　　　　　　　　复核人：
会计期间：　　　　　　　　调查时间：

调查问题	答案			备注
	是	否	不适用	
一、货币资金				
1. 出纳是否不兼审核、会计档案保管以及收支、费用、债权债务账目登记；				
2. 现金盘点是否由出纳一人进行；				
3. 用于结算的印章是否分开保管；				
4. 用款申请是否在获得批准后才办理；				
5. 支出是否均有审批手续；				
6. 库存现金是否置于安全位置，并规定保管责任；				
7. 是否规定不允许出租出借账户，是否规定不允许白条抵库；				
8. 是否及时核对银行对账单，未达账项是否及时查找原因并处理；				
9. 现金、银行存款日记账是否定期与总账核对，不一致时及时查找原因；				
10. 现金日记账是否做到日清月结。				
…………				
二、存货、固定资产				
1. 采购部门、验收部门、保管部门、财务会计部门是否分开；				
2. 采购计划、领料单是否经过有关主管或其他经授权的人审批；				
3. 验收报告是否预先连续编号，并妥善保管；				
4. 财务会计部门是否根据核对无误的请购单、订货单、验收报告及购货发票编制记账凭证；				
5. 是否定期盘点存货，并把盘点结果记录于盘点表；				
6. 固定资产购买和处置的授权、执行是否分开；				
7. 固定资产的验收、使用和记录是否分开；				
8. 是否设置固定资产总账、明细账和固定资产登记卡；				
9. 是否定期检查和盘点固定资产；				
10. 固定资产的转出、报废、出售、抵押、担保是否有申请报批程序。				
…………				

续表

调查问题	答案			备注
	是	否	不适用	
三、销售和收款 1. 应收账款与收入账的登记是否分开，负责的专人是否经常清理应收账款并进行账龄分析； 2. 销售作业与商品保管是否分开； 3. 销售折扣或折让是否经销售主管或经授权的人审批后方可给予； 4. 是否经授权的人批准后才给予赊销； 5. 应签订合同的销售业务是否都签订合同，销售合同是否经过适当级别领导审批后才执行； 6. 仓储部门是否定期独立编制销货汇总凭证，据以与财务会计部门核对； 7. 发票是否连续开具无缺失； 8. 是否有专人根据掌握的客户资料，定期清理出坏账清单并提请主管领导审批； 9. 仓储部门是否根据经批准的退货入库凭证查验货物无误后编制入库凭证； 10. 销售折扣或折让是否形成正式凭证通知财务会计部门按规定办理。 ………… 四、采购和付款 1. 负责验收的职员是否与采购员、保管员、会计人员的职责分离； 2. 请购单是否经过有关主管或其他经授权的人审批； 3. 验收单是否预先连续编号，并妥善保管； 4. 大额采购是否通过招标的方式选择供应商； 5. 负责验收的职员是否根据货物编制验收报告。 ………… 五、成本费用 1. 存货的领用、发放、记录和审批的职务是否互相分离； 2. 生产任务通知单是否预先顺序编号，并妥善保管，未经授权不得接触； 3. 领料单是否预先编号，并妥善保管，未经授权，不得接触；				

续表

调查问题	答案			备注
	是	否	不适用	
4. 工时记录卡是否预先顺序编号，并妥善保管，未经授权不得接触； 5. 工资是否经过有关主管或其他经授权的人审批； 6. 费用预算是否分解到各个费用开支部门。 ………… 六、投资和筹资 1. 投资计划的编制人员与投资的审批人员是否相分离； 2. 投资前是否进行充分的调查研究，并编制投资计划； 3. 各项投资的出售收回是否经过有关部门主管的授权批准； 4. 任何证券的存入和取出，是否都将证券的详细资料记录于登记簿，并由经手人员签名； 5. 是否按每一种证券分别设立明细账和备查账，详细记录相关资料； 6. 筹资的决策、经办、会计记录是否分开； 7. 各种筹资方案是否经单位最高权力机构批准； 8. 留存收益的使用是否制订计划、方案； 9. 接受投资是否签订合同协议； 10. 举借长期债务前是否对举债项目进行可行性研究，确定投资方向。 …………				

问卷调查法的优点包括：一是通常情况下可以获得某种有价值的资料，结论比较客观（问卷可以不署名），调查结果具有一定的代表性；二是节省时间、人力和体力，花钱少；三是调查对象范围弹性大，可以是小规模的调查，也可以是大规模的调查；四是作为一种结构化的调查方式，调查形式、提问序列、给出的答案相对固定，结论相对具体化。

问卷调查法的局限性包括：一是调查问卷设计难，调查结果广而不深；二是采用由用户自己填答问卷，调查结果的质量难以得到保证；三是问卷回收率低。

（二）集体讨论

概括地讲，集体讨论就是大家在一起共同探讨解决问题的方法，又叫头脑风暴法。通常是由专人主持研讨会，选择一位主持人和一位记录员（他们可以是同一个人)，由风险管理的负责人和高管层参与，采用集体讨论的方式对风险进行分析。

集体讨论的主要优点是集思广益，能够立即解决对于决策意见上的差异和分歧，有利于减少解决意见分歧方面的跟进工作，能够快速对风险相关问题的认识、处理方法达成共识，并且可以为不同的意见交流提供平台。其局限性主要表现为，每个人看待问题的角度不同，势必引起对某些问题的争论，如果没有人善决断，必然导致无法定论，解决问题的效率低下。

（三）专家咨询法

专家咨询法又称德尔菲法。它是在专家个人判断和专家会议的基础上发展起来的一种直观预测方法。在风险识别的基础上，请有关专家对风险因素发生的概率和影响程度进行评价，然后再综合评价整体风险水平。专家咨询法的特点是参加意见征询的人士一般是对所咨询的问题有比较深入研究的专家和权威，参加意见征询的专家和权威在整个征询意见的过程中并不见面，是“背靠背”地回答组织者的咨询。参加意见征询的专家逐步达成价值认识和判断的一致；专家只能按照意见征询表中所列非常明确、具体的问题依照指定的回答方式简单明了地表达自己的意见。

实践证明，专家咨询法是一种简单易行、应用方便的方法。其局限性主要是受人的主观因素影响比较大，如专家的专业水平和权威性、专家的心理状态、专家对风险分析的兴趣、等，都可能影响风险分析结论的准确程度。

三、风险的定量分析

风险的定量分析，是对构成风险的各个因素及其影响予以量化，在此基础上判断风险重要性程度的方法。定量分析需要对构成风险的各个要素和潜在损失程度赋予数值或货币金额，使风险分析的整个过程和结果均可被量化。通常采用的定量分析方法有情景分析法、敏感性分析法、盈亏平衡分析法等。

（一）情景分析法

情景分析，是指在对企业经营管理中未来可能发生的事件情景进行假设的基础上，结合企业管理要求，通过模拟等技术，分析相关方案应对的可能性、相应后果和影响，以做出最佳决策的方法。企业应用情景分析法，一般按照确认决策事项、确认影响因素、设定情景、找出可能发生的系列事件、分析方案和分析实施后果等程序进行。

（二）敏感性分析法

1. 敏感性分析的内涵

敏感性分析，是指对影响目标实现的变化因素进行量化分析，以确定各变化因素对实现目标的影响及其敏感程度。对敏感性高的变化因素，人们必然予以高度重视；反之，则可以不必作为分析的重点。

在企业任何项目或投资中，计划阶段所使用的数据肯定是要变化的，因此也是有风险的。敏感性分析是为了得到更切合实际的相关信息，通过给出一系列反映不确定性的可能备选方案（或方案、范围等），并就假设的有效性提供几种方法，识别出对项目的估计值变化最敏感的变量，这些估计值通常是以净现值和内含报酬率来表示的。

敏感性分析具有广泛的适用性，有助于识别、控制和防范短期营运决策、长期投资决策等相关风险。

2. 敏感性分析法在短期营运决策中的应用

短期营运决策中的敏感性分析主要应用于目标利润的规划。其程序一般包括确定短期营运决策目标、根据决策环境确定决策目标的基准值、分析确定影响决策目标的各种因素、计算敏感系数、根据敏感系数对各因素进行排序等。

3. 敏感性分析法在长期投资决策中的应用

长期投资决策中的敏感性分析，是指通过测算投资方案中某个因素的变动对该方案预期结果的影响程度，做出对项目投资决策的可行性评价。长期投资决策模型中决策目标的基准值通常包括净现值、内含报酬率、投资回收期、现值指数等。以净现值为目标值进行敏感性分析的，可以计算投资期内的年现金净流量、有效使用年限和折现率的变动对净现值的影响程度；也可以计算净现值为零时的年现金净流量和有效使用年限的下限。以内含报酬率为基准值进行敏感性分析，可以计算投资期内的年现金净流量和有效使用年限变动对内含报酬率的影响程度。

（三）盈亏平衡分析法

盈亏平衡分析（也称保本分析），是指分析和测定盈亏平衡点，以及分析相关业务因素变动对盈亏平衡点的影响等，是本量利分析的核心内容。盈亏平衡分析的原理是通过计算企业在利润为零时处于盈亏平衡的业务量，分析相关业务或项目对市场需求变化的适应能力等。

第四节　风险应对

风险应对，是指在风险分析的基础上，针对企业所存在的风险，提出各种风险的解决方案，经过分析论证与评价从中选择最优方案并予以实施的过程。风险应对的策略一般有四种：风险规避、风险降低、风险分担和风险承受。选定风险应对策略以后，还应当有针对性地选择控制方法，实现对风险的有效控制。

一、风险规避

（一）风险规避的内涵

风险规避也称风险回避，是指企业对超出风险承受度的风险，通过放弃或者停止与该风险相关的业务活动以避免和减轻损失的策略。风险规避具体表现为：一是决策时，事先预测风险发生的可能性及其影响程度，尽可能选择风险较小或无风险的备选方案，对超过企业风险承受能力、难以掌控的财务活动予以回避；二是在实施方案过程中，发现不利的情况时，及时中止或调整方案，退出可能发生风险的活动。当风险造成的损失不能由该项目可能获得的收益予以抵消时，避免风险是最可行、最简单的办法。

关于风险规避应着重把握以下几点：

第一，风险规避是一种事前控制，是指风险决策者考虑到风险损失的存在或有可能发生，主动放弃或拒绝实施某些可能引起风险损失的方案，即拒绝承担该风险。

第二，风险规避是一把双刃剑。一方面，在风险事故发生前排除某一特定不利风险发生的可能性，是一种最为彻底、最有力的风险控制措施；另一方面，风险规避也是一种消极的风险应对措施，因为选择这一策略意味着放弃了可能从风险中获得的收益。

第三，风险规避并不意味着完全消除风险，所要规避的是风险可能造成的损失。

（二）风险规避的策略

风险规避的策略包括：①退出某一市场以避免激烈竞争；②拒绝与信用不好的交易对手进行交易；③外包某项对工人健康安全风险较高的工作；④停止生产可能有潜在安全隐患的产品；⑤禁止各业务单位在金融市场进行投机；⑥不准员工访问某些网站或下载某些内容。

（三）风险规避的类别

风险规避的类别主要包括：①完全规避风险，即通过放弃或拒绝合作停止业务活动来回避风险源。虽然潜在的或不确定的损失能就此避免，但获得利益的机会也会因此丧失。②转移风险，即将自身可能要发生的潜在损失以一定的方式转移给对方或第三方。③损失控制，即不放弃风险，而是制订计划和采取措施降低损失的可能性或者是减少实际损失。④自留风险，如果损失发生，企业将以可利用的内部资源来弥补损失。有时完全回避风险是不可能的或明显不利的，采取有计划的风险自留不失为一种规避风险的方式。

风险有可避免和不可避免之分。有些风险是无法避免的，如市场风险、政治影响等。有些风险虽然可以避免，但成本过大。如果事事都采取避免风险的态度，可能会导致企业安于现状、不求进取。

二、风险降低

（一）风险降低的内涵

风险降低，是指企业在权衡成本效益之后，准备采取适当的控制措施降低风险或者减轻损失，将风险控制在风险可承受范围之内的策略。风险降低涉及两个方面内容：一是控制风险因素，采取措施降低风险的可能性，或者采取措施降低风险发生的频率（准确地预测）和降低风险的损害程度（果断地采取措施)；二是将两者同时降低。

（二）风险降低的措施或方法

根据风险的特点，企业采取的风险降低措施或方法主要包括：

1. 风险转换

风险转换，是指企业通过战略调整等手段将企业面临的风险转换成另一种风险，使总体风险在一定程度上降低。其简单形式就是在减少某一风险的同时，增加另一风险。企业可以通过风险转换在两个或多个风险之间进行调整，以达到最佳效果。例如，为多销售产品，企业放宽对客户的信用标准，将产品销售不出去的风险，转换成了款项收不回来的风险。

2. 风险补偿

风险补偿，是指企业对风险可能造成的损失采取适当的措施进行补偿，以期降低风险。风险补偿体现在企业主动承担风险，并采取相应措施以补偿可能的损失。例如，企业建立风险准备金或应急资本，以应对临时突发事件。

3. 风险控制

风险控制，是指控制风险事件发生的动因、环境、条件等，来达到减轻风险事件发生时的损失或降低风险事件发生的概率的目的。例如，厂房生产车间内禁烟、合同签订符合法律要求，等等。

三、风险分担

风险分担，是指企业准备借助他人力量，采取业务分包、购买保险等方式和适当的控制措施，将风险控制在风险可承受范围之内的策略。在风险分担策略下，风险本身发生的可能性以及导致的损失大小并没有改变，只不过是通过借助一些合同或协议在风险发生后，企业有意识地将可能产生损失的活动或与损失有关的财务后果转移给其他合作方。风险分担包括风险转移和风险对冲。

（一）风险转移

风险转移，是指企业通过合同将风险转移到第三方，企业对转移后的风险不再承担责任。风险转移不会降低其可能的严重程度，只是从一方移除后转移到另一方。例如保险、风险证券化和合同约定风险转移等。

（二）风险对冲

风险对冲，是指采取各种手段分散风险因素或承担多个风险，使得这些风险能够互相对冲，也就是使这些风险的影响相互抵消。资产组合的使用、多种外币结算的使用、多种经营战略、金融衍生品（套期保值、外汇远期）等都属于风险对冲的手段。

四、风险承受

（一）风险承受的内涵

风险承受又称风险接受，是指不采取任何措施干预风险的可能性或影响。企业采用风险承受是面临风险所采取的接受态度，并从中承担风险带来的后果。

（二）风险承受能力

顾名思义，风险承受能力是指企业内部控制对风险的承受能力，即企业的内部控制可以承受多大的风险，而不使企业的正常生产经营活动受到威胁，从而实现内部控制目标。风险承受能力是企业抵抗外界负面冲击的缓冲器。风险承受能力越强，企业能够化解的风险越多，对企业价值的长期提升越具有显著的正向影响。

（三）风险承受界限

风险承受界限，是指企业承受风险的最低限度和不能超过的最高限度①。实施风险承受策略，应先结合自身业务特点确定风险偏好和风险承受度，即企业愿意承担哪些风险，明确风险的最低限度和不能超过的最高限度。企业既要摒弃风险越大、收益越高的观念，也要防止单纯为规避风险而放弃发展机遇，因此要把握好风险与收益之间的平衡关系。

（四）选择风险承受战略

风险承受战略包括保险和专业自保。

1. 保险

保险是风险转移的传统手段，即投保人通过保险或保险合同把风险可能

① 王农跃．企业全面风险管理体系构建研究［D］．天津：河北工业大学，2008.

导致的财务损失负担转移给保险公司。保险合同降低了购买保险一方的风险，因为它把损失的风险转移给了保险公司。而保险公司则是通过损失的分散化来降低自己的风险。例如，保险公司可以通过出售大量的涉及多种类型损失的保险合同来降低自己的风险。

2. 专业自保

通过专业自保公司实现风险承受。专业自保公司又称专属保险公司，是非保险公司的附属机构，为母公司提供保险，并由其母公司筹集保险费，建立损失储备金。专业自保的特点是：由被保险人所有和控制，要承保其母公司的风险，但可以通过租借的方式承保其他公司的保险，不在保险市场上开展业务。

人们厌恶风险，因为风险有可能使我们遭受损失，但是，风险也可能有获得的机会。风险控制的实质不是避免或消除风险，而是判断哪些风险可以利用，哪些风险可以转嫁给投资者，哪些风险应该避免。

关键词汇

风险（risk） 风险评估（risk evaluation）
战略风险（strategic risk） 财务风险（financial risk）
市场风险（market risk） 运营风险（operational risk）
法律风险（law risk） 风险识别（risk identification）
风险分析（risk analysis） 风险应对（risk response）

思考与练习

一、思考题

1. 列举企业内部控制风险的特征或特点。简述导致内部控制风险的因素。

2. 简述风险评估的概念、前提和组织体系。

3. 简述企业风险评估目标的设定方法。说明风险评估环节的内容。

4. 什么是风险识别？影响内部控制目标实现的风险因素包括哪些？

5. 什么是风险分析？风险分析定性和定量分析各包括哪些方法，其优点和局限性表现在哪些方面？如何理解两类方法之间的关系？

6. 风险应对策略有哪些？各种策略的优点和局限性都是什么？

二、单项选择题

1. 甲公司董事会对待风险的态度属于风险厌恶。为有效管理公司的信用风险，甲公司管理层决定将其全部的应收款项以应收总金额的 80% 出售给乙公司，由乙公司向有关债务人收取款项，甲公司不再承担有关债务人未能如期付款的风险。甲公司应对此项风险的策略属于（　　）。

A. 风险降低　　B. 风险转移

C. 风险保留　　D. 风险消除

2. 企业所面临的下列风险中，最便于管理的是（　　）。

A. 财务风险　　B. 项目风险

C. 操作风险　　D. 法律或合规性风险

3. 今年以来，受国内外各种不确定性因素的影响，房地产行业的发展进入了一个新阶段。某房地产公司从定性和定量的角度，按照很好、较好、一般、较差四种不同的假设条件，预测了本公司本年度将面临的各种不确定因素以及由此给公司带来的各种不同后果。该房地产公司采用的风险管理技术与方法是（　　）。

A. 敏感性分析法　　B. 条件预测法

C. 情景分析法　　D. 统计推论法

4. 丙公司是一家生产遮阳用品的企业，2013 年公司在保留原有业务的同时，进入雨具生产业务。从风险管理策略的角度看，丙公司采取的策略是（　　）。

A. 风险规避　　B. 风险转换

C. 风险对冲　　D. 风险承担

5. 丁公司拟新建一个化工项目。经过可行性研究，该项目预计净现值为420万元，内部收益率为13%。丁公司进一步分析初始投资、建设期及寿命期的变动对该项目预计净现值的影响及影响程度。丁公司采用的风险管理技术与方法是（　　）。

A. 事件树分析法　　B. 敏感性分析法

C. 决策树分析法　　D. 情景分析法

三、多项选择题

1. 下列各项中，属于内部控制风险评估要素内容的有（　　）。

A. 风险识别　　B. 风险分析

C. 控制风险　　D. 风险预防

2. 下列各项中，属于风险降低措施或方法的有（　　）。

A. 风险转换　　B. 风险补偿

C. 风险控制　　D. 风险对冲

3. 下列各项中，属于风险规避策略的有（　　）。

A. 自留风险

B. 完全规避风险

C. 退出某一市场以避免激烈竞争

D. 拒绝与信用不好的交易对手进行交易

四、案例分析题

1. 资料：甲公司为一家拟上市的医药生产公司，该公司董事会目前正在审查公司的内部控制系统。甲公司管理层一直致力于实现高水平的内部控制，以使股东对公司的管理层更加有信心，同时提高甲公司的社会信誉。但是最近甲公司的信誉由于内部出现的药检事件而受到了负面影响。事件的起因是，一种口服药的部分批次所包含的菌群和菌落超出了相关药品安全标准的规定，药品生产质量检验部的一名员工对外进行了披露。该员工曾就此问题向其所在部门的领导进行反映，但并未得到任何答复，遂向媒体投诉。在接受媒体采访时，该员工指出，甲公司一向缺乏严谨的工作理念，此次漠视药品安全标准规定只是公司解决类似问题的一贯态度。

思考分析：

(1) 根据我国最近制定的相关内部控制原则，说明甲公司的内部控制系统有哪些地方不符合相关内部控制原则的要求。

(2) 确定甲公司目前遭受风险的类型，并评价这些风险对公司可能造成的影响。

2. 资料：乙公司为一家在上海证券交易所上市的国有大型集团企业，其所属产业是国家“去产能”的重点行业之一。2016 年初，乙公司风险管理与内部控制部门根据董事会要求，围绕国家提出的“三去一降一补”重点任务，牵头研究起草了《2016 年度风险管理与内部控制工作服务“三去一降一补”建议书》。该建议书有关内容摘要如下：优化筹资结构，合理降低杠杆。对融资业务的风险分析显示：公司 2015 年末的资产负债率（80%）明显高于行业平均水平（65%），且面临较大的短期偿债压力；如果继续通过“借新还旧”等传统方式融资，可能加剧偿债压力并带来其他潜在风险，最终引发资金链断裂。为了“去杠杆”，建议 2016 年采用发行股票的方式弥补公司发展所需的资金缺口。

思考分析：根据资料，指出乙公司针对融资业务采用了哪些定性与定量相结合的风险分析的具体方法；并根据《企业内部控制基本规范》及其配套指引的要求，指出发行股票应重点关注哪些风险。

第五章
控制活动

学习目标

本章主要阐述企业资金活动、采购业务、资产管理、销售业务、研究与开发、工程项目、担保业务、业务外包、财务报告、全面预算以及合同管理等控制活动的理论和方法。

通过对本章的学习，应该了解上述控制活动的概念、基本内容，熟悉这些活动的基本流程和存在的风险，掌握这些活动的控制目标以及针对各类风险所应采取的控制措施。

本章框架

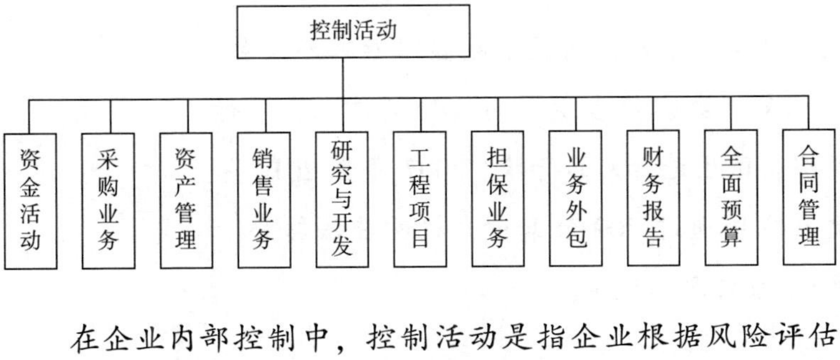

在企业内部控制中，控制活动是指企业根据风险评估结果，采用相应的控制措施，将风险控制在可承受范围

之内。

企业实施控制活动，应先了解各类活动的基本内容和业务流程，熟悉各类活动的控制目标，再针对各类业务活动风险，采取必要的控制措施（如不相容职务分离控制、授权审批控制、会计系统控制、财产保护控制、预算控制、运营分析控制、绩效考评控制等），以实现控制目标。

导入案例

2013年7月，国内曝出葛兰素史克公司（中国）巨额行贿事件，经过严密调查和指控，2014年9月，法院判处其支付30亿元的罚金，这也是中国历史上最大的行贿罚单。①

葛兰素史克公司是全球领先的生物制药和医疗保健公司。2000年12月经过合并，一跃成为世界第三大制药公司，在全球药品市场拿下了高达7%的份额。早在2001年初，葛兰素史克（中国）投资有限公司总公司便在北京成立，并在上海、天津、香港分别设立业务总部。这使葛兰素史克公司成为在中国兴建最早、规模最大的国际制药企业之一。2013年7月，据公安部称，葛兰素史克（中国）投资有限公司在华经营期间，为了保证药品销售额，利用空壳旅行社或代理机构做中介，通过承接虚假专家座谈会、医师培训会、学术交流会虚假套现，向政府工作人员、行业协会成员、医院、医生进行大额行贿。2007年至2013年案发，葛兰素史克中国通过700余家中介机构非法转移资金，涉案金额高达30亿元人民币。

① 强薇. 医药企业销售与收款循环内部控制研究：以葛兰素史克为例［J］. 中国财政科学研究院硕士论文，2016.

纵观葛兰素史克的销售与收款循环内部控制现状，其行贿案件发生与其销售内部控制的缺陷不无相关。主要表现在以下方面：企业文化和销售治理结构不佳（存在企业行贿文化、薪酬与考核机制不合理）；风险评估和管理制度不够完善（销售与收款风险评估意识淡薄；管理层弱化销售业务风险）；销售业务关键控制落实不到位（预算控制制度不健全、财务报销控制授权审批制度失效、药品价格管理不完善）；信息与沟通不够通畅（集团总部与各分部之间沟通不畅；企业内部审计部门和财务部门之间的沟通不够密切；客户售后服务系统不健全）；内部控制监管执行不力。

通过本节的学习并结合导入的案例，你认为销售业务中哪个控制环节更容易出现舞弊问题？可以采用哪些控制措施来发现和防范这些风险？

第一节　资金活动

一、资金活动控制概述

（一）资金活动内涵

对任何一家企业来说，资金都是一项宝贵、稀缺的资源。资金是企业赖以生存和发展的物质基础，是企业生产经营的“血液”，也是企业正常运转的根本保证。

企业的基本活动是从资本市场上筹集资金，投资于生产性经营资产，并运营这些资产进行生产经营活动。资金活动是指资金流入与流出企业，以及资金在企业内部流转的总称，包括筹资、投资和资金营运等活动（如图 5-1 所示）。

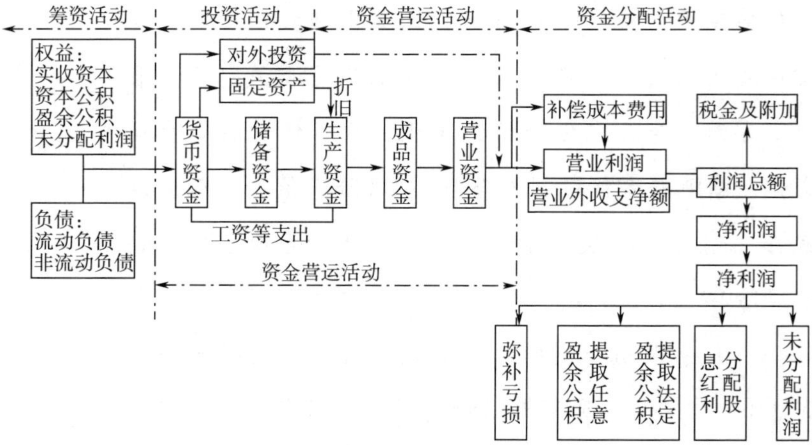

图 5-1 制造型企业资金活动

筹资活动，是指企业筹集资金，企业发行股票、债券、筹措借款、赊购存货、租入设备等都属于筹资活动。筹资活动是企业资金活动的起点，通过筹资活动，为企业开展投资、生产经营等活动提供所需要的资金。

投资活动，是企业指以收回现金并取得收益为目的所产生的现金流出。如企业购买国债、投资股票和债券、购置设备、兴建工厂、开办商店、购买专利等。

资金营运活动，是指企业在日常生产经营中发生的一系列资金收付行为。例如，以货币资金支付采购材料或商品款、支付工资和其他经营费用、出售产品取得收入、收回资金等都属于资金营运活动。

资金分配活动，是指企业从经营中收回的资金用于抵减生产经营中的各种耗费和损失、依法缴纳所得税、依法提取盈余公积、向股东分配股利或利润。

资金活动贯穿于企业筹资、投资、资金营运以及资金分配的始终。但受各种因素的影响，资金活动风险丛生，并且资金活动中可能存在的风险无一不是重要风险，其可能性一旦转变为现实，危害极大。因此，一切的资金活动都需要严格的控制，才能防范和化解资金风险，保证资金安全，提高资金使用效率，实现内部控制目标。

（二）资金活动的控制目标

资金活动的控制目标是促进企业积极组织资金活动，防范和控制资金风险，保证资金安全，提高资金使用效益。

第一，企业生产经营活动始于资金活动（货币资金），也终于资金活动。现代企业的生产经营过程是一个资金流驱动实物流的过程，没有足够的资金，企业的生产经营就不可能正常运转，企业的经济效益也就无从谈起。因此，资金活动的控制目标之一就是促进企业积极组织资金活动。

第二，由于筹资决策不当、投资决策失误、资金调度不合理、资金活动控制不严等，企业资金活动风险频频出现。资金活动内部控制的失误，往往会给企业带来致命打击。通过资金控制活动，可以降低与资金活动相关的风险。

第三，资金安全是企业可持续发展的前提和基础。一旦企业资金被挪用、诈骗、贪污以及预付款、存货、应收账款资金占比过高等，就会引发资金链断裂风险。加强资金活动的内部控制，可以促进企业可持续地发展。

第四，保证资金的使用效率。企业存在和发展依赖于合理的资金存量和流量。通过资金活动的内部控制，可以有效地调剂资金供需，促进资金合理使用，提高资金使用效率。

（三）资金活动风险

资金活动的内部控制通常是企业内部管理的关键环节。企业资金活动至少应当关注下列风险：①筹资决策不当，引发资本结构不合理或无效融资，可能导致企业筹资成本过高或债务危机。②投资决策失误，引发盲目扩张或丧失发展机遇，可能导致资金链断裂或资金使用效率低下。③资金调度不合理、营运不畅，可能导致企业陷入财务困境或资金冗余。④资金活动控制不严，可能导致资金被挪用、侵占、抽逃或遭受欺诈。

二、筹资活动控制

（一）筹资活动业务流程

资金筹集既是企业生产经营活动的前提，又是企业再生产顺利进行的保证。同时，筹资也为投资打下了基础，没有资金的筹集，就无法进行资金的投放。

资金筹集活动的重要前提是筹资决策。筹资决策是对筹资的途径、筹资的数量、筹资的时间、筹资的成本、筹资风险和筹资方案进行评价和选择，以确定一个最优的资金结构，满足企业融资的需要（如图 5-2 所示）。筹资决策要解决的问题是如何取得企业所需要的资金，包括向谁筹集资金、什么时候筹集资金、筹集多少资金等内容。

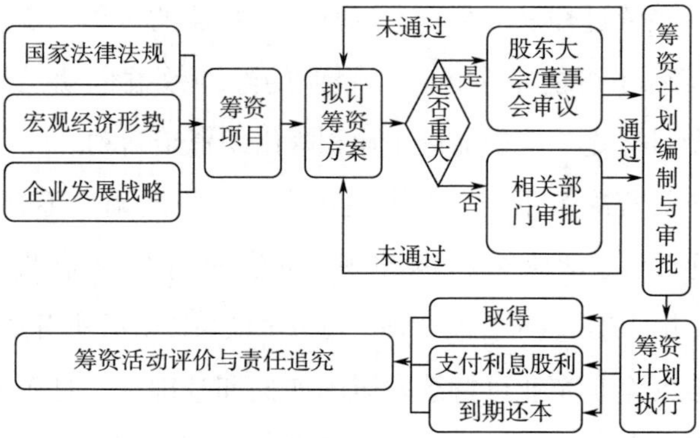

图 5-2　筹资活动业务流程

图 5-2 展示了筹资活动业务流程，其具体内容包括：①提出筹资方案。它是筹资活动的起点。②筹资方案审批。筹资相关部门拟定投资方案并进行可行性论证后，股东（大）会或者董事会、高管层应对筹资方案履行严格的审批责任，并实行集体决策审议或者联签制度。③编制筹资计划。根据批准的筹资方案，财务部门应制定严密细致的筹资计划，通过筹资计划，对筹资活动进行周密安排和控制。④实施筹资方案。筹资计划经层层授权审批后付诸实施。企业应做好筹资合同的签订，资金的筹集、划拨、使用及跟踪管理等工作。⑤资金筹集到位。企业应做好筹资费用的计提、支付及会计核算等工作。

（二）筹资活动主要风险类型及其控制点

1. 筹资活动风险类型

企业应注意识别关键风险，设计相关内部控制制度，有效地实施风险控制。筹资活动主要风险类型如表 5-1 所示。

表 5-1　筹资活动风险类型

风险类型	具体表现
筹资战略规划不完整	缺乏战略导向，没有对目标资本结构的清晰认识，容易导致盲目筹资，使得企业资本结构、资金来源结构、利率结构等处于频繁变动中，给企业的生产经营带来巨大的财务风险

续表

风险类型	具体表现
对企业资金现状认识不全面	企业无法正确评估资金的实际需要以及期限等，导致筹资过度或者筹资不足
授权审批制度不完善	筹资方案草率决策、仓促上马，给企业带来严重的潜在风险
筹资条款审核不严格	筹资合同一般应载明筹资数额、期限、利率、违约责任等内容，未对此认真审核，导致未来可能发生经济纠纷或在诉讼中处于不利地位
无法保证支付筹资成本	债权类筹资的固定利息费用、股权类筹资股利支付的不足
跟踪管理制度不严密	不严密的跟踪管理，可能会使企业资金管理失控，因资金被挪用而导致财务损失，也可能因此导致利息没有及时支付而被银行处以罚息，这些都会使得企业面临不必要的财务风险

2. 筹资活动关键控制点

关键控制点，是指经营活动过程中那些容易发生错弊因而需要加以控制的关键环节。例如，筹资活动中的提出筹资方案、筹资方案审批、制订筹资计划、筹资活动评价与责任追究等都可能是一个关键控制点。关键控制点可以是一个业务环节或业务点、一种利益关系，也可以是一种措施或手段，任何经营都可能存在几个关键控制点。能否认定为关键点主要是看其能否最大限度地起到防范和控制风险的作用。

对于企业来说，明确内部控制关键点主要作用有三个：一是可以采取更为精准、更具靶向作用的控制对策和措施，提升内部控制的有效性；二是能够合理降低企业的运营管理风险，因为内部控制实施的最终目的之一是实现对风险的有效防范和控制，只有明确了关键控制点的内部控制机制，才可能实现风险防控的预期目标；三是能够促使企业的各项经济活动有序合规进行，因为明确内部控制机制的关键控制点能够确保各项经济活动均在内部控制管控下有序、合规地运行。

（三）筹资活动内部控制措施

1. 筹资活动岗位分工

根据内部控制基本原则，在筹资过程中同一部门或个人不得经办筹资业务的全过程。为此，企业应当建立筹资业务的岗位责任制，明确有关部门和岗位的职责、权限，确保办理筹资业务的不相容岗位相互分离、制约和监督。筹资业务不相容岗位主要内容如表 5-2 所示。

表 5-2 筹资业务不相容岗位

不相容岗位	相互分离目的
筹资方案的拟订（或编制）与决策岗位	保证筹资方案的审批决策人从客观中立的立场来衡量筹资方案的优劣，尽可能保证筹资方案的完善和可行
筹资合同或协议的审批与订立岗位	保证合同形成的严密和有效性
与筹资有关的各种款项偿付的审批与执行岗位	严禁有关款项未经批准被人私自转出
筹资业务的执行与相关会计记录岗位	谨防一人执行所有业务导致发生舞弊情况

注：筹资业务的执行人员主要包括经办金融机构贷款、向社会发行股票和债券的相关人员等。

2. 授权批准控制

企业应当对筹资业务建立严格的授权批准制度，明确授权批准方式、程序和相关控制措施，规定审批人的权限、责任以及经办人的职责范围和工作要求。

3. 筹资决策控制

筹资决策控制内容包括：①应当建立筹资业务决策环节的控制制度，对筹资方案的拟订设计、筹资决策程序等做出明确规定。②企业拟订的筹资方案应当符合国家有关法律法规、政策和企业筹资预算要求，具体需要安排和说明的内容包括筹资规模、筹资用途、筹资结构、筹资方式、筹资对象、筹资时机选择、预计筹资成本、潜在筹资风险、资金成本水平、偿付能力。重大筹资方案应当进行风险评估，形成评估报告，报董事会或股东大会审批。评估报告应当全面反映评估人员的意见，并由所有评估人员签章。未经风险评估的方案不能进行筹资。同时，企业对于重大筹资方案，应当实行集体决策审批或者联签制度。决策过程应有完整的书面记录。如果企业筹资方案须经国家有关管理部门或上级主管单位批准的，应及时报请批准。此外，企业应当建立筹资决策责任追究制度。对重大筹资项目应当进行事后评估，明确相关部门及人员的责任，定期或不定期地进行检查。③根据筹资方案，正确选择筹资方式和不同方式的筹资数量，财务部门或资金管理部门应制订具体筹资计划，科学规划筹资活动。

4. 筹资方案（或计划）执行控制

具体内容包括：①企业要建立筹资方案决策执行环节的控制制度，对筹资合同的订立与审核、资产的收取以及相关会计记录等做出明确规定。财会部门应严格按照确定的筹资方案办理筹资业务。②企业应当根据经批准的筹资方案、筹资计划，按照规定程序与筹资对象，中介机构订立筹资合同或协议。重大筹资合同或协议的签订，应当征询法律顾问或专家的意见。③企业相关部门或人员应对筹资合同或协议的合法性、合理性、完整性进行审核，审核情况和意见应有完整的书面记录。④根据岗位分离与授权审批制度，各环节和各责任人正确履行审批监督责任，实施严密的筹资程序控制和岗位分离控制。做好严密的筹资记录，发挥会计控制的作用。⑤企业应当按照筹资合同或协议的约定及时足额取得相关资产。企业取得货币性资产，应当按实有数额及时入账。企业取得非货币性资产，应当根据合理确定的价值及时进行会计记录，并办理有关财产转移手续。对需要进行评估的资产，应当聘请有资质的中介机构及时进行评估。⑥对已核准但尚未对外发行的有价证券，应妥善保管，或委托专门机构代为保管，建立相应的保管制度，明确保管责任，定期或不定期进行检查。⑦企业应当加强对筹资费用的计算、核对工作，确保筹资费用符合筹资合同或协议的规定。⑧企业应当按照筹资方案所规定的用途使用对外筹集的资金。对于因市场环境变化等特殊情况而确需改变资金用途的，应当履行审批手续，并对审批过程进行完整的书面记录。

5. 筹资偿付控制

企业应当建立筹资业务偿付环节的控制制度，对偿还本金、利息、租金、股利（利润）等的步骤、偿付形式做出计划和预算制度安排，并正确计算、核对，确保各项款项偿付符合筹资合同或协议的规定。具体措施包括：①财会部门严格按照筹资合同或协议规定计算利息和租金，与债权人进行核对。本金与应付利息必须和债权人定期对账。企业支付筹资利息、股息、租金等，应当履行审批手续，经授权人员批准后方可支付。②企业应当按照股利或利润分配方案发放股利或利润，股利或利润分配方案应当按照企业章程根据权限审批。③企业以抵押、质押方式筹资，应当对抵押物资进行登记。业务终结后，应当对抵押或质押资产进行清理、结算、收缴，及时注销有关担保内容。

（四）筹资活动的会计控制

筹资环节的主要风险包括缺乏有效的筹资会计系统控制、会计记录和处理不准确等，导致未能如实反映筹资状况。对于筹资业务的主要风险，财务部门应采取的具体会计控制措施为：

第一，企业应按照企业会计准则，对筹资业务进行准确的会计核算与账务处理，通过相应的账户准确进行筹集资金核算、本息偿付、股利支付等工作。会计部门应妥善保管与筹资活动相关的重要文件（如筹资合同）和会计凭证。

第二，做好资金管理工作，随时掌握资金情况。具体包括：①应编制贷款申请表、内部资金调拨审批表等，严格管理筹资程序；②应通过编制借款存量表、借款计划表、还款计划表等，掌握贷款资金的动向；③应与资金提供者定期进行账务核对，以保证资金及时到位与资金安全。

第三，加强对筹资活动的监督检查。内容包括：①筹资业务相关岗位及人员的设置情况，重点检查是否存在不相容职务混岗的现象；②筹资业务授权批准制度的执行情况，重点检查筹资业务的授权批准手续是否齐全，是否存在越权审批的行为；③筹资决策制度的执行情况，重点检查筹资决策是否按照规定程序进行，决策责任制度是否落实到位；④决策执行及资产的收取情况，重点检查是否严格按照筹资方案、按照有关合同或协议办理筹资业务，以及是否及时、足额收取筹集资产；⑤各项款项的支付情况，重点检查筹资费用、本金、利息、租金、股利（利润）等的支付是否符合合同或协议的规定，是否履行审批手续；⑥会计处理和信息披露情况，重点检查会计处理是否真实、正确，且信息披露是否及时、完整。

三、投资活动控制

（一）投资活动概述

投资活动是企业在其本身经营活动以外，以货币资金、实物资产、无形资产等资产形式，或者通过购买股票、债券等有价证券方式向境内外的其他企业、单位进行投资，以期未来获得投资收益的经济行为。企业的投资活动是为了维持或扩大经营活动所作的必要补充，通过投资活动所获得的利益（包括股利和利息的获得，取得对另一企业的控制权等），以达到日常生产经营活动所不能达到的效果。通过投资活动，不仅开拓了市场和业务，也提高了资金使用效率，优化了资源配置，为扩大再生产提供了资金储备或来源。

在财务报表中，将企业投资活动分为“交易性金融资产”“债权投资”“其他债权投资”“长期股权投资”“其他权益工具投资”五个报表项目。这些投资项目，按其性质分为债权投资和权益投资。投资活动类别不同、性质不同，所涉及的风险也不同，相应的内部控制设计、控制程序和方法也不完全相同。

（二）岗位分离控制

企业应当建立投资业务的岗位责任制，明确相关部门和岗位的职责权限，确保办理对外投资业务的不相容岗位相互分离、制约和监督。各部门应认真履行各自职责，相互牵制、相互监督，共同防范对投资活动的风险。

对外投资不相容岗位至少应当包括：①投资项目的可行性研究与评估人员在职务上必须分离，防止项目决策中出现投资方与被投资方串通，擅自撰写投资项目的可行性报告等舞弊现象；②投资的决策与执行职责或岗位应当分离，其目的是谨防决策人与被投资方串通，以企业利益为代价而从中渔利；③投资处置的审批与执行职责或岗位应当分离；④投资执行职责或岗位与相关会计记录岗位应当分离，以保证业务运行和会计记录的相互核对、控制关系；⑤有价证券的保管人员与会计记账人员相分离，以保证会计账簿对有价证券的安全进行有效监控；⑥投资绩效评估与执行岗位应当分离，其目的是保证投资绩效评估的客观性。

通常，投资活动应该涉及投资管理部门、财务部门、法律事务部门、审计部门、资产管理部门等。此外，投资活动还涉及总经理、董事长、战略与投资委员会、董事会等。投资业务部门职责分工如表 5-3 所示。

表 5-3 投资业务部门的职责分工

部门	职责
战略与投资委员会	①评估公司战略； ②提出编制或修改战略的建议； ③对须经董事会批准的重大方案进行研究并提出建议； ④对以上事项的实施进行评估检查等

续表

部门	职　责
投资管理部门	①负责公司制定或修改战略的具体事务； ②调查与收集投资方面的相关信息； ③负责投资立项、编制投资计划、投资执行、投资监督和处置中的具体事务； ④负责投资项目资料的整理、保管和使用等
财务部门	①拟订本单位财务管理相关制度，并组织贯彻实施； ②负责本单位会计核算和会计信息工作； ③负责本单位财务预算曾理、税务管理、资金管理的工作； ④负责对本单位的经济活动实施会计监督； ⑤负责本单位财务报告、内部控制评价报告及其延伸审计； ⑥负责进行企业财务监控，定期提供财务分析报告等工作
法律事务部门	①收集法律资料，对公司的经营管理决策提供法律支持； ②负责审核公司各项规章制度、合同、协议的合法性； ③负责公司的法律诉讼工作； ④负责对公司有关企业开业注册、合并、分立、解散、清算、注销等事务提供相关的配套法律文书； ⑤参与公司重大经济活动谈判，提供法律专业意见； ⑥对合作单位客户进行资信调查； ⑦协助处理公司重大或复杂债权债务的清理和追收工作等
审计部门	①拟订公司内部审计工作制度，编制公司年度内部审计工作计划； ②负责对公司、投资企业及监管企业的经济活动进行必要的内部审计监督，出具审计报告，提出改进意见和建议； ③对公司、投资企业建立与实施内部控制的情况进行监督检查； ④配合中介机构、政府相关部门对公司、投资企业及监管企业的审计工作，并对专题审计报告、资产评估报告进行审核等
资产管理部门	①负责固定资产的管理工作； ②建立资产管理制度，检查制度的实施情况； ③建立和维护公司固定资产管理台账； ④配合公司其他部门的物资、机械、房地产年终清产核资工作； ⑤对企业的资产进行核算、清查、转让及处理等工作

（三）投资活动业务流程

企业应该根据不同投资类型的业务流程，以及流程中各个环节可能出现的风险，采取不同的具体措施实施投资活动的内部控制。

图 5-3 展示了投资活动业务流程，其具体内容包括：①拟订投资方案。企业应根据企业发展战略、宏观经济环境、市场状况等，制定本企业的投资项目规划。根据投资目标和规划，合理安排资金投放结构，科学选择投资项目，拟订投资方案。②投资方案提出之后，要对投资项目进行严格的可行性研究与分析（即论证）。③投资方案决策。投资方案决策是企业做的所有决策中最为关键、最为重要的决策。④投资计划编制与审批。⑤投资计划执行与监控。投资计划执行是企业可行性分析报告和投资计划通过审批之后，企业开展投资活动的过程；投资计划的监控是企业应当指定专门机构或人员对投资项目进行跟踪管理，对投资项目的整个过程进行监控。⑥投资处置控制。

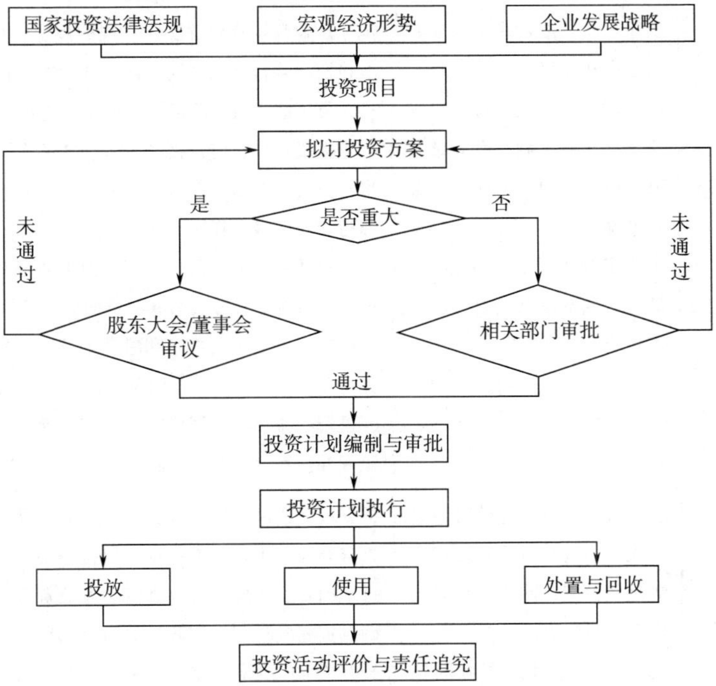

图 5-3　投资活动业务流程

（四）投资活动业务风险和控制措施

投资活动业务风险和控制措施如表 5-4 所示。

表 5-4　投资活动业务风险和控制措施

业务环节	风险	控制措施
拟订投资方案	①投资方案与企业发展战略是否相符合 ②投资规模、方向和时机是否适当	关注投资项目的收益和风险，选择的投资项目应当突出主业，谨慎从事股票投资或衍生金融产品等高风险投资
投资方案可行性论证	对投资项目的目标、规模、投资方式、投资的风险与收益等作出评价，并对可行性研究报告进行独立评估，形成评估报告。评估报告应当由所有评估人员签章。对重大对外投资项目，必须委托具有相应资质的专业机构对可行性研究报告进行独立评估	
投资方案决策	①可能出现投资额超出授权范围，或者越权审批现象 ②高层集权决策或联签制度流于形式，或者审批未能有效识别相关风险 ③合同风险，如签订的合同文本格式不正确、合同条款不清晰、合同双方权利义务不明确等 ④投资与筹资在资金数量、期限、成本与收益上不匹配的风险	①按照规定的权限和程序（分级审批、集体决策）对投资项目进行决策审批，做到决策者应与方案制定者适当分离，明确审批人对投资业务的授权批准方式、权限、程序和责任，不得越权 ②重点审查投资方案是否可行，投资项目是否符合国家产业政策及相关法律法规的规定，是否符合企业投资战略目标和规划，是否具有相应的资金能力，投入资金能否按时收回，预期收益能否实现等 ③重大投资项目应当报经董事会或股东（大）会批准，投资方案需要经过有关管理部门审批的，应当履行相应的报批程序 ④投资活动的资金需求需要通过筹资予以满足，不能以超过企业资金实力和筹资能力的条件进行投资 ⑤投资的现金流在数量和时间上要与筹资的现金流保持一致，以避免发生财务危机 ⑥投资收益要与筹资成本相匹配，保证筹资成本的足额补偿和投资的盈利性
投资计划编制与审批	①投资计划没有充分考虑企业人力、资金、设备、技术等现状，制订的投资计划超出企业承受能力 ②对事物发展进程判断错误，造成投资项目实际执行偏离并超过投资计划	根据审批通过的投资方案，企业应与被投资方签订投资合同或协议，编制投资项目详细计划，合理安排不同阶段的投资投放进度和投放资金的数量，明确投资完成时间、质量标准与要求等，并按程序报经有关部门批准。完成相关手续后，与被投资方签订投资合同

续表

业务环节	风险	控制措施
投资计划执行与监控	①缺乏严密的授权审批制度和不相容职务分离制度的风险 ②投资活动忽略资产结构与流动性的风险 ③缺乏严密的投资资产保管与会计记录的风险 ④未能及时发现客观条件的变化，或者发现问题后应变不足的风险	①应制订详细的投资计划，根据投资计划进度，严格分期、按进度适时投放资金，严格控制资金流量和时间 ②各环节和各责任人正确履行审批监督责任，严格履行授权审批制度和不相容职务分离制度 ③投资业务需要签订合同的，应当征询企业法律顾问或相关专家的意见，并经授权部门或人员批准后签订 ④做好与投资相关的会计记录 ⑤应及时收集被投资方经审计的财务报告等相关资料，定期组织投资效益分析，关注被投资方的财务状况、经营成果、现金流量及投资合同履行情况 ⑥要做好投资的跟踪分析工作，及时评价投资的进展，将分析和评价的结果反馈给决策层
投资处置控制	①投资转让环节，例如投资的处置不符合企业利益；资产评估报告未能反映项目公司实际情况；未履行规定的审批程序；未及时进行信息披露的风险 ②投资收款环节，例如收款数额与合同不符，经办人未能及时催收款项，未办理过户等后续手续，缺乏责任追究措施等	①对外投资项目的收回、转让与核销，应当按规定权限和程序进行审批，并履行相关审批手续 ②对应收回的对外投资资产，要及时足额收取。转让对外投资应当由相关机构或人员合理确定转让价格，并报授权批准部门批准 ③对于到期无法收回的投资，如被投资企业破产等，企业应取得相关的法律文书和证明文件，并建立责任追究制度 ④企业转让投资的，应当由相关机构或人员合理确定转让价格，报授权批准部门批准；核销投资应当取得不能收回投资的法律文书和相关证明文件 ⑤建立对外投资项目后续跟踪评价管理制度，对重要投资项目有重点地开展后续跟踪评价工作，并作为进行投资奖励和责任追究的基本依据

（五）会计系统控制

投资业务的会计处理环节的主要风险包括：缺乏有效的投资会计系统控制，会计记录与处理不及时、不准确等。

针对投资业务会计处理的主要风险，企业应采取以下控制措施：

第一，严格按照会计准则的要求，对投资项目进行准确的会计核算、记录与报告，准确提供投资状况的真实信息。

第二，妥善保管投资合同、协议、备忘录、出资证明等重要的法律文书。

第三，建立投资管理台账，详细记录投资对象、金额、期限等情况。同时，应当定期或不定期地与被投资企业核对有关投资账目，保证对外投资的安全、完整。

第四，投资损益的核算应当符合会计准则的规定，对外投资取得的股利以及其他收益，要全部纳入企业会计核算体系，严禁账外设账。企业一旦出现投资资产减值迹象或情形，必须按会计准则的要求，合理计提减值准备。

第五，财会部门应当认真审核与对外投资处置有关的审批文件、会议记录、资产回收清单等相关资料，并按照规定及时进行对外投资处置的会计处理，确保资产处置真实、合法。

四、资金营运活动控制

（一）资金营运活动概述

资金营运有广义与狭义之分。广义的资金营运是企业筹资取得资金以后，使用资金进行营利的过程；狭义的资金营运是指企业投资形成项目或资产后，企业从货币资金开始，通过采购取得各类存货物资，再组织生产和销售，进行成本补偿和利润分配的全部过程。本章所称的资金营运，是指狭义的资金营运活动。

1. 资金营运活动的业务流程

企业资金营运的内部控制应按照资金营运的流程，明确企业资金营运的整体要求，区分资金营运内部控制的关键控制点，采用不同措施进行控制。因此，分析企业资金营运活动的内部控制，需要熟悉资金营运的业务流程。图 5-4 展示了制造业的资金营运业务流程。

由图 5-4 可知，企业在日常生产经营过程中，会发生一系列的资金收付。例如，企业要采购材料或商品，同时，还要支付工资和其他经营费用；把生产的产品或商品售出后，可取得收入并收回资金；如果企业现有资金不能满足企业经营的需要，还要采取短期借款方式来筹集所需资金。

2. 资金营运活动控制的总体目标

根据资金营运活动特点，企业实施资金营运活动的控制目标主要表现为

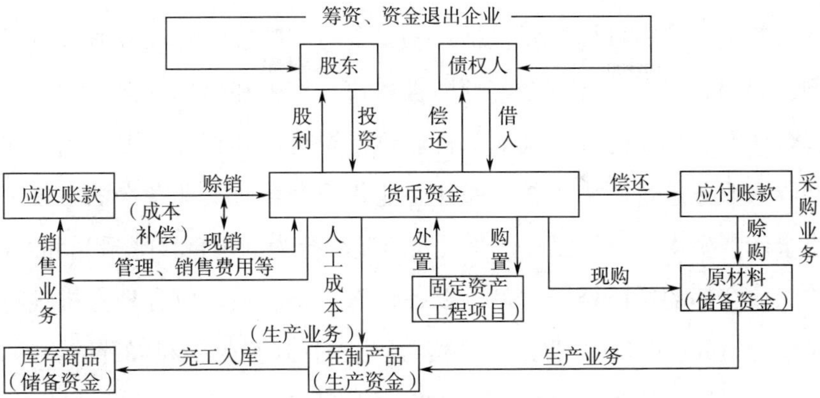

图 5-4　资金营运业务流程

四个方面：

第一，保持生产经营各环节资金供求的动态平衡。资金平衡是营运资金内部控制的基本目标。企业应当将资金合理安排到采购、生产、销售等各环节，做到实物流和资金流的相互协调、资金收支在数量上及在时间上相互协调。

第二，促进资金合理循环和周转，提高资金使用效率，为短期资金寻找适当的投资机会，避免出现资金闲置和沉淀等低效现象。

第三，确保资金安全。资金营运活动大多与流动资金相关，其流动性很强，出现错弊的可能性更大，保护资金安全的要求更迫切。为此，企业应当严格按照筹资方案确定的用途使用资金。

第四，调度灵活。有效的资金营运必须通过灵活的资金调度来实现，通过灵活的内部资金调拨可以调剂余缺，提高资金使用效率，避免资金冗余或资金链断裂。

（二）货币资金控制

一般来说，企业筹集的资金进入企业最初表现为货币资金形态。货币资金是企业资金营运的起点和终点。货币资金作为流动性最强、盈利性最弱的资金，既不能持有太多，也不能持有太少，应保持在企业日常经营支付需要的恰当水平上。

1. 货币资金的控制目标

货币资金的控制目标主要包括：①安全与完整性。企业应通过良好的内部控制，确保其货币资金安全，预防被盗窃、诈骗和挪用，保证货币资金完整。②合法性。企业应根据《现金管理暂行规定》和相关的财务制度对现金支出和收入业务进行严格审核，保证企业货币资金收支业务合法合规。预防私设小金库、坐支现金等侵占企业收入的违法行为的出现。③适当和及时性。企业应保持合理的货币资金数额，以备特殊需要。企业应合理安排银行存款收支结算的时间，及时办理收付结算；适当选择现金收支和银行结算的方式；按照规定及时结算款项，加快资金回笼，提高周转效率。

2. 货币资金业务流程和风险

（1）货币资金业务流程。货币资金业务流程如图 5-5 所示。

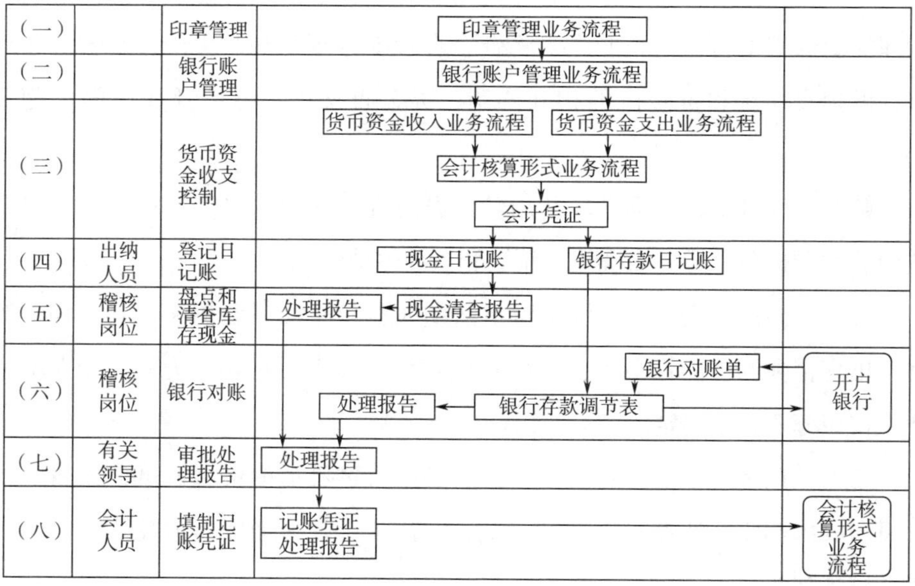

图 5-5　货币资金业务流程

（2）与货币资金相关的风险。在企业运营活动中，与货币资金相关的风险主要有：①货币资金持有量不合理，导致资金积压、盈利能力降低，或者资金不足，出现支付困难；②忽视货币资金日常管理，增加不必要的货币资金占用；③忽视货币资金收付的控制，造成贪污、舞弊，危及货币资金的安全完整。

（3）货币资金内部控制要求。企业在建立和实施货币资金内部控制制度中，至少应当强化对关键环节的风险控制，并采取相应的控制措施：①应当明确职责分工、权限范围和审批程序，科学合理地设置机构并配备人员；②货币资金的管理应当符合法律要求，银行账户的开立、审批、核对、清理应当严格有效，现金盘点和银行对账单的核对应当按规定严格执行；③与货币资金有关的票据的购买、保管、使用、销毁等应当有完整的记录，银行预留印鉴和有关印章的管理应当严格有效。

3. 货币资金业务的职责分工与授权批准

（1）货币资金业务的职责分工。企业应当建立货币资金业务的岗位责任制，明确相关部门和岗位的职责权限，确保办理货币资金业务的不相容岗位相互分离、制约和监督。完整的货币资金业务应该涉及出纳、会计、稽核和主管等岗位。

货币资金业务的不相容岗位至少应当包括：①货币资金支付的审批与执行；②货币资金的保管与盘点清查；③货币资金的会计记录与审计监督。

根据不相容岗位相互分离的原则，货币资金业务的职责分工及其目的如表 5-5 所示。

表 5-5　职责分工及其目的

职责分工	分工目的（防止下列行为）
采购、销售、劳动工资、其他零星收支与财会部门相互独立	作弊
收入单据的开具与审核相互独立	贪污或挪用
支出和报销单据的编制、审批、审核相互独立	虚列支出
收付款结算办理与审核相互独立	差错和舞弊
支票的签发与出纳相互独立	虚列支出、贪污或挪用
出纳与会计相互独立分管货币资金收支和记录	收入不入账、虚列支出、贪污或挪用
记账凭证的编制与审核相互独立	连贯性差错
现金日记账、银行存款日记账的登记与总账相互独立	连贯性差错

续表

职责分工	分工目的（防止下列行为）
由出纳员以外人员编制银行存款余额调节表和对现金进行稽核	连贯性差错
支票与印章应由不同的人保管	管理失控

（2）货币资金的授权和审批。企业应当建立货币资金授权制度和审核批准制度，并按照规定的权限和程序办理货币资金支付业务。包括：

a. 支付申请。企业有关部门或个人用款时，应当提前向经授权的审批人提交货币资金支付申请，注明款项的用途、金额、预算、限额、支付方式等内容，并附有效经济合同、原始单据或相关证明。

b. 支付审批。审批人根据其职责、权限和相应程序对支付申请进行审批。对不符合规定的货币资金支付申请，审批人应当拒绝批准，性质或金额重大的，还应及时报告有关部门。

c. 支付复核。复核人应当对批准后的货币资金支付申请进行复核，复核货币资金支付申请的批准范围、权限、程序是否正确，手续及相关单证是否齐备，金额计算是否准确，支付方式、支付企业是否妥当等。复核无误后，交由出纳人员等相关负责人员办理支付手续。

d. 办理支付。出纳人员应当根据复核无误的支付申请，按规定办理货币资金支付手续，及时登记现金日记账和银行存款日记账。

严禁未经授权的部门或人员办理货币资金业务或直接接触货币资金。

4. 货币资金的控制措施

注重企业货币资金的良好管控，是企业实现健康、有序和可持续发展的重要保障。货币资金的控制措施包括：

（1）合理确定最佳现金持有量。货币资金作为流动性最强、盈利性最弱的资金，既不能持有太多，也不能持有太少，应保持在企业日常经营支付需要的恰当水平上。企业应通过最佳现金持有量决策方法，使用成本模型、随机模型等合理确定最佳现金持有量，并编制现金预算进行严格控制。

（2）编制和严格实施现金预算。企业应通过编制和执行严格的现金预算，对货币资金收支的时间、金额、费用标准进行控制，保证货币资金收支的计划性、安全性。

（3）加强货币资金日常管理。企业应加强货币资金日常管理，采取一定方法争取提前收款、推迟付款，减少货币资金占用额度，以及采用货币资金集中管理模式、收支两条线管理模式等，提高货币资金使用效率，防止错弊发生。

（4）银行账户的管控。企业应当严格按照《支付结算办法》等国家有关规定，加强对银行账户的管理。一是严格按照规定开立账户，办理存款、取款和结算。银行账户的开立应当符合企业经营管理实际需要，不得随意开立多个账户，禁止企业内设管理部门自行开立银行账户。二是定期检查、清理银行账户的开立及使用情况，发现未经审批擅自开立银行账户或者不按规定及时清理、撤销银行账户等问题，应当及时处理并追究有关责任人的责任。

（5）货币资金收付控制。货币资金收付控制措施是企业针对货币资金收付风险而采取的处理办法，其具体内容如表5-6所示。

表5-6　货币资金收付控制措施

措施类别	性质和目标	控制措施
审批控制	货币资金收支审批是为了控制资金的流入和流出，审批权限的合理划分是资金营运活动业务顺利开展的前提条件 目标：合法性	①制定资金的限制接近措施，经办人员进行业务活动时应该得到授权审批，任何未经授权的人员不得办理资金收支业务 ②使用资金的部门应提出用款申请，记载用途、金额、时间等事项；经办人员在原始凭证上签章 ③经办部门负责人、主管经理和财务部门负责人亦应严格按程序和权限审批并签章
复核控制	复核控制是减少错误和舞弊的重要措施。可分为： ①纵向复核，上级主管对下级活动的复核； ②横向复核，平级或无上下级关系人员的相互核对，如财务系统内部的核对 目标：真实性与合法性	①资金营运活动会计主管审查原始凭证反映的收支业务是否真实合法，经审核通过并签字盖章后才能填制原始凭证 ②凭证上的主管、审核、出纳和制单等印章是否齐全

续表

措施类别	性质和目标	控制措施
收付控制	资金的收付导致资金流入流出，反映着资金的来龙去脉 目标：收入入账完整，支出手续完备	①出纳人员按照审核后的原始凭证收付款，并对已完成收付的凭证加盖戳记，并登记日记账 ②主管会计人员及时准确地记录在相关账簿中，定期与出纳人员的日记账进行核对 ③指定专人定期核对银行账户，每月至少核对一次，编制银行存款余额调节表，并指派对账人员以外的其他人员进行审核，确定银行存款账面余额与银行对账单余额是否调节相符 ④出纳人员不得同时从事银行对账单的获取、银行存款余额调节表的编制等工作
记账控制	资金的凭证和账簿是反映企业资金流入流出的信息源，如果记账环节出现管理漏洞，很容易导致整个会计信息处理结果失真 目标：真实性	出纳人员根据资金收付凭证登记现金日记账或银行存款日记账，会计人员根据相关凭证登记有关明细分类账；主管会计登记总分类账
对账控制	对账是账簿记录系统的最后一个环节，也是生成报表的基础，旨在确保会计信息的真实性 目标：真实性和财产安全	账证核对、账账核对、账表核对、账实核对等
保管控制	目标：财产安全与完整	授权专人保管资金；定期、不定期盘点

5. 票据及有关印章的管理

票据及有关印章的管理是企业内部控制重要内容之一。企业应从以下方面加强对其的管理与控制：

（1）明确各种票据的购买、保管、领用、背书转让、注销等环节的职责权限和处理程序，并专设登记簿进行记录，防止空白票据的遗失和被盗用。

（2）因填写、开具失误或者其他原因导致作废的法定票据，应当按规定予以保存，不得随意处置或销毁。对超过法定保管期限、可以销毁的票据，在履行审核批准手续后进行销毁，但应当建立销毁清册并由授权人员监销。

（3）设立专门的账簿对票据的转交进行登记；对收取的重要票据，应留有复印件并妥善保管；不得跳号开具票据，不得随意开具印章齐全的空白支票。

（4）财务专用章应当由专人保管，个人名章应当由本人或其授权人员保管，不得由一个人保管支付款项所需的全部印章。按规定需要由有关负责人签字或盖章的经济业务与事项，必须严格履行签字或盖章手续。

（三）储备资金控制

储备资金主要包括企业在原材料、燃料、备品备件、辅助材料、库存商品等存货资产上占有的资金。企业为保证生产经营活动正常进行，必须储备一定量的各种存货，以满足生产、销售的需要。

1. 储备资金的主要风险

企业在储备资金环节的主要风险包括：①储备资金数量不合理。或者储备资金过多，资金浪费积压，影响资金使用效率；或者储备资金不足，导致生产经营难以为继，出现生产或经营中断或脱节。②储备资金日常收入、发出、结存管理控制不严，导致毁损、遗失、偷盗等错弊发生，造成储备资金损失。

2. 储备资金的内部控制措施

针对储备资金可能会发生的主要风险，企业应采取的控制措施包括：①编制各种储备资金预算。企业应在综合考虑生产预算、销售预算的基础上，编制储备资金预算，对年度、分季度储备资金耗用数量、耗用定额等进行严密控制。②使用经济订货量模型进行储备资金采购决策。企业应通过经济订货量决策以及存货控制系统，确定存货经济订货量与存货最佳储量，合理确定保险储备，并恰当确定储备资金合理占用额。③企业应建立严格的存货收入、发出、结存管理制度和严密的会计控制系统，对存货资金的运动实施严格的日常控制，防范存货收发储存环节的错弊，保证存货安全完整。

（四）生产资金控制①

在制造业企业，储备资金投入生产过程后从而形成生产资金。有一部分

① 刘玉挺．企业内部控制规范论［M］．上海：立信会计出版社，2012：217.

货币资金以生产工人和车间管理人员工薪、办公费、修理费等形式，形成产品人工成本和制造费用，一并构成企业的生产资金。生产资金的形成过程，也就是企业发生生产消耗、形成产品成本的过程。在生产资金环节可能发生的主要风险及其控制措施如表 5-7 所示。

表 5-7 生产资金的主要风险及其控制措施

主要风险	内部控制措施
没有严格的生产预算或生产计划，无序、盲目生产	制定严格的生产预算，通过生产预算对各期生产量进行严格控制，有计划地组织产品生产
材料领用、发料没有严密的制度控制，导致偷盗、毁损、浪费等现象发生	建立严格的申领、发料制度和领用过程中的授权审批、职务分离制度，按产品生产计划、生产通知单领料，并履行严格的审批制度
未建立目标成本管理制度，未确定料、工、费消耗定额，材料、人工、固定资产使用效率不高，成本控制不严密	制定产品目标成本和单位产品材料、人工、制造费用消耗定额，制订固定资产维修使用计划，严格控制产品成本发生
未建立车间、班组生产台账、生产进度表，车间、产品工序之间无严格交接手续，管理松散	建立完善的车间生产台账，编制生产进度表，各车间、各工序内部对在产品和完工产品进行严格管理，上下工序之间进行妥善交接，责任明确
未建立严格的质量检验制度，未实行生产责任制，产品质量责任不明确，生产效率低下	建立质量检验制度和责任成本制度，通过质量检验和责任考核，促进产品质量提高
未建立完善的成本核算和会计账簿体系，成本核算不准，成本分析考核不及时、不准确	建立完善的成本核算制度、会计账簿体系和成本分析考核制度，及时、准确计算产品成本，完整记录成本发生情况，为成本考核和成本补偿提供科学依据

（五）成本费用控制

成本费用控制的内容十分广泛，以下着重介绍成本费用核算控制的内容。

1. 成本费用核算的控制要求

成本费用核算，是指根据成本核算对象，按照国家统一的会计制度和企业管理要求，对营运过程中实际发生的各种耗费按照规定的成本项目进行归集、分配和结转，算出不同成本核算对象的总成本和单位成本，并向有关使用者提供成本信息的成本管理活动。成本费用核算的内容包括：确定成本核算的对象，根据成本核算对象的特点及成本形成过程、方式，设计具体的核算项目（成本归集），确定共同成本分配方式以及成本信息的披露等。根据成本费用核算的特点，成本费用核算的控制要求如表 5-8 所示。

表 5-8　成本费用核算的控制要求

控制要求	基本内容
做好各项基础工作	企业应当建立成本费用核算制度，制定必要的消耗定额，建立和健全材料物资的计量、验收、领发、盘存以及在产品的移动管理制度，制定内部结算价格和结算方法，明确与成本费用核算有关的原始记录及凭证的收集、传递、处理和保管程序，确保成本费用核算的正确性，提高成本费用管理效率
建立定期或不定期的财产物资盘点制度	做到成本费用核算资料的正确完整，成本费用核算的原始记录、凭证、账册、费用汇总和分配表、统计等资料，内容必须齐全、真实，记载和编制必须及时
建立严格的成本费用预算制度	严格执行成本费用预算，根据成本费用标准和支付程序，从严控制费用支出。对未列入预算而需增加的成本费用，应当按照规定程序申请追加预算
分解成本费用指标，落实成本费用责任	根据成本费用预算和支出标准，分解成本费用指标，落实成本费用责任主体，制定成本费用考核标准和执行结果奖惩制度
经办人承办成本费用支出业务，需向有授权审批的部门提出申请报告	申请报告要明确成本费用支出的依据、金额的大小，明确承办单位名称或个人姓名等成本费用责任主体。审批人员应当根据授权责任、成本费用标准，在成本费用预算范围进行审批。对于超出预算范围或不符合成本费用标准的，不予以批准。对于属于预算范围但超过开支标准的，应当由审批人的上级授权部门批准
经办人应按批准的成本费用项目范围、支出标准办理成本费用业务	成本费用支出应厉行节约、提高资金使用效率，防止浪费损失。成本费用支出应取得完整的凭据，据以进行记账和业务核实。单位会计机构或人员在办理费用支出业务时，应当根据经批准的费用支出申请，对发票、结算凭证等相关凭据的真实性、完整性、合法性及合规性进行严格审核。对于不符合要求的凭证，应当要求经办人员重新获得合法凭据，否则有权拒绝入账
建立合理的成本费用核算制度	成本费用核算制度应符合国家统一的会计准则制度的规定，不得随意改变成本费用的确认标准或者计量方法，不得虚列、多列、不列或者少列成本费用
建立成本费用内部报告制度	实时监控成本费用的支出情况，对于实际发生的成本费用与成本费用预算产生的差值，应及时查明原因，并作出相应处理
定期进行成本费用分析	及时了解成本费用支出情况及存在问题，提出改进措施。单位应根据对成本费用支出情况进行考核，根据单位成本费用支出奖惩办法，给予成本费用经办人及责任主体兑现奖励或处罚措施

2. 成本费用核算控制程序

企业应当建立合理的成本核算、费用确认制度。成本费用核算应符合国家统一的会计制度的规定，对生产经营中的材料、人工、间接费用等进行合理的归集和分配，不得随意改变成本费用的确认标准及计量方法，不得虚列、多列、不列或者少列成本费用。成本费用核算控制程序如表 5-9 所示。

表 5-9　成本费用核算控制程序

控制程序	基本内容
正确划分各种费用支出的界限	①正确划分收益性支出和资本性支出的界限； ②正确划分成本费用、期间费用和营业外支出的界限； ③正确划分本期费用与以后期间费用的界限； ④正确划分各种产品成本费用的界限； ⑤正确划分本期完工产品与期末在产品成本的界限
确定成本核算对象	企业应根据生产特点和成本管理的要求，确定成本核算对象
确定成本项目	设置原材料（直接材料）、燃料和动力、工资及福利费（直接人工）、制造费用等成本项目
设置有关成本和费用明细账	生产成本明细账、制造费用明细账、产成品和自制半成品明细账等
收集	收集确定各种产品的生产量、入库量、在产品盘存量以及材料、工时、动力消耗等，并对所有已发生费用进行审核，确定哪些成本为正常的生产经营成本和非正常的生产经营成本，将正常的生产经营成本区分为产品成本和期间成本
归集所发生的全部费用	将本月应计入产品成本的生产成本区分为直接成本和间接成本，将直接成本直接计入成本计算对象，将间接成本先予以归集，然后再选择分配标准，按照确定的成本计算对象予以分配，按成本项目计算各种产品的在产品成本、产成品成本和单位成本
确定成本计算方法	根据生产特点和管理要求选择适当的成本计算方法。成本计算的基本方法有品种法、分批法和分步法
结转完工产品成本	将完工产品成本结转至“库存商品”科目；根据已销售产品生产成本，将其成本结转至本期损益

3. 成本费用核算的基本方法

企业应当根据本单位生产经营特点和管理要求，选择合理的成本费用核算方法。成本费用核算方法一般有品种法、分批法、分步法等。成本的计算方法应当在各期保持一致，变更成本的计算方法应当经过有效审批。

4. 期间费用的核算与控制

期间费用，是指与生产产品（或提供劳务）无直接关系，属于某一时期耗用的费用，包括管理费用、销售费用和财务费用。这些费用为获取利润而产生，但又与特定的收入没有直接关系，因此，它被认为是企业为取得整体收入而发生的，应在产生时全部计入当期损益。期间费用的核算与控制方法包括：

（1）预算控制法。预算控制法，是指企业以期间费用预算为标准，据以检查、监督和控制日常期间费用支出的方法。期间费用预算编制的依据主要有三个：一是期间费用相关项目的特点；二是各项期间费用的历史资料；三是计划期与期间费用相关业务可能发生的变化。据此形成企业的期间费用预算，该预算是企业成本费用计划的数量表现，又是期间费用计划过程的终点，是据以控制日常期间费用开支的标准，其本身就具有可考核性。

企业根据编制的期间费用预算来控制期间费用的支出，各部门、各单位必须严格按照预算执行，不得突破预算；年终，应根据期间费用预算对各部门、各单位的工作进行考核，找出偏差，查明原因，采取措施，促进企业实现期间费用控制目标。

（2）定额控制法。定额控制法，是指在资源价格一定的前提下，通过事先制定期间费用项目或活动的标准资源消耗量，控制期间费用水平的一种成本控制方法。

定额控制法的关键，首先在于制定出标准消耗量，即定额。它是企业为生产产品或完成某项业务而需要耗费人力、物力、财力的数量标准。制定定额的一般方法有经验估计法、类推比较法、统计分析法和技术测定法。定额标准一旦制定，就必须严格执行，不得随意突破和变更。其次，有了费用开支标准或定额，凡是在定额以内的费用支出予以报销并给予节约奖励，超过定额的费用部分不予以报销。再通过成本核算，揭示实际消耗量与定额的差异。最后，分析定额差异的原因，找出责任者，并将差异及时反馈到责任部门或责任者，以便采取切实有效的措施加以解决。

（3）审批控制法。审批控制法，是指一切期间费用在开支以前都要经过申请、批准手续后才能支付，即使是预算内的费用项目，也要经过申请和批准。

实施审批控制法时，通常应由期间费用发生部门的业务人员提出申请，经有关领导审批后在额度内开支；费用开支后，由有关人员根据有关单据填报报销单，按费用审批控制制度规定经有关领导审批后方可报销。通过分层审批，可以有效监督期间费用预算执行的情况，减少超额度、超标准、乱开口子和造假贪污等不正常现象的发生。

采用审批控制法，可以在费用将要发生前再进行一次深入的核算，根据环境变化情况，再一次确定费用的合理性，以保证费用的使用效果。同时，对于一些零星的、金额较小的费用开支，在预先确定的开支范围和额度之内，也应赋予相应的灵活性。

（4）归口分级管理法。归口分级管理法，是指企业要将期间费用预算的各项指标，按其性质和内容进行层层分解，既分解到各个职能部门，又逐级落实到各级组织。各个归口职能部门，既要完成本部门的各项费用指标，也要负责完成企业下达的归口指标，并把归口指标进一步分解下达到有关执行单位和部门，从而形成一个上下左右、纵横交错、人人负责的费用管理体系。

第二节　采购业务

一、采购业务流程及其控制目标

（一）采购业务流程

采购又称购买，是指购买物资（或接受劳务）及支付款项等相关活动。是企业基于生产、转销、消费等目的，购买物资或劳务的交易行为。物资主要包括企业的原材料、商品、工程物资、固定资产等。

多数企业都要从供应商那里获取资源，然后把这些资源转化为消费者需要的产品和服务，以此来创造价值。采购是企业生产经营活动的起点，如果采购不能满足生产的需求，企业将面临停产损失。同时，采购既是企业的"实物流"的重要组成部分，又与"资金流"密切关联。采购业务流程主要涉及编制需求计划和采购计划、请购、选择供应商、确定采购价格、订立框架协议或采购合同、管理供应过程、验收、退货、付款、会计控制等环节。采购业务基本流程如图 5-6 所示。

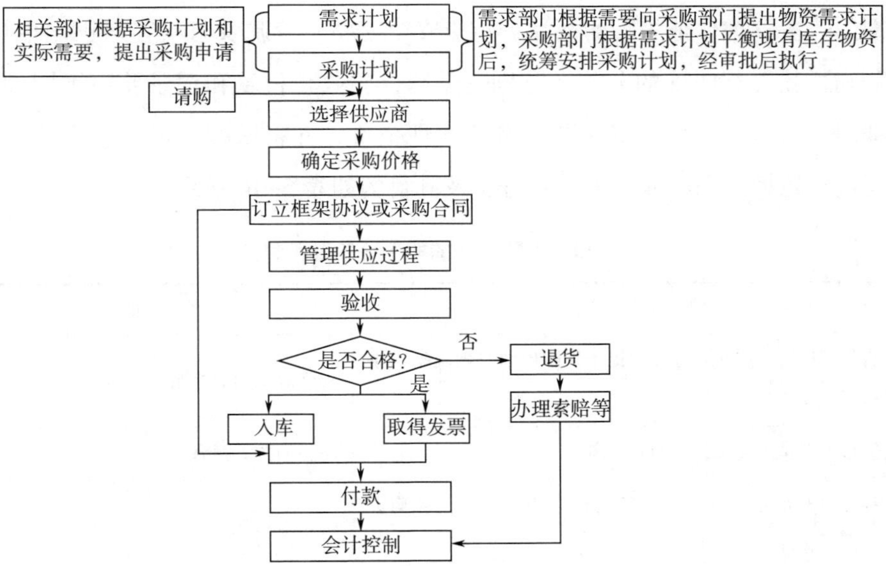

图 5-6 采购业务基本流程

(二) 采购业务控制目标

采购业务是企业生产经营活动的起点。企业性质不同，采购数量、采购支出可能不同。但不论何种企业，采购业务控制目标是基本一致的，即规范采购与付款行为，防范采购与付款过程中的差错和舞弊，提高采购活动的经济效率。具体表现为：规范采购业务流程规划、采购业务相关管理制度制定、采购计划安排、采购申请与审批、选择供应商、确定采购方式和采购价格、订立采购合同以及管理供应过程等环节的工作；规范付款审批、授权支付、款项经办、款项支付等行为。

二、采购业务的职责分工与授权批准

采购业务控制是对采购行为的规范，是为了保证企业的正常活动而对采购信息、采购人员、采购资金、采购物资和采购决策进行的综合管理。采购业务内部控制的目标是：规范企业采购行为，防范采购风险，促进企业合理采购，满足生产经营需要。

（一）采购业务的职责分工

采购业务涉及采购、验收、保管、付款、记录等多个环节，涉及企业内部部门较多。为保证采购的商品、物资安全完整，价款及时与客户正确结算，采购和付款要有明确的分工，特别是采购、验收、付款和记录要由不同的职能部门或人员负责。大宗采购要有竞争性报价，并将采购人员在各个业务口之间进行轮换。采购业务的职责分工及其目的如表 5-10 所示。

表 5-10 采购业务的职责分工及其目的

职务或岗位分离	目 的
请购与审批岗位应相互分离。提出采购申请与批准采购申请相互独立	加强对采购的控制
询价与确定供应商岗位应相互分离	防止回扣等舞弊
采购合同的审批、订立与审核岗位应相互分离。采购审批、合同签订、合同审核相互独立	防止虚列支出
批准请购与采购岗位应相互分离。批准请购与采购部门相互独立	防止采购部门购入过量或不必要物资而对企业整体利益产生损害
采购、验收与相关会计记录岗位应相互分离。验收部门与财会部门相互独立	保证按真实收到的商品、物资数额登记入账
付款的申请、审批与执行岗位应相互分离。应付款项记账员不能接触现金、有价证券和其他资产	保证应付款项记录的真实性、正确性
内部检查与相关的执行、记录岗位应相互分离	保证内部检查的独立性和有效性

（二）采购与付款的授权和审批制度

企业应当建立采购与付款业务的授权制度和审核批准制度，并按照规定的权限和程序办理采购与付款业务。

企业应根据具体情况对办理采购业务的人员定期进行岗位轮换，防范采购人员利用职权和工作便利收受商业贿赂、避免损害企业利益的风险。企业应当按照请购、审批、采购、验收、付款等规定的程序办理采购与付款业务，并在采购与付款各环节设置相关的记录、填制相应的凭证，建立完整的采购登记制度，加强请购手续、采购订单（或采购合同，下同）、验收证明、入库凭证、采购发票等文件和凭证的相互核对工作。

三、采购与付款业务控制

（一）采购与付款业务内容

1. 需求计划和采购计划的编制

采购业务从计划（或预算）开始，包括需求计划和采购计划。企业实务中，需求部门一般根据生产经营需要向采购部门提出物资需求计划，采购部门根据物资需求计划、现有库存物资，统筹安排采购计划，并按规定的权限和程序审批后执行。

2. 请购与审批控制

请购与审批控制环节主要业务包括：

（1）请购。请购是指企业生产经营部门根据采购计划和实际需要，提出的采购申请。

（2）选择供应商。选择供应商也就是确定采购渠道，它是企业采购业务流程中非常重要的环节。

（3）确定采购价格。采购价格的高低对企业未来发展是至关重要的。

（4）审批。企业应当建立严格的请购审批制度。对于超预算和预算外采购项目，应当明确审批权限，由审批人根据其职责、权限以及企业实际需要对请购申请进行审批。

3. 采购与验收控制

（1）采购业务。采购业务控制内容主要包括采购环节管理制度制定、采购业务的预算管理、订立框架协议或采购合同、供应商评价制度等。

（2）验收业务。验收是指企业对采购物资和劳务的检验接收，以确保其符合合同相关规定或产品质量要求。

4. 付款控制

付款是指企业在对采购预算、合同、相关单据凭证、审批程序等内容审核无误后，按照采购合同规定及时向供应商办理支付款项的过程。

（二）采购与付款业务的风险及其控制措施

采购与付款业务的风险及其控制措施具体内容如表 5-11 所示。

表 5-11　采购与付款业务的风险及其控制措施

环节		风险	控制措施
需求计划和采购计划的编制		需求计划或采购计划不合理、不按实际需求安排采购或随意超计划采购，甚至与企业生产经营计划不协调等	①采购业务涉及生产、经营、项目建设等部门，这些部门应当根据实际需求准确、及时编制需求计划 ②在制定年度生产经营计划过程中，企业应当根据发展目标实际需要，结合库存和在途情况，科学安排年度采购计划，防止采购过高或过低 ③采购计划属于采购预算管理内容，应严格执行
请购与审批控制	请购	缺乏采购申请制度，请购未经适当审批或超越授权审批，可能导致采购物资过量或短缺，影响企业正常生产经营	①应当建立采购申请制度，依据购置商品或劳务的类型，确定归口管理部门，授予相应的请购权，并明确相关部门或人员的职责权限及相应的请购程序 ②请购部门提出的采购需求，应当明确采购类别、质量等级、规格、数量、相关要求和标准、到货时间等
	选择供应商	供应商选择不当，可能导致采购物资质次价高，甚至出现舞弊行为	①建立科学的供应商评估和准入制度 ②按照公平、公正和竞争的原则，择优确定供应商，与供应商签订质量保证协议 ③建立供应商管理信息系统和供应商淘汰制度
	确定采购价格	采购定价机制不科学，采购定价方式选择不当，缺乏对重要物资品种价格的跟踪监控，引起采购价格不合理，可能造成企业资金损失	①应当根据市场情况和采购计划合理选择采购方式。大宗采购应当采用招标方式，合理确定招投标的范围、标准、实施程序和评标规则；一般物资或劳务等的采购可以采用询价或定向采购的方式并签订合同协议；小额零星物资或劳务等的采购可以采用直接购买等方式 ②应当建立采购物资定价机制，应科学合理地采取多种方式（协议采购、招标采购、谈判采购、询比价采购等）确定采购价格 ③定期研究大宗通用重要物资的成本构成与市场价格变动趋势，确定重要物资品种的采购执行价格或参考价格 ④建立采购价格数据库，定期开展重要物资的市场供求形势及价格走势商情分析并加以合理利用

续表

环节		风险	控制措施
请购与审批控制	审批	存在未经授权的、欺诈性的、超预算或预算外的采购	企业应当建立严格的请购审批制度。对于超预算和预算外采购项目，应当明确审批权限，由审批人根据其职责、权限以及企业实际需要对请购申请进行审批
采购与验收	采购	(1) 框架协议签订不当，可能导致物资采购不顺畅 (2) 未经授权对外订立采购合同，合同对方主体资格、履约能力等未达要求，合同内容存在重大疏漏和欺诈，可能导致企业合法权益受到侵害 (3) 缺乏对采购合同履行情况的有效跟踪，运输工具和方式选择不合理，忽视投保等，可能导致采购物资损失或无法保证供应	①应当建立采购环节的管理制度，对采购方式确定、供应商选择、验收程序及计量方法等作出明确规定，确保采购过程的透明化 ②严格采购合同的管理。包括：对拟签订框架协议的供应商的主体资格、信用状况等进行风险评估，确保供应商具备履约能力；根据确定的供应商、采购方式、采购价格等情况，拟订采购合同，明确双方权利、义务和违约责任，按照规定权限签署采购合同 ③应根据商品或劳务等的性质及其供应情况确定采购方式 ④应加强供应过程的管理。包括：强化物资采购供应过程的管理，保证需求物资及时供应；对重要物资建立并执行合同履约过程中的巡视、点检和监造制度；选择合理的运输工具和运输方式，做好运输、投保等事宜；做好采购业务各环节的记录，实行全过程的采购登记制度或信息化管理 ⑤加强采购业务的预算管理
	验收	验收标准不明确、验收程序不规范、对验收中存在的异常情况不做处理，可能造成账实不符、采购物资损失	①应根据规定的验收制度和经批准的订单、合同等采购文件，由独立的验收部门或指定专人对所购物品或劳务等的品种、规格、数量、质量和其他相关内容进行验收，出具检验报告、计量报告和验收证明 ②对验收过程中发现的异常情况，负责验收的部门或人员应当立即向有关部门报告 ③应建立退货管理制度，对退货条件、退货手续、货物出库、退货货款回收等做出明确规定，及时收回退货货款
付款控制		付款审核不严格、付款方式不恰当、付款金额控制不严，可能导致企业资金损失或信用受损	①依法、合理选择付款方式。按照货币资金管理的规定办理采购付款业务，并根据企业会计准则的规定进行核算和报告；财会部门在办理付款业务时，应当对采购合同约定的付款条件以及采购发票、结算凭证、检验报告、计量报告和验收证明等相关凭证的真实性、完整性、合法性及合规性进行严格审核，并参与商定对供应商付款的条件

续表

环节	风险	控制措施
付款控制	付款审核不严格、付款方式不恰当、付款金额控制不严，可能导致企业资金损失或信用受损	②建立预付账款和定金的授权批准制度，加强预付账款和定金的管理。应加强对大额预付账款的监控，定期对其进行追踪核查。对预付账款的期限、占用款项的合理性、不可收回风险等进行综合判断 ③加强应付账款和应付票据的管理，由专人按照约定的付款日期、折扣条件等管理应付款项。应定期与供应商核对应付账款、应付票据、预付账款等往来款项。如有不符，应当查明原因，及时处理

四、采购会计系统控制

会计系统控制，是指按照会计法和企业会计准则等规范，利用记账、算账、核对、岗位职责落实和相互分离、职务轮换、凭证控制、审批与稽核等方法，对企业发生的各项经济业务进行分类、记录、归集和列报，确保提供的会计信息真实、准确和完整。

在采购会计系统控制环节可能发生的主要风险包括：缺乏有效的采购会计系统控制，相关会计记录与相关采购记录、仓储记录不一致，会计处理不准确、不及时，可能导致企业采购业务未能如实反映以及采购物资和资金受损。

针对在采购会计系统控制环节可能发生的主要风险，企业应采取的控制措施包括：①加强对购买、验收、付款业务的会计系统控制，详细记录供应商情况、采购申请、采购合同、采购通知、验收证明、入库凭证、退货情况、商业票据、款项支付等情况，做好采购业务各环节的记录，确保会计记录、采购记录与仓储记录核对一致；②指定专人通过函证等方式，定期向供应商寄发对账函，核对应付账款、应付票据、预付账款等往来款项，对供应商提出的异议应及时查明原因，报相关管理的部门或人员批准后，做出相应调整。

第三节　资产管理

一、存货的控制

（一）存货控制的要求

存货是企业在日常活动中持有以备出售的产成品或商品，处在生产过程中的在产品、在生产过程或提供劳务过程中使用的材料、物料等。一般包括各类材料、在产品、半成品、产成品或库存商品以及周转材料、委托加工物资等。存货流转覆盖了企业供应、生产、销售的全过程，是企业经营活动中最活跃的因素，也是企业未来经营现金流量的主要来源。加强存货的有效控制，可以保障存货的安全、完整，加速存货周转，提高存货资金使用效益，促进实现存货内部控制的目标，具有重要意义。

存货控制活动具有流程长、环节多、控制难度大的特点。企业在建立并实施存货内部控制制度中，应当强化对以下关键方面或者关键环节的风险控制，并采取相应的控制措施：①企业应制定一套从采购、仓储、入库、出库、盘点到处置等诸多环节的内部监控制度；②权责分配和职责分工应当明确，机构设置和人员配备应当科学合理；③存货请购依据应当充分适当，请购事项和审批程序应当明确；④存货采购、验收、领用、盘点、处置的控制流程应当清晰，对存货预算、供应商的选择、存货验收、存货保管及重要存货的接触条件、内部调剂、盘点和处置的原则及程序应当有明确的规定；⑤存货成本核算方法、跌价准则计提等会计处理方法应当符合国家统一的会计制度的规定。

（二）存货管理的业务流程

一般企业存货管理的基本流程包括存货取得、存货验收入库、存货仓储保管、存货的领用、存货的盘点、存货的处置和存货的核算等。具体业务流程如图 5-7 所示。

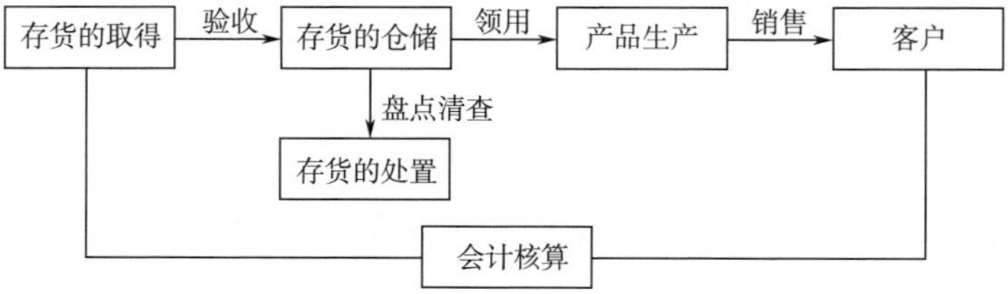

图 5-7　存货管理的业务流程

存货管理的各环节为：①存货取得环节。存货的取得是存货控制的起点，外购、自行生产和委托加工是存货主要的取得方式。②存货验收入库环节。无论何种渠道取得的存货，都需要经过验收或质检方可入库。③存货仓储保管环节。为了确保生产经营活动的连续性，一般企业会持有部分存货，因而需要进行存货的仓储保管。④存货的领用环节。企业存货的领用业务主要是生产领用原材料以及因销售发出库存商品等。⑤存货的盘点环节。存货盘点是对存货从数量、质量两个方面进行的清查，以确定存货实有数量和质量。⑥存货的处置环节。存货的处置是指存货退出企业生产经营活动的环节，主要包括存货因变质、毁损等进行的处置。

（三）存货管理风险和控制措施

存货管理风险和控制措施具体内容如表 5-12 所示。

表 5-12　存货管理风险和控制措施

业务环节	风险	控制措施
存货取得环节	存货预算编制不科学、采购计划不合理，导致存货积压或短缺	企业应当根据各种存货采购间隔期和当前库存，综合考虑企业生产经营计划、市场供求等因素，充分利用信息系统，合理确定存货采购日期和数量，确保存货处于最佳库存状态
验收入库环节	验收程序、验收方法不规范，导致存货的质量、技术规格不满足合同或产品参数标准；数量偏差，导致账实不符	①要重视存货验收工作，规范存货验收程序和方法，针对不同方式取得的存货实施恰当的验收手续 ②外购存货的验收，应当重点关注合同、发票等原始单据与存货的数量、质量、规格等核对一致 ③自制存货的验收，应当重点关注产品质量，通过检验合格的半成品、产成品才能办理入库手续，不合格品应及时查明原因、落实责任、报告处理 ④其他方式取得存货的验收，应当重点关注存货来源、质量状况、实际价值是否符合有关合同或协议的约定 ⑤验收后办理入库时，仓储部门应及时记录入库产品情况，确保记录真实、完整

续表

业务环节	风险	控制措施
存货仓储保管环节	仓储保管方法不当、监管不严，导致存货被盗、毁损、流失、浪费等	①应当建立存货保管制度，定期对存货进行检查。存货在不同仓库之间流动时应当办理出入库手续；应当按仓储物资所要求的储存条件贮存，并严格实施防火、防洪、防盗、防潮、防病虫害和防变质等管理规范 ②加强生产现场的材料、周转材料、半成品等物资的管理，防止浪费、被盗和流失 ③对代管、代销、暂存、受托加工的存货，应单独存放和记录，避免与本单位存货混淆 ④结合企业实际情况，加强存货的保险投保，保证存货安全，合理降低存货意外损失风险
存货的盘点环节	存货盘点清查制度不完善、计划不可行，导致工作流于形式、无法查清存货的真实情况	①建立存货盘点清查制度，结合本企业实际情况确定盘点周期、盘点流程等相关内容，核查存货数量，及时发现存货减值迹象 ②至少应当于每年年度终了开展全面盘点清查，盘点清查结果应当形成书面报告 ③盘点清查中发现的存货盘盈、盘亏、毁损、闲置以及需要报废的存货，应当查明原因、落实并追究责任，按照规定权限批准后处置
存货的处置环节	存货报废处置责任不明确、审批不到位，可能导致企业利益受损	定期对存货情况进行清查，及时发现出现变质、毁损的风险，对于确已出现变质、毁损、报废或流失的存货，要分清责任、分析原因，并及时做出处理

（四）存货的会计控制

存货的会计控制是指通过对存货确认、计量、记录和报告，反映和监督存货的增减变动及其结存情况。

存货进行会计核算可能发生的主要风险包括：会计记录不及时、不准确，不能反映存货的实际情况，无法起到加强存货管理的作用。

针对存货的会计控制的措施包括：①建立统一的存货核算政策和会计科目，明确存货相关会计凭证、会计账簿和财务报告的处理程序与方法，遵循会计制度规定的各条核算原则。②针对存货的增加、减少等事项及时进行会计处理，准确记录。③定期与仓储部门进行实物核对，确保账实相符。对于账实不符的，及时做出账务处理。④对存货进行减值测试，需计提存货跌价准备的，及时进行账务处理。

二、固定资产管理控制

（一）固定资产控制的内涵

固定资产是指同时具有下列特征的有形资产：①为生产商品、提供劳务、出租或经营管理而持有的；②使用寿命超过一个会计年度。企业的固定资产主要包括房屋建筑物、机器设备、运输工具以及其他与生产经营活动有关的物资设备等。

通常，在企业资产构成中固定资产占有较大的比例，它是企业赖以生存和发展的重要物质基础。加强固定资产控制，对于保证固定资产安全完整，减少资产损失，提高资产利用率，有着重要意义。

固定资产控制的目标是引导企业防止并及时发现和纠正固定资产业务中的各种差错和舞弊，保护固定资产的安全完整，重视固定资产维护和更新改造，不断提升固定资产的使用效能和效率，积极促进固定资产处于良好运行状态。

（二）固定资产管理的业务流程

一般企业固定资产管理的基本流程包括固定资产预算、固定资产采购、固定资产验收、固定资产登记管理、固定资产投保、固定资产运行维护、固定资产更新改造、固定资产盘点清查、固定资产处置和固定资产核算等。具体业务流程如图 5-8 所示。

固定资产管理各环节为：①固定资产预算控制。固定资产预算控制是企业各部门根据自身情况编制固定资产需求报告，经批准后，由使用部门协同财务部门编制正式预算方案的过程。②固定资产采购。固定资产采购是取得固定资产的重要途径之一，该环节极易出现问题，需要特别关注。③固定资产验收环节。企业应当建立严格的固定资产交付验收制度，从而确保固定资产的数量、质量、规格等符合使用要求。④固定资产运行维护环节。企业应该加强固定资产的日常维护，保证固定资产的正常运行和使用。⑤固定资产更新改造环节。固定资产更新改造是指以新的固定资产替换到期报废的旧固定资产，或以新的技术装备对原有的技术装备进行改造。固定资产更新改造提高了固定资产的使用性能，延长了其使用寿命。⑥固定资产盘点清查环节。固定资产盘点是指使用部门和固定资产管理部门进行固定资产清查，编制盘

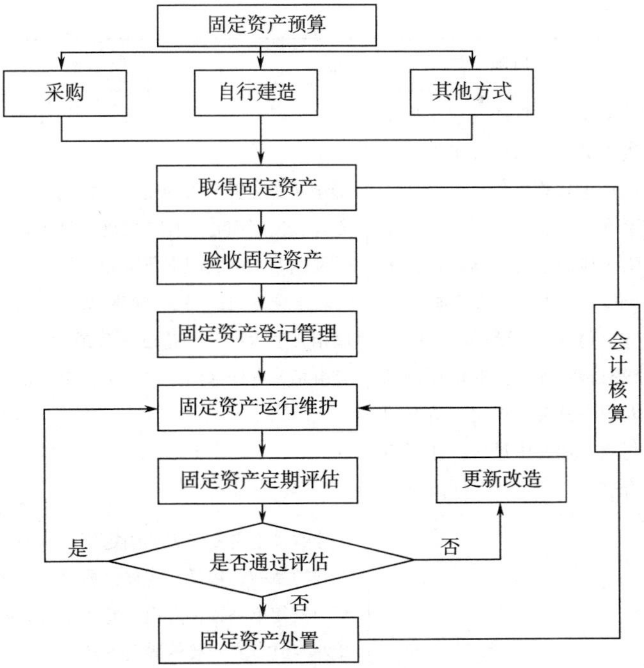

图 5-8　固定资产管理的业务流程

点表，财务部门派人进行监盘或抽盘，复核盘点结果的正确性，并根据盘盈、盘亏结果，编制报告，经批准后调整有关账簿记录的工作。⑦固定资产的处置环节。固定资产处置，即固定资产的终止确认，包括固定资产的出售、报废、毁损、对外投资、非货币性资产交换、债务重组等。

（三）固定资产管理的风险及控制措施

固定资产管理风险及控制措施具体内容如表 5-13 所示。

表 5-13　固定资产管理风险及控制措施

业务环节	风险	控制措施
固定资产预算	①固定资产预算不科学，不符合企业发展战略，造成盲目投资 ②项目投资可行性分析错误，带来投资损失的风险等	①建立完善的固定资产预算管理制度，编制固定资产预算时，应由工程技术、计划、财务、采购、生产等各部门人员共同参与，通过集体决策和审批，防止出现决策失误 ②对于重大的固定资产投资项目，应该考虑聘请独立的中介机构或专业人士进行可行性分析评价，确保分析的客观性和科学性

续表

业务环节	风险	控制措施
固定资产采购	①采购固定资产授权审批制度不健全、岗位分工不合理而产生舞弊行为 ②在选择供应商时，因未能对供应商进行全面评价，影响所采购的固定资产质量 ③支付固定资产预付款时，没有指定预付款的使用范围及跟踪核查的规定，造成预付款资金占用过久，使用不合理	①建立固定资产采购授权审批制度，明确授权批准的方式、程序和有关控制措施，规定审批人的权限、责任及经办人员的职责范围和工作要求 ②对于预算内的固定资产购买，严格按照预算进度办理相关手续；对于超过预算或预算外固定资产投资，应由相关责任部门提出申请，单独审批
固定资产验收	固定资产验收程序不规范，可能造成资产质量不符合要求，影响资产正常运作	①外购且不需要安装的固定资产验收时，应重点关注资产的品种、数量、规格、质量等是否与合同、供应商的发货单一致，并出具验收单或验收报告 ②外购但需要安装的固定资产，在取得时需要对资产进行初步验收，待到安装调试结束后，还需要进行再次验收 ③自行建造的固定资产，应由建造部门、固定资产管理部门和使用部门联合验收，编制书面验收报告 ④不得接收未通过验收的固定资产，应按照合同等有关规定办理退货等弥补措施 ⑤验收合格的固定资产，应及时填制固定资产交接单，由财务部门、资产管理部门、资产使用部门固定资产实物台账
固定资产运行维护	①因固定资产保管不善、操作不当导致固定资产毁损、被盗等 ②因固定资产失修而导致固定资产运作不良，造成使用效率低下、产品残次率高、资源浪费、生产停滞，甚至出现生产事故等 ③因固定资产维护计划编制不合理、审批不规范导致企业固定资产滥用维护费用，造成资金、资源浪费	①企业应建立固定资产归口管理和分级管理制度，按照“谁使用、谁管理、谁负责”的原则实施管理 ②固定资产归口管理部门应建立固定资产运行管理档案，并编制日常维修和大修理计划，经主管领导审批后实施 ③应建立固定资产维修保养管理办法，定期对固定资产进行检查、维修和保养，及时消除安全隐患，降低固定资产故障率和使用风险 ④对于企业关键设备，必须由专业技术人员操作和进行日常维修保养

续表

业务环节	风险	控制措施
固定资产更新改造	①固定资产更新改造不及时，造成设备落后、使用效能低下、产品线老化，导致缺乏市场竞争力、资产价值贬损 ②更新改造申请与企业实际发展需要不一致，造成重复建设或资源浪费	①企业应建立固定资产更新改造管理办法，定期对固定资产技术先进性进行评估，结合企业发展可持续性和盈利能力，提出更新改造方案，经管理部门审核批准后实施 ②管理部门对更新改造方案的实施过程适时进行监督，加强管理，企业可以建立技改专项资金并进行定期或不定期审计
固定资产盘点清查	清查制度不完善，盘点工作不及时、不完整、不准确，造成固定资产流失、毁损等账实不符问题	①建立固定资产清查管理办法，明确盘点的范围、时间、形式、人员、组织程序等事项 ②至少每年进行一次全面清查，清查结束后应编制清查报告，对清查中发现的问题，应当查明原因、追究责任、妥善处理
固定资产的处置	处置制度不完善、流程混乱，人员职责分工不明，处置方式不合理、处置定价不恰当等，给企业造成损失	①企业应建立完善的固定资产处置管理办法，从处置范围、方式、程序和审批各环节加强处置控制 ②对拟出售或投资转出的固定资产，应由有关部门或人员提出处置申请，对固定资产价值进行评估，并出具固定资产评估报告，报经企业授权部门或人员批准后予以出售或转让 ③对使用期满、正常报废的固定资产，应由固定资产使用部门或管理部门填制固定资产报废单，经本单位授权部门或人员批准后对该固定资产进行报废清理 ④对使用期限未满、非正常报废的固定资产，应由固定资产使用部门提出报废申请，注明报废理由、估计清理费用以及可回收残值、预计出售价值等，单位应组织有关部门进行技术鉴定，按规定程序审批后进行报废清理

（四）固定资产的会计控制

固定资产的会计控制是对固定资产的取得、持有过程、处置等环节所进行的记录。

固定资产在会计控制环节可能发生的主要风险有：会计记录不及时、不准确，不能反映固定资产的实际情况，无法起到加强固定资产管理的作用。

固定资产会计控制的措施包括：①建立统一的固定资产核算政策和会计科目，明确相关会计凭证、会计账簿和财务报告的处理程序与方法，遵循会计制度规定的核算原则；②针对固定资产的增加、折旧、处置等事项及时进行会计处理，准确记录；③定期对固定资产进行减值测试，须计提资产减值损失的，应及时进行账务处理。

三、无形资产的管理

【案例】

“中国商标第一案”——“王老吉”商标之争，因北京市一中院裁决将王老吉商标终审判给广药集团而暂时告一段落。

1997年，广州药业集团（以下简称“广药集团”）与香港鸿道集团签订了红罐王老吉的商标许可使用合同，有效期至2010年5月2日。此后，鸿道集团采取非法手段将王老吉商标租期延长至2020年。2010年11月，广药集团与加多宝母公司鸿道集团就“王老吉”商标归属问题发生矛盾。2012年5月9日，中国国际经济贸易仲裁委员会作出裁决，裁定鸿道集团停止使用“王老吉”商标。鸿道集团不服，于5月17日向北京市第一中级人民法院提出了撤销该裁决的申请，并获立案。7月13日，北京一中院作出终审民事裁定，驳回了鸿道集团的申请。

加多宝集团是“王老吉”商标的被许可人，经过其十多年的精心经营和品牌推广，“王老吉”商标从一个名不见经传的商标一跃成为一个价值一千多亿元的全国炙手可热的驰名商标。在此之际，商标的许可人广药集团却主张要收回该商标。对此，该商标的增值价值的归属该如何界定？两个公司之间关于“王老吉”商标的法律纠纷背后在于商标的价值，争议的根源在于“王老吉”的商标使用权。加多宝不管如何向社会表达悲情和不甘，把王老吉商标从默默无闻做到年销售额160亿元，它只是取得了“王老吉”的商标使用权。商标的所有权在广药生产方。在使用期限届满后，作为商标权的所有方广药集团当然有权收回“王老吉”商标。

商标权作为一种无形财产权，在社会经济中的地位和作用越来越重要。商标已经不仅是区分商品和服务来源的标志，它更多地体现了产品品质及质量保证。

你如何认识无形资产的价值？你认为企业应该从内部控制的哪些方面保护无形资产？

（一）无形资产控制的内涵

无形资产是指没有实物形态的可辨认非货币性资产。企业的无形资产包括品牌、商标权、著作权、专利权、非专利技术、土地使用权和特许经营权等。尽管无形资产不存在物质实体，但它表明企业拥有的一种特殊权利。这种权利有助于企业取得高于一般水平的获利能力，在较长时期内为企业提供经济利益。如果无形资产缺乏核心技术、权属不清、技术落后、存在重大技术安全隐患，就可能导致企业法律纠纷、缺乏可持续发展能力。

无形资产控制目标是：规范无形资产的管理行为，避免因违反国家法律法规而遭受的财产损失风险；防范无形资产管理中的差错和舞弊；明确职责权限，降低经营决策、资产管理风险。

（二）无形资产管理的业务流程

企业应当着力梳理无形资产管理的业务流程，针对主要风险点和关键环节，制定切实有效的控制措施，不断提升无形资产管理活动全过程的风险管控效能。一般企业无形资产管理的基本流程包括无形资产预算、无形资产取得与验收、无形资产使用与保全、无形资产处置、无形资产核算等。具体业务流程如图 5-9 所示。

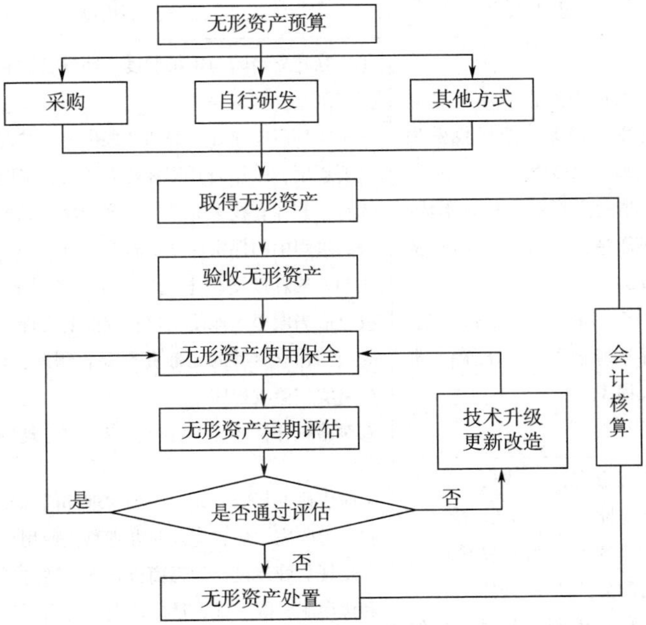

图 5-9　无形资产管理的业务流程

（三）无形资产管理的关键风险及控制措施

1. 无形资产预算环节

无形资产预算环节的主要风险包括：预算未经过规范全面的可行性分析和集体审议，由此导致预算编制缺乏全面、有效的数据和信息支持，出现投资失败；预算未经过适当审批，由此带来重大差错、舞弊等风险。

预算环节的关键控制措施包括：①无形资产投资应当符合企业的发展战略，综合考虑企业的投资方向、投资规模、预计现金净流量等因素，进行充分的可行性论证；②对于重大的无形资产投资，应该考虑聘请独立的第三方协助论证，并实行集体决策和审批；③对于无形资产投资，应编制投资预算，并按规定程序进行审批。

2. 无形资产取得与验收环节

无形资产的取得途径很多，包括外购、自行研发、投资者投入、接受捐赠等。针对外购和自行研发的情形，风险环节较多，需要严格控制。无形资产取得与验收的主要风险及其控制措施如表 5-14 所示。

表 5-14　无形资产取得与验收的主要风险及其控制措施

取得方式	主要风险	控制措施
外购无形资产	①无形资产投资不符合企业发展战略，造成投资失误和资源浪费 ②取得无形资产权属不清，可能造成法律纠纷和经济损失 ③无形资产验收不规范，导致验收结果不准确，带来损失	①应当建立请购与审批制度，明确请购和审批环节的职责权限及办理程序 ②采购部门应充分了解和掌握供应商情况，根据项目的重要程度，采用公开招标等方式实施采购 ③对于非专有技术等具有非公开性的无形资产，应注意采购过程中的保密保全措施 ④购入或者以支付土地出让金等方式取得的土地使用权，应当取得土地使用权有效证明文件 ⑤应当建立完善的无形资产验收制度，成立验收小组，严格实施验收程序 ⑥对验收合格的无形资产，应及时办理编号建卡手续
自行开发无形资产	①无形资产形成过程的不确定性，带来确认风险 ②研究阶段和开发阶段支出的会计处理不规范 ③预算编制不科学，导致实际支出超过预算	①应由研发部门、无形资产管理部门、使用部门共同验收，验收完毕后，应及时办理移交使用、编号建卡手续 ②重视品牌建设，加强商誉管理，通过提供高质量产品和优质服务等方式，适应消费者的需要，切实维护和提升企业品牌的社会认可度

3. 无形资产使用与保全环节

为确保无形资产的安全完整，企业应当加强无形资产的日常管理工作。

在无形资产使用与保全环节可能发生的主要风险包括：缺乏有效的保密制度，导致商业机密泄露；无形资产长期闲置，使用率低，影响其效能发挥。

在无形资产使用环节采取的控制措施包括：①建立无形资产使用管理办法，对无形资产实施日常管控。无形资产的调配应办理申请手续，确定使用范围、责任人，由资产管理部门进行审核，报公司管理层批准。②对无形资产各种文件资料应妥善保管，避免记录受损、被盗、被毁。重要资料应采用纸质和电子形式同时备份。③无形资产管理部门与技术部门、财务部门应定期针对无形资产的相关资料和使用状况进行全面清查，确保无形资产的安全、完整。④定期对专利、专有技术等无形资产的先进性进行评估，淘汰落后技术，加大研发投入，促进技术更新换代，不断提升自主创新能力。

在无形资产保全环节采取的控制措施包括：①建立无形资产保密制度，采取严格的保密措施，严防泄露商业秘密；②对无形资产的保管及接触应保有记录，限制未经授权人员直接接触无形资产，对重要的无形资产应及时申请法律保护；③全面梳理外购、自行开发以及其他方式取得的各类无形资产的权属关系，加强无形资产权益保护，防范侵权行为和法律风险。

4. 无形资产处置环节

处置是无形资产管理的最后一个环节，也是容易发生风险的环节。该环节的主要风险点包括：缺乏无形资产处置的管理制度，处置流程混乱、操作不规范、处置不当，造成企业无形资产的损失。

在无形资产处置环节的控制措施包括：①企业应建立、健全无形资产处置的管理制度，明确处置的范围、标准、程序和审批权限等要求。②重大的无形资产处置，应当委托具有资质的中介机构进行资产评估，并采取集体审批制度。③无形资产变更涉及产权变更的，应及时办理产权变更手续。④对试用期满、正常报废的无形资产，应经企业授权部门或人员批准后，方可对该无形资产进行报废清理。⑤使用期限未满、非正常报废的无形资产，应在批准之前进行技术鉴定。⑥对拟出售或投资转出的无形资产，应由有关部门或人员提出处置申请，列明该项无形资产的原价、已提摊销、预计使用年限、已使用年限、预计出售价格或转让价格等，报经企业授权部门或人员批准后确定。

（四）无形资产的会计控制

企业应加强对无形资产的核算，准确反映无形资产的持有和使用状态，为管理提供数据。该环节可能发生的主要风险点包括：会计记录不及时、不准确，无法真实反映无形资产的情况。

针对无形资产会计控制的措施包括：①建立统一的无形资产会计政策和会计科目，明确无形资产相关会计凭证、会计账簿和财务报告的处理程序与方法，遵循会计制度规定的各条核算原则。②针对无形资产的增加、摊销、减少等事项及时进行会计处理，准确记录。③财务部门至少每半年对无形资产进行减值分析，需计提减值准备的，应及时进行账务处理。减值准备数额上报财务部门会同有关部门审核，按规定权限审批后，对无形资产价值进行调整。

第四节　销售业务

一、销售业务内容及其控制目标

（一）销售业务内容

销售业务是指企业出售商品（或提供劳务）及收取款项等相关活动。销售活动内容主要包括出售商品和款项收回两个方面。销售与收款业务活动既是企业经营活动的终点，也是其起点，同时也是连接消费者、销售商的纽带。在激烈的市场竞争中，企业追求价值最大化的最直接方式就是拓展业务范围、扩大市场份额，因此，销售与收款环节是企业生产经营活动中极为关键的环节。

加强销售环节管控的主要原因是，一方面，销售收入是企业营运资金的来源，通过销售业务可以加速企业存货周转率，盘活资金流动；加强收款力度，能够减少坏账准备，有效回笼资金。销售与收款业务经营状况直接关系着整个企业的经营成果，关系企业战略目标的实现。售出商品的货款如不能足额收回或不能及时收回，必将导致企业持续经营受阻、难以为继。另一方面，销售与收款的每一笔业务的发生都涉及企业内部多个部门和多个环节。因此，必须加强和关注销售与收款业务的内部控制。

（二）销售业务控制目标

销售业务内部控制总体目标是引导企业加强对销售业务的内部控制，促进企业销售稳定增长，扩大市场份额，规范销售行为，防范销售风险。对此，企业应强化销售业务管理，全面梳理现行销售业务流程，查找管理漏洞，及时采取切实措施加以改正；同时，还应当注重健全相关管理制度，明确以风险为导向的、符合成本效益原则的销售管控措施，实现与生产、资产、资金等方面管理的衔接，落实责任制，有效防范和化解经营风险。

二、销售业务职责分工与授权批准

（一）销售业务职责分工

企业应当建立销售与收款业务的岗位责任制，明确相关部门和岗位的职责权限，确保办理销售与收款业务的不相容岗位相互分离、制约和监督。销售与收款不相容岗位具体内容如表 5-15 所示。

表 5-15　销售与收款不相容岗位

不相容岗位	相互分离目的
客户信用调查评估与销售合同的审批签订岗位，彼此为不相容岗位，应当适当分离	防止向不符合信用标准的客户进行赊销，增加坏账风险
销售合同的审批、签订与办理发货岗位，彼此为不相容岗位	销售合同批准、签订与发货开票相互独立
发送货物与开票相互独立	防止发货未经批准，销售业务没有被记录或商品被盗窃
发送货物与记账相互独立	防止商品被盗窃并通过篡改记录加以掩饰
销售货款的确认、回收与相关会计记录岗位，彼此为不相容岗位。收取货款与销售收入、应收账款记录应相互独立	防止客户所付款项被贪污并篡改加以掩饰

续表

不相容岗位	相互分离目的
销售退回货品的验收、处置与相关会计记录岗位，彼此为不相容岗位。批准销售退回与折让业务和记账业务相互独立	防止收到的货款被贪污
坏账准备的计提与审批、坏账的核销与审批岗位，彼此为不相容岗位。批准坏账与收款业务、记账业务相互独立	防止不符合规定的坏账被批准，收到的款项被贪污
编制和寄送客户对账单与收款业务、记账业务岗位为不相容岗位，彼此应相互独立	以检查销售收款业务中的错弊
执行内部检查与业务办理、记录为不相容岗位，彼此应相互独立	保证内部检查的独立性和有效性等

（二）授权和审批制度

企业应当建立销售与收款业务授权制度和审核批准制度，并按照规定的权限和程序办理销售与收款业务。企业应当根据具体情况对办理销售业务的人员进行岗位轮换或者管区、管户调整，防范销售人员将企业客户资源变为个人私属资源从事舞弊活动，避免损害企业利益的风险。

三、销售与收款业务流程

企业销售业务流程，主要包括销售计划管理、客户开发与信用管理、销售定价、订立销售合同等。销售与收款业务流程如图 5-10 所示。

销售计划管理。销售计划是指导企业在计划期内进行产品销售活动的规划、布置和安排。销售管理过程就是销售计划的制订、实施和评价过程。如果一个企业不能牢牢控制销售管理，其产品就难以转化为现金流，企业就将失去生存发展的源泉和动力。所以说，销售管理是决定企业能否生存的命脉。而销售计划是销售管理的基石。

客户开发与信用管理。积极开拓市场份额，加强现有客户维护，开发潜在目标客户，对有销售意向的客户进行资信评估，根据企业自身风险接受程度确定具体的信用等级。

销售定价。销售定价是指商品价格的确定、调整及相应审批。

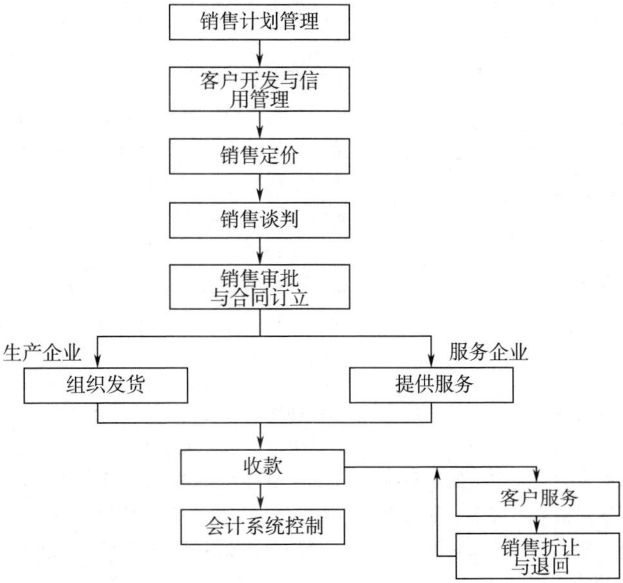

图 5-10　销售与收款业务流程

按照规定的程序办理销售和发货业务。具体包括以下内容：①销售谈判。企业在销售合同订立前，应当指定专门人员就销售价格、信用政策、发货及收款方式等具体事项与客户进行谈判。对谈判中涉及的重要事项，应当有完整的书面记录。②合同审批与订立。企业与客户订立销售合同，明确双方权利和义务，以此作为开展销售活动的基本依据。③组织销售。④组织发货。发货是根据销售合同的约定向客户提供商品的环节。⑤企业应当建立销售退回管理制度。⑥销售部门应当设置销售台账，及时反映各种商品、劳务等销售的开单、发货、收款情况，并由相关人员对销售合同执行情况进行定期跟踪审阅。销售台账应当附有客户订单、销售合同、客户签收回执等相关购货单据。

收款。收款指企业经授权发货后与客户结算的环节。按照发货时是否收到货款，可分为现销和赊销。

四、销售与收款业务的风险及其控制措施

销售与收款业务的风险及其控制措施具体内容如表 5-16 所示。

表 5-16 销售与收款业务的风险及其控制措施

业务环节	风险	控制措施
销售计划管理	销售计划缺乏或不合理，或未经授权审批，导致产品结构和生产安排不合理，难以实现企业生产经营的良性循环	①根据发展战略和年度生产经营计划，制订年度销售计划，建立销售定价控制制度，制定价目表、折扣政策、收款政策，定期审阅并严格执行。同时，结合客户订单情况，制订月度销售计划，并按规定的权限和程序审批后下达执行 ②定期对各产品（商品）的区域销售额、进销差价、销售计划与实际销售情况等进行分析，结合生产现状，及时调整销售计划，调整后的销售计划需履行相应的审批程序
客户开发与信用管理	①现有客户管理不足、潜在市场需求开发不够，可能导致客户丢失或市场拓展不利 ②客户档案不健全，缺乏合理的资信评估，一定程度影响企业的资金流转和正常经营	①合理确定目标市场，根据不同目标群体的具体需求，确定定价机制和信用方式（销售折扣、销售折让、信用销售、代销和广告宣传等） ②建立和更新维护客户信用动态档案，由信用管理部门对客户付款情况进行持续跟踪和监控。拟定客户赊销限额和时限，经销售、财会等部门具有相关权限的人员审批
销售定价	①定价或调价不符合价格政策，未能结合市场供需状况、盈利测算等进行适时调整，造成价格过高或过低、销售受损 ②商品销售价格未经恰当审批，或存在舞弊，可能导致损害企业经济利益或者企业形象	①应根据有关价格政策，确定产品基准定价。定价或调价需经具有相应权限人员的审核批准 ②可以授予销售部门某些商品一定限度的价格浮动权，销售部门可结合产品市场特点，将价格浮动权向下实行逐级递减分配，同时明确权限执行人 ③销售折扣、销售折让等政策的制定应由具有相应权限人员审核批准。销售折扣、销售折让授予的实际金额、数量、原因及对象应予以记录，并归档备查
销售谈判	销售人员与客户串通压价，存在商业贿赂等舞弊行为	企业在销售合同订立前，应当指定专门人员就销售价格、信用政策、发货及收款方式等具体事项与客户进行谈判。对谈判中涉及的重要事项，应当有完整的书面记录
合同审批与订立	①合同内容存在重大疏漏和欺诈，未经授权对外订立销售合同，可能导致企业合法权益受到侵害 ②销售价格、收款期限等违背企业销售政策，可能导致企业经济利益受损	①应当建立健全销售合同审批制度，明确说明具体的审批程序及所涉及的部门人员，并根据企业的实际情况明确界定不同合同金额审批的具体权限分配等（即权限分配表）。审批人员应当对销售合同草案中提出的销售价格、信用政策、发货及收款方式等进行严格审查并建立客户信息档案。金额重大的销售合同，应当征询法律顾问或专家的意见 ②销售合同草案经审批同意后，企业应当授权有关人员与客户签订正式销售合同。签订合同应当符合《合同法》的规定

续表

业务环节	风险	控制措施
组织销售	组织销售流程混乱；销售人员随意赊销可能导致企业经济利益受损	企业销售部门应当按照经批准的销售合同编制销售计划，向发货部门下达销售通知单，同时编制销售发票通知单，并经审批后下达给财会部门，由财会部门或经授权的有关部门在开具销售发票前对客户信用情况及实际出库记录凭证进行审查无误后，根据销售发票通知单向客户开出销售发票。编制销售发票通知单的人员与开具销售发票的人员应当相互分离。企业应当加强对赊销业务的管理。赊销业务应当遵循规定的销售政策、信用政策及程序
组织发货	未经授权发货或发货不符合合同约定，可能导致货物损失或客户与企业的销售争议、销售款项不能收回	①销售部门按照审核后的销售合同开具相关的销售通知，交仓储部门和财会部门 ②仓储部门应当对销售通知内容进行审核，严格按照通知内容发货，形成相应的发货单据 ③应当以运输合同或条款等形式明确运输方式、商品短缺、毁损或变质的责任、到货验收方式、运输费用承担、保险等内容，货物交接环节，应做好装卸和检验工作，由客户验收确认 ④应当做好发货各环节的记录，填制相应的凭证，设置销售台账
企业应当建立销售退回管理制度	销售退回制度不完善，销售人员随意退货，无凭证退货使企业经济利益受损	企业的销售退回必须经销售主管审批后方可执行。销售退回的货物应当由质检部门检验和仓储部门清点后方可入库。质检部门应当对客户退回的货物进行检验并出具检验证明；仓储部门应当在清点货物、注明退回货物的品种和数量后填制退货接收报告；财会部门应当对检验证明、退货接收报告以及退货方出具的退货凭证等进行审核后办理相应的退款事宜，并增加对退货原因进行分析的自我评估控制
收款控制	①企业信用管理不到位，结算方式选择不当，票据管理不善，账款回收不力，导致销售款项不能收回或遭受欺诈 ②收款过程中存在舞弊，使企业经济利益受损	①按照结算相关规定，及时办理销售收款业务，选择恰当的结算方式。销售收入及时入账，不得账外设账，不得擅自坐支现金。销售人员应当避免接触销售现款。 ②明确商业票据的受理范围，严格审查商业票据的真实性和合法性。应收票据的取得和贴现必须经由保管票据以外的主管人员的书面批准，做好应收票据保管，及时向付款人提示付款，已贴现但仍承担收款风险的票据应当在备查簿中登记 ③赊销的商品应经过审批并取得客户的书面确认，必要时采用恰当的担保措施

续表

业务环节	风险	控制措施
收款控制	①企业信用管理不到位，结算方式选择不当，票据管理不善，账款回收不力，导致销售款项不能收回或遭受欺诈 ②收款过程中存在舞弊，使企业经济利益受损	④应当按客户设置应收账款台账，登记并评估每一客户应收账款余额增减变动情况和信用额度使用情况；销售部门各种应收款项的催收记录应妥善保存；加强代销业务款项的管理，及时与代销商结算款项；收取各种款项应及时缴存银行并登记入账 ⑤应当建立应收账款账龄分析制度和逾期应收账款催收制度。销售部门应当负责应收账款的催收，催收记录（包括往来函电）要妥善保存，财会部门应当督促销售部门加紧催收 ⑥定期与往来客户通过函证等方式，核对应收账款、应收票据、预收账款等往来款项。应当定期抽查、核对销售业务记录、销售收款会计记录、商品出库记录和库存商品实物记录；同时，还应定期对库存商品进行盘点

五、销售会计系统控制

销售会计系统控制包括销售收入的确认、应收款项的管理、坏账准备的计提和冲销、销售退回的处理等内容。

在销售会计系统控制环节可能发生的主要风险是：缺乏有效的销售业务会计系统控制，可能导致企业账实不符、账证不符、账账不符或者账表不符，影响销售收入、销售成本、应收款项等会计核算的真实性和可靠性。

企业应在销售会计系统控制环节采取的控制措施包括：①加强对销售、发货、收款业务的会计系统控制，详细记录销售客户、销售合同、销售通知、发运凭证、商业票据、款项收回等情况，确保会计记录、销售记录与仓储记录核对一致。具体为：财会部门开具发票时，应当依据相关单据（计量单、出库单、货款结算单、销售通知单等）并经相关岗位审核。销售发票应遵循有关发票管理规定，严禁开具虚假发票。财会部门对销售报表等原始凭证审核销售价格、数量等，并根据国家统一的会计准则制度确认销售收入，登记入账。财会部门与相关部门月末应核对当月销售数量，保证各部门销售数量的一致性。②建立应收账款清收核查制度。销售部门应定期与客户对账，并取得书面对账凭证，财会部门负责办理资金结算并监督款项回收。企业对于可能成为坏账的应收账款，应当根据会计准则的规定计提坏账准备，并按照权限范围和审批程序进行审批。对确定发生的各项坏账，应当查明原因，明确责任，并在履行规定的审批程序后作出会计处理。企业核销的坏账应当进行备查登记，做到账销案存。已核销的坏账又收回时应当及时入账，防止形成账外资金。③在销售与发货各环节设置相关的记录、填制相应的凭证，建立完整的销售登记制度，并加强销售订单、销售合同、销售计划、销售通知单、发货凭证、运货凭证、销售发票等文件和凭证的相互核对工作。

第五节　研究与开发

一、研究与开发的内涵

《企业内部控制应用指引第 10 号：研究与开发》指出："研究与开发是指企业为获取新产品、新技术、新工艺等所开展的各种研发活动。"

企业的研究与开发是"研究"与"开发"复合而成的概念。研究是指为获取新的科学或技术知识并理解它们，进行具有独创性的、有计划的调查活动。该阶段的活动是探索性的，通常不会形成阶段性成果。开发是指在进行商业性生产或使用前，将研究成果或其他知识应用于某项计划或设计，以生产出新的或具有实质性改进的材料、装置、产品等活动。与研究阶段相比，开发阶段在一定程度上具备了形成一项新产品或新技术的基本条件。

研究与开发是企业核心竞争力的本原，是促进企业自主创新的重要体现，是企业加快转变经济发展方式的强大推动力。随着市场竞争的加剧，产品能否创新已成为企业成败的关键。

二、研究与开发的业务流程

企业应当着力梳理研究与开发业务流程，针对主要风险点和关键环节，制定切实有效的控制措施，不断提升研发活动全过程的风险管控效能。一般企业研究与开发的基本流程包括立项、研发过程管理、结题验收、研究成果开发和保护等。具体业务流程如图 5-11 所示。

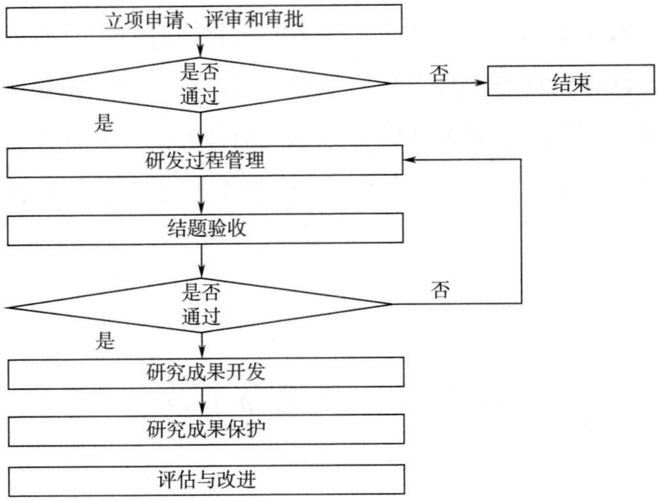

图 5-11　研究与开发的业务流程

三、研究与开发的主要风险与控制措施

（一）立项环节

立项主要包括立项申请、评审和审批。立项环节的主要风险包括：研发计划与国家（或企业）科技发展战略不匹配，研发承办单位或专题负责人不具有相应资质，研究项目未经科学论证或论证不充分，评审和审批环节把关不严，可能导致创新不足或资源浪费。

立项环节的控制措施包括：①建立完善的立项、审批制度，确定研究开发计划制订原则和审批人，审查承办单位或专题负责人的资质条件和评估、审批流程等。②结合企业发展战略、市场及技术现状，制订研究项目开发计划。③企业应当根据实际需要，结合研发计划，提出研究项目立项申请，开展可行性研究，编制可行性研究报告。④研究项目应当按照规定的权限和程序进行审批，重大研究项目应当报经董事会或类似权力机构集体审议决策。⑤制定开题计划和报告。开题计划经科研管理部门负责人审批，开题报告应对市场需求与效益、国内外在该方向的研究现状、主要技术路线、研究开发目标与进度、已有条件与基础、经费等进行充分论证、分析，保证项目符合企业需求。

（二）研发过程管理

实务中，企业研发通常分为自主研发、委托研发和合作研发。研发过程管理的主要风险、关键控制点和控制措施如表 5-17 所示。其中：自主研发，是指企业依靠自身的科研力量，独立完成项目；委托研发，是指企业委托具有资质的外部承办单位进行研究和开发；合作研发，是指合作双方基于研发协议，就共同的科研项目，以某种合作形式进行研究或开发。

表 5-17　研发方式及其控制措施

研发方式	主要风险	控制措施
自主研发	①研究人员配备不合理，导致研发成本过高、舞弊或研发失败 ②研发过程管理不善，费用失控或科技收入形成账外资产 ③多个项目同时进行时，相互争夺资源，出现资源的短期局部缺乏，可能造成研发效率下降 ④研究过程中未能及时发现错误，导致修正成本提高 ⑤科研合同管理不善，导致权属不清，知识产权存在争议	①建立研发项目管理制度和技术标准，建立信息反馈制度和研发项目重大事项报告制度，严格落实岗位责任制 ②合理设计项目实施进度计划和组织结构，跟踪项目进展，建立良好的工作机制，保证项目顺利实施 ③精确预计工作量和所需资源，提高资源使用效率 ④建立科技开发费用报销制度，明确费用支付标准及审批权限，完善科技经费入账管理程序和科技收入管理制度，按项目正确划分资本性支出和费用性支出，准确开展会计核算 ⑤开展项目中期评审，及时纠偏调整，优化研发项目管理的任务分配方式
委托（合作）研发	委托（合作）单位选择不当，知识产权界定不清 合作研发还存在与合作单位沟通障碍、合作方案设计不合理、权责利不能合理分配、资源整合不当等风险	①加强委托（合作）研发单位资信、专业能力等方面管理 ②委托研发应采用招标、议标等方式确定受托单位，制定规范详尽的委托研发合同，明确产权归属、研究进度和质量标准等相关内容 ③合作研发应对合作单位进行尽职调查，签订书面合作研究合同，明确双方投资、分工、权利义务、研究成果产权归属等 ④加强项目的管理监督，严格控制项目费用，防止挪用、侵占等 ⑤根据项目进展情况、国内外技术最新发展趋势和市场需求变化情况，对项目的目标、内容、进度、资金进行适当调整

(三) 结题验收

结题验收是对研究过程形成的交付物进行质量验收。结题验收分检测鉴定、专家评审、专题会议三种方式。

结题验收环节的主要风险包括：由于验收人员的技术、能力、独立性等造成验收成果与事实不符；测试与鉴定投入不足，导致测试与鉴定的不充分，不能有效地降低技术失败的风险。

结题验收环节的控制措施包括：①建立、健全技术验收制度，严格执行测试程序；②落实技术主管部门验收责任，由独立的、具备专业胜任能力的测试人员进行鉴定试验，并按计划进行正式的、系统的、严格的评审；③加大企业在测试和鉴定阶段的投入，对重要的研究项目可以组织外部专家参加鉴定；④对验收过程中发现的异常情况应重新进行验收申请或补充进行研发。

(四) 研究成果开发

研究成果开发，是指企业将研究成果经过开发过程转化为企业的产品。

研究成果开发环节的主要风险包括：研究成果转化应用不足，导致资源闲置；新产品未经充分测试，导致产品被大批量生产不成熟或生产成本过高；营销策略与市场需求不符，导致新产品营销失败。

研究成果开发环节的控制措施包括：①建立、健全研究成果开发制度，促进成果及时有效转化；②建立研发项目档案，推进有关信息资源的共享和应用；③科学鉴定大批量生产的技术成熟度，力求降低新产品成本；④坚持开展以市场为导向的新产品开发消费者测试。

(五) 研究成果保护

研究成果保护是企业研发管理流程的完整组成部分。有效的研究成果保护，可保护研发企业的合法权益。

研究成果保护环节的主要风险包括：未能有效识别和保护知识产权，权属未能得到明确规范，开发出的新技术或产品被限制使用；核心研究人员缺乏管理激励制度，导致形成新的竞争对手或技术秘密外泄。

研究成果保护环节的控制措施包括：①进行知识产权评审，及时取得权属；②利用专利文献选择较好的工艺路线；③建立严格的核心研究人员管理制度，明确界定核心研究人员范围和名册清单并与之签署保密协议；④研发完成后确定采取专利或技术秘密等不同保护方式；⑤建立研究成果保护制度，加强对专利权、非专利技术、商业秘密及研发过程中形成的各类涉密图纸、程序、资料的管理，严格按照制度规定借阅和使用；⑥实施合理有效的研发绩效管理，完善科学的核心研发人员激励体系，注重长效激励；⑦企业与核心研究人员签订劳动合同时，应当特别约定研究成果归属、离职条件、离职移交程序、离职后的保密义务、离职后竞业限制年限及违约责任等内容。

第六节　工程项目

一、工程项目控制要求

《企业内部控制应用指引第 11 号：工程项目》指出："工程项目是指企业自行或者委托其他单位所进行的建造、安装工程，包括企业自行建造房屋、建筑物、各种设施以及进行大型机械设备的安装工程、固定资产建筑工程、技术改造工程、大修理工程等。"

工程项目是通过一定数量的投资和组织实施形成以固定资产为特定目标的一次性经济活动，其与可循环、可重复的日常经营管理有着显著的区别。工程项目一般规模大、耗资多、周期长、质量要求高、技术和工艺复杂，而且容易受到内外部环境的影响。工程项目一旦失败，不仅对企业，甚至给社会都会造成巨大损失。因此，对工程项目的基本要求是质量达标，工期合理，造价节省，投资有效，并通过对工程项目加强有效的内部控制，努力提高经济效益。

二、工程项目管理的业务流程

企业应当建立和完善工程项目各项管理制度，全面梳理各个环节可能存在的风险，规范工作流程，明确相关部门和岗位的职责权限，制定切实有效的控制措施，不断提升工程项目活动的全过程风险管控效能。一般企业工程项目具体业务流程如图 5-12 所示。

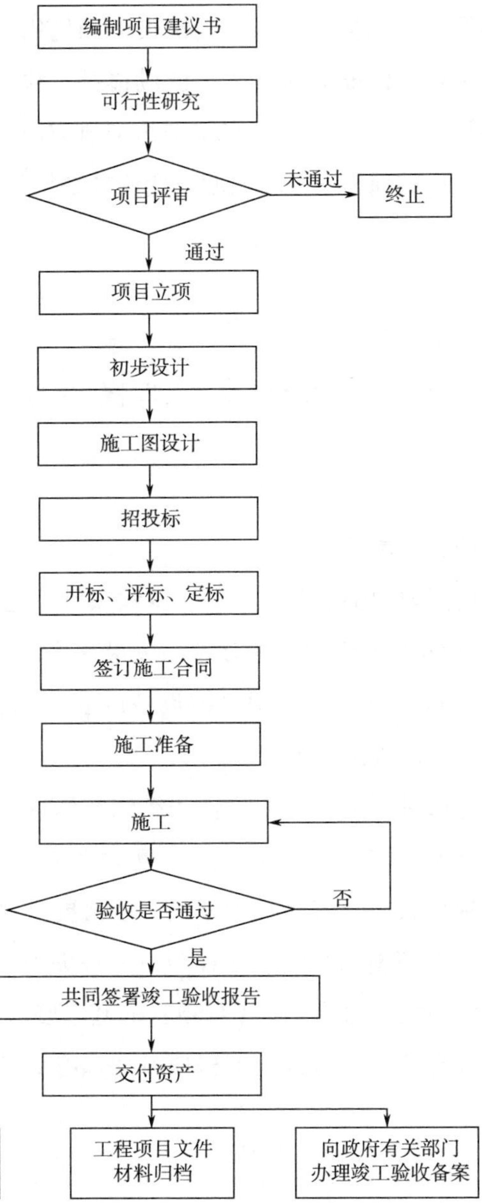

图 5-12　工程项目管理的业务流程

(一) 工程立项环节

工程立项是整个工程项目建设的第一环节，也是风险防范的最重要阶段。工程立项环节包括编制项目建议书、可行性研究和工程项目评审与决策三个阶段。

1. 编制项目建议书

项目建议书的主要内容包括：项目的必要性和依据、产品方案、拟建规模、建设地点、投资估算、资金筹措、项目进度安排、经济效果和社会效益的估计、环境影响的初步评价等。

2. 可行性研究

企业应当根据规定确定可行性研究报告的内容和格式，明确编制要求。可行性研究报告的内容主要包括：项目概况，项目建设的必要性，市场预测，项目建设选址及建设条件论证，建设规模和建设内容，项目外部配套建设，环境保护，劳动保护与卫生防疫，消防、节能、节水，总投资及资金来源，经济、社会效益，项目建设周期及进度安排，招投标法规定的相关内容等。企业委托专业机构进行可行性研究的，应当制定对专业机构的选择标准，确保可行性研究科学、准确、公正。可行性研究的要求是：建设项目的技术先进性和经济可行性要有机结合，建设标准要符合企业实际情况和财力、物力的承受能力。

3. 工程项目评审与决策

（1）企业应当组织规划、工程、技术、财会、法律等部门的专家对项目建议书和可行性研究报告进行充分论证和评审从而出具评审意见，作为项目决策的重要依据。在项目评审过程中，应当重点关注项目投资方案、投资规模、资金筹措、生产规模、投资效益、布局选址、技术、安全、设备、环境保护等方面，核实相关资料的来源和取得途径是否真实、可靠和完整。企业可以委托具有相应资质的专业机构对可行性研究报告进行评审，出具专业评审意见。

（2）企业应当建立工程项目决策的控制制度。企业应当建立工程项目决策及实施责任制度，明确相关部门及人员的责任，定期或不定进行检查。对项目建议书和可行性研究报告的编制、项目决策程序等做出明确规定；根据职责分工和审批权限对工程项目进行决策，决策过程应有完整的书面记录。重大的工程项目，应当报经董事会或者类似决策机构集体审议批准。严禁任何人单独决策工程项目或者擅自改变集体决策意见。

(3) 企业应当在工程项目立项后、正式施工前，依法取得建设用地、城市规划、环境保护、安全、施工等方面的许可。

(二) 工程设计与概预算环节

工程设计及概预算，是工程项目管理的龙头，是在建工程质量的基础，是施工的依据，对在建工程质量、功能有着重大影响。该阶段主要包括初步设计和施工图设计两个阶段。

1. 初步设计阶段

初步设计是整个项目设计构思基本形成的阶段。通过初步设计可以明确拟建工程在指定地点和规定期限内建设的技术可行性和经济合理性，同时确定主要技术方案工程总造价和主要技术经济指标。初步设计阶段的一项重要工作是编制设计概算。

2. 施工图设计阶段

施工图设计主要是通过图纸，把设计者的意图和全部设计结果表达出来，作为施工建造的依据。与施工图设计直接关联的是施工图预算。

(三) 工程招标环节

企业的工程项目一般应当采用公开招标的方式，择优选择具有相应资质的承包单位和监理单位。

(四) 工程建设环节

在建工程建设环节是工程实体的形成阶段，是工程项目管理中最为复杂、也是最为关键的阶段。企业在此阶段应着力控制好工程造价和工程质量。

(五) 工程竣工验收环节

在工程竣工验收环节，除对工程质量进行验收外，还有竣工结算和竣工决算两项重要工作。

工程竣工结算，是指承包单位按照合同规定的内容全部完成所承包的工程，经验收质量合格并符合合同要求之后，与建设单位进行的最终工程价款结算。工程竣工结算由承包单位编制，建设单位可直接进行审查，也可以委托具有相应资质的工程造价咨询机构进行审查。竣工结算办理完毕，建设单位应根据确认的竣工结算书，在合同约定时间内向承包单位支付工程竣工结算价款。

工程竣工决算，是指以实物数量和货币指标为计量单位，综合反映竣工项目从筹建开始到项目竣工交付使用为止的全部建设费用、财务情况和投资效果的总结性文件。建设单位应在收到工程竣工验收报告后，及时编制工程竣工决算。

三、工程项目的管理风险和控制措施

工程项目的管理风险和控制措施具体内容如表 5-18 所示。

表 5-18 工程项目的管理风险和控制措施

业务环节		风险	控制措施
工程立项		①项目建议书内容不合规、不完整，项目性质、用途模糊，拟建规模、标准不明确，项目投资估算和进度安排不协调 ②在建工程项目缺乏可行性研究、可行性研究流于形式或可行性研究的深度达不到质量标准和实际要求 ③在建工程项目评审流于形式，误导项目决策；权限配置不合理，决策程序不规范，导致决策失误 ④在建工程项目决策失误，可能造成企业资产损失或资源浪费 ⑤项目未经适当审批或超越权限审批，可能产生重大差错或舞弊、欺诈行为	企业应当指定专门机构归口管理工程项目，根据发展战略和年度投资计划，提出项目建议书，开展可行性研究，编制可行性研究报告
工程设计与概预算	初步设计阶段	①在初步设计阶段风险表现为设计企业未达到相关资质要求 ②初步设计未进行多方案比选；设计人员对相关资料研究不透彻，初步设计出现较大疏漏 ③设计方案不合理，设计深度不足，导致工程质量存在隐患、投资失控以及投产后运行成本过高等	①建立相应的设计企业选择程序和标准，严格审查设计企业证书的等级，择优选取具有相应资质的设计企业，并签订合同。重大工程项目应采用招投标方式选取设计企业 ②企业工程部应当向设计单位提供开展设计所需的详细的基础资料，并进行有效的技术交流 ③企业应加强对工程项目设计过程的控制，组织相关部门及专业技术人员对设计方案进行分阶段审核，监督设计工作，确保设计方案的实用、经济、合理以及与经批准的可行性研究报告所确定的设计范围的一致性

续表

业务环节		风险	控制措施
工程设计与概预算	施工图设计阶段	①工程造价信息不对称，概预算严重脱离实际，导致项目失控 ②工程设计与后续施工未能有效衔接或过早衔接，导致技术方案未能有效落实，影响工程质量，或造成工程变更，发生重大经济损失	①在对施工图设计进行审查时，应重点关注施工图设计深度能否满足全面施工及各类设备安装要求，施工图设计质量是否符合国家和行业规定，各专业工种之间是否做到了有效配合等。施工图设计变更，应严格执行设计变更管理制度 ②应建立工程项目概预算环节的控制制度。应当组织相关的部门、专业人员对编制的概预算进行审核，重点审查编制依据、项目内容、工程计量的计算、定额套用等是否真实、完整、准确。工程项目概预算按照规定的权限和程序审核批准后执行
工程招标		①招标人未做到公平、合理；招标人为指定单位设置资格条件、评标规则等 ②投标人与招标人串通，存在暗箱操作或商业贿赂等舞弊行为 ③投标人与投标人私下合作围标，以抬高价格或确保中标 ④投标人资质条件不符合要求，或挂靠、冒用他人名义投标等，导致工程质量难以保证 ⑤开标不公开、不透明，损害投标人利益；评标委员会成员缺乏专业水平，或者招标人向评标委员会施加影响，使评标流于形式 ⑥评标委员会与投标人串通作弊，损害招标人利益	①应建立在建工程招投标管理办法。严格执行公开招标、邀请招标、备案工程和非招标工程项目审批制度，以确保发包方式的正确性 ②根据项目特点决定是否编制标底。财务部应当审核标底计价内容、计价依据的准确性和合理性，以及标底价格是否在经批准的投资限额内。标底一经审定应严格密封保存 ③应当组建评标小组负责评标 ④应当按照规定的权限和程序从中标候选人中确定中标人，及时向中标人发出中标通知书，在规定的期限内与中标人订立书面合同，明确双方的权利、义务和违约责任

续表

业务环节	风险	控制措施
工程建设	①任意压缩工期、盲目赶进度，可能导致工程质量低劣、费用增加 ②质量、安全监管不到位带来的质量隐患，现场控制不当、项目变更审核不严格、工程变更频繁导致的费用超支、工期延误等风险 ③工程物资采购、收发、保管、记录不完整，材料质次价高引起的成本风险 ④监理人员不具备职业道德，素质低，工程监理不到位 ⑤工程价款结算管理不严格，价款结算不及时，项目资金不落实、使用管理混乱，可能导致工程质量低劣、进度延迟或中断的风险	①实行严格的在建工程监理制度。在建工程监理人员应当具备相应的资质和良好的职业操守，做好在建工程进度和质量的监控，客观公正地执行各项监理任务。未经工程监理人员签字，工程物资不得在工程上使用或者安装，不得进行下一道工序施工，不得拨付工程价款，不得进行竣工验收 ②建立在建工程进度价款支付环节的控制制度，对价款支付的条件、方式以及会计核算程序作出明确规定，准确掌握工程进度，根据合同约定，及时、正确地支付工程款 ③自行建造的工程项目，以及以包工不包料方式委托其他企业承担的工程项目，企业应当建立与工程物资采购、验收和付款相关的控制程序；由承包单位采购工程物资的，企业应当加强监督确保工程物资采购符合设计标准和合同要求 ④严格控制项目变更，对于必要的项目变更应经过相关部门或中介机构（如在建工程监理、财务监理等）的审核。重大项目变更应比照项目决策和概预算控制的有关程序严格控制 ⑤企业应当加强对工程项目资金筹集与运用、物资采购与使用、财产清理与变现等业务的会计核算，真实、完整地反映在建工程项目成本费用发生情况、资金流入流出情况及财产物资的增减变动情况
工程竣工验收	①竣工验收不规范，最终质量检验把关不严，可能导致工程交付使用后存在重大隐患 ②虚报项目投资完成额、虚列建设成本或者隐匿结余资金，竣工决算失真	①应当建立竣工决算环节的各项管理制度，明确竣工验收条件、标准、程序、组织管理和责任追究等，对竣工清理、竣工决算、决算审计、竣工验收等做出明确规定，确保竣工决算的真实、完整、及时 ②应当组织审核竣工决算，重点审查决算依据是否完备，相关文件资料是否齐全，竣工清理是否完成，决算编制是否正确。企业应当加强竣工决算审计，未实施竣工决算审计的工程项目，不得办理竣工验收手续

续表

业务环节	风险	控制措施
工程竣工验收	③竣工验收权责不明，验收资料不合格，验收资料不齐全，验收资料未按规定审批，验收不及时 ④在建工程达到预定可使用状态后，未及时进行评估、结转	③交付竣工验收的工程项目，应当符合规定的质量标准，有完整的工程技术经济资料，并具备国家规定的其他竣工条件。验收合格的工程项目，应当编制交付使用财产清单，及时办理交付使用手续 ④建立竣工决算审计制度，及时组织竣工决算审计 ⑤企业应建立工程项目后评估制度，对完工工程项目的经济性与项目建议书和可行性研究报告提出的预期经济目标进行对比分析，作为绩效考核和责任追究的基本依据

第七节 担保业务

一、担保业务的内涵

《企业内部控制应用指引第 12 号：担保业务》指出："担保，是指企业作为担保人按照公平、自愿、互利的原则与债权人约定，当债务人不履行债务时，依照法律规定和合同协议承担相应法律责任的行为。"

担保业务是企业的一项或有负债，它关系到企业资金的安全与完整。担保业务控制是企业内部控制制度的重要环节，其关键在于建立一套相互牵制、相互稽查、相互监督的内部控制体系，其根本目的在于规范担保行为、防范担保风险。

二、担保业务流程

企业办理担保业务，一般流程为：受理申请、调查和评估、审批、签订担保合同、进行日常监控、会计控制、代为清偿和权利追索。具体业务流程见图 5-13。

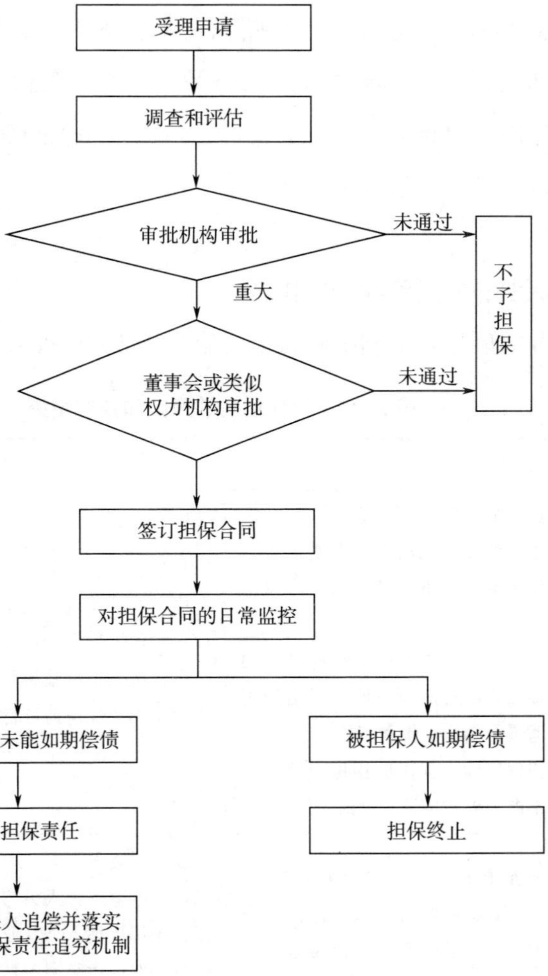

图 5-13　担保业务流程

担保业务具体环节为：①受理申请是企业办理担保业务的第一道关口。②企业在受理担保申请后应对担保申请人进行资信调查和风险评估。③审批环节在担保业务中具有承上启下的作用，既是对调查评估结果的判断和认定，也是担保业务能否进入实际执行阶段的必经之路。④签订担保合同。担保合同是审批机构同意办理担保业务的直接体现，也是约定担保双方权利义务的基础载体。⑤日常监控。通过及时、准确、全面地了解掌握被担保人的经营状况、财务状况和担保项目运行情况，最大限度地降低担保责任。⑥会计控制。担保业务直接涉及担保财产、费用收取、财务分析、债务承担、会计处理和相关信息披露等，会计控制在担保业务经办中具有举足轻重的作用。⑦代为清偿和权利追索。被担保人在担保期间如果履行了对银行等债权人的偿债义务，且向担保企业及时足额支付了担保费用，担保合同一般应予终止，担保双方可以解除担保权利责任。

三、担保业务的风险和控制措施

担保业务的风险和控制措施具体内容如表 5-19 所示。

表 5-19 担保业务的风险和控制措施

业务环节	风险	控制措施
受理申请	①担保业务不符合国家有关法律的规定及本企业发展战略和经营需要，可能导致担保业务不具有可行性，风险过高 ②企业担保政策和相关管理制度不健全，导致难以对担保申请人提出的担保申请进行初步评价和审核 ③对担保申请人提出的担保申请审查把关不严，导致申请受理流于形式	①依法制定和完善本企业的担保政策和相关管理制度，明确担保的对象、范围、方式、条件、程序、担保限额和禁止担保的事项 ②严格按照担保政策和相关管理制度对担保申请人提出的担保申请进行审核
对担保申请人进行资信调查和风险评估	①对担保申请人的资信调查不深入、不透彻，对担保项目的风险评估不全面、不科学，导致企业担保决策失误或者遭受欺诈 ②不能及时发现被担保企业经营中存在的问题，尤其是财务方面的问题，可能会导致企业承担不必要的代偿责任 ③企业不能及时了解被担保企业担保项目的执行、资金使用情况、贷款的归还情况、财务运行及风险情况，可能会增加企业担保风险	①委派具备胜任能力的专业人员开展调查和评估。但调查评估人员与担保业务审批人员应当分离，担保申请人为企业关联方的，与关联方存在经济利益或近亲属关系的有关人员不得参与调查评估 ②企业可以自行对担保申请人进行资信调查和风险评估，也可以委托中介机构承担这一工作 ③对担保申请人资信状况和有关情况进行全面、客观的调查评估。对担保项目经营前景和盈利能力进行合理预测。划定不予担保的“红线”，并结合调查评估情况作出判断 ④资信调查和风险评估结束，形成书面评估报告，全面反映调查评估情况

续表

业务环节	风险	控制措施
审批	授权审批制度不健全，导致担保业务的审批不规范；担保业务审批不严格或越权审批，可能会产生重大差错、舞弊或欺诈行为而使企业遭受损失，或因担保执行监控不当而导致企业经营效率低下或资产遭受损失	①建立和完善担保授权审批制度，明确授权批准的方式、权限、程序、责任和相关控制措施，规定各层级人员应当在授权范围内进行审批，不得越权审批 ②根据《公司法》等国家法律法规，结合企业章程和有关管理制度，明确重大担保业务的判断标准、审批权限和程序，建立和完善重大担保业务的集体决策审批制度 ③认真审查对担保申请人的调查评估报告，权衡比较本企业净资产状况、担保限额与担保申请人提出的担保金额，确保将担保金额控制在企业设定的担保限额之内 ④被担保人要求变更担保事项的，应重新履行调查评估程序，根据新的调查评估报告重新履行审批手续
签订担保合同	未经授权对外订立担保合同，或者担保合同内容存在重大疏漏和欺诈，可能导致企业担保失败、权利追索被动、经济利益和形象信誉受损	①合同订立应在经办人员的职责范围内，按照审批人员的批准意见拟订合同条款，严格按照经审核批准的担保业务订立担保合同 ②认真审核合同条款，确保担保合同条款内容完整、表述严谨准确、相关手续齐备 ③实行担保合同会审联签。企业法律部门、财会部门、内审部门等参与担保合同会审联签，增强担保合同的合法性、规范性、完备性。 在担保合同签订过程中，加强对有关身份证明和印章的管理 ④规范担保合同记录、传递和保管，确保担保合同运转轨迹清晰完整、有案可查
日常监控	重合同签订，轻后续管理，对担保合同履行情况疏于监控或监控不当，可能导致企业不能及时发现和不能妥善应对被担保人的异常情况，延误处置时机，加剧担保风险，加重经济损失	①指定专人定期监测被担保人的经营情况和财务状况，对被担保人进行跟踪和监督，了解担保项目的执行、资金的使用、贷款的归还、财务运行及风险等情况，促进担保合同有效履行 ②及时报告被担保人异常情况和重要信息，一旦发现被担保人存在经营困难、债务沉重，或者违反担保合同的其他情况，及时向企业相关管理人员作出报告，并采取有针对性的应对措施

续表

业务环节	风险	控制措施
会计控制	①担保会计系统控制不力，可能导致担保业务信息记录不完整、不及时，可能会导致担保业务会计报表、信息失真 ②担保信息的披露不符合国家法律法规的相关规定，企业可能遭受外部处罚、经济损失和信誉损失	①健全担保业务经办部门与财会部门的信息沟通机制，促进担保信息及时有效沟通 ②建立担保事项台账，详细记录担保对象、金额、期限、用于抵押和质押的物品或权利以及其他有关事项；同时，及时足额收取担保费用，维护企业担保权益 ③严格按照国家统一的会计准则制度进行担保会计处理，发现被担保人出现财务状况恶化、资不抵债、破产清算等情形的，应当合理确认预计负债和损失 ④切实加强对反担保财产的管理，妥善保管被担保人用于反担保的权利凭证，定期核实财产的存续状况和价值，发现问题及时处理，确保反担保财产安全完整 ⑤夯实担保合同基础管理，妥善保管担保合同、与担保合同相关的主合同、反担保或反担保合同，以及抵押、质押的权利凭证和有关原始资料，做到担保业务档案完整无缺。当担保合同到期时，企业要全面清查用于担保的财产、权利凭证，按照合同约定及时终止担保关系
代为清偿和权利追索	①违背担保合同约定不履行代为清偿义务，可能会被银行等债权人诉诸法律成为连带被告，影响企业形象和声誉 ②承担代为清偿义务后被担保人追索权利不力，可能造成较大经济损失	①强化法制意识和责任观念，在被担保人确实无力偿付债务或履行相关合同义务时，自觉按照担保合同承担代偿义务，维护企业诚实守信的市场形象 ②运用法律武器向被担保人追索赔偿权利，做到在司法程序中举证有力，依法处置被担保人的反担保财产 ③严格落实担保业务责任追究制度，对在担保中出现重大决策失误、未履行集体审批程序或不按规定管理担保业务的部门及人员，严格追究其行政责任和经济责任

【注意】

在对担保申请人资信状况和有关情况进行全面、客观的调查评估时，要重点关注以下事项：①凡与国家法律法规和本企业担保政策相抵触的业务，一律不得提供担保；②担保申请人的资信状况，包括基本情况、资产质量、财务状况、经营情况、信用程度和行业前景等；③担保申请人用于担保和第三方担保的资产状况及其权利归属；④企业要求担保申请人提供反担保的，对与反担保有关的资产状况进行评估；⑤涉及对境外企业提供担保的，应特别关注担保申请人所在国家和地区的政治、经济、法律等因素，并评估外汇政策、汇率变动等可能对担保业务造成的影响。

第八节　业务外包

一、业务外包的内涵

业务外包，是指企业利用专业化分工优势，将日常经营中的部分业务委托给本企业以外的专业服务机构或其他经济组织（以下简称“承包方”）完成的经营行为。通常，可以实施外包的业务包括研发、资信调查、可行性研究、委托加工、物业管理、客户服务、IT 服务等。

企业通过外包企业能够有效整合资源，将有限的资源运用到能够创造最大价值的活动中，而对于自己不擅长、也非核心的业务，则可以通过外包来实现。

根据《企业内部控制应用指引第 13 号：业务外包》的要求，企业应当建立和完善业务外包管理制度，规定业务外包的范围、方式、条件、程序和实施等相关内容，明确相关部门和岗位的职责权限，强化业务外包全过程的监控，防范外包风险，充分发挥业务外包的优势。

二、业务外包管理的流程

企业办理业务外包，一般流程为：制订业务外包实施方案、审核批准、选择承包方、签订外包合同、外包合同的执行与监督、外包合同的验收、外包业务的会计核算。具体流程见图 5-14。

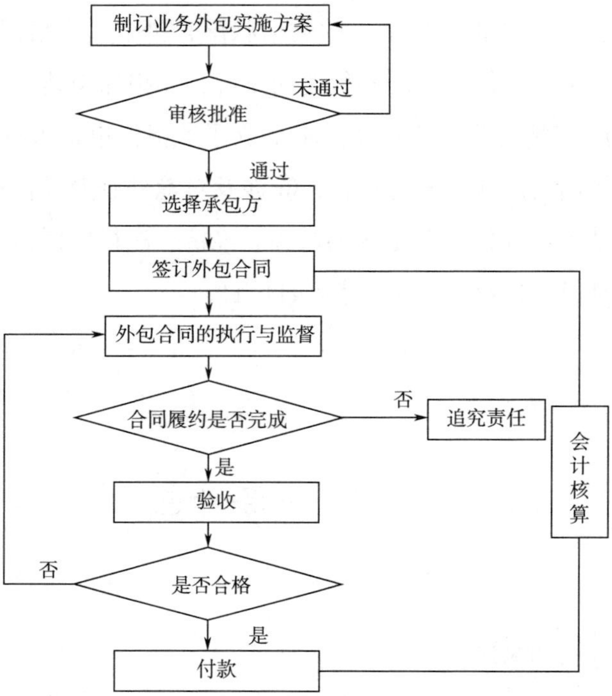

图 5-14 业务外包流程

业务外包实施的具体环节为：①制订业务外包实施方案，是指企业根据年度生产经营计划和业务外包管理制度，结合确定的业务外包范围，拟订实施方案，按照规定的审核批准权限和程序进行审核批准。②审核批准，是指企业按照规定的权限和程序审批业务外包实施方案的工作。③选择承包方是指企业应当按照批准的业务外包实施方案选择合适的承包方。④签订外包合同，确定了承包方后，企业应与所选择的承包方签订业务外包合同，以约定外包的内容和范围、双方权利和义务、服务和质量标准、保密事项、费用结算标准和违约责任等事项。⑤外包合同的执行与监督，是指按照合同约定，组织实施合同义务的过程。为确保外包合同的执行效果，需要对该过程实施监督。⑥外包合同的验收，是指业务外包任务完成后，企业组织有关部门和人员对完成的业务外包合同进行的验收活动。⑦外包业务的会计核算，是指根据国家统一会计制度的要求，对外包业务进行核算和监督，并做好外包的费用结算工作。

三、业务外包的风险和控制措施

业务外包的风险和控制措施如表 5-20 所示。

表 5-20　业务外包的风险和控制措施

业务环节	风险	控制措施
制订业务外包实施方案	①企业缺乏业务外包管理制度，导致制订实施方案时缺乏依据，无法指导业务外包实施方案的制订 ②业务外包制度未明确外包范围，导致将不宜外包的业务外包，如核心业务外包；实施方案不合理，可能导致业务外包失败	①建立完善的业务外包管理制度。合理确定外包的范围，避免将核心业务外包 ②明确外包的方式、条件、程序和实施等相关内容，明确相关部门和岗位的职责权限 ③根据企业年度预算及生产经营计划，拟订实施方案，对外包业务的成本效益、风险、外包方式、合同期限等重要方面进行深入评估和复核，确保方案的可行性
审核批准	①业务外包审批制度不健全，导致审批程序不规范 ②审批不严格或越权审批，造成业务外包出现重大疏漏、决策失误	①建立完善的审核批准制度。明确审核批准的方式、权限、程序、责任等，规范审核批准工作 ②财务负责人或主管会计工作的负责人应当参与重大业务外包的决策。对业务外包的经济效益作出合理评价 ③重大业务外包方案应当提交董事会或类似权力机构审批 ④在对业务外包实施方案进行审查和评价时，应当着重对比分析该业务项目在自营与外包情况下的风险和收益，确定外包的合理性和可行性
选择承包方	①业务承包方主体条件不符，如缺乏相应专业资质、从业人员不具备应有的专业技术资格、缺乏从事相关项目的经验等 ②外包价格不合理，业务外包成本过高，不符合成本效益原则，违背实施外包的初衷 ③存在收受贿赂、回扣等舞弊行为，导致企业相关人员涉案	①业务承包方必须符合条件。例如，承包方组织机构、经营范围和办公场所合法合规；承包方应当具备相应的专业资质，从业人员符合岗位要求和任职条件；承包方的技术及经验水平符合本企业业务外包的要求 ②企业应合理确定外包价格，严格控制业务外包成本 ③企业应当引入竞争机制，采用适当方式，择优选择外包业务的承包方 ④建立严格的回避制度和监督处罚制度，监控外包过程中收受贿赂、回扣或者索取其他好处等行为，避免企业及相关人员在选择承包方时出现舞弊行为

续表

业务环节	风险	控制措施
签订外包合同	合同条款未能针对外包风险做出明确约定，外包责任界定不清，导致合同纠纷和诉讼，合同内容存在重大疏漏或欺诈	①与业务承包方签订业务外包合同时，明确外包业务的内容和范围、双方权利和义务、服务和质量标准、保密事项、费用结算标准和违约责任等事项 ②在合同保密事项方面，应具体约定对于涉及本企业机密的业务和事项，承包方有责任履行保密义务，承担保密责任
外包合同的执行与监督	①与业务承包方的对接工作不到位，沟通协调不力，导致外包活动开展出现障碍 ②缺乏对业务承包方履约能力的持续评估及应急机制，造成业务外包失败和生产经营活动中断 ③管控不力，导致商业机密泄露 ④出现违约，对业务承包方的索赔不力	①严格按照业务外包制度、工作流程和相关要求，制定外包实施全过程监控措施，确保业务承包方严格按照合同履行义务 ②做好与业务承包方的对接工作，加强与承包方的沟通与协调 ③对业务承包方的履约能力进行持续评估，有确凿证据表明承包方存在重大违约行为、导致业务外包合同无法履行的，应当及时终止合同，并按照法律程序向业务承包方索赔 ④对于重大业务外包，应建立相应的应急机制 ⑤加强业务外包过程中形成的商业信息资料的保密管理，防止商业机密泄露
外包合同的验收	①验收方式与外包成果交付方式不符，导致验收标准不明确、验收程序不规范，无法发现外包业务的缺陷，给企业造成损失 ②验收资料归档不完备，可能导致后续的法律风险	①业务外包合同执行完成后需要验收的，应当组织相关部门或人员对合同进行验收，并出具验收证明 ②验收过程中发现异常情况的，应当立即报告，查明原因，及时处理
外包业务的会计核算	①会计记录和处理不及时、不准确，导致外包业务信息失真，造成资金流失或贬损 ②结算审核不严格、结算方式不当、金额控制不严格，导致企业资金损失	①根据国家统一的会计准则和制度，对业务外包及时地进行会计记录和处理 ②严格按照合同约定，做好业务外包费用的结算工作

第九节　财务报告

一、财务报告系统及其风险

（一）财务报告系统

在市场经济中，会计作为一个重要的信息系统和管理工具，以其特殊的功能，在调节社会经济关系中起着举足轻重的作用，它引导生产要素流动，优化资源配置。财务报告是会计活动的最终成果，是为企业决策提供所需信息的主要载体。经营者利用财务报告信息反映其经营成果，量化经营责任；资金所有者利用财务报告信息决定资金投向，评价经营者的业绩；债权人利用财务报告信息衡量财务风险，制定提供信贷决策；政府经济管理部门利用财务报告信息制定相关政策，实施宏观调控。

财务报告系统是一个受技术、政治、文化、经济和商业环境等多种因素影响的复杂过程。通常，财务报告系统可分解为三个最基本的组成部分：①企业；②会计师事务所或注册会计师；③监管机构（如图 5-15 所示）。

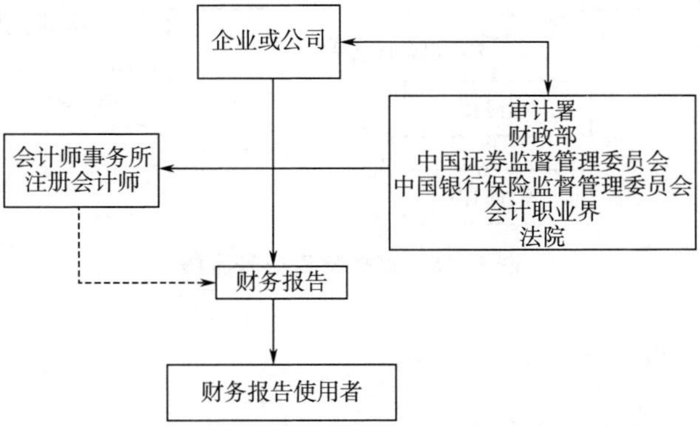

图 5-15　财务报告系统

财务报告系统的组成要素为：①企业及其管理层在财务报告系统中扮演了一个重要角色，它们对其按照会计准则编制并向社会提供的财务报告质量负主要责任。企业董事会及其作为代表的审计委员会仍然要监督财务报告的整个过程。②注册会计师要对企业的财务报告是否按照适用的会计准则和相关会计制度的规定编制，是否在所有重大方面反映了被审计单位的财务状况、经营成果和现金流量等发表意见。③监管部门监督和强制企业要严格遵守会计准则和相关会计制度。

（二）财务报告业务流程

财务报告业务流程由财务报告编制、财务报告对外提供、财务报告分析利用三个阶段组成（如图 5-16 所示）。

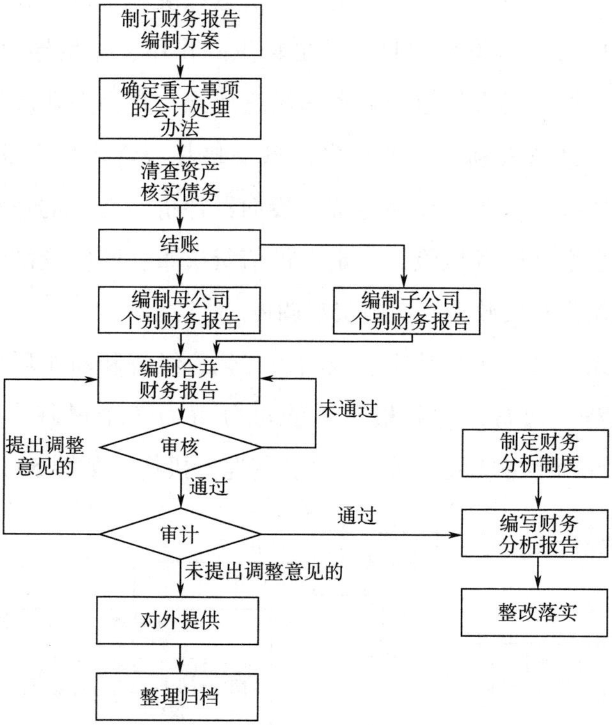

图 5-16　财务报告业务流程

（三）财务报告风险

1. 财务报告风险的概念

财务报告风险是指企业向社会公开发布的财务报表可能存在不准确、有偏向、虚假、不完整或误导的概率；也就是企业财务报告未能达到相应的质量要求，从而不能实现财务报告目标的可能性。

企业面临的环境是错综复杂的，也是在不断发展变化的。当然，企业财务报告的编制过程实质上是一个判断和估计的过程。因此，不管企业的治理结构如何完善，不管企业管理当局如何努力，不管企业财会人员的职业道德和专业水准如何之高，面对复杂的经营活动和日益不确定的经营环境，企业管理当局和财务人员的判断和估计不可能永远准确无误，任何企业的财务报告都会有一定程度的偏差，不管是有意的盈余管理、会计造假，还是无意的会计估计错误、会计政策选择失当、会计披露不充分等，企业的财务报告质量总是处于完全的公允反映与彻底的会计造假之间①。

与其他风险相比，企业财务报告的风险具有以下特点：第一，风险主要源于企业内部而非外部。第二，风险是企业完全可控的，因为财务报告是由企业的管理层负责编制的。第三，其他风险可能导致的后果是经济损失，也可能威胁企业的生存与发展，企业通常会积极采取措施，将其控制在可接受的范围内；但对于财务报告风险，有些企业的管理层往往漠然视之，甚至主动为之，比如财务报告的粉饰和造假等。第四，财务报告的风险一旦发生，对企业的影响可能是间接性的、全局性的，甚至是严重的；而其他风险（如资金短缺、汇率变动、成本上升等风险）的影响可能表现为直接性、局部性和非严重性的特征。

为引导企业规范其财务报告的编制，确保企业财务报告信息真实可靠，提升企业治理和经营管理水平，促进资本市场和市场经济健康可持续发展，应当强化财务报告内部控制。

2. 财务报告风险的内容

企业众多风险主要是受外界因素的影响，且大多数风险不是企业可控的。而财务报告风险则主要来自企业内部，是由企业的管理层控制的，其风险是企业完全可控的。《企业内部控制应用指引第 14 号：财务报告》指出，企业编制、对外提供和分析利用财务报告，应当关注下列风险：①编制财务报告违反会计法律法规和国家统一的会计准则制度，可能导致企业承担法律责任和声誉受损。②提供虚假财务报告，误导财务报告使用者，造成决策失误，

---

① 杨小舟．中国企业的财务风险管理［M］．北京：经济科学出版社，2010.

干扰市场秩序。③不能有效利用财务报告，难以及时发现企业经营管理中存在的问题，可能导致企业财务风险和经营风险的失控。对此，企业应当严格执行会计法律法规和国家统一的会计准则制度，加强对财务报告编制、对外提供和分析利用全过程的管理，明确相关工作流程和要求，落实责任制，确保企业财务报告合法合规、真实完整和有效利用。

二、财务报告编制阶段的内部控制

有效的财务报告内部控制为对外财务报表的编制提供了合理的保证。

（一）财务报告编制阶段的控制目标

财务报告编制阶段的控制目标主要包括：①所有发生的交易或事项均按照会计政策，以恰当的会计分录在会计账簿中反映；②所有的会计分录均被准确记入相应的明细账总账；③为编制单独财务报表的各项调整事项均有适当充分的依据，并且对于所有应该调整的事项均准确调整；④单位财务报表根据总账明细账以及调整事项准确编制；⑤单独财务报表的报表附注根据各项列报要求准确编制，并且与财务报表数据总账明细账一致；⑥合并财务报表及其附注根据各项列报要求准确编制。

（二）财务报告编制阶段的主要风险和控制措施

财务报告编制阶段的主要风险和控制措施如表5-21所示。

表5-21　财务报告编制阶段的主要风险和控制措施

环节	主要风险	控制措施
制订财务报告编制方案	①会计政策未能有效更新，不符合有关法律法规 ②重要会计政策、会计估计变更未经审批，导致会计政策使用不当 ③会计政策未能有效贯彻、执行 ④各部门职责、分工不清，导致数据传递出现差错、遗漏、格式不一致等	①应按照国家会计准则制度规定，制定企业统一的会计政策 ②会计政策和会计估计的调整，均需按照规定的权限和程序审批 ③内部会计规章制度至少要经财会部门负责人审批后才能生效，财务报告流程、年报编制方案应当经公司分管财务会计工作的负责人核准后签发 ④应建立完备的信息沟通渠道，将内部会计规章制度和财务流程、会计科目表和相关文件及时有效地传达至相关人员。应通过内部审计等方式，定期进行测试，保证会计政策有效执行，且在不同业务部门、不同期间内保持一致性

续表

环节	主要风险	控制措施
制订财务报告编制方案	⑤各步骤时间安排不明确，导致整体编制进度延后，违反相关报送要求	⑤应明确各部门的职责分工，财会部门负责财务报告编制工作，各部门应当及时向其提供编制财务报告所需的信息，并对提供信息的真实性和完整性负责 ⑥应根据财务报告的报送要求，倒排工时，为各步骤设置关键时间点
确定重大事项的会计处理	重大事项（如债务重组、非货币性交易、公允价值的计量、收购兼并、资产减值等）的会计处理不合理，无法如实反映企业实际情况	应建立和执行重大事项（经审批）的处理流程；需要专业判断和估计的重大会计事项（如资产减值损失、公允价值计量等），应及时与相关部门沟通并确定相应的会计处理方法。报请总会计师或分管会计工作的负责人审批后下达各相关单位执行
清查资产，核实债务	①资产、负债账实不符，虚增或虚减资产、负债 ②资产计价方法随意变更 ③提前、推迟甚至不确认资产、负债等	①确定可行的资产清查、负债核实计划 ②做好资产、负债的清查、核实工作 ③分析清查中所有差异形成的原因，取得合法证据，按照规定权限经审批后，向企业的董事会或者相应机构报告清查、核实的结果及其处理办法，根据规定进行相应的会计处理
结账	①账务处理存在错误，导致账证不符、账账不符 ②虚列或隐瞒收入，推迟或提前确认收入 ③随意改变费用、成本的确认标准或计量方法，虚列、多列、不列或者少列费用、成本 ④结账的时间、程序不符合相关规定 ⑤关账后又随意打开已关闭的会计期间等	①应检查账簿记录与会计凭证的内容、金额等是否一致，记账方向是否相符 ②检查相关账务处理是否符合会计准则制度和企业制定的核算方法 ③调整有关账项，合理确定本期应计的收入和费用 ④检查是否存在调整项目，如存在调整项目，需要取得和保留审批文件 ⑤不得提前结账，或把本期的经济业务延至下期登账，也不得先编财务报告后结账，应在当期所有交易或事项处理完毕并经财会部门负责人审核签字确认后，实施关账和结账操作 ⑥关账之后发生需要重新打开已关闭的会计期间，须填写相应的申请表，经总会计师或分管会计工作的负责人审批后进行
编制个别财务报告	①提供虚假财务报告，误导财务报告使用者，造成决策失误，干扰市场秩序 ②报表数据不完整、不准确 ③报表种类不完整 ④附注内容不完整等	①财务报告列示的资产、负债、所有者权益金额应当真实可靠 ②财务报告应当如实列示当期收入、费用和利润 ③财务报告列示的现金流量由经营活动、投资活动和筹资活动的现金流量构成，应当按照规定划清各类交易和事项的现金流量的界限 ④按照岗位分工和规定的程序编制财务报告 ⑤按照国家统一的会计准则制度编制附注 ⑥财会部门负责人审核报表内容的真实性、完整性，通过后予以上报

续表

环节	主要风险	控制措施
编制合并财务报告	①合并范围不完整 ②合并内部交易和事项不完整 ③合并抵销分录不准确	①财会部门负责人审核、确认合并范围是否完整。审核的依据是经同级法律事务部门确认的产权（股权）结构图 ②财会部门收集、审核下级单位财务报告，并汇总出本级次的财务报告，经汇总由单位财会部门负责人审核 ③财会部门制定内部交易和事项核对表及填制要求，报财会部门负责人审批后下发纳入合并范围内各单位 ④合并抵销分录应有相应的标准文件和证据进行支持，由财会部门负责人审核 ⑤对合并抵销分录实行交叉复核制度，具体编制人完成调整分录后即提交给相应复核人进行审核，审核通过后才可录入试算平衡表

三、财务报告对外提供阶段的内部控制

财务报告对外提供阶段具体分为对外提供前的审核、对外提供前的审计和对外提供财务报告三个阶段。

（一）对外提供前的审核

财务报告对外提供前须按规定程序进行审核，主要包括：①财会部门负责人审核财务报告的准确性并签名盖章；②总会计师或分管会计工作的负责人审核财务报告的真实性、完整性、合法合规性，并签名盖章；③企业负责人审核财务报告整体合法合规性，并签名盖章。

（二）对外提供前的审计

《公司法》等法律规定了公司应编制的年度财务报告须依法经会计师事务所审计，审计报告应随同财务报告一并对外提供。因此，相关企业须按规定在财务报告对外提供前，选择具有相关业务资格的会计师事务所进行审计。

（三）对外提供财务报告

一般企业的财务报告经完整审核并签名盖章后才可对外提供。上市公司还须经董事会和监事会审批通过后方能对外提供。财务报告应与审计报告一同向投资者、债权人、政府监管部门等报送。财务报告对外提供各具体阶段的主要风险及控制措施如表 5-22 所示。

表 5-22　财务报告对外提供各阶段的主要风险及控制措施

阶段	主要风险	控制措施
财务报告对外提供前的审核	在财务报告对外提供前未按规定程序进行审核，对内容的真实性、完整性及格式的合规性等审核不充分	①企业应严格按照审批程序，由各级负责人对财务报告内容的真实性、完整性及格式的合规性等予以审核 ②企业应保留审核记录，建立责任追究制度 ③财务报告在对外提供前应当装订成册，加盖公章，并由企业负责人、总会计师或分管会计工作的负责人、财会部门负责人签名并盖章
财务报告对外提供前的审计	财务报告对外提供前未经审计，审计机构不符合相关法律法规的规定，审计机构与企业串通舞弊	①企业应根据相关规定，选择符合资质的会计师事务所对财务报告进行审计 ②企业不得干扰审计人员的正常工作，并应对审计意见予以落实 ③注册会计师及其所在的事务所出具的审计报告，应随财务报告一并提供
财务报告的对外提供	①对外提供财务报告未遵循相关规定，导致承担相应的法律责任 ②对外提供的财务报告的编制基础、编制依据、编制原则和方法不一致，影响各方对企业情况的判断和经济决策的做出	①企业应按法规要求，在企业相关制度中明确负责财务报告对外提供的对象，在相关制度性文件中予以明确并由企业负责人监督 ②企业应按照规定的审批程序，由财会部门负责人、总会计师或分管会计工作的负责人、企业负责人逐级把关，对财务报告内容的真实性、完整性及格式的合规性等予以审核，确保提供给投资者、债权人、政府监管部门、社会公众等各方的财务报告的编制基础、编制依据、编制原则和方法完全一致
财务报告的对外提供	③未能及时对外报送财务报告，导致财务报告信息的使用价值降低，同时也违反有关法律法规 ④财务报告在对外提供前提前泄露，导致发生内幕交易等，使投资者或企业本身蒙受损失	③企业应严格按照会计准则规定的报送时间，在财务报告的编制、审核、报送流程中的每一步骤设置时间点，对未能按时完成的相关人员进行处罚 ④企业应设置严格的保密程序，对能够接触财务报告信息的人员进行权限设置，保证财务报告信息在对外提供前控制在适当的范围，并对财务报告信息的访问情况予以记录。这不仅有助于及时发现可能的泄密行为，在泄密后也易于找到相应的责任人 ⑤企业对外提供的财务报告应当及时整理归档，并按有关规定妥善保存

四、财务报告分析的内部控制

（一）制定财务报告分析制度

企业财会部门应在对企业基本情况进行分析研究的基础上，提出财务报告分析制度草案，并经财会部门负责人、总会计师或分管会计工作的负责人、企业负责人检查、修改、审批。对基本情况进行分析时，重点了解企业的发展背景、企业的发展史、企业组织机构、产品销售及财务资产变动情况等，熟悉企业业务流程，分析研究企业的资产及财务管理活动。

财务报告分析的主要风险包括：①企业制定的财务报告分析制度不符合企业实际情况；②财务报告分析制度未充分利用企业现有资源；③财务报告分析的流程、要求不明确；④财务报告分析制度未经审批等。

针对财务报告分析风险的控制措施包括：①制定财务报告分析制度时应重点关注财务报告分析的时间、组织形式、参加的部门和人员，财务报告分析的内容、分析的步骤、分析方法和指标体系，财务分析报告的编写要求等；②财务报告分析制度草案经由财会部门负责人、总会计师或分管会计工作的负责人、企业负责人检查、修改、审批之后，根据制度设计的要求进行试行，发现问题及时总结上报；③财会部门根据试行情况进行修正，确定最终的财务报告分析制度文稿，并经财会部门负责人、总会计师或分管会计工作的负责人、企业负责人进行最终的审批。

（二）编写财务分析报告

财会部门应按照财务报告分析制度定期编写财务分析报告，并通过定期召开财务分析会议等形式对分析报告的内容予以完善，以充分利用财务报告反映的综合信息，全面分析企业的经营管理状况和存在的问题，不断提高经营管理水平。编写财务分析报告的主要风险和控制措施如表 5-23 所示。

表 5-23　编写财务分析报告的主要风险和控制措施

编写财务分析报告	主要风险	①财务分析报告的目的不正确或者不明确，财务分析方法不正确 ②财务分析报告的内容不完整，未对本期生产经营活动中发生的重大事项做专门分析 ③财务分析局限于财会部门，未充分利用相关部门的资源，影响质量和可用性 ④财务分析报告未经审核等

续表

<table>
<tr><td rowspan="9">编写财务分析报告</td><td rowspan="9">控制措施</td><td rowspan="6">①编写财务分析报告时要明确分析的目的，运用正确的财务分析方法，并能充分、灵活地运用各项资料</td><td rowspan="2">分析企业的资产分布、负债水平和所有者权益结构</td><td colspan="2">通过资产负债率、流动比率、资产周转率等指标分析企业的偿债能力和营运能力</td></tr>
<tr><td colspan="2">分析企业净资产的增减变化，了解和掌握企业规模和净资产的不断变化过程</td></tr>
<tr><td rowspan="2">分析各项收入、费用的构成及其增减变动情况</td><td colspan="2">利用净资产收益率、每股收益等指标进行分析</td></tr>
<tr><td>分析企业的盈利能力和发展能力</td><td>了解和掌握当期利润增减变化的原因和未来发展趋势</td></tr>
<tr><td rowspan="2">分析经营活动、投资活动、筹资活动现金流量的运转情况</td><td colspan="2">重点关注现金流量能否保证生产经营过程的正常运行</td></tr>
<tr><td colspan="2">防止现金短缺或闲置</td></tr>
<tr><td colspan="4">②总会计师或分管会计工作的负责人应当在财务分析和利用工作中发挥主导作用，负责组织领导</td></tr>
<tr><td colspan="4">③企业财务分析会议应请所有相关部门负责人参加，对各部门提出的意见财会部门应充分沟通、分析，进而修改完善财务分析报告</td></tr>
<tr><td colspan="4">④修订后的分析报告应及时报送企业负责人，企业负责人负责审批分析报告，并据此进行决策，对于存在的问题及时采取措施</td></tr>
</table>

（三）整改落实

财会部门应将经过企业负责人审批的报告及时报送各部门负责人，各部门负责人根据分析结果进行决策和整改落实。

整改落实的主要风险包括：财务分析报告的内容传递不畅，未能及时使有关各部门获悉；各部门对财务分析报告不够重视，未对其中的意见进行整改落实。

针对整改落实有两方面控制措施：一方面，定期的财务分析报告应构成内部报告的组成部分，并充分利用信息技术和现有内部报告体系在各个层级上进行沟通。另一方面，根据分析报告的意见，明确各部门职责。责任部门按要求落实改正，财会部门负责监督、跟踪责任部门的落实情况，并及时向有关负责人反馈落实情况。

第十节　全面预算

【案例】

美国通用电气前CEO韦尔奇先生曾这样评价预算："预算是美国公司的祸根，它根本不应该存在，制定预算等于追求最低绩效。"这番出自全球知名CEO的论断实际上反映了传统预算程序与现代企业经营环境的不适应。

国际权威管理期刊美国《哈佛商业评论》2003年第2期登载的《谁还需要预算?》（"Who needs budgets?"）一文更是对预算进行了颠覆性批判：大多数公司都在实行的预算应该被废除了。文章的两位作者来自一个被称为"超越预算圆桌"（Beyond budgeting round table）小组的国际组织，他们同样也视预算为阻碍公司有效运作的根源，并探讨了适合现代企业组织的管理规程，从而在欧美等国企业管理实践中产生了相当的影响。[①] 那么，预算究竟有无存在的价值？如何增强预算的适应性？通过对本节的学习，谈谈你对全面预算的看法。

一、全面预算的内部控制概述

（一）预算与预算管理

预算是企业在预测、决策的基础上，用数量和金额以表格的形式反映企业未来一定时期内经营、投资、筹资等活动的具体计划，是为实现企业目标而对各种资源和企业活动所做的详细安排。[②] 预算是一种可据以执行和控制经济活动的具体计划，是计划工作的成果，它既是决策的具体化，又是控制生产经营活动的依据，是实现企业战略导向预定目标的有力工具。数量化和可执行性是预算最主要的特征。其中，数量化是指预算与企业的战略目标保持一

① 魏斌．华润集团全面预算管理的创新实践［J］．新理财，2006（1）．

② 财政部会计资格评价中心．财务管理［M］．北京：中国财政经济出版社，2020.

致，是为实现企业目标而对各种资源和企业活动所做的详细安排（包括数量和金额）；可执行性是指预算作为一种数量化的详细计划，它是对未来活动的细致、周密安排，是未来经营活动的依据。

预算管理，是指企业以战略目标为导向，通过对未来一定期间内的经营活动和相应的财务结果进行全面预测和筹划，科学、合理配置企业各项财务资源和非财务资源，并对执行过程进行监督和分析，对执行结果进行评价和反馈，指导经营活动的改善和调整，进而推动实现企业战略目标的管理活动。

（二）全面预算的内涵

全面预算，是指企业对一定期间经营活动、投资活动、财务活动等作出的预算安排。全面预算的特点是以企业经营目标为出发点，以市场预测为基础，以销售预算为主导，将生产、成本、现金收支、财务状况与经营成果等融为一体，将涉及特定目标的一整套的活动相互连接，规定其完成方法，预算的每一个部分、每一项指标都紧紧围绕企业经营决策的目标利润来确定。关于全面预算，可以从以下方面来理解：

第一，全面预算以经营目标为起点，以提高投入产出比为目的，其编制和执行过程就是将企业有限的资源加以整合，实现资源的优化配置，增强资源的价值创造能力。

第二，全面预算的本质是企业内部管理控制的重要工具。全面预算的制定过程是企业根据其所处的经营环境、拥有的资源与企业的发展目标保持动态平衡的过程；全面预算的实施过程是企业对其所面临的各种风险的识别、预测、评估与控制的过程。

第三，全面预算是企业实现发展战略和年度经营目标的有效方法和工具。通过实施全面预算，企业以发展战略为依据，对年度经营目标进行分解、落实，使企业的长期战略规划和年度具体行动方案紧密结合，从而实现“化战略为行动”，确保企业发展目标的实现。

第四，全面预算是全方位、全过程、全员参与编制与实施的预算管理模式。预算的“全方位”，体现在企业的一切经济活动，包括经营、投资、财务等各项活动，以及企业的人、财、物各个方面，供、产、销各个环节，都必须纳入预算管理。因此，全面预算是由经营预算（也称业务预算）、投资预算、筹资预算、财务预算等一系列预算组成的相互衔接和彼此勾稽的综合预算体系。预算的“全过程”，体现在企业组织各项经济活动的事前、事中和事后都必须纳入预算管理，即全面预算不仅限于预算编制、分解和下达，而是由预算编制、执行、分析、调整、考核、奖惩等一系列环节所组成的管理活动。预算的“全员”参与，是指企业内部各部门、各单位、各岗位，上至最高负责人，下至各部门负责人、各岗位员工都必须参与预算编制与实施。

通过全面预算的编制，既能将其资金流、实物流、业务流、信息流、人力流等相整合，有效地控制企业生产经营活动，避免不必要的浪费和损失，也能够保证目标利润的实现，提高企业预算期内的综合效益。

（三）全面预算的组成

全面预算的主要内容包括经营预算、专门决策预算和财务预算，其具体内容如表 5-24 所示。

表 5-24 全面预算的组成内容

名称	定　义
经营预算 （也称业务预算）	指与企业日常业务直接相关的一系列预算，包括销售预算、生产预算、采购预算、费用预算、人力资源预算等
专门决策预算	指企业重大的或不经常发生的、需要根据特定决策编制的预算，包括投融资决策预算等
财务预算	指与企业资金收支、财务状况或经营成果等有关的预算，包括资金预算、预计资产负债表、预计利润表等

（四）全面预算的基本业务流程

企业全面预算业务的基本业务流程一般包括预算编制、预算执行和预算考核三个阶段。其中，预算编制阶段包括预算编制、预算审批、预算下达等具体环节；预算执行阶段涉及预算指标分解及责任落实、预算执行控制、预算分析、预算调整等具体环节。这些业务环节相互关联、相互作用、相互衔接，周而复始地循环，从而实现对企业全面经济活动的控制。企业全面预算的基本业务流程如图 5-17 所示。

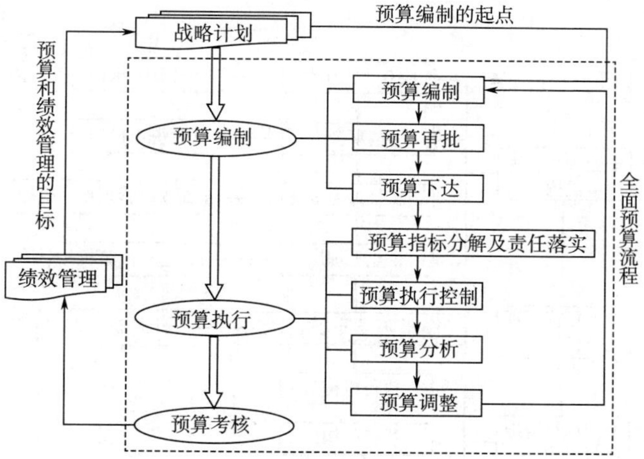

图 5-17　企业全面预算的基本业务流程

（五）全面预算的内部控制要求

企业实施全面预算内部控制要求主要包括：

第一，企业应当建立预算管理体系，明确预算编制、审批、执行、分析、考核等各部门、各环节的职责任务、工作程序和具体要求。

第二，权责分配和职责分工应当明确，机构设置和人员配备应当科学合理。

第三，企业应当制定预算工作流程，预算编制、执行、调整、分析、考核的控制流程应当清晰，对预算编制方法、审批程序、预算执行情况检查、预算调整环节控制、预算执行结果的分析考核等应当有明确的规定。

第四，按照预算编制、执行、调整、分析与考核等各环节的控制要求开展预算工作，并设置相应的记录或凭证，如实记载各环节工作的开展情况，确保预算工作全过程得到有效控制。

二、预算岗位分工与授权批准

（一）预算岗位分工控制

1. 预算工作的组织体系

全面预算管理的组织体系通常由全面预算管理的决策机构、工作机构和执行机构三个层面构成，每一层机构都有其相应的权利和义务（如图 5-18 所示）。

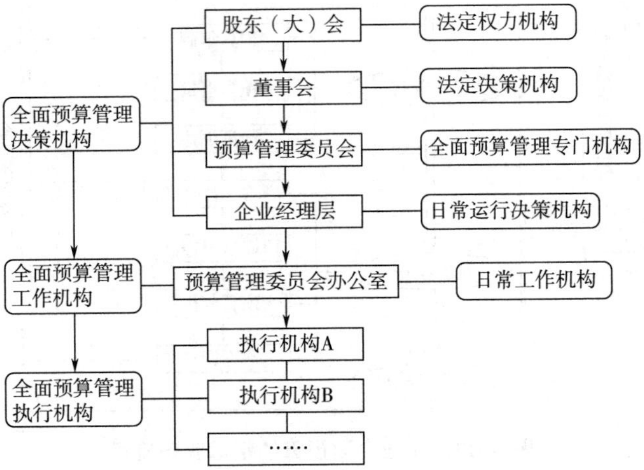

图 5-18　全面预算管理的组织体系

（1）预算管理委员会。它是组织领导企业全面预算管理的最高权力机构，对全面预算管理的重大事项作出决定，对公司董事会负责，在全面预算管理组织体系中居于核心地位。

预算管理委员会一般由企业负责人（董事长或总经理）任主任，总会计师（或财务总监、分管财会工作的副总经理）任副主任，其成员一般还包括各副总经理、主要职能部门（财务、战略发展、生产、销售、投资、人力资源等部门）及分（子）公司负责人等。

预算管理委员会的职责包括：①制定颁布企业全面预算管理制度，包括预算管理的政策、措施、办法、要求等；②根据企业战略规划和年度经营目标，拟定预算目标，并确定预算目标分解方案、预算编制方法和程序；③组织编制、综合平衡预算草案；④下达经批准的正式年度预算；⑤协调解决预算编制和执行中的重大问题；⑥审议预算调整方案，依据授权进行审批；⑦审议预算考核和奖惩方案；⑧对企业全面预算总的执行情况进行考核；⑨其他全面预算管理事宜。

预算管理委员会一般为非常设机构，主要通过定期或不定期召开预算工作会议开展工作。

（2）预算管理委员会办公室。它是全面预算管理的日常工作机构，是预算管理委员会的下设机构，具体负责全面预算管理的组织领导和日常工作。其职责是具体负责全面预算的编制、审核、控制、调整、分析、考评等工作。

预算管理委员会办公室的主要职责包括：①拟订企业各项全面预算管理制度，并负责检查落实预算管理制度的执行；②拟订年度预算总目标分解方案及有关预算编制程序、方法的草案，报预算管理委员会审定；③组织和指导各级预算单位开展预算编制工作；④预审各预算单位的预算初稿，进行综合平衡，并提出修改意见和建议；⑤汇总编制企业全面预算草案，提交预算管理委员会审查；⑥跟踪、监控企业预算执行情况；⑦定期汇总、分析各预算单位预算执行情况，并向预算管理委员会提交预算执行分析报告，为委员会进一步采取行动拟定建议方案；⑧接受各预算单位的预算调整申请，根据企业预算管理制度进行审查，集中制订年度预算调整方案，报预算管理委员会审议；⑨协调解决企业预算编制和执行中的有关问题；⑩提出预算考核和奖惩方案，报预算管理委员会审议；⑪组织开展对企业二级预算执行单位预算执行情况的考核，提出考核结果和奖惩建议，报预算管理委员会审议；⑫预算管理委员会授权的其他工作。

（3）全面预算管理执行机构。执行机构是指根据在企业预算总目标实现过程中的作用和职责划分的，承担一定经济责任，并享有相应权力和利益的企业内部单位，包括企业内部各职能部门、所属分（子）企业等。根据权责范围，企业内部预算责任单位可以分为投资中心、利润中心、成本中心、费用中心和收入中心。预算执行单位在预算管理部门的指导下，组织开展部门或本企业全面预算的编制工作，严格执行批准下达的预算。

2. 预算岗位分离控制

企业应当建立预算工作岗位责任制，明确相关部门和岗位的职责、权限，确保预算工作中的不相容岗位相互分离、制约和监督。预算工作不相容岗位一般包括：①预算编制（含预算调整）与预算审批岗位，彼此应相互分离；②预算审批与预算执行岗位，彼此应相互分离；③预算执行与预算考核岗位，彼此应相互分离。

（二）预算授权批准控制

企业结合其内部控制组织体系，应当建立健全完善的授权批准体系和授权制度，明确董事会、预算管理委员会、总经理及各部门授权批准的范围，将他们的权力嵌入内部控制制度之中，做到合法授权、不得越权授权。

企业应根据各项活动的重要性和金额大小确定授权批准的层次，规定每一项业务授权批准方式、权限、程序、责任和相关控制措施，规定经办人的职责范围、工作要求以及授权批准人员所承担的责任。

企业应严格执行预算授权批准制度。预算工作授权审批制度一旦确立，企业所有人员都必须严格执行，以维护预算授权批准制度的严肃性，保证预算控制及有关制度的认真贯彻执行。

三、预算编制和预算下达

（一）预算编制

企业应当建立和完善预算编制工作制度，明确编制依据、编制程序、编制方法等内容，确保预算编制依据合理、程序适当、方法科学，避免预算指标设定过高或过低。企业应当在预算年度开始前完成全面预算草案的编制工作。

企业应当根据发展战略和年度生产经营计划，综合考虑预算期内经济政策、市场环境等因素，按照上下结合、分级编制、逐级汇总的程序，编制年度全面预算。企业可以选择或综合运用固定预算、弹性预算、滚动预算等方法编制预算。全面预算编制的一般流程如图 5-19 所示。

图 5-19 不仅勾画了全面预算编制的一般流程，也反映了全面预算管理工作的组织机构、各自权限和工作内容。

（二）预算下达

企业全面预算应当按照相关法律法规及企业章程的规定报经审议批准。批准后，应当以文件形式下达执行。企业全面预算一经批准下达，各预算执行单位应当认真组织实施，将预算指标层层分解，从横向和纵向落实到内部各部门、各环节和各岗位，形成全方位的预算执行责任体系。预算分解应按各责任中心权、责、利相匹配的原则进行，既公平合理，又有利于企业实现

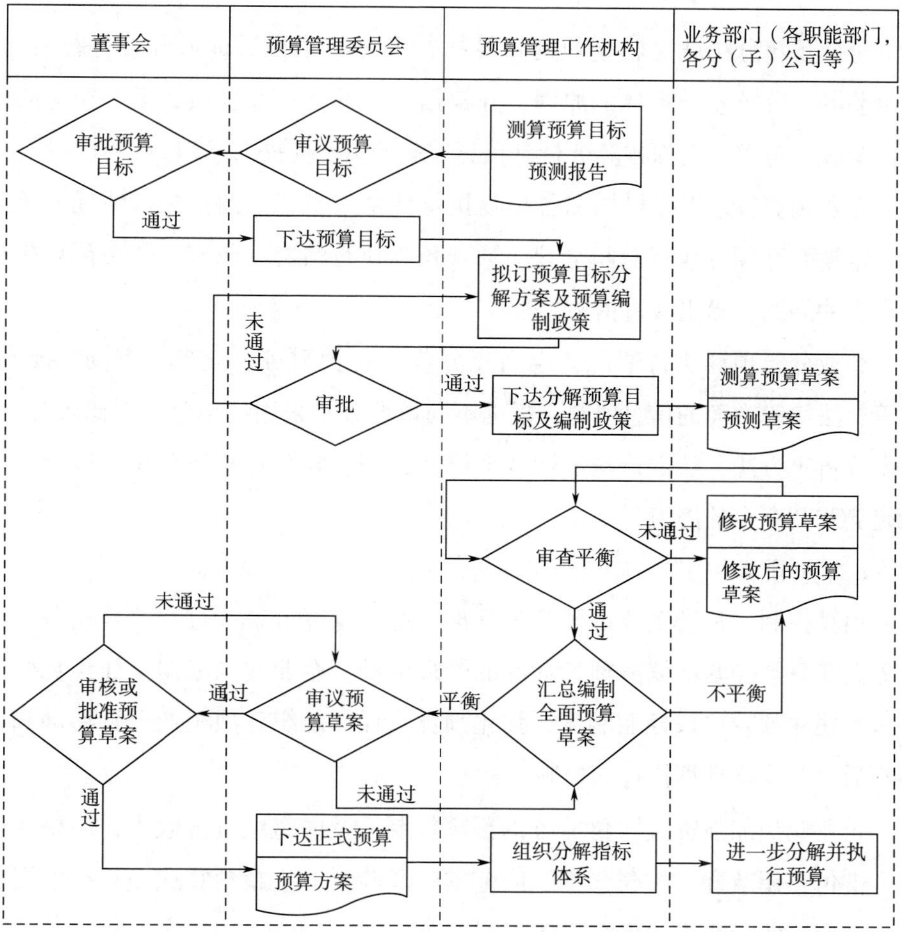

图 5-19　全面预算编制的一般流程

预算目标。

企业应当以年度预算作为组织、协调各项生产经营活动的基本依据，将年度预算细分为季度预算、月度预算，通过实施分期预算控制，实现年度预算目标。

四、预算执行

预算执行是把预算目标变成行动的一种方式。预算执行一般按照预算分析、预算控制、预算调整等程序进行。预算执行主要包括以下内容：

（一）全面预算分析

全面预算分析就是将企业的预算执行情况与预算目标或标准进行对比，找出差异，分析差异形成的原因，并根据差异的大小和性质，提出相应的改进性措施的过程。全面预算分析是预算控制的重要前提或基础。

企业预算管理工作机构和各预算执行单位应当建立预算执行情况分析制度，定期召开预算执行分析会议，通报预算执行情况，研究、解决预算执行中存在的问题，提出改进措施。

企业分析预算执行情况，应当充分收集有关财务、业务、市场、技术、政策、法律等方面的信息资料，根据不同情况分别采用比率分析、比较分析、因素分析等方法，从定量与定性两个层面充分反映预算执行单位的现状、发展趋势及其存在的潜力。

（二）预算控制

预算控制，是指企业以预算为标准，通过预算分解、过程监督、差异分析等促使日常经营不偏离预算标准的管理活动。企业应当根据全面预算管理要求，建立预算授权控制制度，强化预算责任，组织各项生产经营活动和投融资活动，严格预算执行和控制。

企业应当加强资金收付业务的预算控制，及时组织资金收入，严格控制资金支付，调节资金收付平衡，防范支付风险。对于超预算或预算外的资金支付，应当实行严格的审批制度。

企业办理采购与付款、销售与收款、成本费用、工程项目、对外投融资、研究与开发、信息系统、人力资源、安全环保、资产购置与维护等业务和事项，均应符合预算要求。涉及生产过程和成本费用的，还应执行相关计划、定额、定率标准。对于工程项目、对外投融资等重大预算项目，企业应当密切跟踪其实施进度和完成情况，实行严格监控。

（三）预算调整

预算调整，是指当企业的内外部环境或者企业的经营策略发生重大变化，致使预算的编制基础不成立，或者将导致企业的预算执行结果产生重要偏差，原有预算已不再适宜时而进行的预算修改。当企业面临市场环境、国家政策或不可抗力等客观因素，导致预算执行发生重大差异确需调整预算时，企业应当履行严格的审批程序，对预算进行调整。

五、预算考核

（一）全面预算考核的主体和内容

企业预算管理委员会应当定期组织预算执行情况考核，将各预算执行单位负责人签字上报的预算执行报告和已掌握的动态监控信息进行核对，确认各执行单位预算完成情况。必要时，实行预算执行情况内部审计制度。

全面预算考核的内容主要包括两个方面：一是对全面预算目标完成情况的考核。全面预算考核应以预算完成情况为考核核心，通过预算执行情况与预算目标的比较，确定差异并查明产生差异的原因，进而据以评价各被考核主体的工作业绩，并通过与相应的激励制度挂钩，促进其与预算目标相一致。全面预算目标完成情况的考核，是对企业各预算执行单位主要预算指标完成情况的考核。通过对超额完成的责任主体进行奖励，对未达标者进行惩罚，鼓励各预算执行单位超额完成预算目标，促进企业价值的最大化。二是对全面预算组织工作的考核。它是对预算管理各环节工作质量的评价，其目的是提高企业的预算管理水平。考核的主要内容有：预算编制是否准确、及时、规范；预算分析工作是否及时，是否发现了经营中存在的问题和风险，是否提出了相应的改进建议；预算控制是否到位；预算调整是否按程序进行；等等。对这些定性指标的考核，主要采用打分法，根据预算各责任主体的执行情况，由考核主体进行打分考核。

（二）全面预算考核的主要风险和控制措施

全面预算考核的主要风险包括：预算考核不严格、不合理、不到位，可能导致预算目标难以实现、预算管理流于形式。

针对全面预算考核环节的主要风险，企业应采取的控制措施包括：

第一，建立严格的预算执行考核制度，对各预算执行单位和个人进行考核，切实做到有奖有惩、奖惩分明。

第二，合理界定预算考核主体、考核对象和考核指标。预算考核主体分为两个层次：预算管理委员会和内部各级预算责任单位。预算考核对象为企业内部各级预算责任单位和相关个人。考核指标应以定量指标为主，同时根据实际情况辅之以适当的定性指标；考核指标应当具有可控性、可达到性和明晰性。

第三，企业预算管理委员会及其工作机构定期组织预算执行情况考核时，应当将各预算执行单位负责人签字上报的预算执行报告和已掌握的动态监控信息进行核对，确认各执行单位预算完成情况。

第四，预算考核的结果应当与各执行单位以及员工的薪酬、职位等进行挂钩，以实现全面预算目标为首要原则，实施预算奖惩。

第十一节　合同管理

【案例】

2019 年 3 月，腾讯与老干妈公司签订了一份《联合市场推广合作协议》，腾讯投放资源用于老干妈油辣椒系列产品的推广。在随后的 2019 年里，腾讯为老干妈提供定制一系列宣传服务（如视频广告等）。

2020 年 6 月，腾讯以服务合同纠纷为由起诉老干妈并申请财产保全；同时老干妈也收到了法院送达的相关法律文书；6 月 29 日，广东省深圳市南山区人民法院发布民事裁定书，同意原告腾讯请求并查封、冻结老干妈名下价值 1 624.06 万元的财产；6 月 30 日，老干妈发布公告称，从未直接或授权委托他人与腾讯达成市场推广协议，为维护自身合法权益，已报案处理；7 月 1 日，贵阳警方发布通告，称有 3 名犯罪嫌疑人用萝卜伪造老干妈印章、冒充市场经营部经理，与腾讯公司签订合作协议，从中非法获利；7 月 3 日，贵阳市南明区人民检察院发布消息，称检察机关依法介入老干妈公司被伪造印章案；7 月 10 日，腾讯与老干妈发布联合声明，双方已厘清误解，后续将积极配合相关法律程序的推进。至此，此事件终于告一段落，但该事件却反映出腾讯在其广告销售业务内部控制中存在着明显缺陷①。通过对本节的学习，你

---

① 云皓琛．基于销售业务的内部控制缺陷对审计风险的影响研究：以腾讯起诉老干妈乌龙事件为例［J］．商场现代化，2020（15）．

认为腾讯公司在合同管理方面存在哪些缺陷，如何防范这些风险？

一、合同管理概述

（一）合同与合同管理的内涵

合同，是指企业与自然人、法人及其他组织等平等主体之间设立、变更、终止民事权利义务关系的协议。在市场经济条件下，合同是市场主体进入市场后的第一个行为，也是市场诸多行为中的一种非常重要的行为。市场主体要发生交易行为，就要签订合同。合同是企业对外交往的主要法律形式和途径，签订合同双方一旦产生纠纷，合同是解决纠纷的准绳。从这个角度说，合同是交易行为的载体，合同的履行过程就是市场的交易过程。合同秩序的好坏直接影响着市场经济秩序。加强合同管理和控制具有重要意义。

合同管理是合同洽谈、草拟、签订、履行、变更、中止、终止或解除全过程的管理。合同管理具体指对项目合同签订、履行、变更索赔和解除进行监督检查，分析关键风险点，对合同争议纠纷进行处理和解决，以保证合同依法订立和全面履行，将合同风险控制在企业可接受范围内。合同管理的主要目的是通过一系列合同管理的强制性规定，为企业的合同行为构筑一个合法的框架。通过这个框架，企业在订立和履行经济合同的过程中，懂得哪些行为是合法的，哪些行为是违法的，违法行为将会受到什么样的法律制裁。通过合同管理，不仅企业生产经营行为有法可依、有章可循，同时也有助于防范企业法律风险，维护企业合法权益。

（二）合同业务的一般流程

合同管理从大的方面可以划分为合同订立阶段和合同履行阶段。合同订立阶段包括合同调查、合同谈判、合同文本拟订、合同审核、合同签署等环节；合同履行阶段涉及合同履行、合同补充和变更、合同解除、合同结算、合同登记等环节。合同业务的流程如图 5-20 所示。

（三）合同管理应关注的风险

企业合同管理应当关注下列风险：①未订立合同、未经授权对外订立合同、合同对方主体资格未达要求、合同内容存在重大疏漏和欺诈，可能导致企业合法权益受到侵害；②合同未全面履行或监控不当，可能导致企业诉讼失败、经

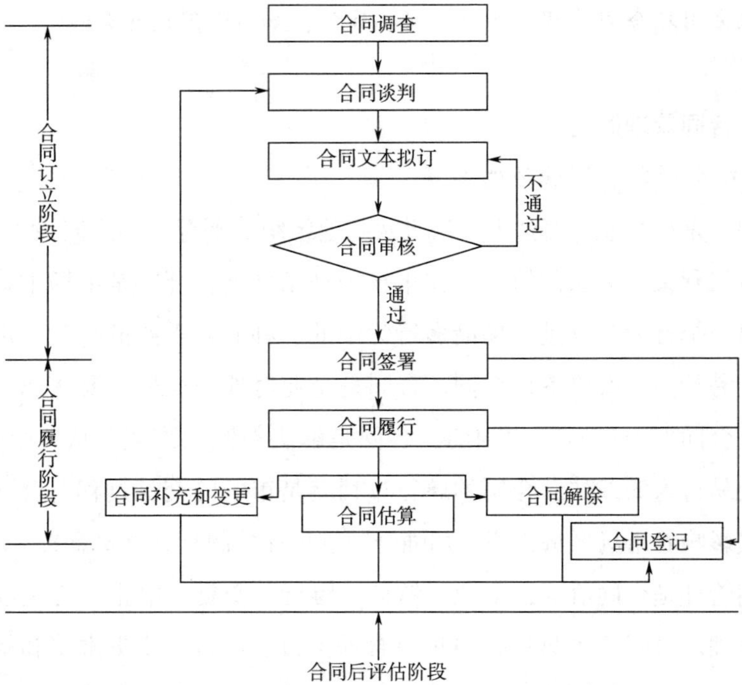

图 5-20 合同业务的流程

济利益受损；③合同纠纷处理不当，可能损害企业利益、信誉和形象。

（四）合同控制的基本要求

合同控制的基本要求包括：①企业有关合同权责分配和职责分工应当明确，合同应当实行分级和归口管理；②合同谈判应当保证双方权利义务对等，合同双方签约人的合法身份和法律资格应当审查，合同起草应当规范；③合同审核应当建立不同部门会同审核制度，财会部门、内部审计部门和合同管理部门共同对合同出具审核意见；④合同订立程序应当合法合规，合同专用章应当及时收回并妥善保管，合同订立形式应当规范；⑤合同履行应有监控，合同变更或解除应当履行必要的程序，合同违约与纠纷审批程序和处理流程应有明确规定。

二、合同管理岗位分工与授权审批

（一）合同管理岗位分离控制

企业应当建立合同管理岗位责任制。实行不相容岗位（或职责）相分离制度，做到合同的谈判与审批岗位应当分离，合同的审批与执行岗位应当分离。

（二）合同管理授权审批控制

授权审批控制要求企业做好以下工作：

第一，企业应当建立合同授权委托代理制度，明确企业内部各单位、各部门授权范围、授权期间和被授权人条件等。企业对外签订合同应当由董事长（或者法定代表人、代表企业行使职权的主要负责人，以下简称“董事长”）签章或者授权委托他人代理签章。授权代理签章的，企业董事长应当签署授权委托书。具有民事行为能力的代理人应当在授权委托的范围内签订合同，不得转委托。

第二，企业应当根据本单位经济业务性质、组织机构设置和管理层级安排，建立合同分级管理制度。属于上一级合同管理单位权限的合同，下一级单位不得签订。如下一级单位认为确有需要签订超越权限的合同，应当提出申请，经上级合同管理单位批准后，授权或委托签订。

第三，企业应当实行合同归口管理制度。企业可以根据合同管理需要，指定合同归口管理部门，负责对本级及下级合同管理单位的合同管理工作进行规范。合同管理部门一般应当设立法律事务岗位，由具有法律专业资格的人员担任。

三、合同的订立

（一）合同订立的基本要求

企业对外发生经济行为，除即时结清方式外，应当订立书面合同。合同订立应符合以下要求：

第一，合同订立前，应当充分了解合同对方的主体资格、信用状况等有关内容，确保对方当事人具备履约能力。对于影响重大、涉及较高专业技术或法律关系复杂的合同，应当组织法律、技术、财会等专业人员参与谈判，必要时可聘请外部专家参与相关工作。

第二，合同文本须报经国家有关主管部门审查或备案的，应当履行相应程序。企业应当对合同文本进行严格审核，重点关注合同的主体、内容和形式是否合法，合同内容是否符合企业的经济利益，对方当事人是否具有履约能力，合同权利和义务、违约责任和争议解决条款是否明确等。对影响重大或法律关系复杂的合同文本，企业应当组织内部相关部门进行审核。

第三，企业应当按照规定的权限和程序与对方当事人签署合同。正式对外订立的合同，应当由企业法定代表人或由其授权的代理人签名或加盖有关印章。授权签署合同的，应当签署授权委托书。企业应当建立合同专用章保管制度。合同经编号、审批及企业法定代表人或由其授权的代理人签署后，方可加盖合同专用章。

第四，企业应当加强合同信息安全保密工作，未经批准，不得以任何形式泄露合同订立与履行过程中涉及的商业秘密或国家机密。

（二）合同订立环节主要风险及控制措施

合同订立阶段包括合同调查、合同谈判、合同文本拟定、合同审核、合同签署等环节。合同订立环节的主要风险及控制措施如表 5-25 所示。

表 5-25　合同订立环节的主要风险及控制措施

业务环节	主要风险	控制措施
合同调查	①忽视对被调查对象的主体资格的审查，导致合同无效，或引发潜在风险 ②合同签订前或在合同履行过程中错误判断被调查对象的信用状况，致使企业蒙受损失 ③对被调查对象的履约能力给出不当评价，导致合同对方当事人难以满足生产经营需要	①以合法方式审查被调查对象的身份证件、法人登记证书、资质证明、授权委托书等证明原件，必要时，可通过发证机关查询证书的真实性和合法性，在充分收集相关证据的基础上评价主体资格是否恰当 ②获取调查对象经审计的财务报告、以往交易记录等财务信息和非财务信息，分析其获利能力、偿债能力和营运能力，评估其财务风险和信用状况，并在合同履行过程中持续关注其资信变化，完善合同对方的商业信用档案 ③对被调查对象进行现场调查，实地了解和全面评估其生产能力、技术水平、产品类别和质量等生产经营情况，分析其合同履约能力 ④与被调查对象的主要供应商、客户、开户银行、主管税务机关和工商管理部门等沟通，了解其生产经营、商业信誉、履约能力等情况

续表

业务环节	主要风险	控制措施
合同谈判	①忽略合同重大问题或在重大问题上做出不恰当让步 ②谈判经验不足，缺乏技术、法律和财务知识的支撑，导致企业利益受损 ③泄露本企业谈判策略，导致企业在谈判中处于不利地位	①收集谈判对手资料，充分熟悉谈判对手情况。在此基础上，研究国家相关法律法规、行业监管、产业政策、同类产品或服务价格等与谈判内容相关的信息，正确制定本企业谈判策略 ②关注合同核心内容、条款和关键细节，对于影响重大、涉及较高专业技术或法律关系复杂的合同，组织法律、技术、财会等专业人员或外聘专家参与谈判 ③加强保密工作，建立严格的责任追究制度 ④对谈判过程中的重要事项和参与谈判人员的主要意见，予以记录并妥善保存
合同文本拟订	①选择不恰当的合同形式 ②合同与国家法律法规、行业产业政策、企业总体战略目标或特定业务经营目标发生冲突 ③合同内容和条款不完整，表述不严谨、不准确，或存在重大疏漏和欺诈，导致企业合法利益受损 ④有意拆分合同、规避合同管理规定等 ⑤对于合同文本须报经国家有关主管部门审查或备案的，未履行相应程序	①企业对外发生经济行为，除即时结清方式外，应当订立书面合同 ②严格审核合同是否以生产经营计划、项目立项书等为依据，是否与具体业务经营目标一致 ③合同文本一般由业务承办部门起草，法律部门审核；重大合同或法律关系复杂的特殊合同应当由法律部门参与起草 ④由签约对方起草的合同，企业应当认真审查，确保合同内容准确反映企业诉求和谈判达成的一致意见 ⑤合同文本须报经国家有关主管部门审查或备案的，应当履行相应程序
合同审核	①合同审核人员，未能发现合同文本中的不当内容和条款 ②审核人员虽然通过审核发现问题，但未提出恰当的修订意见 ③合同起草人员没有根据审核人员的改进意见修改合同，导致合同中的不当内容和条款未被纠正	①应当对合同文本的合法性、经济性、可行性和严密性进行重点审核 ②建立会审制度，对影响重大或法律关系复杂的合同文本，组织财会部门、内部审计部、法律部、业务关联的相关部门进行审核，各相关部门应当认真履行职责 ③慎重对待审核意见，对审核意见准确无误地加以记录，必要时对合同条款作出修改并再次提交审核

续表

业务环节	主要风险	控制措施
合同签署	超越权限签订合同，合同印章管理不当，签署后的合同被篡改，因手续不全导致合同无效等	①按照规定的权限和程序与对方当事人签署合同。对外订立的合同应当由企业法定代表人或由其授权的代理人签名或加盖有关印章 ②严格合同专用章保管制度，合同经编号、审批及企业法定代表人或由其授权的代理人签署后，方可加盖合同专用章 ③采取恰当措施，防止已签署的合同被篡改，如在合同各页码之间加盖骑缝章、使用防伪印记、使用不可编辑的电子文档格式等

【例 5-1】20×4 年 12 月 28 日，甲彩电生产公司发布的年度预亏提示性公告显示，由于拟对乙公司应收账款计提坏账准备，公司 20×4 年度将会出现大额亏损。乙公司是甲公司的某国进口商，自 20×1 年开始与甲公司合作，但由于涉及专利权诉讼、某国对中国彩电反倾销及经营不善等原因，乙公司出现较大亏损，全额支付甲公司欠款存在很大困难。截至 20×4 年 12 月 25 日，甲公司应收乙公司账款余额 4.6 亿美元，甲公司估计可以从乙公司收回资金 1.5 亿美元，预计计提坏账准备金额为 3.1 亿美元。事实上，乙公司拖欠甲公司巨额货款的问题早在 20×3 年 3 月就曾被媒体曝光。

根据上述资料，对甲彩电生产公司合同管理状况分析如下：甲公司在合同履行后，未能及时催收到期欠款，对应收账款的管理不当，导致对乙公司的应收账款余额过度膨胀，隐藏的风险可能对甲公司造成重大损失。甲公司在发现对方信用风险和财务风险出现恶化时，未能及时采取行动，导致损失进一步扩大。①

四、合同的履行

（一）合同履行的基本要求

第一，坚持诚实信用原则。企业应当遵循诚实信用原则严格履行合同，

① 财政部会计司．企业内部控制规范讲座［M］．北京：经济科学出版社，2010.

对合同履行实施有效监控，强化对合同履行情况及效果的检查、分析和验收，确保合同全面有效履行。

第二，依法办理合同的变更或解除、纠纷事宜。在合同履行过程中发现有显失公平、条款有误或对方有欺诈行为等情形，或因政策调整、市场变化等客观因素，已经或可能导致企业利益受损，应当按规定程序及时报告，并经双方协商一致，按照规定权限和程序办理合同变更或解除事宜。

在履行合同过程中发生纠纷的，应当依据国家相关法律法规，在规定时效内与对方当事人协商并按规定权限和程序及时报告。合同纠纷经协商一致的，双方应当签订书面协议。合同纠纷经协商无法解决的，应当根据合同约定通过仲裁或诉讼方式解决。

第三，企业财会部门应当根据合同条款审核后办理结算业务。未按合同条款履约的，或应签订书面合同而未签订的，财会部门有权拒绝付款，并及时向企业有关负责人报告。

第四，合同管理部门应当加强合同登记管理，充分利用信息化手段，定期对合同进行统计、分类和归档，详细登记合同的订立、履行和变更等情况，实行合同的全过程封闭管理。

第五，企业应当建立合同履行情况评估制度，至少于每年年末对合同履行的总体情况和重大合同履行的具体情况进行分析评估，对分析评估中发现合同履行中存在的不足，应当及时加以改进。企业应当健全合同管理考核与责任追究制度。对合同订立、履行过程中出现的违法违规行为，应当追究有关机构或人员的责任。

（二）合同履行的主要风险和控制措施

合同作为企业承担独立民事责任、履行权利义务的重要依据，是企业管理活动的重要痕迹，也是企业风险管理的主要载体。企业在合同履行过程中，可能面临许多与合同相关的风险，对企业生产经营活动产生一定影响。为此，企业必须采取控制措施，化解风险。要认真履行合同的义务，及时结算合同款项，做好合同登记以及合同管理的后评估工作。合同履行的主要风险和控制措施如表 5-26 所示。

表 5-26 合同履行的主要风险和控制措施

业务环节	主要风险	控制措施
合同履行	①合同当事人双方没有恰当地履行合同中约定的义务 ②合同生效后，对合同条款未明确约定的事项没有及时协议补充，导致合同无法正常履行 ③在合同履行过程中，未能及时发现已经或可能导致企业利益受损情况，或未能采取有效措施 ④合同纠纷处理不当，导致企业遭受外部处罚、诉讼失败，损害企业利益、信誉和形象等	①强化对合同履行情况及效果的检查、分析和验收，确保合同全面有效履行。对对方当事人的合同履行情况实施有效监控 ②根据需要及时补充、变更甚至解除合同 ③对方当事人提出中止、转让、解除合同的，造成企业经济损失的，应向对方当事人书面提出索赔 ④在履行合同过程中发生纠纷的，应当依据国家相关法律法规，在规定时效内与对方当事人协商并按规定权限和程序及时报告
合同结算	①违反合同条款，未按合同规定期限、金额或方式付款 ②疏于管理，未能及时催收到期合同款项 ③在没有合同依据的情况下盲目付款等	①财会部门应当在审核合同条款后办理结算业务，按照合同规定付款，及时催收到期欠款 ②未按合同条款履约或应签订书面合同而未签订的，财会部门有权拒绝付款，并及时向企业有关负责人报告
合同登记	合同档案不全，合同泄密，合同滥用等	①合同管理部门应实行合同的全过程封闭管理，应当加强合同登记管理，定期对合同进行统计、分类和归档，详细登记合同的订立、履行和变更、终结等情况，合同终结应及时办理销号和归档手续 ②建立合同文本统一分类和连续编号制度，以防合同文本遗失 ③加强合同信息安全保密工作，未经批准，任何人不得以任何形式泄露合同订立与履行过程中涉及的国家秘密或商业秘密 ④规范合同管理人员职责，明确合同流转、借阅和归还的职责权限和审批程序等有关要求
合同管理的后评估	缺乏后期评估合同履行问题频发合同管理体系完善，改进	企业应当建立合同管理的后评估制度，至少于每年年末对合同履行的总体情况和重大合同履行的具体情况进行分析评估，对分析评估中发现合同履行中存在的不足，应当及时采取有效措施加以改进

【例 5-2】M 公司与 N 公司已有几年的合作经历。M 公司账面欠 N 公司的货款一直维持在 20 万元左右。因 M 公司对重点供应商的账面欠款常常在 1 000 万元以上，因此 M 公司相关人员对 N 公司账面欠款的日常管理并未给予足够重视。

受 2020 年疫情的影响，M 公司遭遇市场萧条、资金周转困难窘境。祸不单行，M 公司接到法院通知，称 N 公司已向法院提起诉讼，要求 M 公司支付全部欠款 21 万元、违约金 3.5 万元及相关诉讼费用 2.5 万元，法院已冻结 M 公司基本账户。M 公司按照公司合同惯例算出应付 N 公司的违约金不足 1 万元，因此对 N 公司的违约金主张提出质疑，并决定打这场官司。

然而，在向法院提供证据的过程中，M 公司在合同档案中未能找到 2020 年与 N 公司例行续签的经济合同。N 公司则提供了一份经 M 公司盖章的 2020 年合同原件，其中在"其他约定事项"栏中有附加的手写条款——如果出现争议，由双方协商解决，在协商不成的情况下，由原告方人民法院依法解决，货款延期支付的，按银行贷款利率的 3 倍执行违约责任赔偿。

据 M 公司相关业务人员回忆，M 公司在 2020 年年初办理与 N 公司的合同续签时，业务人员按照公司法律顾问设计的范本将合同拟好并报领导审核。公司领导口头指示业务人员，在将合同空白项目填写完整后可以直接签章，业务人员一时疏忽未按领导要求修改合同，而是直接签章后向对方寄出合同，并要求对方盖章后回寄，但此后却又忘记了找 N 公司主动追回，导致未能拿到对方盖章确认的合同。业务人员确信，自己当时寄出的合同原件"其他约定事项"是空白的，并未添加上述手写条款，N 公司也从未要求 M 公司就上述事项做出承诺。显然，N 公司私下在合同上添加了所谓的"其他约定事项"。

在经过律师论证、调查了解、赴异地出庭、当庭辩解、法官调解等诸多程序之后，法院判决 M 公司除须支付账面全部欠款 21 万元外，M 公司还应额外向 N 公司支付 6 万元的合同违约金及诉讼费用。

根据本案信息，指出 M 公司在合同文本拟订、合同审核、合同签署、合同纠纷处理、合同结算、合同登记等环节存在的内部控制漏洞。

关键词汇

资金活动控制（capital activity control）

筹资活动控制（financing activity control）

投资活动控制（investment activity control）

资金营运活动（fund-related operations）

采购业务（purchasing business）

存货管理内部控制（internal control of inventory management）

固定资产管理内部控制（internal control of fixed assets management）

无形资产管理内部控制（internal control of intangible assets management）

销售业务流程（sales business process）

研究与开发内部控制（research and development internal control）

担保业务（guarantee business）

业务外包（business outsourcing）

工程项目内部控制（project internal control）

财务报告内部控制（internal control of financial reporting）

财务报告对外提供（external provision of financial reports）

财务报告分析利用（financial report analysis and utilization）

全面预算（comprehensive budget）

预算管理委员会（commission for budget management）

合同管理（contract management）

思考与练习

一、思考题

1. 什么是资金活动？简述资金活动控制目标和要求。对资金活动进行控制应关注哪些风险？

2. 何谓关键控制点？明确关键控制点的作用主要表现在哪些方面？

3. 简述企业筹资活动、投资活动控制目标及其主要控制措施。

4. 采购业务控制的目标是什么？简述采购环节的主要风险内容。

5. 简述存货内部控制的意义和内部控制环节。

6. 简述存货验收环节的主要风险点和控制措施。

7. 简述固定资产运行维护环节的主要控制措施。

8. 简述无形资产保全环节的主要控制措施。

9. 销售活动控制目标和控制措施包括哪些内容？说明销售业务会计控制的内容。

10. 什么是研究与开发？研究与开发阶段区分的标准是什么？

11. 实务中，企业研发通常分为自主研发、委托研发和合作研发。分别简述这三个环节的主要风险和控制措施。

12. 工程项目立项阶段主要风险和控制措施各包括哪些内容？

13. 简述企业在工程项目验收阶段的主要风险及其控制措施。

14. 什么是企业担保业务？企业办理担保业务一般的业务流程有哪些？

15. 什么是业务外包？企业可以实施外包的业务有哪些？

16. 什么是财务报告风险？与其他风险相比，财务报告风险的特点表现在哪些方面？

17. 简述个别财务报告编制风险内容及其控制措施。

18. 编写财务分析报告风险主要包括哪些内容？应采取什么控制措施化解风险？

19. 试分别说明财务报告对外提供阶段的主要风险点及控制措施的内容。

20. 什么是全面预算控制？全面预算控制总体要求表现在哪些方面？

21. 简述合同与合同管理的内容。合同管理的作用主要表现在哪些方面？结合图示说明合同业务的一般流程。

22. 企业合同管理应关注哪些风险？简述合同谈判环节、合同审核环节、合同结算环节的主要风险点及管控措施。

二、单项选择题

1. 根据《企业内部控制应用指引第6号：资金活动》的要求，下列各项需要关注的主要风险是（　　）。

A. 存货积压，导致流动资金占用过多

B. 筹资决策不当，引发资本结构不合理

C. 固定资产更新改造不够，资产价值贬值

D. 无形资产缺乏核心技术，缺乏可持续发展能力

2. 下列各项中，不属于筹资风险的是（　　）。

A. 缺乏完整的筹资战略规划导致的风险

B. 投资与筹资在资金数量、期限、成本与收益上不匹配的风险

C. 缺乏完善的授权审批制度导致的风险

D. 缺乏对筹资条款的认真审核导致的风险

3. 企业对投资项目进行准确的会计核算、记录与报告，确定合理的会计政策，准确反映企业投资的真实状况，这体现的控制行为或活动是（　　）。

A. 授权控制　　B. 不相容职务分离控制

C. 会计记录控制　　D. 财产保护控制

4. 下列各项中，不属于投资活动的主要风险的是（　　）。

A. 缺乏严密的跟踪管理制度

B. 缺乏严格的投资方案可行性审查制度

C. 缺乏严密的授权审批制度和不相容职务分离制度

D. 缺乏严密的投资资产保管与会计记录

5. 下列各项关于企业销售业务内部控制的表述中，正确的是（　　）。

A. 企业对于已贴现的票据和逾期票据，应进行追索监控和跟踪管理

B. 企业财会部门负责办理往来资金结算，同时负责应收账款的催收

C. 企业销售业务谈判应当吸收财会、法律等专业人员参加，并形成

完整的书面记录

D. 企业对于境外客户和新开发客户，应该建立严格的信用保证制度

6. 企业在研究开发过程中可能遇到的风险，下列选项中不正确的是（　　）。

A. 研究项目未经科学论证或论证不充分，可能导致创新不足或资源浪费

B. 研究过程中会计处理不当，导致企业多交所得税

C. 研发人员配备不合理，可能导致研发成本过高、舞弊或研发失败

D. 研究成果转化应用不足、保护措施不力，可能导致企业利益受损

7. 工程项目内部控制监督检查，针对业务相关岗位及人员的设置情况应重点检查的是（　　）。

A. 是否存在岗位设置不合理现象

B. 是否存在从业人员专业技能不合格现象

C. 是否存在在岗人员业务素质不过关现象

D. 是否存在不相容职务混岗的现象

8. 关于工程项目建设，下列做法违背内部控制基本原则的是（　　）。

A. 企业制定专门机构归口管理工程项目

B. 重大项目立项，应报董事会集体审议批准

C. 重大项目应采用招标方式，在中标结果揭晓前，可与相关投标人就价格和技术部分进行充分沟通

D. 企业可以委托具备相应资质的中介机构开展工程造价咨询工作

9. 除资信调查外，下列各项中，属于企业在受理担保申请后对担保申请人进行调查内容的是（　　）。

A. 审批　　　　B. 财务状况调查

C. 风险评估　　　　D. 经营状况调查

10. 除自己不擅长的业务外，下列各项中，企业可以通过外包方式的业务是（　　）。

A. 不熟悉　　　　　　　　B. 核心

C. 非核心　　　　　　　　D. 服务

11. 下列各项中，属于企业财务报告对外提供的主要风险是（　　）。

A. 会计政策未能有效贯彻、执行

B. 财务报告对外提供前发生内幕交易

C. 资产计价方法随意变更

D. 非货币性交易的会计处理不合理

12. 下列选项中，符合《企业内部控制应用指引第 14 号：财务报告》规定的是（　　）。

A. 在编制年度财务报告后，进行资产清查和资产减值测试

B. 企业应当根据已批准的全面预算编制财务报告

C. 对财务报告可能产生重大影响的会计政策，按规定权限和程序审批后执行

D. 财务报告编制完成后，加盖公章由总会计师签名并盖章后即可对外提供

13. 下列各项中，对财务报告真实性和完整性承担责任的单位或个人是（　　）。

A. 企业参与财务报告编制各部门

B. 企业法律事务部门

C. 企业外聘律师

D. 企业负责人

14. 下列各项中，属于企业在编制年度财务报告前的结账环节存在的风险的是（　　）。

A. 附注内容不完整

B. 关账后又随意打开已关闭的会计期间

C. 资产减值会计处理不合理

D. 重要会计政策、会计估计变更未经审批

15. 下列各项中，属于企业在编制财务报告前应当确认对当期有重大

影响的主要事项是（　　）。

A. 周转材料按历史成本的计量

B. 结转产品销售成本

C. 固定资产的资产减值会计处理

D. 结转存货自然灾害损失

16. 下列各项中，不符合《企业内部控制应用指引第 15 号：全面预算》要求的是（　　）。

A. 预算管理工作机构设在财会部门

B. 对投融资项目等重大预算项目，进行密切跟踪和严格监控

C. 企业董事会审核全面预算草案

D. 预算管理委员会成员由企业独立董事组成

17. 关于全面预算在内部控制中的作用，表述不正确的是（　　）。

A. 全面预算在内部控制中起到统驭作用

B. 预算作为整个企业财务管理体系的核心，对内部控制有一定的统驭作用

C. 全面预算的目标基本上就是整个财务管理体系的目标，它统驭着内部控制的目标

D. 全面预算的流程可以用于内部控制，内部控制的流程也可以用于全面预算

18. 下列各项关于企业合同管理内部控制的表述中，正确的是（　　）。

A. 企业对外发生经济行为，必须订立书面合同

B. 正式对外订立的合同，必须由企业法定代表人签名并加盖有关印章

C. 对影响重大或法律关系复杂的合同文本，企业应该组织企业内部有关部门进行审核

D. 合同文本一般由法律部门起草，总经理审核

三、多项选择题

1. 根据《企业内部控制应用指引第6号：资金活动》的规定，企业应当建立资金授权制度和审核批准制度，并按照规定的权限和程序办理资金支付业务，包括（　　）。

A. 支付复核　　B. 支付申请

C. 办理支付　　D. 支付审批

2. 下列各项中，属于资金活动内部控制基本原则的有（　　）。

A. 企业应当根据自身发展战略，科学确定投融资目标和规划

B. 完善严格的资金授权、批准、审验等相关管理制度

C. 加强资金活动的集中归口管理

D. 明确筹资、投资、营运等各环节的职责权限和岗位分离要求

3. 下列各项中，属于投资活动主要风险的有（　　）。

A. 投资活动与企业战略目标不符

B. 投资活动忽略资产投放结构

C. 缺乏严密的授权审批制度

D. 缺乏严密的会计系统控制的投资项目

4. 下列各项中，对企业内部控制资金活动应用指引的范围表述正确的有（　　）。

A. 投资活动管控　　B. 筹资活动管控

C. 资金营运活动管控　　D. 资金分配活动管控

5. 下列选项中，属于销售业务内部控制不严格导致的风险有（　　）。

A. 市场预测失误，导致存货增加

B. 销售业务员挪用货款

C. 销售业务员与客户勾结，提高价格以获取回扣

D. 销售合同内容存在重大疏漏和欺诈

6. 以下选项中，不符合《企业内部控制应用指引第9号：销售业务》要求的是（　　）。

A. 重大销售合同谈判时，由销售、财务和法律人员组成小组参加谈判，并征求法律顾问的意见

B. 财务部门负责办理销售资金的结算和监督应收款项的回收

C. 建立客户信用档案，并实施严格的新开发客户信用审查制度，简化大客户的信用审查流程

D. 指定专人以函证的方式定期与客户核对应收账款、应收票据等往来款项

7. 企业在销售合同订立前应当与客户进行业务洽谈、磋商或谈判，下列各项中属于关注内容的有（　　）。

A. 信用状况　　B. 销售定价

C. 结算方式　　D. 权利与义务

8. 下列表述中，符合研究与开发内部控制要求的有（　　）。

A. 针对研究项目立项申请，企业要开展可行性研究，编制可行性研究报告

B. 重大研究项目应当报经董事会或类似权力机构集体审议决策

C. 企业研究项目委托外单位承担的，应当采用招标、协议等适当方式确定受托单位，签订外包合同

D. 企业应当建立研发活动评估制度

9. 下列各项中，属于研究成果开发环节的主要控制措施的有（　　）。

A. 建立、健全研究成果开发制度，促进成果及时有效转化

B. 建立研发项目档案，推进有关信息资源的共享和应用

C. 科学鉴定大批量生产的技术成熟度，力求降低产品成本

D. 坚持开展以市场为导向的新产品开发消费者测试

10. 下列各项中，属于工程项目流程的有（　　）。

A. 工程立项　　B. 工程招标

C. 工程造价　　D. 工程建设

11. 下列各项对企业工程项目内部控制措施的表述中，错误的

有（　　）。

A. 工程项目的立项，应当报董事会或类似权力机构集体审议批准

B. 确定工程项目中标人之前，企业可以与投标人就投标方案进行谈判

C. 从事工程项目可行性研究的专业机构不得再从事可行性研究报告的评审

D. 工程项目招标前，企业可以根据项目特点决定是否编制标底

12. 企业应当按照批准的业务外包实施方案选择合适的承包方，承包方应当具备的条件有（　　）。

A. 承包方是依法成立和合法经营的专业服务机构或其他经济组织

B. 承包方应当具备相应的专业资质

C. 承包方从业人员符合岗位要求和任职条件，并具有相应的专业技术资格

D. 承包方的技术及经验水平符合本企业业务外包的要求

13. 下列各项中，可能导致财务风险失控的有（　　）。

A. 编制财务报告违反会计法律法规和国家统一的会计制度

B. 提供虚假财务报告

C. 不编制预算或预算不健全

D. 不能有效利用财务报告

14. 除会计处理和相关信息披露外，下列各项中，担保业务直接涉及的内容有（　　）。

A. 担保财产　　　　　　B. 费用收取

C. 财务分析　　　　　　D. 债务承担

15. 下列各项中，属于企业编制个别财务报告环节的主要风险的有（　　）。

A. 提供虚假财务报告　　B. 报表种类不完整

C. 报表数据不完整、不准确　D. 附注内容不完整

16. 下列各项中，属于企业对外提供财务报告阶段采取的控制措施的

有（　　）。

A. 企业相关制度中明确财务报告对外提供的对象

B. 对能够接触财务报告信息的人员进行权限设置

C. 财务报告的编制、审核、报送流程中的每一步骤设置时间点

D 财务报告应当及时整理归档并妥善保存

17. 根据《企业内部控制应用指引第15号：全面预算》的规定，全面预算面临的风险有（　　）。

A. 全面预算方法的选择所带来的风险

B. 不编制预算或预算不健全而导致企业经营缺乏约束或盲目经营

C. 预算目标不合理、编制不科学导致企业资源浪费或发展战略难以实现

D. 预算缺乏刚性、执行不力、考核不严，导致预算管理流于形式

18. 下列各项中，关于合同管理内部控制表述正确的有（　　）。

A. 企业对外发生经济行为，除即时结清方式外，应当订立书面合同

B. 重大合同或法律关系复杂的特殊合同应当由法律部门参与起草

C. 合同应由合同起草部门负责人与对方当事人签订生效

D. 合同生效后，对产品质量问题的争议企业与合同方没有约定或者约定不明确的，可以协议补充

四、案例分析题

1. 资料：华为技术有限公司业务涵盖通信基础设施、通信产品和云计算。集团在香港、欧洲、美国等国家（地区）设有子公司，均100%控股。其海外投资业务如表5-27所示。

表5-27　华为海外投资业务汇总

业务类型	具体内容
运营商网络业务	无线网络、固定网络、全球服务、电信软件与核心网
企业业务	企业无线领域、垂直行业领域、企业渠道业务
消费者业务	Android手机（辅助平板电脑、软件应用业务）

主营业务为通信产品的开发、销售及相关服务、金融与资本管理、技术研发等，许多与外国公司的合资企业，也是华为技术有限公司的一大特色。在创业方面，将业务扩展到沃达丰、西班牙电信、德国电信、中国联通等主要运营商。在公司客户业务中，致力于建设华为技术有限公司的 ICT 基础设施。与合作伙伴合作中，将客户带到公共安全场所、政府、金融、能源等重点行业实现行业数字化转型，实现可持续发展。

华为因适应行业信息的创新转型，将与行业合作伙伴一起，在未来向该方向引导信息，为客户和社会增加价值，继续珍惜世界，并努力成为未来转型的运营和客户合作战略，为拥有基础设施的企业，提供领先的 ICT 供应商并成为市场领导者，备受世界消费者的喜爱和信任。

思考分析：列举华为技术有限公司对外投资涉及的政治风险、经济风险、跨文化风险、运营风险的主要内容。① 说明化解对外投资风险应采取的对策。

2. 资料：甲公司 2020 年 9 月底的预算例会上，针对财务部提出的各部门预算执行方面的问题，各部门领导都有各自的看法和意见，财务部王经理不知怎么回答好，下面是会议上一些部门负责人的发言。

综合部张部长说："我们部门 2020 年的部门费用预算总额是 50 万元，这些费用预算已经在年初的预算会议上讨论通过了，而且公司也下发了文件，为什么每次报销时有些金额稍大的费用开支还要找公司领导去批，这不是多此一举、浪费资源吗？而且，综合部每年预算较为稳定，将全年的部门费用总额控制在 50 万元以内就可以了，到现在为止，我们部门总共才开支了 25 万元，财务部为什么通知我们综合部办公费超预算了？"

市场部王部长说："我们部门到目前为止已经签订了 1 亿元合同额，较上年同期增长了 20%，完成了全年指标的 80%，凭什么说我们没有完成预算指标。"

人力资源部孙部长说："我们部门到目前为止共发生了 30 万元费用，仅开支全年预算的 60%，控制情况比较理想，就不用提交部门预算分析报告

① 李祖儿．企业对外资风险控制研究：以华为为例［J］．现代营销（经营版）；2021（9）：151-153.

了吧。”

各个部门领导都给王经理提意见，认为财务部对预算控制太死，不利于大家开展工作，有许多事情根本没法预测那么准。

思考分析：

(1) 判断综合部张部长的观点是否正确，并简要说明理由。

(2) 王经理应当如何向市场部王部长解释？

(3) 王经理应当如何向人力资源部孙部长解释？

(4) 预算例会主要任务之一是对预算进行分析，预算分析有什么作用？

(5) 对于各部门领导提出的预算控制太死的问题，王经理该怎么做？在以后的预算控制中，王经理应按什么原则指导预算控制工作？

3. 资料：华星公司成立于 20×1 年，是一家致力于汽车零配件研发、生产及销售的公司。20×5 年公司拟实行全面预算管理体系，并于 20×5 年底由财务总监牵头各部门负责人成立预算管理小组，该小组根据公司的发展战略和经营计划直接编制 20×6 年年度预算草案，由总经理审核通过并下发各部门。公司给销售部下达的 20×6 年预算收入指标为 5 000 万元。20×6 年 6 月，甲公司采购员李某联络华星公司销售员张某，表示需要购买价值 300 万元的汽车零部件，李某承诺先支付定金 30 万元，余款在三个月内偿还。过去几年甲公司李某从华星公司大批量采购过几次货物，属于华星公司的重要客户，这几年的交易中甲公司信用不错，双方合作愉快。这次销售员张某见其很有购买诚意，该业务又属于公司重大的销售业务，便直接与甲公司签订了购销合同，并电话通知仓储部门按合同三天内给甲公司发送全部货物。三个月后甲公司并没有支付余款，华星公司财务部联系甲公司催收货款，发现甲公司 20×6 年 2 月就已经陷入财务危机，8 月已经处于破产清算状态。华星公司只能全额计提坏账准备。由于受甲公司事件影响，10 月份销售部发现今年预算难以完成，自行把预算销售额调整为 4 500 万元，然后就详细情况通告了预算管理小组。

思考分析：根据《企业内部控制应用指引第 9 号：销售业务》，简要分析华星公司在销售环节中存在的内部控制缺陷。

第六章
信息与沟通

学习目标

本章主要阐述了企业内部控制信息收集、传递、沟通和反馈等内容的理论和方法。

通过对本章的学习，应该了解信息与沟通的概念，熟悉内部控制信息收集、传递、沟通和反馈等的基本内容，掌握信息与沟通的技术和方法。

本章框架

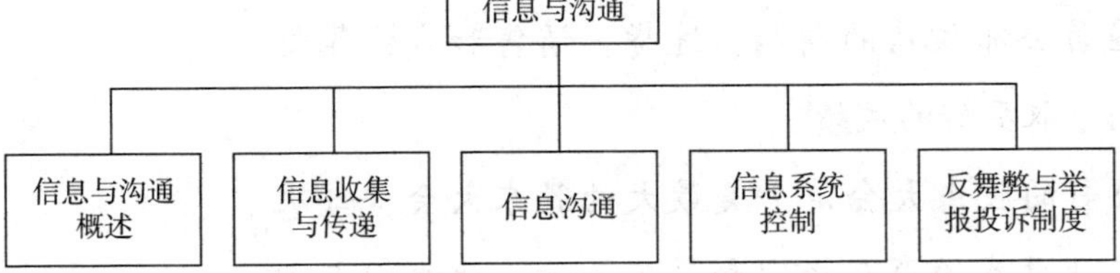

随着信息时代的到来，信息成为一种不可或缺的资源，是一个企业赖以生存的重要因素之一。信息改变了我们思考问题、解决问题的方式。企业有效信息沟通是内部控制的重要保证，也是提高管理能力的重要抓手。内部控制的基础（内部环境）、首要前提（风险评估）、具体措施（控制活动）、保证手段（内部监督）都离不开信息与沟通这一内部控制的必要条件。企业信息沟通的内容，应包括信息收集机制、信息沟通机制、内部报告管理、保密管理和信息技术整体控制等。

导入案例

美国沃尔玛公司是一家世界性连锁企业。2020 年 8 月 10 日，沃尔玛名列 2020 年《财富》世界 500 强排行榜第 1 位。总裁萨姆·沃尔顿曾说过："如果你必须将沃尔玛管理体制浓缩成一种思想，那可能就是沟通。因为它是我们成功的真正关键之一。"沟通就是为了达成共识，而实现沟通的前提就是让所有员工一起面对现实。沃尔玛公司真正做到了通过信息共享、责任分担实现良好的沟通交流。

沃尔玛公司总部设在美国阿肯色州本顿维尔市。在日常运营活动过程中，沃尔玛公司的行政管理人员每周要飞往各地的商店，通报公司业务情况，让所有员工掌握沃尔玛公司的业务指标，借以共享信息和分担责任。在任何一个沃尔玛商店里，都定时向经理及其助理、每位员工、计时工和兼职雇员公布该店的利润、进货、销售和减价等信息，鼓励他们争取更好的成绩。

沃尔玛公司的股东大会是全美最大的股东大会，每次大会都尽可能让更多的商店经理和员工参加，让他们看到公司全貌，做到心中有数。为保持整个组织信息渠道的通畅，公司总裁及其管理层还全面收集员工的想法和意见，公司的行政管理人员每周花费大部分时间与员工沟通和联络感情，通常还参加公司联欢会等。沃尔玛特别擅长鼓舞员工士气，只要员工有较好的表现，哪怕仅仅是一个创新的思想，管理者都会立刻做出积极的反馈，公开并大力地给予表扬，号召全体同人效仿。

沟通的管理意义是显而易见的。如同激励员工的每一个因素都必须与沟通结合起来一样，企业发展的整个过程也必须依靠沟通。可以说，没有沟通，企业管理者的领导就难以发挥积极作用；没有顺畅的沟通，企业就谈不上机敏的应变。

根据沃尔玛公司上下级之间、部门与部门之间以及员工之间的沟通方式和内容，谈谈你对公司内部采取良好的沟通方式的意义和作用。

第一节　信息与沟通概述

一、信息与沟通的概念

“信息与沟通”是信息与沟通复合而成的概念。为全面深入理解信息与沟通的内涵，需要分别了解内部控制中的“信息”和“沟通”。

（一）信息

信息就像胶水和汽油。说信息像胶水，是因为信息系统把所有的公司运营都连接在了一起；说信息像汽油，是因为信息能为创新和变革提供动力。①决策是管理的核心，而有决策任务的地方就需要信息。从这个意义上来说，信息就是决策的依据，是辅助决策的消息、资料以及数据等。这里所说的“信息”，是指影响企业内部控制环境、风险评估、控制活动、内部监督等方面的信息。信息源于经营、财务等活动，以内部报告形式作为载体。在企业日常经营活动过程中，信息的正常流转不仅是其生产经营的需要，也是管理者进行决策与控制的基础和依据。信息是计划和决策的基础；信息是组织和

① 戈麦斯-梅西亚，鲍尔金，卡迪．管理学：原理、案例与实践［M］．北京：人民邮电出版社，2009.

控制过程的依据；信息是维系管理系统各层次相互沟通、形成网络的纽带，也是所有控制的前提。

信息分类如图 6-1 所示[①]。

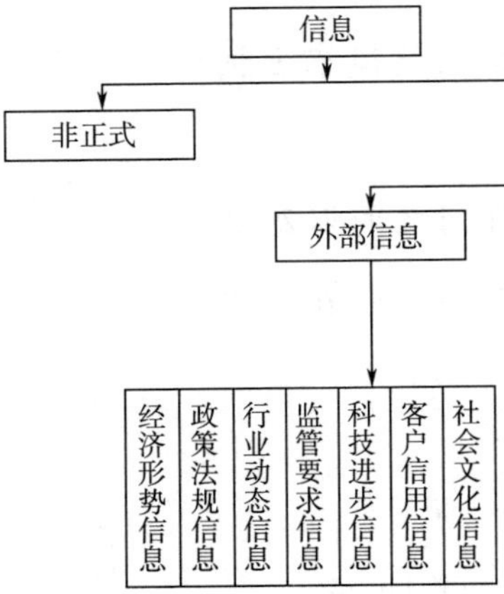

图 6-1　信息分类

（二）沟通

沟通是企业中每时每刻都在进行的活动。任何企业都会有某种程度上的有效沟通。没有良好的沟通，企业的运营就不可能顺畅，甚至可能中断。一般来说，沟通是指沟通双方都运用了解的符号，把有价值的信息从一方传递到另一方的过程。当对方能理解信息的意义时，沟通就是成功的。沟通是信息意义的传递和理解。信息不仅要传递，还要被充分理解；有效的沟通意味着双方准确地理解信息的含义；沟通是一个双向的、互动的反馈和理解过程。沟通过程如图 6-2 所示。

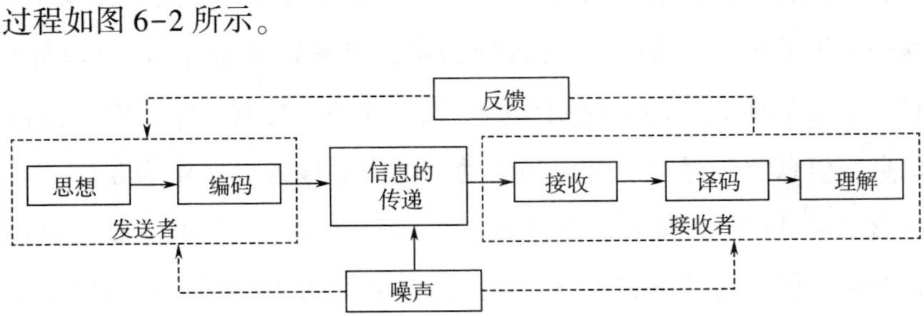

图 6-2　沟通过程

① 李心合．企业内部控制基本规范导读［M］．大连：大连出版社，2008.

由图 6-2 可知，沟通发生之前，必须存在一个意图，我们称之为要传递的信息。它在发送者（信息源）与接收者之间传送。信息首先被转化为信号形式（即编码，将信息中包含的符号翻译成接收者可以理解的形式），然后通过媒介（通道）传送至接收者，由接收者将收到的信号再转译过来（即解码）。反馈是把信息返回给发送者，并对信息是否被理解进行核实。所谓的“噪声”，是指对信息的传送、接收或反馈造成干扰的因素，如难以辨认的字迹、电话中的静电干扰、接收者的疏忽大意等。概括地讲，所有对理解造成干扰的因素都是噪声。

“信息与沟通”要素中的“沟通”，是指信息在企业内部各层次、各部门之间以及客户、供应商、监管者等外部环境之间的传递。沟通是企业内部向下级之间、部门之间相互交换意见、相互联系的工具和纽带，同时也是组织与外部环境联系的桥梁。企业要在瞬息万变的市场环境和激烈的竞争中生存和发展，就必须依赖良好的沟通。信息沟通的方式有多种，除了电子沟通、书面沟通、口头沟通外，企业的制度宣传图片、培训等也是沟通的方式。沟通系统能够帮助企业对内对外交换相关的高质量信息。

《企业内部控制基本规范》规定，企业应当将内部控制相关信息在企业内部各管理级次、责任单位、业务环节之间，以及企业与外部投资者、债权人、客户、供应商、中介机构和监管部门等有关方面之间进行沟通和反馈。信息沟通过程中发现的问题，应当及时报告并加以解决。

（三）信息与沟通

“信息与沟通”概念的内涵主要包括以下三个方面：

第一，信息沟通主体是企业内部有关层级。沟通是企业内部有关层级人与人之间的信息交流。他们不仅处理内部生成的信息，还处理与知情的经营决策和对外报告所需的外部事项、行为和情形有关的信息。有效的沟通还必须是广义的，即信息必须在组织内自上而下、平行以及自下而上地传递。所有员工都必须从最高管理层那里获得控制责任必须严格履行的明确信息。他们必须了解他们自己在内部控制体系中的作用，以及个人的活动与其他人的工作之间的关联。他们应该有向上传递重要信息的途径。此外，与外部各方，如客户、供应商、监管者以及股东之间也需要有效的沟通。

第二，沟通客体是信息及其传递。如果信息没有被传递，信息沟通就没有发生。这里的信息主要指影响企业内部环境、风险评估、控制活动、内部监督等方面的信息。信息是与内部控制相关的信息，并不是全部信息。所以，信息与沟通是专门为内部控制服务的信息与沟通。

第三，强调对信息进行收集、加工和沟通。对内部控制相关的信息，要同时发挥三种功能，一是收集，二是加工，三是沟通，三者缺一不可。没有收集，当然无从加工和传递；没有加工，收集的信息就不能显现其价值；没有沟通，就不能让相关人员及时掌握这些内部控制相关信息，信息的收集和加工也就失去意义；内部控制相关信息的收集、加工和沟通都必须有经过策划的、可靠的程序和方法。管理过程中各种信息沟通相互关联、交错，所以管理者把各种信息沟通过程看成是一个整体，即管理信息系统。

信息与沟通是及时、准确、完整地采集与企业经营管理密切相关的各种信息，并使这些信息以适当的方式在企业有关层级之间、企业与外部之间进行及时传递、有效沟通和正确使用的过程，是实施内部控制的重要条件。

二、信息和沟通的目标

信息和沟通的目标是：①

第一，确保获取适当和全面的内部财务、经营和合规的数据；

第二，确保获取与决策相关的事项和全面的外部市场信息；

第三，建立有效的沟通渠道，以确保员工知道影响他们的职责和责任的政策和程序；

第四，确保其他的相关信息能够传达到适当的决策者；

第五，确保在用的信息系统是适当的和安全的。

三、信息的质量

信息是企业各类业务事项属性的标识，是保障企业经营管理活动顺利开展的基础。

---

① 露丝·海特渥. 内部控制政策与程序［M］. 大连：大连出版社，2009.

企业通过信息系统生成的信息的质量直接影响管理层在管理和控制主体的活动时做出适当决策的能力。现代的系统通常都提供联机查询的功能，因此可以根据需要提供最新的信息。报告中包含充分、适当的数据以支持有效的控制是非常重要的。判断信息的质量高低可以看其是否符合下列要求：

内容适当——它是所需要的信息吗？

信息及时——当需要时就能获得吗？

信息是当前的——能获得最新的信息吗？

信息准确——数据都准确吗？

信息可以获取——从相关方面可以很容易地获得信息吗？

所有这些问题必须通过系统设计来加以解决。如果得不到解决，系统可能就无法提供管理层和其他人员所需要的信息。由于在正确的地点及时获得正确的信息对实施控制而言至关重要，因此尽管信息系统本身是内部控制体系的一个组成部分，但它也必须受到控制。信息的质量可能取决于第五章中讨论过的控制活动的运行。

企业日常生产经营需要收集各种内部信息和外部信息，并对这些信息进行合理筛选、核对、整合，增强信息的有用性。

企业可以通过财务会计资料、经营管理资料、调研报告、专项信息、内部刊物、办公网络等渠道，获取内部信息；还可以通过行业协会组织、社会中介机构、业务往来单位、市场调查、来信来访、网络媒体以及有关监管部门等渠道，获取外部信息。

四、沟通制度与信息系统

信息的价值必须通过信息的传递和使用才能体现。企业应当建立信息沟通制度，将内部控制相关信息在企业内部各管理级次、责任单位、业务环节之间，以及企业与外部投资者、债权人、客户、供应商、中介机构和监管部门等有关方面之间，进行沟通和反馈。重要信息须及时传递给董事会、监事会和经理层。必须以适当的方式在一定的时间范围内识别、获取和沟通有关的信息，以便员工能够履行其责任。信息系统生成包含经营、财务以及与合规有关的信息的报告，从而使经营和控制企业成为可能。信息系统可以是手工信息系统，也可以是利用现代信息技术的信息系统，还可以是手工和信息技术相结合的信息系统；可以是正式的信息系统，也可以是非正式的信息系统。信息系统处理的对象既包括企业经营活动等内部生成的信息，也包括与经营活动相关的外部事项、活动和环境等外部信息。

沟通制度的落实以信息系统为载体或依托。信息系统是指企业利用计算机和通信技术，对内部控制进行集成、转化和提升所形成的信息化管理平台。为提高内部控制效率，企业应运用信息技术加强内部控制，建立与经营管理相适应的信息系统，促进内部控制流程与信息系统的有机结合，从而实现对业务和事项的自动控制以及减少或消除人为操纵因素。企业利用信息技术对信息进行集成和共享的同时，还应加强对信息系统开发与维护、访问与变更、数据输入与输出、文件储存与保管、网络安全等方面的控制，保证信息系统安全稳定运行。

第二节 信息收集与传递

一、信息收集和传递的一般要求

信息收集是信息得以利用的第一步，也是关键的一步，它是信息处理和传递的基础和前提。信息收集是整个企业信息工作的源头，其工作质量优劣直接关系到企业发展战略和经营目标的实现。因此，企业要选择恰当的信息收集方式，关注和评价信息收集环节的主要风险，积极采取科学管控措施。

企业收集信息完毕，应对信息进一步进行审核和鉴别，对已经筛选的资料做进一步的专业化的加工、处理和检查，确保其真实性和合理性，使其满足内部控制的需要。

信息处理工作结束，企业还应通过恰当的方式对处理结果进行及时传递。建立科学的内部信息传递机制，明确内部信息传递的内容、保密要求及密级分类、传递方式、传递范围以及各管理层级的职责权限等。

二、内部信息的收集与传递

（一）内部信息收集渠道

企业的信息具有一定的内部性，即其产生的源头在企业内部。以内部控制的信息为例，关于内部控制的实施主体、控制活动、控制过程以及控制结果等这些原始信息均严格产生于组织内部。

企业应当根据《企业内部控制基本规范》的要求，通过财务会计资料、经营管理资料、调研报告、专项信息、内部刊物、办公网络等渠道，获取内部信息。对收集、产生的各种内部信息通过必要的加工与分析和整理，借助内部报告传递到企业内部相关管理层级，以便为各级管理人员提供详略程度不同的有效信息。

（二）内部信息传递

1. 内部信息的传递程序

内部信息传递是企业内部各管理层级之间通过内部报告形式传递生产经营管理信息的过程。企业的内部控制活动离不开信息的沟通和传递。内部信息传递主要有两个阶段：一是内部报告形成阶段；二是内部报告使用阶段（如图 6-3 所示）。内部报告形成阶段的主要工作有：建立内容报告指标体系、收集整理内外部信息、编制及审核内部报告。内部报告使用阶段的主要工作有：构建管理报告流转体系及渠道、管理报告的有效使用及保密、管理报告的保管和管理报告评估。

（1）建立内部报告指标体系。企业应当根据自身的发展战略、风险控制和业绩考核特点，建立与全面预算管理等相结合的不同级次的内部报告指标体系，并应随着环境和业务的变化进行修订和完善。设计内部报告指标体系时，应当关注企业成本费用预算的执行情况。内部报告应当简洁明了、传递及时，便于企业各管理层级和全体员工快速掌握相关信息，正确履行职责。

（2）收集整理内外部信息。企业应当广泛收集、分析、整理内外部信息。企业应当关注市场环境、政策变化等外部信息对企业生产经营管理的影响，并通过内部报告传递到企业内部相关管理层级，以便采取应对策略。

（3）编制及审核内部报告。企业应当建立内部报告审核制度，确保内部

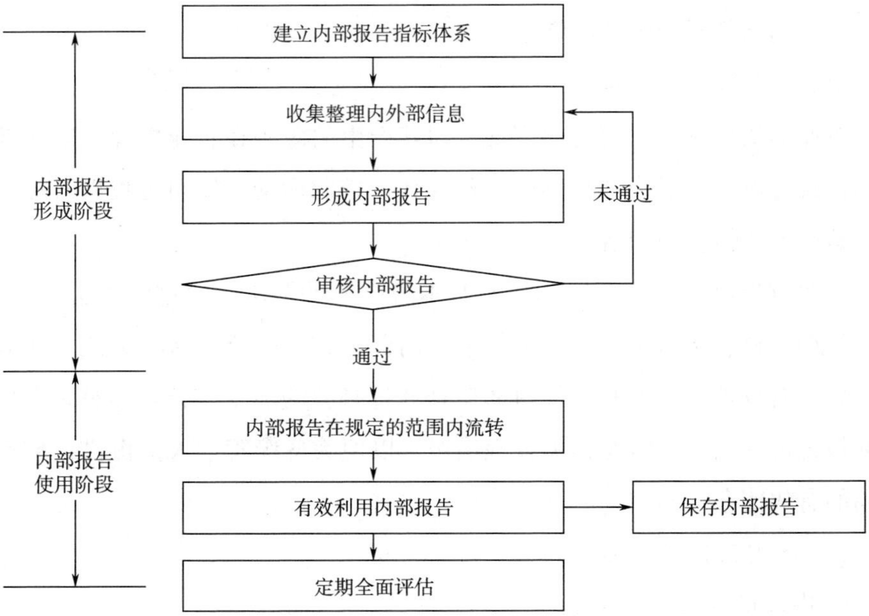

图 6-3　内部信息的传递程序

报告信息质量。企业各职能部门应将收集的有关资料进行筛选、抽取，根据各管理层级对内部报告的信息需求和已有的内部报告指标，对提取的有效数据进行反馈汇总、完善，形成内部报告。

（4）构建内部报告流转体系及渠道。企业应当制定严密的内部报告传递流程，通过信息技术强化内部报告信息集成和共享，将内部报告纳入企业统一信息平台，构建科学的内部报告网络体系。内部报告应当按照职责、权限分工规定的报告关系传递信息。

（5）内部报告有效使用及保密要求。内部报告有效使用主要包括：利用内部报告进行有效决策，管理和指导生产经营活动，及时反映全面预算执行情况，协调运营进度，严格绩效考核和责任追究，有效地进行风险评估，确定风险应对策略，实现对风险的有效控制，及时解决内部报告反映的问题。企业应当制定严格的内部报告保密制度，明确保密的内容、措施、密级程度和传递范围，防止泄露商业秘密。

（6）内部报告的保管。对于企业经营管理活动中产生的大量数据信息，要管理好相关资料，发挥其在分析和解决企业管理问题中的作用。

（7）内部报告的评估。企业每年度至少对内部报告进行一次评估。通过回顾过去内部报告的编制和利用情况，评价内部报告的及时性、内部信息传递的有效性和安全性，全面掌握内部信息的真实状况。经过评估发现内部报告存在缺陷的，企业应当及时进行修订和完善，确保内部报告提供的信息及时、有效。

2. 内部信息传递的主要风险和管控措施

信息传递对企业内部控制的有效实施具有重要作用，但由于受制于管理者的认识，加之收集信息的局限性以及传递方式的多样性，内部信息传递存在着风险，这就要求企业必须采取相应管控措施，化解内部信息传递过程中的各种风险。具体内容如表 6-1 所示。

表 6-1　内部信息传递的主要风险和管控措施

阶段	主要风险	管控措施
建立内部报告指标体系	指标体系的设计未能结合企业的发展战略，与全面预算管理要求相脱节	①企业应根据发展战略、各管理层级对信息的需求，建立分级、分次的内部报告指标体系 ②将企业内部报告指标细化、分解，使各责任部门、职能部门都有自己明确的目标 ③内部报告应依据全面预算进行信息反馈，将预算控制的过程和结果向企业内部管理层报告
收集内外部信息	收集的内外部信息过于散乱，不能突出重点；内容准确性差；获取内外部信息的成本过高，违反了成本效益原则	①根据信息需求者要求按照一定的标准对信息进行分类汇总 ②对信息进行审核和鉴别 ③企业应在收集信息的过程中确保所获取信息符合成本效益原则
编制及审核内部报告	内部报告未能根据各内部使用单位的需求进行编制，内容不完整，编制不及时，未经审核即向有关部门传递	①企业应围绕内部报告使用者的信息需求编制内部报告 ②企业应合理设计内部报告编制程序，提高编制效率，保证内部报告能在第一时间提供给相关管理部门 ③企业应建立内部报告审核制度

续表

阶段	主要风险	管控措施
构建内部报告流转体系及渠道	缺乏内部报告传递流程，内部报告未按传递流程进行传递流转，内部报告流转不及时	①企业应当制定内部报告传递制度 ②企业应严格按设定的传递流程进行流转 ③企业应及时更新信息系统，确保内部报告有效安全地传递
内部报告有效使用及保密要求	企业管理层在决策时并没有使用内部报告提供的信息，内部报告未能用于风险识别和控制，商业秘密通过企业内部报告被泄露	①企业在预算、经营和考核等方面充分使用内部报告提供的信息 ②企业管理层应以内部报告信息为依据，评估、识别和系统分析企业生产经营管理中的内外部风险 ③企业应完善内部信息传递相关管控措施，防止商业秘密泄露
内部报告的保管	企业缺少内部报告的保管制度，内部报告的保管存放杂乱无序，对重要资料的保管期限过短，保密措施不严	①企业应当建立内部报告保管制度，各部门应当指定专人按类别保管相应的内部报告 ②企业应按类别（如影响大小、金额多少）保管内部报告 ③企业对不同类别的报告应按其影响程度规定其保管年限，只有超过保管年限的内部报告方可予以销毁 ④企业应当制定严格的内部报告保密制度，防止泄露商业秘密
内部报告评估	企业缺乏完善的内部报告评价体系，对各信息传递环节和传递方式控制不严，针对传递不及时、信息不准确的内部报告缺乏相应的惩戒机制	①企业应建立并完善企业对内部报告的评估制度，严格按照评估制度对内部报告进行合理评估 ②为保证信息传递的及时准确，企业必须执行奖惩机制

需要说明的是，生产经营管理信息不仅可能来源于企业内部，也可能来源于企业外部。因此，要传递的生产经营管理信息不仅局限于内部信息，也包括外部信息。如企业的战略决策需要宏观环境、行业环境与竞争对手、经营环境等外部信息，日常经营分析也需要行业环境及竞争对手等外部信息。

三、外部信息的收集

根据《企业内部控制基本规范》的要求，外部信息的收集渠道主要有行业协会组织、社会中介机构、业务往来单位、市场调查、来信来访、网络媒体及有关监管部门等。企业通常采用访问调查法、问卷调查法、信息技术方法收集外部信息。

（一）访问调查法

访问调查法也称访谈法，是访问者通过与被访者直接交谈（口头交谈）获得有关信息的方法。访问者与被访者之间面对面地沟通，直接了解情况，掌握信息。具体方式有个人接触法、深度访问、座谈采访、电话采访和信函采访等。访问调查方式如表 6-2 所示。

表 6-2　访问调查方式

方式	优　点	局　限
面谈访问	调查回答率高，问卷更科学合理，可控性强	调查成本较高，调查过程的质量控制较难
电话调查	速度快，调查成本低，对访问过程的控制较容易	问卷简单，可控性差
信函采访	成本低，调查范围广	回收率较低，回收时间长
网络调查	组织简单，成本低，回答率高，可控性强，不受时空与地域限制	网民的回答代表性受到质疑；无法深入调查；受访对象难以限制，其客观性难以控制

访问调查法主要用于获取潜在的信息资源，由于访问可以做深入地探讨，能够就一些复杂的议题开展讨论，通常可以获取质量较高的信息，因此，访问调查法可以用于对重要客户反馈信息、新兴市场需求情况等信息的收集。

（二）问卷调查法

问卷调查法是访问调查法的延伸和发展。问卷是指为统计和调查所用的、以设问的方式表述问题的表格。它是调查者通过事先统一设计的问卷来向被调查者了解情况、征询意见的一种资料收集方法。问卷调查法可分为自填问卷和访问问卷两种主要的类型。其中，自填问卷是由被调查者本人填答的问卷；访问问卷则是由访问员根据被调查者的回答填写的问卷。根据载体的不同，问卷调查可分为纸质问卷调查和网络问卷调查。其中，纸质问卷调查是一种传统的问卷调查，调查单位通过委派或雇用他人分发纸质问卷、并回收答卷、网络问卷调查，是指用户依靠在线调查问卷网站，通过网站提供设计问卷、发放问卷、分析结果等一系列服务。

（三）信息技术方法

信息技术方法是指企业利用现代信息技术，通过互联网、专业数据库等方式收集信息。网络的出现使人们便于沟通，所有信息都可以在网上快速流通。企业可以通过这种技术获得很多公开的外部信息，包括：经济信息（经济形势、产业政策、资源供给等）、法律信息（法律法规及监管要求）、地区文化信息（传统文化及教育水平）、科技信息（科技发展及技术进步）等。

通过互联网方式获取的信息具有成本低、效率高的优点，尤其通过专业数据库以有偿方式可以收集到有深度、高质量的信息。但也存在着信息良莠不齐的缺陷，信息的真实性、可靠性难以保障。

第三节 信息沟通

一、沟通的种类

按沟通的渠道划分，沟通可以分为正式沟通和非正式沟通。正式沟通是指在企业正式结构、层次系统进行沟通。非正式沟通是指通过正式系统以外的途径进行沟通。

信息沟通按沟通的对象可以分为内部信息沟通和外部信息沟通。内部信息沟通是指企业经营、管理所需的内部信息、外部信息在企业内部的传递与共享。外部信息沟通是指企业与利益相关者之间信息的沟通。

二、内部信息沟通

（一）内部信息沟通的内涵

内部信息沟通是指企业内部控制所需的内部信息、外部信息在企业内部的交流与共享。内部沟通包括企业经营管理哲学和方式的明确陈述、明确的授权等，与活动流程和程序相关的沟通应与企业所希望建立的文化相协调，并支持这种文化的建立。

从内部沟通来讲，企业应建立必需的沟通渠道和机制。一方面，使企业的所有人员从企业管理当局获取明确的信息，明确其职责，了解自身在内部控制体系中所应发挥的作用；另一方面，使员工能够及时向上传递其在企业经营活动中所了解的重要信息。企业必须建立相应的举报人保护机制，以保护员工报告的积极性；还必须确保管理当局与企业董事会及其委员会之间的沟通，以使董事会有效地履行监督职责，充分发挥董事会的作用。

（二）内部信息沟通方式

内部沟通是企业沟通的方式之一，内部沟通只有采用正确的方式方法才能提升内部沟通的有效性。内部信息沟通方式如表 6-3 所示。

表 6-3 内部信息沟通方式

方式	含义	优 点	局 限
下行沟通	任何一种信息从管理者流向下属人员的沟通	①上一级管理者将企业的战略、政策及意图传递给下属，从而给下属指明工作的目标，明确其职责和权力 ②上一级管理者可以把工作中存在的问题与要求传达给下属，与下属协商解决，可以增强下属的归属感 ③下行沟通可以协调企业中各层次的活动，增进各层次、各职能部门之间的联系和了解	①逐级传递信息，在传递过程中会发生信息的搁置、误解、歪曲，从而影响沟通的效果 ②长期使用下行沟通，易形成一种“权力气氛”，影响士气 ③长期使用下行沟通，会导致下级依赖上级，一切听从上级裁决的权威性人格，使下级缺乏工作的积极性和创造性
上行沟通	上行沟通就是信息从下属人员流向管理者的沟通	①下级可以将其意见向上级反映，激发组织成员的参与热情；管理者也可以通过这种方式了解企业的经营情况 ②上级和领导可以通过上行沟通了解下级和组织成员的状况、存在的问题等，做出符合实际情况的决策	①在上行沟通的过程中，下级因地位、职务的不同有一定的心理距离和障碍 ②下级往往因害怕领导打击报复而不愿反映真实情况

续表

方式	含义	优　点	局　限
横向沟通	在同一组织层次的员工之间发生的沟通	①使办事程序、手续简化，节省时间，提高工作效率 ②使各个部门之间相互了解，有助于培养整体观念和合作精神 ③增进职工之间的感情，提高工作兴趣，改善工作态度	①横向沟通头绪过多，信息量大，易于造成混乱 ②横向沟通尤其是个体之间的沟通也可能成为职工发牢骚、传播小道消息的一条途径，造成涣散团体士气的消极影响
斜向沟通	同时跨工作部门和跨组织层次的员工之间的沟通	不同工作部门、不同组织层次在共同领导者（管理者）的命令和权威下开展控制活动，有利于增强合作意识以及领导者的控制	如果领导者（管理者）对现实状况了解不够客观，可能导致决策武断，既影响效率，也可能曲解事实，甚至贻误企业经营活动

（三）内部信息沟通应关注的问题

华而不实的信息沟通并不能保证企业运转得更好。企业内部沟通的重点不应该是备忘录、时事通讯、语音邮件、电子邮件及局域网等沟通手段，而应当是实现信息真实有效传递的价值，借助内部沟通帮助企业实现经营目标。

各级管理层应当进行有效的内部沟通。内部信息交流的好坏，很大程度上取决于管理人员自身的沟通技巧和主动性。部门间的配合和互动效果取决于部门间信息的交流。无论采取什么措施，都应要求企业管理人员主动地引导与下属的沟通。

三、外部信息沟通

外部信息沟通是指企业与其外部的利益相关者之间的沟通。外部信息沟通对象包括外部投资者、债权人、客户、供应商、中介机构和监管部门等。其中，投资者和债权人是企业资本的提供者，也是企业风险的主要承担者；客户是企业产品和服务的接受者或消费者，企业经营目标的实现依赖于客户的配合；供应商处于供应链的上游，对企业的经营活动有很强的制约能力；中介机构主要包括外部审计师和律师，外部审计师利用企业的财务报告和完善的一系列审计程序，发现企业经营以及财务报告中的问题。

通过外部沟通，可以了解和掌握有关内部控制体系运行的重要信息。如通过与客户之间的信息沟通，能够及时了解和应对不断变化的客户需求和偏好；通过与审计师等中介机构之间的沟通，可以获取重要的控制信息；通过与股东、监管者等的沟通，可以了解企业所面临的风险。

企业应当建立良好的外部沟通渠道，加强与外部投资者、客户、供应商、中介机构和监管部等有关方面之间的沟通和反馈。外部沟通的形式及内容如表 6-4 所示。

表 6-4　外部沟通的形式及内容

利益相关者	沟通形式	沟通内容
与投资者之间的沟通	依法建立本企业信息披露政策与程序	战略规划、经营成果、投融资计划、年度预算、重大财务担保、合并分立、资产重组、财务状况、经营成果、利润分配方案等
与债权人的沟通	走访、谈话、电话、书信、邮件、视频等	债务金额、还款计划、利息支付能力等
与客户的沟通	座谈会、走访等	客户对消费偏好、销售政策、产品质量、售后服务、货款结算等方面的意见和建议
与供应商的沟通	供需见面会、订货会、业务洽谈会	就供货渠道、产品质量、技术性能、交易价格、信用政策、结算方式等问题进行沟通
与监管机构的沟通和协调	监管政策和要求	及时了解监管要求，积极反映诉求和建议
与注册会计师的沟通和协调	财务报告	内部控制设计与运行有效性情况
与律师保持有效沟通	面对面的谈话、电话、书信、邮件、视频、微信等	全面了解案情，明确法律诉求，与律师签订委托代理协议，对案情做出客观的判断

第四节　信息系统控制

一、信息系统概述

（一）信息系统的内涵

信息系统，是指企业利用计算机和通信技术，对内部控制进行集成、转化和提升所形成的信息化管理平台。关于信息系统，应主要理解以下方面内容：

首先，信息系统内部控制的目标是提高企业现代化管理水平。企业的各个层次都需要利用信息来确认、评估和应对风险。就风险管理而言，信息流动贯穿于企业风险管理全过程

其次，信息系统内部控制的主要对象是信息系统，由计算机硬件、软件、人员、信息流和运行规程等要素组成。优良的信息系统既要包括财务信息系统，也要包括管理信息系统。财务信息系统以会计系统为主，负责提供有关企业财务方面的信息；管理信息系统则负责提供与企业经营管理活动有关的非财务信息。

最后，企业负责人应对信息系统建设工作负责。

（二）信息系统内部控制的目标

信息系统内部控制的目标是促进企业有效实施内部控制，提高企业现代化管理水平，减少人为操纵因素；同时，应增强信息系统的安全性、可靠性和合理性以及相关信息的保密性、完整性和可用性，为建立有效的信息与沟通机制提供支持保障。

（三）信息系统内部控制的要求

《企业内部控制基本规范》规定，企业应当加强对信息系统开发与维护、访问与变更、数据输入与输出、文件储存与保管、网络安全等方面的控制，保证信息系统安全稳定运行。

企业应当按照《企业内部控制基本规范》的要求，重视信息系统在内部控制中的作用，根据内部控制要求，结合组织架构、业务范围、地域分布、

技术能力等因素，制定信息系统建设整体规划，加大投入力度，有序组织信息系统开发、运行与维护，优化管理流程，防范经营风险，全面提升企业现代化管理水平。

企业应当指定专门机构对信息系统建设实施归口管理，明确相关岗位的职责权限，建立有效工作机制。企业可委托专业机构从事信息系统的开发、运行和维护工作。

（四）信息系统内部控制应关注的风险

企业利用信息系统实施内部控制至少应当关注下列风险：

第一，信息系统缺乏或规划不合理，可能造成信息孤岛或重复建设，导致企业经营管理效率低下。

第二，系统开发不符合内部控制要求，授权管理不当，可能导致无法利用信息技术实施有效控制。

第三，系统运行维护和安全措施不到位，可能导致信息泄露或毁损，系统无法正常运行。

二、信息系统的开发

一般来说，信息系统开发是指从信息系统本身的立项开始，经过规划、分析、设计、编码、测试、实施，直到运行和评价为止的整个完整过程。信息系统开发的具体任务就是根据一个企业的管理目标、管理内容以及规模等具体因素，按照系统论的观点，运用系统工程的方法，为企业建立起一个计算机化的信息系统。

（一）信息系统开发战略规划

企业应当根据发展战略和业务需要进行信息系统建设。信息化建设应先根据企业需求制定信息系统开发战略规划。开发战略规划是信息化建设的起点，它是以企业发展战略为依据制定的企业信息化建设的全局性、长期性规划。制定信息系统开发战略规划的主要风险及管控措施如下：

1. 制定信息系统开发战略规划的主要风险

（1）缺乏战略化考虑或规划不合理，可能造成信息孤岛或重复建设，导致企业经营管理效率低下。

（2）没有将信息化与企业业务需求结合，降低了信息系统的应用价值。

2. 制定信息系统开发战略规划的管控措施

（1）企业必须制定信息系统开发的战略规划和中长期发展计划，并在每年制订经营计划的同时制订年度信息系统建设计划，促进经营管理活动与信息系统的协调统一。

（2）企业在制定信息化开发战略过程中，要充分调动和发挥信息系统归口管理部门与业务部门的积极性，使各部门广泛参与、充分沟通，提高开发战略规划的科学性、前瞻性和适应性。

（3）信息系统开发战略规划要与企业的组织架构、业务范围、地域分布、技术能力等相匹配，避免相互脱节。

（二）选择适当的信息系统开发方式

1. 信息系统的开发方式

企业开发信息系统，可以采取自行开发、外购调试、业务外包等方式。选定外购调试或业务外包方式的，应当采用公开招标等形式择优确定供应商或开发单位。信息系统开发方式比较如表 6-5 所示。

表 6-5 信息系统开发方式比较

方式	自行开发	外购调试	业务外包
内涵	企业依托自身力量完成整个开发过程	企业购买成熟的商品化软件，通过参数配置和二次开发满足企业需求	企业将信息系统开发项目外包出去，由专业公司或科研机构负责开发、安装实施，由企业直接使用
优点	开发人员熟悉企业情况，能够满足本企业的需求，尤其是具有特殊性的业务需求。同时，通过自行开发，培养锻炼自己的开发队伍，便于后期的运行和维护	开发建设周期短；成功率较高；成熟的商品化软件质量稳定，可靠性高；专业的软件提供商实施经验丰富	企业可以构建全面、高效满足企业需求的个性化系统；企业不必培养、维持庞大的开发队伍，节约了人力资源成本
局限性	开发周期较长、技术水平和规范程度较难保证，成功率相对较低	难以满足企业的特殊需求；系统的后期升级进度受制于商品化软件供应商产品更新换代的速度，企业自主权不强	沟通成本高，系统开发方难以深刻理解企业需求，可能导致开发出的信息系统与企业的期望产生较大偏差

续表

方式	自行开发	外购调试	业务外包
适用范围	企业自身技术力量雄厚，而且市场上没有能够满足企业需求的成熟的商品化软件和解决方案	企业的特殊需求较少，市场上已有成熟的商品化软件和系统实施方案	市场上没有能够满足企业需求的成熟的商品化软件和解决方案，企业自身技术力量薄弱或为了减少维持庞大的开发队伍开支

2. 信息系统的开发要求

（1）企业开发信息系统，应当将生产经营管理业务流程、关键控制点和处理规则嵌入系统程序，从而实现手工环境下难以实现的控制功能。

（2）企业在系统开发过程中，应当按照不同业务的控制要求，通过信息系统中的权限管理功能控制用户的操作权限，避免将不相容职责的处理权限授予同一用户。

（3）企业应当针对不同数据的输入方式，考虑对进入系统数据的检查和校验功能。对于必需的后台操作，应当加强管理，建立规范的流程制度，对操作情况进行监控或者审计。

（4）企业应当在信息系统中设置操作日志功能，确保操作的可审计性。对异常的或者违背内部控制要求的交易和数据，应当设计由系统自动报告并设置跟踪处理机制。

3. 信息系统的开发环节

虽然信息系统的开发有自行开发、外购调试、业务外包等多种方式，但基本流程大体相似，通常包含项目计划、需求分析、系统设计、编程和测试、上线等环节。

（1）项目计划。项目计划通常包括项目范围说明、项目进度计划、项目质量计划、项目资源计划、项目沟通计划、风险对策计划、项目采购计划、需求变更控制、配置管理计划等内容。

（2）需求分析。信息系统需求分析的目的是明确信息系统需要实现哪些功能。该项工作要求系统分析人员和用户单位的管理人员、业务人员在深入调查的基础上，详细描述业务活动涉及的各项工作以及用户的各种需求，从而建立未来目标系统的逻辑模型。

（3）系统设计。信息系统设计是根据系统需求分析阶段所确定的目标系统逻辑模型，设计出一个能在企业特定的计算机和网络环境中实现的方案，即建立信息系统的物理模型。系统设计包括总体设计和详细设计。

（4）编程和测试。编程阶段是将详细设计方案转换成某种计算机编程语言的过程。

（5）上线。系统上线是将开发出的系统（可执行的程序和关联的数据）部署到实际运行的计算机环境中，使信息系统按照既定的用户需求来运转，切实发挥信息系统的作用。

需要说明的是：战略规划通常将完整的信息系统分成若干个子系统，并分阶段建设不同的子系统。比如，制造企业可以将信息系统划分为财务管理系统、人力资源管理系统、MRP 系统（销售、采购、库存、生产）、计算机辅助设计和制造系统、客户关系系统、电子商务系统等若干个子系统。项目就是指本阶段需要建设的相对独立的一个或多个子系统。信息系统开发环节的主要风险和控制措施如表 6-6 所示。

表 6-6　信息系统开发环节的主要风险和控制措施

业务环节	主要风险	主要控制措施
项目计划	信息系统建设缺乏项目计划或者计划不当，导致项目进度滞后、费用超支、质量低下	①企业应按照规定的权限和程序审批后，实施项目计划 ②企业可以采用标准的项目管理软件制订项目计划，并应在关键环节进行阶段性评审，加以跟踪 ③项目关键环节编制的文档应参照国家和行业标准制定
需求分析	①对信息系统提出的要求不符合业务处理和控制的需要 ②技术上不可行、经济上成本效益倒挂，或与国家有关法规制度冲突 ③需求文档表述存在问题甚至错误	①信息系统管理部门应当组织企业内部各有关部门提出开发需求，加强系统分析人员和有关部门的管理人员、业务人员的交流，经综合分析提炼后形成合理的需求 ②编制表述清晰、表达准确的需求文档 ③企业应当建立健全需求评审和需求变更控制流程

续表

业务环节	主要风险	主要控制措施
系统设计	①设计方案不能完全满足用户需求，不能实现需求文档规定的目标 ②设计方案未能有效控制建设开发成本，不能保证建设质量和进度 ③设计方案不全面，导致后续变更频繁 ④设计方案没有考虑信息系统建成后对企业内部控制的影响，导致系统运行后衍生新的风险	①系统设计负责部门应当就总体设计方案与业务部门进行沟通和讨论，说明方案对用户需求的覆盖情况；存在备选方案的，应当详细说明各方案在成本、建设时间和用户需求响应上的差异；信息系统归口管理部门和业务部门应当对选定的设计方案予以书面确认 ②企业应参照与系统设计相关的国家标准和行业标准，提高系统设计说明书的编写质量 ③企业应建立设计评审制度和设计变更控制流程 ④系统设计应当充分考虑信息系统建成后的控制环境，将生产经营管理业务流程、关键控制点和处理规程嵌入系统程序 ⑤应充分考虑信息系统环境下的新的控制风险 ⑥应针对不同的数据输入方式，强化对进入系统数据的检查和校验功能 ⑦系统设计时应考虑在信息系统中设置操作日志功能，确保操作的可审计性 ⑧预留必要的后台操作通道，对于必需的后台操作，应当加强管理，建立规范的操作流程，确保足够的日志记录，保证对后台操作的可监控性
编程和测试	①编程结果与设计不符 ②各程序员编程风格差异大，程序可读性差 ③缺乏有效的程序版本控制 ④测试不充分	①项目组应建立并执行严格的代码复查评审制度 ②项目组应建立并执行统一的编程规范，在标识符命名、程序注释等方面统一风格 ③应使用版本控制软件系统，保证所有开发人员基于相同的组件环境开展项目工作 ④应区分单元测试、组装测试等不同测试类型，建立严格的测试工作流程，加强测试分析，提高测试工作的质量和效率
上线	①缺乏完整可行的上线计划，导致系统上线混乱无序 ②人员培训不足，不能正确使用系统，导致业务处理错误，或者未能充分利用系统功能，导致开发成本浪费 ③初始数据准备设置不合格，导致业务处理错误	①企业应当制订信息系统上线计划，并经相关部门审核批准 ②系统上线涉及新旧系统切换的，企业应当在上线计划中明确应急预案，防止意外 ③系统上线涉及数据迁移的，企业应当制订详细的数据迁移计划，并对迁移结果进行测试。用户部门应当参与数据迁移过程，对迁移前后的数据予以书面确认

三、信息系统的运行与维护

信息系统的运行与维护主要包含三方面内容：日常运行维护、系统变更和安全管理。

信息系统日常运行维护的目标是保证系统正常运转，主要工作内容包括系统的日常操作、系统的日常巡检和维修、系统运行状态监控、异常事件的报告和处理等。

信息系统变更主要包括硬件的升级扩容、软件的修改与升级等。系统变更是为了更好地满足企业需求，但同时应加强对变更申请、变更成本与进度的控制。

信息系统安全管理的目标是保障信息系统安全。信息系统安全是指信息系统包含的所有硬件、软件和数据受到保护，不因偶然和恶意的原因而遭到破坏、更改和泄露，信息系统能够连续正常运行。

信息系统终结是信息系统生命周期的最后一个阶段，在该阶段信息系统将停止运行。停止运行的原因通常有：企业破产或被兼并、原有信息系统被新的信息系统代替。

信息系统的运行与维护关键控制点和主要控制措施如表 6-7 所示。

表 6-7　信息系统的运行与维护关键控制点和主要控制措施

方式	关键控制点	主要控制措施
日常运行维护	(1) 没有建立规范的信息系统日常运行管理规范 (2) 没有执行例行检查 (3) 企业信息系统数据未能定期备份	(1) 企业应制定信息系统使用操作程序、信息管理制度以及各模块子系统的具体操作规范 (2) 切实做好系统运行记录 (3) 企业要重视系统运行的日常维护 (4) 配备专业人员负责处理信息系统运行中的突发事件
系统变更	(1) 企业没有建立严格的变更申请、审批、执行、测试流程，导致系统随意变更 (2) 系统变更后的效果达不到预期目标	(1) 企业应当建立标准流程来实施和记录系统变更，并对变更进行测试 (2) 系统变更程序需要遵循与新系统开发项目同样的验证和测试程序 (3) 企业应加强紧急变更的控制管理 (4) 企业应加强对将变更移植到生产环境中的控制管理

续表

方式	关键控制点	主要控制措施
安全管理	（1）业务部门信息安全意识薄弱，对系统和信息安全缺乏有效的监管手段 （2）对系统程序的缺陷或漏洞安全防护不够 （3）对各种计算机病毒防范清理不力 （4）缺乏对信息系统操作人员的严密监控	（1）企业应成立专门的信息系统安全管理机构，加强信息安全管理 （2）企业应当有效利用IT技术手段，对硬件配置调整、软件参数修改严加控制。采取安装安全软件等措施，防范信息系统受到病毒等恶意软件的感染和破坏 （3）企业委托专业机构进行系统运行与维护管理的，应与其签订正式的服务合同和保密协议 （4）企业应当建立系统数据定期备份制度，明确备份范围、频度、方法、责任人、存放地点、有效性检查等内容 （5）企业应当建立信息系统相关环节的岗位责任制度和不相容职务分离制度，防范利用计算机舞弊和犯罪 （6）企业应积极开展信息系统风险评估工作，定期对信息系统进行安全评估，及时发现系统安全问题并加以整改
系统终结	（1）因经营条件发生巨变，数据可能泄密 （2）信息档案的保管期限不够长	（1）要做好善后工作，应将废弃系统中有价值或者涉密的信息及时销毁、转移 （2）严格按照法规妥善保管相关信息档案

第五节 反舞弊与举报投诉制度

一、舞弊及反舞弊

舞弊无疑是一个极其敏感而又重要的问题。非法获取他人财物主要有两种方法：一种是通过武力强迫他人交出财物；另一种是运用欺诈手段骗取他人资产。我们把前者称为抢劫，把后者称为舞弊。抢劫比舞弊更为直接和暴力，会吸引媒体更多的关注，但是舞弊所造成的损失远远大于抢劫。舞弊通常涉及欺骗、陷阱和计谋。

舞弊长期威胁着人类社会和经济活动的良性发展。企业应建立反舞弊机制，坚持惩防并举、重在预防的原则，明确反舞弊工作的重点领域、关键环节和有关机构在反舞弊工作中的职责权限，规范舞弊案件的举报、调查、处理、报告和补救程序。

（一）舞弊

1. 舞弊的内涵

舞弊是一个宽泛的法律概念，通常被用来描述任何蓄意地欺骗或误导他人，并由此引致损害和不公平待遇的一般性术语。《中国注册会计师审计准则第1141号——财务报表审计中对舞弊的考虑》指出：舞弊是指被审计单位的管理层、治理层、员工或第三方使用欺骗手段获取不当或非法利益的故意行为。概括地讲，舞弊是指导致会计报表产生不实反映的故意行为。《内部审计具体准则第2204号——对舞弊行为进行检查和报告》指出：舞弊，是指组织内、外人员采用欺骗等违法违规手段，损害或者谋取组织利益，同时可能为个人带来不正当利益的行为。对于舞弊的内涵，应进一步理解以下几个方面：

首先，舞弊不同于无意的错误。例如，如果某人无意中在会计报表上记录了不正确的数据，这是舞弊吗？不，这不是舞弊，因为这一行为并不是有意的，而且也不是为了通过虚报而牟利。但是，如果在相同的情况下，某人有意在会计报表上记录了不正确的数据以欺骗投资者，这就是舞弊。

其次，个人和组织都有可能舞弊。划分舞弊类别最一般的方法就是将其分为两类：针对某组织（企业）实施的舞弊和某组织（企业）实施的舞弊。①

在职业舞弊（针对企业实施的舞弊）中，舞弊的受害方是雇员所在的企业。注册舞弊检查师协会将这一类舞弊定义为："利用某人的职权，通过有意误用、滥用雇佣企业的资源或资产来谋取个人利益。""职业舞弊的要点是该项行为①是秘密进行的；②违背了雇员对企业的受托责任；③目的在于谋取直接或间接的个人利益；④使得雇佣企业的资产、收入或留存收益发生了损失。"

① 阿伯雷齐特．舞弊检查［M］．北京：中国财政经济出版社，2005.

企业实施的舞弊（通常是通过高管层实施）中最为常见的就是财务报告舞弊。实施此类舞弊的目的在于粉饰报表，夸大经营成果，或提升公司的股票价格。有时主管人员错报经营成果是为了获取更多的年终红利。

再次，如果对舞弊不加以制止，它将会迅速蔓延。舞弊的存在，说明控制存在薄弱环节。

最后，舞弊意味着对整体将会产生不堪设想的后果。例如，若管理当局有违法的支出，那么组织及有关的经理将承担法律责任，并严重地伤害了公众的利益。

2. 舞弊的成因

关于舞弊的成因（或发生的条件），美国注册舞弊审核师协会创始人，曾任美国会计学会会长的阿伯雷齐特（W. Steve Albrecht）教授提出了著名的舞弊三角理论（如图 6-4 所示）。该理论认为，企业舞弊的产生是压力、机会和借口三要素共同作用的结果，就像物理实验必须同时具备一定的热度、燃料、氧气这三要素才能燃烧一样，缺少了任何一项要素都不可能真正形成企业舞弊如图 6-4 所示。

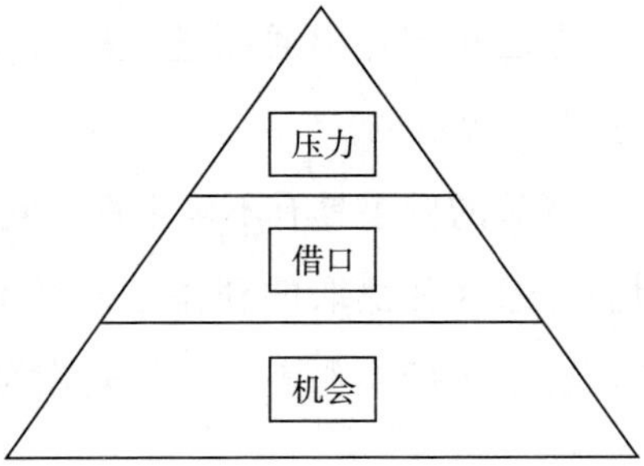

图 6-4　舞弊三角理论

第一，压力因素是舞弊者的一种行为动机。刺激个人为其自身利益而进行企业舞弊的压力大体上可分为四类：经济压力，恶癖的压力，与工作相关的压力和其他压力。压力产生于组织内部或员工的生活中。压力因全面风险因素的影响而不同。在舞弊压力中，员工的个人需要比个人道德和组织利益目标来得更重要。

第二，人们习惯寻找借口，原因各不相同，但总能证明其正当性。从本质上来说，借口是舞弊者把他们的利益建立在别人利益之上的一个有意识的决定。在审计过程中，若要根据个人的情况，识别借口和评定借口是很困难的，因为组织由很多个体组成。但在组织或部门层面，确定影响个人的情况就比较容易。企业舞弊者常用的理由有："我只是向公司借而不是偷""我们只是为了暂时度过困难时期""我的出发点是为了一个很好的愿望"等。

第三，员工要有接近资产或管理某一控制程序以便执行舞弊行动的机会才会去舞弊。个人的职位和他们的职责和权力都为舞弊提供了机会。舞弊机会和隐瞒舞弊行为之间是有直接联系的。作为舞弊行为能够被掩盖起来不被发现而逃避惩罚的可能性，机会包括：缺乏发现企业舞弊行为的内部控制，无法判断工作的质量，缺乏惩罚措施，信息不对称，能力不足和审计制度不健全。

3. 舞弊的特征

舞弊的主要特征表现在以下方面：

（1）违反法规行为。舞弊所采用的手段不符合国家法律法规，或者违反企业的规章制度。以截留、错报或者伪造凭证等手段达到目的。

（2）故意行为。舞弊行为是有目的的，有意而为之，是一种主观的故意。通过管理层、员工和第三方之间相互串通而进行掩盖，管理层凌驾或者命令他人绕过有效控制机制实现舞弊目的。

（3）损害企业利益。舞弊的后果具有不确定性。它可能损害企业的利益，也可能是为企业谋取利益，但这种谋取的利益是通过不正当手段获得的。当该行为被曝光后，最终会给企业带来伤害，包括对财务报告造成重大影响或给企业造成重大损失等情况。

4. 舞弊的分类

一是损害组织经济利益的舞弊。损害组织经济利益的舞弊，是指组织内、外人员为谋取自身利益，采用欺骗等违法违规手段使组织经济利益遭受损害的不正当行为。具体包括下列情形：①收受贿赂或者回扣；②将正常情况下可以使组织获利的交易事项转移给他人；③贪污、挪用、盗窃组织资产；④使组织为虚假的交易事项支付款项；⑤故意隐瞒、错报交易事项；⑥泄露组织的商业秘密；⑦其他损害组织经济利益的舞弊行为。

二是谋取组织经济利益的舞弊。谋取组织经济利益的舞弊，是指组织内部人员为使本组织获得不当经济利益而其自身也可能获得相关利益，采用欺骗等违法违规手段，损害国家和其他组织或者个人利益的不正当行为。具体包括下列情形：①支付贿赂或者回扣；②出售不存在或者不真实的资产；③故意错报交易事项、记录虚假的交易事项，使财务报表使用者误解而作出不适当的投融资决策；④隐瞒或者删除应当对外披露的重要信息；⑤从事违法违规的经营活动；⑥偷逃税款；⑦其他谋取组织经济利益的舞弊行为。

（二）反舞弊

1. 反舞弊的内涵

反舞弊是指对员工舞弊行为进行预防、调查、处理、报告和补救的行为。反舞弊的目标旨在加强公司治理和内部控制，降低公司风险，规范管理层和普通员工的职务行为。董事会对舞弊行为的发生承担责任；审计委员会监督、指导和检查反舞弊工作。

公司职员舞弊行为的发生，常与公司管理架构设计不合理、规章制度不健全、权力分配缺乏制约、制度监管失控等相关，涉及的常见岗位如经理、会计、出纳、销售、风控、采购、仓储等具有业务推荐权、审批权、决定权或便于接触公司财物的相关岗位等。

2. 反舞弊工作的重点事项

反舞弊工作的重点事项包括：①未经授权或者采取其他不法方式侵占、挪用企业资产，牟取不当利益；②在财务会计报告和信息披露等方面存在的虚假记载、误导性陈述或者重大遗漏等；③董事、监事、经理及其他高级管理人员滥用职权；④相关机构或人员串通舞弊。

3. 反舞弊举措

防范舞弊是减少舞弊损失最经济的方法。企业内部一旦发生了舞弊，结果肯定是人财两空。反舞弊举措实质是舞弊防范。通过防范舞弊能够节省大量的资金。如果没有发生舞弊，就不会产生调查舞弊的成本。企业的名誉就不会遭受损失，员工的士气也不会受挫。管理当局不必做出终止往来关系或提起诉讼的艰难决策。企业可以把更多的宝贵时间投入生产性活动中去——例如盈利。

反舞弊举措主要包括但不限于以下内容：倡导诚信正直的企业文化，营造反舞弊的企业文化环境；评估舞弊风险并建立具体的控制程序和机制，以减少舞弊发生的机会；建立反舞弊工作常设机构，专门负责舞弊举报的接收、调查、报告和确定处理方案，并接受来自董事会、审计委员会的监督。

（1）企业应当重视和加强反舞弊机制建设，对员工进行道德准则培训，通过设立员工信箱、投诉热线等方式，鼓励员工及企业利益相关方举报和投诉企业内部的违法违规、舞弊和其他有损企业形象的行为。

（2）企业应通过审计委员会对信访、内部审计、监察、接受举报过程中收集的信息进行复查，监督管理层对财务报告施加不当影响的行为、管理层进行的重大不寻常交易，以及企业各管理层级的批准、授权、认证等，防止企业资产侵占、资金挪用、虚假财务报告、滥用职权等现象的发生。

（3）企业应当建立反舞弊情况通报制度。企业应定期召开反舞弊情况通报会，由审计部门通报反舞弊工作情况，分析反舞弊形势，评价现有的反舞弊控制措施和程序。

（4）企业应当建立举报人保护制度，设立举报责任主体、举报程序，明确举报投诉处理程序，并做好投诉记录的保存。

二、举报投诉制度

（一）举报投诉制度

“举报”在汉语词典中的基本解释即检举，报告；“投诉”即请求、依法处理。可见，投诉与举报这两个定义并无本质差别，都是指公民或组织对违法行为向国家有关机关、企业有关部门进行揭发的行为。在信息与沟通中，举报投诉制度是企业内部建立的、旨在鼓励员工对涉及企业内部控制方面的违法行为或不当行为以匿名或明示的方式进行举报、投诉，并由专门机构对举报内容进行调查处理的一系列政策、程序和方法。①

举报投诉制度是内部控制的一项重要机制。举报投诉既是信息沟通的重要手段之一，也是信息自下而上沟通的重要形式。

---

① 李心合．企业内部控制基本规范导读［M］．大连：大连出版社，2008.

举报投诉概念具体可分为三个方面：主体（谁可以提起投诉举报）、对象（以谁为投诉举报的对象）；内容（向主管部门或上级管理层反映什么问题）。通过对这三个方面进行分析，可以确定举报投诉的概念。

首先，举报投诉主体主要是企业员工，他们处于经营活动的第一线，能够及时发现经营活动及内部控制实施过程中存在的不足、问题和缺陷以及舞弊行为，并能就完善内部控制体系提出合理化建议和改进意见。

其次，企业董事会、各级管理层是举报投诉的对象。他们是内部控制制度的设计者和建设者。

再次，举报投诉内容是与企业内部控制相关的违法行为、违规行为和不道德行为及对举报人的打击报复行为。具体包括公司内部侵占、受贿、营私舞弊、以权谋私、滥用职权等各类违法违纪行为问题。

企业应当建立健全举报投诉制度，明确以下内容：规定举报投诉方式（互联网、电话、传真、邮寄地址、窗口等渠道）；投诉人基本情况和提供的材料；举报投诉处理程序、办理时限和办结要求；举报投诉受理机构及其职责、要求；举报投诉的管辖；举报投诉结果的处理等。

（二）举报人保护制度

为了切实保护举报人，维护举报人的合法权益，企业应建立举报人保护制度，保护投诉人的积极性，采取严密的事前、事中、事后保护措施，防止出现打击报复，造成举报人受到人身伤害、名誉损害或各种损失。建立相关的反舞弊投诉举报及奖励办法也有助于减少并发现相关的舞弊。

举报投诉制度属于内部控制框架中的信息与沟通要素，具有预防、制止和揭露企业内部的违法违规行为，保证企业各项活动的合法性和合规性的功能。

关键词汇

信息与沟通（information and communication）

信息沟通（information communication）

信息系统（system of information）

内部信息传递（internal message transmission）

外部信息沟通（external information communication）

访问调查法（interview survey method）

问卷调查法（questionnaire method）

信息系统开发（information system developing）

信息系统运行与维护（information system operation and maintenance）

舞弊（fraud）

反舞弊机制（anti-fraud mechanism）

举报投诉制度（report and complaint system）

舞弊三角理论（fraud triangle theory）

思考与练习

一、思考题

1. 内部信息传递的基本流程和传递原则是什么？

2. 内部信息传递各环节的主要风险点及其控制措施有哪些？

3. 信息系统开发方式有哪几种？

4. 信息系统开发的主要风险点有哪些？相应的控制措施是什么？

5. 信息系统运营与维护的主要风险点有哪些？相应的控制措施是什么？

6. 沟通有哪些渠道？有哪些方式？

7. 内部沟通的要点有哪些？

8. 外部沟通的要点有哪些？

二、单项选择题

1. 管理者必须要想方设法建立畅通的沟通渠道。在下列四种沟通做法中，最不可取的是（　　）。

A. 通过建立各种沟通渠道，让企业的所有员工随时随地了解企业的

全部情况

B. 通过下达指令和文件的方式让企业的员工了解企业的使命目标和战略

C. 经常利用口头沟通的方式和下属交流

D. 策略地利用非正式组织在沟通中的作用

2. 企业在管理控制系统中为企业内部各级管理层以定期或者非定期的形式记录和反映企业内部管理信息的各种图表和文字资料的报告是（　　）。

A. 财务报告　　B. 内部报告

C. 外部报告　　D. 内部审计报告

3. 内部传递的信息能否满足使用者的需要，取决于信息是否（　　）。

A. 安全可靠　　B. 及时相关

C. 有高价值　　D. 真实准确

4. 下列各项中，适用于特殊需求较少的企业，或者市场上已有成熟的商品化软件和系统实施方案的是（　　）。

A. 业务外包方式　　B. 外购调试方式

C. 自行开发方式　　D. 接受赠予

5. 下列各项中，舞弊行为主要目的不是为了让企业受益的是（　　）。

A. 子虚乌有资产的销售或让予　　B. 不当付款（如贿赂或回扣）

C. 对交易进行不当的估价　　D. 收受贿赂或回扣

6. 通过核对有关证据而获取有关控制的运行状况，追溯到相应的单据记录或检查是否有相关负责人签字，这种检查内部控制的方法是（　　）。

A. 专题讨论　　B. 实地查验

C. 穿行测试　　D. 审阅与检查

三、多项选择题

1. 下列各项中，属于外部沟通应重点关注领域的有（　　）。

A. 企业与投资者、债权人　　B. 企业与客户

C. 企业与供应商　　D. 企业与中介机构

2. 下列各项中，属于信息系统内部控制目标的有（　　）。

A. 促进企业有效实施内部控制

B. 提高企业现代化管理水平，减少人为操纵因素

C. 增强信息系统的安全性、可靠性和合理性

D. 确保相关信息的保密性、完整性和可用性

E. 为建立有效的信息与沟通机制提供支持保障

3. 下列各项中，属于书面沟通缺点的有（　　）。

A. 形式不规范

B. 信息传递准确度低、信息传递范围小、无据可查、不便于保护

C. 可能会为了形式规范而耗用较长的时间，导致成本效益不对等

D. 缺少反馈或反馈机制不灵敏

E. 安全性低

4. 某上市公司根据《企业内部控制基本规范》建立了反舞弊机制，关注的反舞弊风险重点事项应当包括（　　）。

A. 与编制虚假财务报告导致的错报相关的舞弊风险

B. 与侵占资产导致的错报相关的舞弊风险

C. 治理层、管理层和监事可能凌驾于控制之上或者对财务报告过程实施不当影响的风险

D. 相关机构和人员串通舞弊的风险

5. 下列关于企业内部控制信息与沟通要素的表述中，正确的有（　　）。

A. 内部控制信息与沟通针对的是企业内部生成的信息，不涉及企业外部的信息

B. 信息系统生成与控制目标及其实现程度有关的信息，从而使对业

务的管理和控制成为可能

C. 有效的信息沟通需要自上而下、自下而上或平行地贯穿于企业之中

D. 管理层与下属相处时的行为也会成为有效的信息沟通方式

四、案例分析题

资料：万科企业股份有限公司（以下简称“万科企业”）成立于1984 年，目前是中国最大的专业住宅开发企业，被誉为中国地产行业的龙头。宝能集团成立于 2000 年，其旗下包括综合物业开发、金融、现代物流、文化旅游、民生产业等五大板块。万科企业与宝能集团股权之争成为 2015 年度最受关注的资本大戏之一。截至 2015 年 12 月18 日万科企业停牌，宝能集团持股比例已达到 24.26%，成为万科最大股东。

深圳证券交易所于 2015 年 12 月 18 日发布公告称：因万科企业正在筹划股份发行，根据有关规定，经公司申请，该企业股票自2015 年 12 月 18 日 13：00 起停牌，此后至 2016 年 7 月 4 日复牌。逾半年时间万科企业关于重组的信息一直处于朦胧状态，股东大会上面对中小股东的质疑，管理层一味回避遮掩，其真实性、准确性、完整性存疑。

在万科重组预案中，涉及分红信息的，只是集中在截止预案发布期内，在“公司历次股本变动情况”之中有所提及。而万科上市之后的分红、股本变动及高送转情况，对于以后的分红政策都未涉及。

在重组预案中，万科企业没有与收购方就未来业绩签署对赌条款。万科在披露重组预案中时没有完整披露重要交易条款，其构成信息披露违规，涉嫌虚假陈述。

半年间，宝能通过四次举牌大比例增持，在此期间，万科面对“野蛮人”，并未充分利用自身资源去了解宝能的战略意图，面对排山倒海的资本攻势，万科多数情况下选择通过媒体表达自己的一番见解与态度。到最

后，万科仓皇之下选择临时停牌，甚至信息披露涉嫌重大违规。因此受到媒体公众的广泛质疑。①

思考分析：根据案例资料，试说明万科企业在信息传递与沟通方面存在哪些问题。

① 何君，李粟瑾，任婷. 从“万宝股权之争”看万科信息与沟通缺陷［J］. 时代金融，2017（20）.

第七章
内部监督

学习目标

本章主要阐述了内部监督内涵、内部监督职责、内部监督程序和内部监督方法的理论和方法。

通过对本章的学习，应了解内部监督机构内涵，熟悉内部监督职责，掌握内部监督程序和内部监督方法。

本章框架

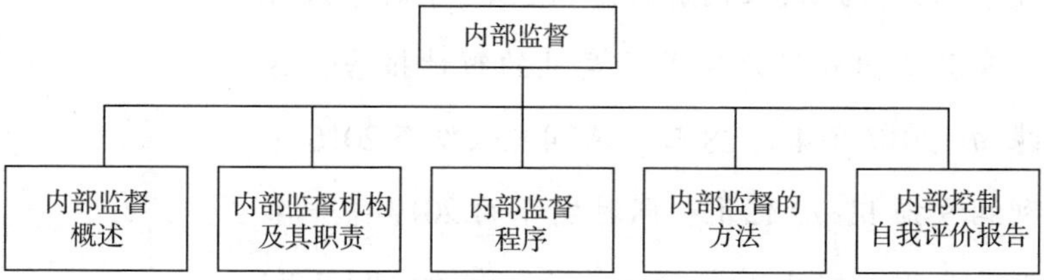

不论是内部控制制度的建立与实施，还是内部控制系统的评价与报告，都离不开恰当的监督。内部控制在设计和运行中或多或少地存在这样或那样的问题，原因有三：一是内部控制制度的设计需要前瞻性，但由于当时认识的局限或者考虑不周等，设计出的内部控制不可能完美无缺；二是企业面临的客观环境处在不断变化之中，一旦实际情况发生变化，内部控制可能就难以很好地发挥其应有的作

用；三是员工对内部控制制度的理解可能存在差异，导致内部控制运行结果可能与预计产生偏差。为此，需要对内部控制运行情况实施必要的监督检查，帮助董事会及经理层发现其不足和问题乃至缺陷，从而解决内部控制设计与运行中存在的问题，改进内部控制运行的薄弱环节，提高内部控制的有效性。

导入案例

海润光伏科技股份有限公司（以下简称“海润光伏”）成立于2004年，总部位于江苏省江阴市。在光伏领域专业从事高效晶硅太阳能电池及高性能太阳能组件的研发和生产，是中国最大的晶硅太阳能电池生产企业之一。公司于2012年成功上市，最高市值超过200亿元人民币。2014年9月，海润光伏顺利完成募集资金总额38亿元人民币的定向增发。

纵然公司发展前景如此被人们看好，但2016年财务报告却被大华会计师事务所出具了无法表示意见的审计报告，这其中究竟有何缘由？2017年4月28日，海润光伏发布2016年年报，预计净利润亏损11.79亿元。同时发布的2017年一季报显示，一季度营业收入同比下滑35%，净利润为亏损2.84亿元。自5月3日起，其股价连续大幅下跌，跌幅达40%。

大华会计师事务所在审计时发现，公司内部控制制度存在多项重大缺陷，主要有：

一是海润光伏董事长凌驾于董事会和股东大会之上，在6条内部控制重大缺陷的说明中，4条均与董事长孟广宝及其关联方有关。与海润光伏董事长有关联的多家公司，在2016年度与海润光伏之间有大额的股权转让交易、购销业务和资金往来，海润光伏未将这些公司识别为关联方，与这些公司之间的交易也未经董事会和股东大会的审批。

二是海润光伏为上海保华万隆置业有限公司进行16亿元的借贷担保，上海保华万隆的实控人为孟广宝，这笔担保业务未经过职能部门申请和管理层审核，直接通过了董事会的审批。

三是2016年12月，海润光伏的子公司海润光伏（上海）有限公司在未经董事会批准的情况下签署《股权转让协议》并向关联方预付100%股权转让款，显示重大交易审批业务中内部控制失效。

四是作为信息披露第一责任人的上市公司，其财务部门在销售与收款环节、采购与付款环节的内部控制上出现了重大缺陷，严重影响财务报表的可靠性和公允性。

由此可见，海润光伏的“内部人控制”现象严重，董事会属于徒有虚名的摆设。信息与沟通渠道不畅，没有形成有效的监督与制约机制，监督活动的跟进措施缺失。①

根据海润光伏案例，结合公司内部组织架构，分析说明内部监督在内部控制中的作用。

第一节　内部监督概述

一、内部监督的概念和意义

（一）内部监督的概念

内部监督是企业对内部控制体系的建设与实施情况进行的监督检查，用

① 郑萌．海润光伏公司内部控制案例分析［J］．农村经济与科技，2018（2）．

以评价内部控制的有效性，从而发现内部控制缺陷，以便及时对内部控制体系加以改进，确保内部控制体系有效地运行。关于内部监督的概念，应着重理解以下三个方面：

第一，内部监督的目的。不论是内部控制制度的建立与实施，还是内部控制系统的评价与报告，均离不开恰当的监督。通过对内部控制的监督检查和评价，帮助董事会及经理层查找和发现内部控制存在的问题，提出改进建议并督促落实整改，防范经济活动风险，发现内部控制设计与运行中的问题和薄弱环节，及时堵塞管理漏洞。

第二，内部监督的主体，一般由独立于控制执行机构的机构进行内部监督。内部审计机构具体承担内部控制监督检查的职能。当企业内部审计机构因人手不足、力量薄弱等原因无法有效对内部控制履行监督职责时，企业可以成立专门的内部监督机构，或授权其他监督机构（如监察部门等）。内部监督不仅是内部审计机构（或经授权的其他监督机构）的职责，企业财务机构和其他内部机构都有权参与专项监督工作。

第三，内部监督的客体，主要是指内部控制的建立和执行是否有效，存在哪些问题和薄弱环节。内部控制建立的有效性，是指为实现控制目标所必需的内部控制要素都存在并且得到了恰当的体现；内部控制执行的有效性，是指现有的内部控制按照规定的程序和标准得到了正确执行。

（二）内部监督的意义

内部控制属于企业管理制度，但是又不限于企业管理制度；内部监督属于内部控制，但是又超越了内部控制，是内部控制运行的软环境和平台。① 内部监督是企业内部控制得以有效实施的机制保障。

内部监督是企业对内部控制建立与实施情况进行监督检查，评价内部控制的有效性，发现内部控制缺陷。通过对内部控制完整性、合理性和有效性的评价，内部监督实现对内部控制其他控制要素的再控制。

企业实施有效的内部监督，有助于优化企业的内部环境，对风险评估的适当性和控制活动的有效性进行检查评价和优化调整，并在监督过程中，通

---

① 张俊民．内部控制［M］．2 版．北京：高等教育出版社，2020.

过适当的信息收集、传递、反馈渠道，获取足够的相关信息来验证信息系统运行状况。可见，内部监督体系既是对内部控制一系列活动进行再控制，也是企业内部控制有效运行的保证，有助于企业实现内部控制目标。

二、内部监督、内部审计与内部控制的关系辨析

内部控制（包括内部监督）、内部审计都属于企业内部管理的范畴，彼此间既有联系又不相同。

（一）内部监督与内部控制

内部监督作为内部控制的基本要素之一，它是一种预防机制和自我纠正机制，目的是完善制度，堵塞漏洞，保障资金安全，提升内部控制质量。内部监督与内部控制的其他要素相互联系、互为补充，共同促进企业实现控制目标。内部控制的整个过程必须施以有效的监督。

（二）内部审计与内部控制

内部审计是企业内部独立于内部控制系统之外的一项独立客观的监督和评价活动，是强化内部控制的一项基本措施。它通过审查和评价经营活动及内部控制的适当性、合法性和有效性来促进企业目标的实现。内部审计的职责不仅包括审核会计账目，还包括稽查、评价内部控制制度是否完善和企业内各组织机构履行职能的效率，帮助企业更有效地实现预期控制目标。同时，在监控过程中，内部审计可以促进内部控制环境的建立和完善。可见，内部审计是对内部控制执行情况的一种监督形式，是对控制系统的再监督再控制。

内部控制的侧重点在于纠正偏差，而内部审计更加侧重于查明有关活动和事项与既定标准的相符情况。在企业治理的组织架构和程序运行中，形成了内部控制、内部审计的互动共进关系。

三、内部监督的种类

内部监督可以按照不同标准划分为多种类别。《企业内部控制基本规范》第四十四条将内部监督分为日常监督和专项监督。

（一）日常监督

日常监督是指企业对建立与实施内部控制的情况进行常规、持续的监督检查。例如：定期的盘点和资产清查等。日常监督是有效地管理生产经营活动的不可分割的要素，这种监督是在完成生产、经营和财务业务过程中的短时间内进行的。日常监督由于以原始凭证、业务和会计计算资料、盘点资料、目力观察的资料为依据，所以监控问题准确，并通过及时、完整地报告和解决这些例外情况，可以提高内部控制体系的有效性。经常进行、长年不断是日常监督的显著特点。日常监督植根于企业之中，能够实时监控、动态应对变化的环境，比专项监督更加有效。应该说，日常监督是内部控制最基本和最主要的方法，是发挥监督作用的根本途径。

（二）专项监督

专项监督是指在企业发展战略、组织结构、经营活动、业务流程、关键岗位员工等发生较大调整或变化的情况下，对内部控制的某一方面或者某些方面的内容进行有针对性的监督检查。

与日常监督不同，专项监督具有专业性、针对性和突击性较强的特点。专项监督进行的时间虽不长，但往往能收到立竿见影的效果。专项监督的范围和频率，由管理层根据本企业的情况做出决定，主要关注两个方面内容：一是高风险且重要的项目；二是因内部控制环境变化，需要确定内部控制是否还能适应新的内部控制环境，以确保内部控制体系能正常运行。

四、内部监督与其他要素的关系

《企业内部控制基本规范》规定，企业应当制定内部控制监督制度，明确内部审计机构（或经授权的其他监督机构）和其他内部机构在内部监督中的职责权限，规范内部监督的程序、方法和要求。

内部监督与内部控制其他要素相互联系、互为补充，共同促进企业实现控制目标（如图 7-1 所示）。

第一，内部监督以内部环境为基础，并与内部环境有极强的互动关系。管理层就内部控制及监督的重要性传达积极的基调，要求定期沟通、对于发现的控制问题积极采取措施等，将直接有益于内部监督的开展。反过来，加

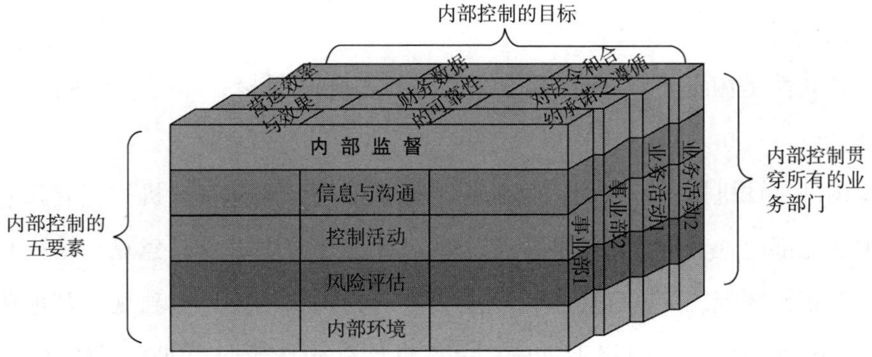

图 7-1　内部监督与其他要素的关系

大内部监督力度，又有利于进一步优化企业的内部环境，为实现控制目标提供充分保障。

第二，内部监督与风险评估、控制活动形成了三位一体的闭环控制系统。企业根据风险评估结果和风险应对策略，制定控制目标并实施控制活动，再通过事前、事中和事后的内部监督，对风险评估的适当性和控制活动的有效性进行检查评价和优化调整，进而形成了一套严密、高效的闭环控制系统。

第三，内部监督离不开信息与沟通的支持。内部监督通过适当的信息收集、传递、反馈渠道，获取足够的相关信息来验证内部控制的有效性，并将发现的问题及时报告给有关方面以促进其整改。所有这些监督活动，均需要良好的信息与沟通机制予以保障。

第二节　内部监督机构及其职责

一、内部监督机构的组成

按照监督主体的职责和性质，内部监督机构分为以下两类：

（一）专职的内部监督机构

为保证内部监督的客观性，内部监督应由独立于控制执行的机构进行内部监督。一般情况下，企业可以授权内部审计机构具体承担内部控制监督检查的职能。

独立性是内部审计的最本质特性，是实现其目标、履行其职能的必要保证。

内部审计机构置于组织内部的一个较高层次。内部审计机构只有独立于其他职能部门，其审计活动不受到干扰，才能保证内部审计意见、结论和建议的公正、客观、权威和有效。企业内部审计机构的设置应独立于其他职能部门，与其他职能部门互不隶属。内部审计机构直接向企业高层领导负责，或向企业董事会、监事会负责，独立于管理层之外。内部审计部门贯穿于企业内部的所有经济活动中，对一切经济事务都很了解，最终的调查审计报告也是直接向董事会进行汇报，只对董事会负责，任何员工都应当配合内审部门的工作。因此，只要内审部门可以发挥它们的职能作用，尽职尽责，那么内部控制系统的有效运作就可以得到很好的保障。

内部审计部门负责人应直接向组织内的最高决策层负责并报告工作，从而保证内部审计活动的实施。所有人员都不受管理层的控制，它可以对企业的内部控制体系的运行实施监督与评价。

在机构和人员独立性前提下，内部审计活动从中找出控制薄弱点，发现内部控制不尽完善和执行无力之处，进而提出改进意见和措施，以监督其他控制政策和程序的有效执行。

专职的内部监督机构根据需要开展日常监督和专项监督，对内部控制有效性作出整体评价和提出整改计划，督促其他有关机构整改。

当企业内部审计机构因人手不足、力量薄弱等原因无法有效对内部控制履行监督职责时，企业可以成立专门的内部监督机构，或授权其他监督机构（如监察部门等）履行相应的职责。

（二）非专职的内部监督机构

内部监督不仅是内部审计机构（或经授权的其他监督机构）的职责，企业内部任何一个机构甚至个人都应当在内部控制建立与实施过程中承担起相应的监督职责。以财务部门为例，该部门监督职责如表 7-1 所示。

表 7-1　非专职内部监督机构的监督职责

实施监督部门	被监督的部门	监督的内容
财会部门	销售部门	财务活动
财会部门负责人	本部门	资产、业务、财务和人事
财会部门内部	会计岗和出纳岗	相互资金活动的监督

二、内部监督机构的职责

内部监督机构包括审计委员会、监事会、内部审计机构、会计机构等。

审计委员会是公司董事会中的专门委员会。主要负责公司有关财务报表披露和内部控制过程的监督。在公司董事会内部对公司的信息披露、会计信息质量、内部审计及外部独立审计等方面，执行控制和监督的职能。

监事会是由股东大会选举的监事组成的公司监督机构，为公司法定内设机构，是公司的重要组成部分。监事会由两部分人员组成：一部分是股东代表，即由股东通过股东大会选出的代表；另一部分是由公司职工通过职工代表大会、职工大会或者其他形式民主选举产生的职工代表。监事会监督的对象为公司的董事以及经理、副经理、财务负责人等高级管理人员。

内部审计机构，是指在部门、单位内部从事组织和办理审计业务的专门组织。它是我国审计主体的重要组成部分。

会计机构，是指各单位依据会计工作的需要设置的专门负责办理本单位会计业务事项，进行会计核算，实行会计监督的职能部门。

内部监督机构的职责如表 7-2 所示。

表 7-2　内部监督机构的职责

监督机构	监督职责依据	监督基本内容
审计委员会	《上市公司治理准则》第三十九条	①监督及评估外部审计工作，提议聘请或者更换外部审计机构 ②监督及评估内部审计工作，负责内部审计与外部审计的协调 ③审核公司的财务信息及其披露 ④监督及评估公司的内部控制 ⑤负责法律法规、公司章程和董事会授权的其他事项
	《企业内部控制基本规范》第十三条	审计委员会负责审查企业内部控制，监督内部控制的有效实施和内部控制自我评价情况，协调内部控制审计及其他相关事宜等

续表

监督机构	监督职责依据	监督基本内容
监事会	《中华人民共和国公司法》第五十三条	监事会、不设监事会的公司的监事行使下列职权： ①检查公司财务 ②对董事、高级管理人员执行公司职务的行为进行监督，对违反法律、行政法规、公司章程或者股东会决议的董事、高级管理人员提出罢免的建议 ③当董事、高级管理人员的行为损害公司的利益时，要求董事、高级管理人员予以纠正 ④提议召开临时股东会会议，在董事会不履行本法规定的召集和主持股东会会议职责时召集和主持股东会会议 ⑤向股东会会议提出提案 ⑥依照本法第一百五十一条的规定，对董事、高级管理人员提起诉讼 ⑦公司章程规定的其他职权
	《上市公司治理准则》第四十七条至第五十条	第四十七条：监事会依法检查公司财务，监督董事、高级管理人员履职的合法合规性，行使公司章程规定的其他职权，维护上市公司及股东的合法权益。监事会可以独立聘请中介机构提供专业意见 第四十八条：监事会可以要求董事、高级管理人员、内部及外部审计人员等列席监事会会议，回答所关注的问题 第四十九条：监事会的监督记录以及进行财务检查的结果应当作为对董事、高级管理人员绩效评价的重要依据 第五十条：监事会发现董事、高级管理人员违反法律法规或者公司章程的，应当履行监督职责，并向董事会通报或者向股东大会报告，也可以直接向中国证监会及其派出机构、证券交易所或者其他部门报告
	《企业内部控制基本规范》第十二条	监事会对董事会建立与实施内部控制进行监督
内部审计机构	《内部审计准则第1101号——内部审计基本准则》第二十七条	内部审计机构应当对内部审计质量实施有效控制，建立指导、监督、分级复核和内部审计质量评估制度，并接受内部审计质量外部评估
	《企业内部控制基本规范》第四十四条	明确内部审计机构（或经授权的其他监督机构）和其他内部机构在内部监督中的职责权限，规范内部监督的程序、方法和要求

续表

监督机构	监督职责依据	监督基本内容
会计机构	《中华人民共和国会计法》第三十七条	会计机构内部应当建立稽核制度。出纳人员不得兼任稽核、会计档案保管和收入、支出、费用、债权债务账目的登记工作

第三节　内部监督程序

企业制定和实施完整的内部监督的工作流程，可以帮助内部监督管理者了解实际工作活动，消除工作过程中多余的工作环节，合并同类活动，使工作流程更为经济、合理和简便，从而提高工作效率。内部监督工作程序如下：

一、建立健全内部监督制度

内部监督制度是企业指导进行内部监督的规范，也是企业开展内部控制内部监督的依据。企业应当根据《企业内部控制基本规范》等的要求，制定内部控制监督制度。内部监督制度的主要内容包括：明确监督的组织架构、岗位设置、岗位职责、相关权限、工作方法、信息沟通的方式以及各种表格及报告样本等。

二、制定内部控制缺陷标准

（一）内部控制缺陷的内涵

日常监督和专项监督的目的是预防和发现内部控制缺陷。所谓内部控制缺陷，是指内部控制的设计存在漏洞，不能有效防范错误与舞弊，或者内部控制的运行存在弱点和偏差，不能及时发现并纠正错误与舞弊的情况。

企业内部控制体系中的缺陷会从许多渠道显现出来，包括企业日常监督和专项监督等程序以及外部各方。“缺陷”一词可能意味着一个感觉到的、潜在的或真实的缺点，或者是一个改进内部控制体系、以便提供更大的可能性去实现企业目标的机会。

（二）内部控制缺陷的种类

内部控制缺陷可以按照不同标准进行分类（如图 7-2 所示）。

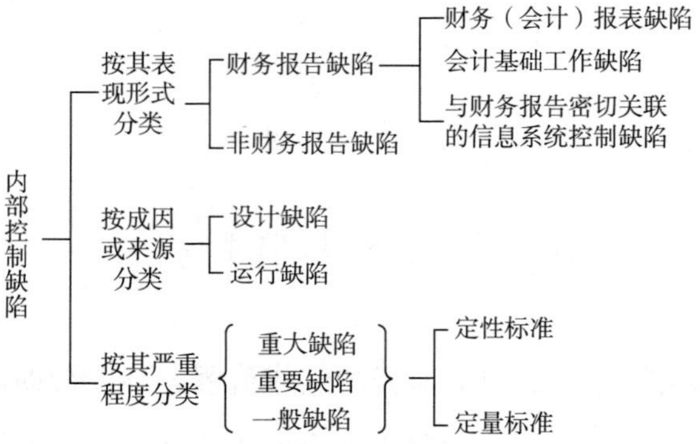

图 7-2　内部控制缺陷的种类

1. 财务报告缺陷和非财务报告缺陷

按照影响内部控制目标的具体表现形式，内部控制缺陷分为财务报告缺陷和非财务报告缺陷。

财务报告缺陷，是指在会计确认、计量、记录和报告过程中出现的，对财务报告的真实性和完整性产生直接影响的缺陷。

非财务报告缺陷，是指虽不直接影响财务报告的真实性和完整性，但对企业经营管理的合法合规、资产安全、营运的效率和效果等控制目标的实现存在不利影响的缺陷。

2. 设计缺陷和运行缺陷

按照内部控制缺陷的成因或来源，内部控制缺陷分为设计缺陷和运行缺陷。

设计缺陷，是指企业缺少为实现控制目标所必需的控制，或现存控制设计不适当，即使正常运行也难以实现控制目标。例如，整体内部控制设计不充分；缺乏与适当控制目标相一致的恰当的职责分离；交易、会计分录或系统输出缺乏适当的复核和批准；适当评估和运用会计原则的程序不充分；保护资产安全的规定不充分；缺乏与交易活动类型和层次相适应的其他控制；

由于设计缺陷，系统不能提供与目标和当前需求相一致的完整和准确的输出等。现存控制设计不适当，即企业建立的内部控制制度不符合生产经营活动的实际情况，或生搬硬套其他企业的内部控制制度，或内部控制制度陈旧过时、与其他管理制度自相矛盾，不能适应内外部环境的变化。

运行缺陷，是指设计有效（合理且适当）的内部控制，由于运行不当(包括控制由不恰当的人执行、未按设计的方式或意图运行、运行的时间或频率不当、没有得到一贯有效运行等）而形成的内部控制缺陷。运行缺陷的特征有两个：一是没有遵照执行已适当（按设计意图运行）设计的控制；二是执行人员不拥有有效执行控制所必要的权利（获得必要授权）或资质（缺乏胜任能力)。

运行缺陷中的“未按设计的方式或意图运行”，是指企业表面上建立健全了内部控制体系，但其仅体现在书面文件上，既无宣传又无落实，员工在实际生产经营过程中仍按照惯有的思维模式和行动方式开展活动，致使内部控制流于形式；“不拥有有效执行控制所必要的权利”是指企业内部存在权限不明、职责不清的情形，执行者没有充分的执行权、监督者没有足够的监督权，导致控制运行受阻，以及实施内部控制的员工素质跟不上、胜任能力不够，无法正确理解和运用相关内部控制制度，致使控制运行失效。

内部控制存在设计缺陷和运行缺陷，会影响内部控制的设计有效性和运行有效性。

3. 重大缺陷、重要缺陷和一般缺陷

按照影响企业内部控制目标实现的严重程度，内部控制缺陷分为重大缺陷、重要缺陷和一般缺陷。

重大缺陷，是指一个或多个控制缺陷的组合，可能导致企业严重偏离控制目标。当存在任何一个或多个内部控制重大缺陷时，应当在内部控制评价报告中得出内部控制无效的结论。

重要缺陷，是指一个或多个控制缺陷的组合，其严重程度低于重大缺陷，但仍有可能导致企业偏离控制目标。重要缺陷的严重程度低于重大缺陷，不会严重危及内部控制的整体有效性，但也应当引起董事会、经理层的充分关注。

一般缺陷，是指除重大缺陷、重要缺陷以外的其他控制缺陷。

（三）内部控制缺陷的认定标准

内部控制缺陷识别和认定的总体逻辑过程如图 7-3 所示。

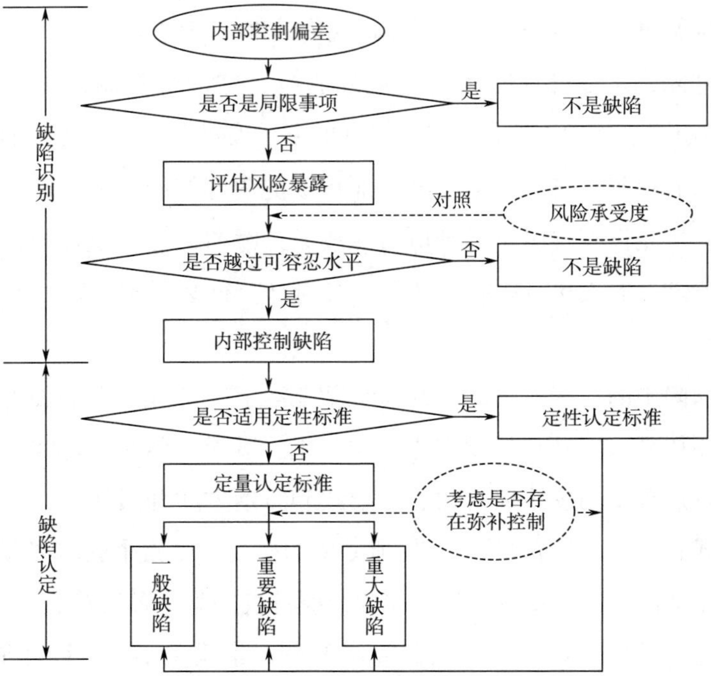

图 7-3　内部控制缺陷识别和认定的逻辑过程

根据《企业内部控制基本规范》规定，制定内部控制缺陷认定标准，从定性和定量等方面进行衡量，判断是否构成设计缺陷或运行缺陷。根据《企业内部控制评价指引》第十六条的规定，企业对内部控制缺陷的认定，应当以构成内部控制的内部监督要素中的日常监督和专项监督为基础，结合年度内部控制评价，由内部控制评价机构进行综合分析后提出认定意见，按照规定的权限和程序进行审核，由董事会予以最终确定。

按照内部控制缺陷对财务报告目标和其他内部控制目标实现的影响的具体表现形式，内部控制缺陷的认定标准分为“财务报告内部控制缺陷的认定标准”和“非财务报告内部控制缺陷的认定标准”。

1. 财务报告内部控制及其缺陷

财务报告内部控制是指针对为实现财务报告目标而设计和实施的内部控

制。由于财务报告内部控制的目标集中体现为财务报告的可靠性，因而财务报告内部控制的缺陷主要是指存在不能合理保证财务报告可靠性的设计和运行缺陷。换句话说，是指存在不能及时被防止或被发现的财务报告错报的内部控制缺陷。

2. 非财务报告内部控制及其缺陷

非财务报告内部控制是指针对为实现除财务报告目标之外的其他目标的内部控制。这些目标一般包括战略目标、资产安全目标、经营目标、合规目标等。

企业可以根据风险评估的各项工作，对《企业内部控制应用指引》中所阐述的风险，根据自身的实际情况、管理现状和发展要求，对内部控制加以细化或按内部控制原理补充，参照财务报告内部控制缺陷的认定标准，合理确定定性和定量的认定标准，根据其对内部控制目标实现的影响程度认定为一般缺陷、重要缺陷和重大缺陷。其中：定量标准，即涉及金额大小，既可以根据造成直接财产损失绝对金额制定，也可以根据其直接损失占本企业资产、销售收入及利润等的比率确定；定性标准，即涉及业务性质的严重程度，可根据其直接或潜在负面影响的性质、影响的范围等因素确定。

3. 判断内部控制缺陷的标准

财务报告内部控制的缺陷划分为重大缺陷、重要缺陷和一般缺陷，所采用的认定标准取决于由于该内部控制缺陷的存在可能导致的财务报告错报的重要程度。这种重要程度主要取决于两个方面的因素：一是该缺陷是否具备合理可能性导致企业的内部控制不能被及时防止或被发现的财务报告错报。合理可能性是指大于微小可能性（几乎不可能发生）的可能性，确定是否具备合理可能性涉及评价人员的职业判断。二是该缺陷单独或连同其他缺陷可能导致的潜在被错报金额的大小。

4. 内部控制缺陷迹象

财务报告中的一些迹象通常表明财务报告内部控制或非财务报告内部控制可能存在重大缺陷，如表 7-3 所示。

表 7-3　存在内部控制缺陷的迹象

财务报告中存在内部控制重大缺陷的迹象	非财务报告中存在内部控制重大缺陷的迹象
董事、监事和高级管理人员舞弊	国有企业缺乏民主决策程序
企业更正已公布的财务报告	企业决策程序不科学，如决策失误，导致并购不成功
注册会计师发现当期财务报告存在重大错报，而内部控制在运行过程中未能发现该错报	违反国家法律法规，如环境污染
企业审计委员会和内部审计机构对内部控制的监督无效	管理人员或技术人员纷纷流失
	媒体负面新闻频现
	重要业务缺乏制度控制或制度系统性失效
	内部控制评价的结果特别是重大缺陷或重要缺陷未得到整改

5. 对内部控制缺陷的认定

（1）内部控制缺陷的严重程度并不取决于是否实际发生了错报，而是取决于是否存在不能及时防止或发现并纠正潜在错报的可能性。换句话说，如果企业的财务报告存在错报，必然表明该企业的财务报告内部控制存在缺陷；但是，如果企业的财务报告不存在错报，也不一定表明该企业的财务报告内部控制就不存在缺陷。

一般而言，如果一项内部控制缺陷单独或连同其他缺陷具有合理可能性导致不能及时被防止或被发现的重大错报，就应将该缺陷认定为重大缺陷。重大错报中的“重大”，涉及企业管理层确定的财务报告的重要性水平。一般企业可以采用绝对金额法（例如，规定金额超过 10 000 元的错报应当认定为重大错报）或相对比例法（例如，规定超过资产总额 1%的错报应当认定为重大错报）来确定重要性水平。如果企业的财务报告内部控制存在一项或多项重大缺陷，就不能得出该企业的财务报告内部控制有效的结论。

如果一项内部控制缺陷单独或连同其他缺陷具有合理可能性导致不能及时被防止或被发现的错报，虽然未达到和超过重要性水平、但仍应引起董事会和管理层重视，就应将该缺陷认定为重要缺陷。构不成重大缺陷和重要缺陷的内部控制缺陷，应认定为一般缺陷。

（2）重大缺陷、重要缺陷的界定是相对的。对于有下属单位的集团公司，如果下属单位存在重大缺陷，并不能表明集团公司存在重大缺陷，但应作为重要缺陷向董事会、管理层汇报，而下属单位的重要缺陷则不一定被视为对整个集团的影响属于集团重要缺陷，但下属单位的重要缺陷至少应该向经理层汇报。

（3）为了避免企业操纵内部控制评价报告，非财务报告缺陷认定的标准一经确定，必须在不同评价期间保持一致，不得随意变更。

在内部控制的非财务报告目标中，战略目标和经营目标的实现往往受到企业诸多的不可控外部因素的影响，企业的内部控制只能合理保证董事会和管理层了解这些目标的实现程度。因而，在认定这些针对控制目标的内部控制缺陷时，我们不能只考虑最终的结果，而主要应该考虑企业制定战略、开展经营活动的机制和程序是否符合内部控制要求，以及不适当的机制和程序对企业战略目标及经营目标实现可能造成的影响。

（4）财务报告缺陷和非财务报告缺陷其实难以做严格的区分。因此，在制定划分标准时，应本着是否直接影响财务报告的原则来区分。

（四）内部控制缺陷的处理原则

企业对于内部监督中发现的内部控制缺陷，应当授权内部审计机构（或履行其他内部监督职责的机构）进行整理汇总，分析缺陷的性质和产生的原因并提出改进建议，采取适当的形式和程序及时向董事会、监事会或者经理层报告，确保发生缺陷的责任单位或责任人员的直接上级或更高层级及时知悉有关风险和控制信息。内部监督中发现的重大缺陷，应当追究责任单位或责任人的责任。

三、实施监督

实施监督，预防和发现内部控制缺陷。对内部控制建立与实施情况进行监督检查，最直接的目的是查找出企业内部控制存在的问题和薄弱环节。一方面，针对已经存在的内部控制缺陷，及时采取应对措施，减少控制缺陷可能给企业带来的损害。比如，在监督检查中发现销售人员直接收取货款的控制缺陷，应采取对客户进行核查和对应收账款进行分析等方法加以补救。另一方面，针对潜在的内部控制缺陷，采取相应的预防性控制措施，尽可能避免缺陷的产生，或者当缺陷发生时，尽可能降低风险和损失。比如，在监督检查中发现企业对汇率风险缺少控制，经理层应及时设立外汇交易止损系统，预防风险扩大。

分析和报告内部控制缺陷。内部控制缺陷的报告对象至少应包括与该缺陷直接相关的责任单位、负责执行整改措施的人员、责任单位的上级单位。针对重大缺陷，内部监督机构有权直接上报董事会及其审计委员会和监事会。

通过内部监督，可以发现内部控制建立与实施中存在的问题和缺陷，进而采取相应的整改计划和措施，切实落实整改，促进内部控制系统的改进。

第四节　内部监督的方法

《企业内部控制基本规范》将内部监督分为日常监督和专项监督。通常情况下，企业应当综合运用日常监督和专项监督的方法，将日常监督与专项监督相互结合，提高内部控制设计与运行的有效性，促进实现内部控制目标。

一、日常监督

日常监督是指企业对建立与实施内部控制的情况进行常规、持续的监督检查。实务中，按照监督的主体，一般分为管理层监督、单位（机构）监督、内部控制机构监督、内部审计监督等。

（一）管理层监督

董事会和经理层充分利用内部信息与沟通机制，获取适当的、足够的相关信息来验证内部控制是否为有效设计和正常运行，并对日常经营管理活动进行持续监督，包括但不限于以下措施：

董事会召开董事会议或专业委员会会议，获取来自经理层的风险评估与控制活动信息。可以利用内部审计、外聘专家及外部审计师、政府监管的力量，也可以通过询问非管理层员工、客户（供应商）等方式，持续监督经理层权力行使情况。

经理层召开经理办公会、生产例会、经济活动分析例会等，收集、汇总内部各机构的经营管理信息，持续监督内部各机构的工作进展、风险评估和控制情况。经理层听取员工的合理化建议，不断完善员工合理化建议机制，明确内部控制相应的实施责任部门、奖惩措施等内容，对员工提出的问题予以及时解决。

董事会（或授权审计委员会）、经理层组织实施内部控制评价，听取内部控制评价报告，获取内部控制设计和运行中存在的缺陷，积极采取整改措施并督促整改，促进实现内部控制目标。

（二）单位（机构）监督

企业所属单位及内部各机构定期对职权范围内的经济活动实施自我监督，向经理层直接负责，包括但不限于以下措施：

企业所属单位及内部各机构召开部门例会或运营分析会等，汇集来自本单位（机构）内外部的有关信息，分析并报告存在的问题，对日常经营管理活动进行。

企业所属单位及内部各机构对内部控制设计与运行情况开展自我测评，至少每年检查一次。企业所属单位及内部各机构对与本单位（机构）环境变化、相关的新增业务单元以及业务性质变化、业务变更导致重要性改变的业务活动进行跟进确认，评价并进一步完善相关的内部控制。

（三）内部控制机构监督

有条件的企业，应当设置专门的内部控制机构。内部控制机构结合单位（机构）监督、内外部审计、政府监管部门的意见等情况，根据企业风险评估结果，对企业认定的重大风险的管控情况及成效开展持续性的监督。

内部控制机构还可以通过控制自我评估的方法，召集有关管理层和员工就企业内部控制度设计和执行中存在的特定问题进行面谈和讨论，同时可以通过开展问卷调查和管理结果分析等方式进行监督测试。

（四）内部审计监督

内部审计监督就是确认、评价企业内部控制有效性的过程，包括确认和评价企业控制设计和控制运行缺陷和缺陷等级，分析缺陷形成的原因，提出改进内部控制的建议。

一个经济组织的内部审计是对其内部控制的实施进行监督，就内部控制设计的充分性和运作的有效性向董事会和审计委员会提供唯一保证的组织。企业内部审计其实是内部控制最后、最重要的一道关口，能够防范错弊，将风险扼杀在摇篮中，对企业的长期可持续发展功不可没。

内部审计的责任是对内部控制设计和运行的有效性进行审查和评价，出具客观、公正的审计报告，促进组织改善内部控制及风险管理。

内部审计机构接受董事会或经理层委托，对日常生产经营活动实施审计检查，包括但不限于以下措施：①制定内部审计计划，定期组织生产经营审计、内部控制专项审计和专项调查等，主要对企业董事、高级管理人员和下属单位负责人的廉洁从业状况、管理制度的落实情况、内部控制的实际效果等进行监督检查，并向董事会或经理层提出管理建议；②内部审计机构对审计中发现的违反国家法律法规和企业章程规定的事项提出审计建议，作出审计决定，并对审计建议和审计决定的落实情况进行跟踪监督；③内部审计机构应当接受审计委员会的监督指导，定期或应要求向董事会及其审计委员会、监事会、经理层报告工作。

二、专项监督

（一）专项监督的内涵

专项监督是对内部控制的某一方面或某些方面的内容进行有针对性的监督检查。

随着时间的推移，原先以特定监督方式所设计的各种内部控制程序可能被修改，或可能不再被执行；新的内部控制程序虽已经建立，但未被相关人员熟知，或未在可用的文件中记录。专项监督通常是由具有独立性的管理层、董事会、监事会或审计委员会、内部审计人员等定期实施的检查和评价活动，通过专项监督能提供更具有客观性的反馈信息。因为监督者需要熟知企业中的各种活动以及监督活动是如何运作的，并应清楚地了解要监督的事项。监督者通过与执行控制或受控制影响的人员进行的讨论、检查业绩记录，或综合运用各种程序，可以确定和掌握内部控制实际运行情况。

（二）专项监督的范围和频率

专项监督的范围和频率取决于以下因素：一是企业风险评估的结果。重要业务事项和高风险领域所需的专项监督频率通常较高；对于风险发生的可能性较低但影响程度大的业务事项（突发事件），进行日常监督的成本很高，为此会更多地依赖专项监督。二是变化发生的性质和程度。在内部控制各要素发生变化，可能对内部控制有效性产生较大影响的情形下，企业应当组织实施独立的专项监督，专门就该变化的影响程度进行分析研究。三是日常监督的有效性。日常监督根植于企业日常、反复发生的经营活动中，如果日常监督扎实有效，可以迅速应对环境的变化，对专项监督的需要程度就越低；反之，对专项监督的需要程度就高。

（三）专项监督阶段

专项监督一般包括以下三个阶段：

一是计划阶段。主要任务包括：规定监督的目标和范围；确定具有该项监督权力的主管部门和人员；确定监督小组、辅助人员和主要业务单元联系人；规定监督方法、时间、实施步骤；监督相关人员就监督计划达成一致意见。

二是执行阶段。主要任务包括：获得对业务单元或业务流程活动的了解；了解业务单元或流程的内部控制程序是如何设计运作的；应用可比一致的方法评价内部控制程序；通过与企业内部审计标准的比较来分析结果，并在必要时采取后续措施；记录内部控制缺陷和拟定的纠正措施；与相关的人员复核和验证调查结果。

三是报告和纠正措施阶段。主要任务包括：与业务单元或业务流程的管理人员以及其他适当的管理人员复核结果；从业务单元或业务流程的管理人员处获得情况说明和纠正措施；将管理反馈写入最终的评价报告。

需要强调的是，企业内部控制（审计）机构、财务机构和其他内部机构都有权参与专项监督工作，也可以聘请外部中介机构参与其中，但参与专项监督的人员必须具备相关专业知识和一定的工作经验，且不得参与对自身负责的业务活动的评价。

（四）专项监督与日常监督的关系

一般来说，风险水平较高并且重要的控制，对其进行专项监督检查的频率应较高。当然，如果企业的日常监督能够有效地起到监督效果，也可以减少专项监督的频率。

关键词汇

内部监督（internal supervision）

内部审计（ internal audit）

内部控制自我评价报告（internal control self-evaluation report）

内部控制缺陷（internal control deficiency）

财务报告缺陷（defects in financial reporting）

内部控制设计缺陷（internal control design defects）

内部控制运行缺陷（internal control operation defects）

重大缺陷（great defects）

重要缺陷（important defects）

思考与练习

一、思考题

1. 什么是内部监督？请简述内部监督与内部控制的联系与区别。
2. 内部监督的机构及其职责都有哪些？
3. 内部监督的基本要求有哪些？
4. 内部监督的程序如何？
5. 内部监督的方式有哪几种？
6. 专项监督主要关注哪些方面？

7. 内部控制的缺陷有几种类型？财务报告内部控制缺陷的认定标准是什么？

二、单项选择题

1. 某科技类上市公司董事会由下述人员构成：董事长张跃、总经理林君、技术总监王能、财务总监区翔、独立董事刘克（某会计师事务所合伙人）、独立董事翟飞（某律师事务所合伙人）、独立董事肖锋（另一家上市公司董事长）。最符合公司治理结构要求的上市公司审计委员会的构成是（　　）。

A. 刘克、翟飞、肖锋　　B. 林君、区翔、刘克

C. 张跃、刘克、肖锋　　D. 张跃、林君、区翔

2. 下列各项中，属于运行缺陷的是（　　）。

A. 规定更换库房保管员时要盘点核实库存，但没有规定要交接双方一同进行

B. 规定使用清澈的酒精溶液清洗容器，但未提供酒精溶液清澈的判断标准

C. 规定要对大宗物料供应商进行实地考察，但对必须考察生产现场的要求则缺少核实办法

D. 规定审核研发产品的技术先进性，但研发人员并不提供技术先进性的证据及证明

3. 根据COSO框架，反舞弊机制属于内部控制要素中的（　　）。

A. 风险评估　　B. 控制活动

C. 内部监督　　D. 信息与沟通

4. 企业进行内部控制监督时，发现采购部门的部分采购项目未按制度规定进行公开招标。按照内部控制缺陷的本质分类，这种缺陷属于（　　）。

A. 一般缺陷　　B. 运行缺陷

C. 重要缺陷　　D. 设计缺陷

5. 下列各项中，关于日常监督和专项监督关系的表述不正确的是（　　）。

A. 日常监督是专项监督的基础

B. 专项监督是日常监督的有效补充

C. 日常监督有效性高时，可以不设置专项监督

D. 某些专项监督如果需要经常性地开展，应将其纳入日常监督之中

三、多项选择题

1. 下列各项中，关于日常监督和专项监督关系的表述正确的有（　　）。

A. 日常监督是专项监督的基础

B. 专项监督是日常监督的有效补充

C. 日常监督和专项监督应当有机结合

D. 日常监督和专项监督是相互独立的

2. 按照内部控制缺陷的性质即影响内部控制目标实现的严重程度分类，下列各项中，属于内部控制缺陷的有（　　）。

A. 重大缺陷　　B. 重要缺陷

C. 一般缺陷　　D. 设计缺陷

3. 下列各项中，属于内部控制运行缺陷的有（　　）。

A. 缺少为实现控制目标所必需的控制

B. 设计适当的控制没有按设计意图运行

C. 执行人员没有获得必要授权

D. 执行人员缺乏胜任能力

4. 下列各项中，属于专项监督需要重点关注的内容有（　　）。

A. 高风险的项目　　B. 成本较高的项目

C. 重要的项目　　D. 内部控制环境变化

5. 下列各项中，属于日常监督监督主体的有（　　）。

A. 管理层　　B. 单位（机构）

C. 内部控制机构　　D. 内部审计机构

四、案例分析题

1. 资料：南山公司成立于1998年，主营业务为中药研发、生产和销售，现成为一家销售网络遍布各地的医药公司。2011年初，公司股东大会决定筹备公司上市申请事宜。为了进一步完善公司治理，股东大会重组了董事会，引入3名独立董事。改组后的董事会包括7名成员，董事会主席由公司总经理翟某担任，并成立了审计委员会等4个专业委员会。审计委员会由3人组成，分别为独立董事某大学会计学教授李某、独立董事卫生管理部门退休医学专家张某和公司董事兼财务总监赵某。

一年来，独立董事张某就公司战略制定、总经理任免和公司高管薪酬发表了独立意见。独立董事李某就公司内部控制、风险管理和大股东占用公司资金问题发表了独立意见。

审计委员会成立一年来开展了一系列的工作：召开了1次审计委员会会议，讨论建立健全公司内部控制事宜；与内部审计师、总经理一起讨论公司内部控制缺陷事宜；向董事会建议由甲会计师事务所为公司提供年报审计服务，因为甲会计师事务所今年初已经为公司提供了验资服务，董事会以损害审计的独立性为由否决了该提案。

思考分析：

（1）简要分析南山公司审计委员会组成的缺陷和日常工作中存在的问题。

（2）简要分析南山公司独立董事如何体现其职责中所包含的四种角色。

2. 资料：2018年1月27日，位于甘肃省武威市的邮储银行被罚款共9 050万元，其他11家相关银行被罚款超2亿元。

案发过程具体如下：2016年3月到12月，邮储银行武威分行文昌路支行通过私刻公章、伪造证照合同，与票据中介违规操作，办理了147张虚假贴现纸质票据，再贴现给其他10家银行机构，票面金额共计79亿元，包括绍兴银行、南京银行镇江分行等数十家银行机构。理论上，与邮储银行武威分行文昌路支行进行转贴现交易的银行应对票据的真实交易背景进行审查，但上述银行违反审慎经营的原则，票据交易甚至允许有不见票等违规操作，对银行合规经营的原则并未遵守。后来，为填补资金缺口，在没有发行票据同业理财资质的情况下，邮储银行武威分行文昌路支行假冒上级分行的名义，违规发行票据同业理财产品，吉林蛟河农商行购买了30亿元。直到蛟河农商行向邮储银行寻求兑付时，此项违规操作才被暴露出来，由此案发。图7-4为邮储银行武威分行票据诈骗案流程。

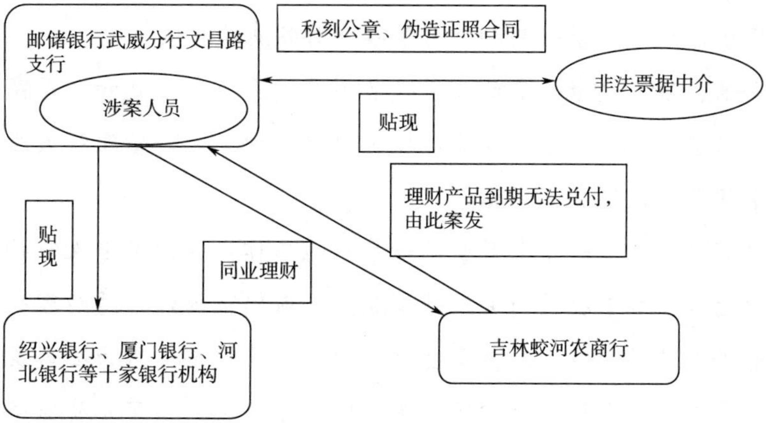

图7-4　邮储银行武威分行票据诈骗案流程

思考分析：根据案例，试分析邮储银行内部监督存在哪些问题。

3. 资料：甲公司为上市公司，设有内部审计部门。根据甲公司的机构设置，内部审计部门负责人由公司首席执行官任命，并负责向管理层直接定期报告。另外，随着甲公司管理层对内部控制重视程度的加深以及公司业务增长的需要，甲公司内部审计部门计划招聘更多的内部审计人员。

思考分析：

(1) 判断甲公司上述有关内部审计部门的设置是否恰当，并简要说明理由。

(2) 假设你是甲公司内部审计部门负责人，你在招聘内部审计人员时将从哪些方面考察候选人是否满足所需的要求?

第八章
企业内部控制评价

学习目标

本章主要阐述了企业内部控制评价的理论和方法。

通过对本章的学习，应了解内部控制评价的概念、意义和作用，熟悉内部控制评价的内容，掌握内部控制评价的程序和方法、内部控制评价报告的编制。

本章框架

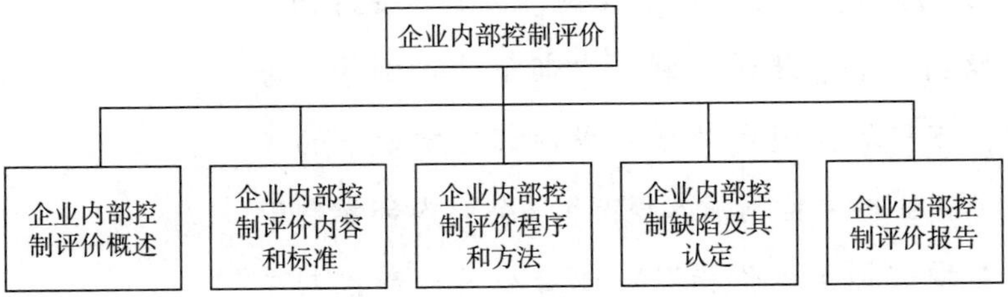

曾子曰："吾日三省吾身。"我们每个人每天要对自己的言行省思多次，客观地认识自己，以约束自己的缺点，发扬长处，不断完善自身。企业与人一样，自我评价是企业审视自我、明确优势和发现改进机会的一个有效方法。

对一个完整的内部控制制度运行后的效果进行判断是十分必要的。不断地自省和评价是现代企业生存和发展的重要条件。企业的管理者通过收集信息来监控内部控制的关键流程，发现问题，分析发展方向和衡量改进成效。如果不进行自我反省和评价，企业就失去了对风险进行调整的机会。企业内部控制评价是对内部控制有效性进行的评价。通过评价活动，有助于企业发现并克服内部控制缺陷，防范和化解企业经营风险，促进企业健康发展。

导入案例

万科企业股份有限公司（以下简称“万科集团”）成立于1984年，经过三十余年的发展，已成为国内领先的城乡建设与生活服务商，公司业务聚焦全国经济最具活力的三大经济圈及中西部重点城市。2016年公司首次跻身《财富》“世界500强”，2017年、2018年、2019年、2020年和2021年接连上榜。

万科集团有一套完整的内部控制制度，主要包括内部控制与风险管理的环境控制、业务控制、会计系统控制、电子信息系统控制、信息传递控制、内部审计控制等。每年的2月之前，万科集团规定必须完成内部控制效果的评估。公司依据《企业内部控制基本规范》《企业内部控制配套指引》《企业内部控制评价指引》以及公司内部控制手册、重要管理规章制度开展内部控制自我评价，评价等级分为“优秀”“正常”“待改进”3种，主要涉及控制环境、风险评估、控制活动、信息和沟通及内部监督。

对于评价过程中发现的需要改进的地方，工作小组会在总结报告中列出，并且要求待改进部门不定时地向工作小组汇报改进情况。万科集团的内部控制评价是由集团总部领头实行，内部审计部门按时间对所有的环节进行内部控制评价，在每年年报披露期间，会计师事务所也会通过抽查的方式检查集团的内部控制评价状况。内部审计部门基于“制度能不能建立，能不能完善，能不能执行”3个要求设计评价思路，以此对集团的业务进行内部控制评价。对于内部控制评价过程中的不足，如内部控制制度缺失、内部控制制度不够完善、内部控制制度执行不到位等，集团的有关部门起草和制定相应改进措施。

内部控制自我评价本质上是对内部控制制度本身进行监督和控制的必要机制，是完善和优化内部控制系统的重要制度安排。那么什么是内部控制评价？内部控制评价的主体、原则、内容和程序是什么？内部控制评价工作的意义何在？信息使用者如何了解企业内部控制工作的优劣？通过对本章的学习，可以找到上述问题的答案。

第一节 企业内部控制评价概述

一、企业内部控制评价的概念

企业内部控制评价有广义和狭义之分。广义的企业内部控制评价包括自我评价和外部鉴证（外部审计），狭义的内部控制评价仅指企业内部控制自我评价。

《企业内部控制评价指引》将内部控制评价定义为“企业董事会或类似权力机构对内部控制的有效性进行全面评价、形成评价结论、出具评价报告的过程”。具体来说，是指企业按照规定的程序、方法和标准，对已经建立和实施的内部控制体系，从设计有效性和运行有效性两个方面对内部控制有效性进行审查、测试、分析、评估和报告，以揭示和防范风险。

从上述定义可见，企业内部控制评价是企业董事会或类似权力机构对企业内部控制进行评价，不包括企业主管部门和利益相关者、注册会计师、其他独立主体等对该企业内部控制做出的评价。也就是说，实施内部控制评价工作的责任主体是董事会或类似权力机构。

企业内部控制评价类似一个放大镜，可以发现隐藏在企业内部控制层面的一系列问题。它运用一套科学合理的内部控制评价理论和方法，对内部控制设计和运行情况做出持续评价，对于重大的控制缺陷和内部控制的薄弱环节，能够做到及时发现、及时采取措施，并有针对性地修补管控过程的漏洞和完善，达到以评促建的目的，发挥指挥棒的作用。

完整的企业内部控制是由设计、运行、评价和改进四个环节共同构成的具有反馈功能的系统。评价在内部控制环节中发挥着反馈功能作用：一是通过评价、反馈、再评价，报告企业在内部控制建立与实施中存在的问题，并持续地进行自我完善；二是通过内部控制评价，查找、分析内部控制缺陷并有针对性地督促落实整改，及时堵塞管理漏洞，防范偏离目标的各种风险，并从设计和执行等全方位健全优化管控制度，从而促进企业内部控制体系的不断完善。

二、企业内部控制评价体系

企业内部控制评价体系是一种有效的管理机制，具有甄别内部控制运行状态的功能，具有评价内部控制功能的高低，规范企业经营管理活动，提高企业经营效率和抵御风险的能力，它是保证经营战略有效执行的基石。一套完整的、切合实际、具有可操作性的企业内部控制评价体系一般包括的内容如图 8-1 所示。

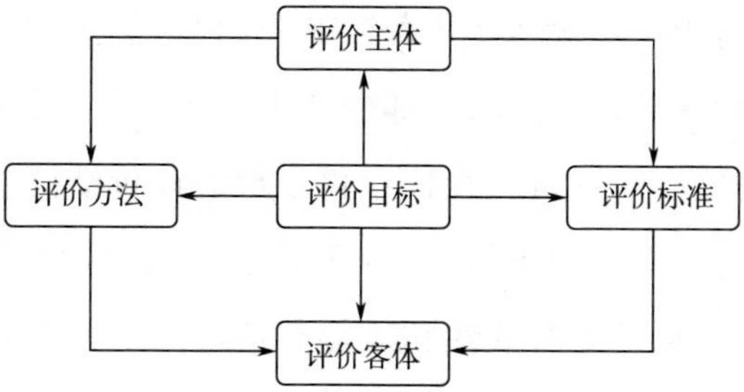

图 8-1　企业内部控制评价体系

评价目标是内部控制评价的开始，评价主体是内部控制评价的掌控者，评价方法是借鉴审计的手段，评价标准是内部控制评价的度量衡，评价客体是内部控制评价的受体。

(一) 企业内部控制评价目标

企业内部控制评价主要目的是评价企业内部控制是否有效。因此，内部控制评价活动是对企业内部控制的再控制。根据《企业内部控制评价指引》，可将内部控制评价目标表述为：

评价内部控制系统是否完善，是否能够保证企业完成任务和实现目标的需要；

内部控制所设定的标准和程序是否得到了贯彻和执行，是否有助于企业目标的实现；

内部控制是否有助于节约和有效使用资源；

内部控制是否能够有效预防和发现错弊，是否能够提供真实、及时和有用的信息等。

总之，内部控制评价目标就是降低或规避企业风险、增加企业价值。

(二) 企业内部控制评价的主体

企业内部控制评价的主体，即由谁组织、领导、监督内部控制评价工作。

1. 董事会或类似的权力机构

根据《企业内部控制评价指引》的规定，董事会或类似的权力机构对内部控制评价承担最终的责任。董事会可以通过审计委员会来承担对内部控制评价的组织、领导、监督职责。

2. 监事会

监事会应审议内部控制评价报告，对董事会建立与实施内部控制进行监督。

3. 经理层

经理层负责组织实施内部控制评价工作，实际操作中，可以授权内部控制评价机构组织实施。

4. 内部控制评价机构

内部控制评价机构（内部审计机构/专门的内部控制评价机构/非常设的内部控制评价小组/中介机构）根据授权承担内部控制评价的具体组织实施任务。

5. 专业部门

各专业部门应负责组织本部门的内部控制自查工作。

6. 所属单位

企业所属单位，也应逐级落实内部控制评价责任，开展内部控制一系列活动。

为了对企业内部控制进行有效性的评价，董事会可以聘请会计师事务所对其承担的责任进行鉴定、评价，但其承担的责任不能因此减轻或消除。

（三）企业内部控制评价对象

企业内部控制评价对象是指对谁或对什么进行评估。根据《企业内部控制评价指引》的规定，内部控制评价对象是对内部控制有效性发表意见。内部控制有效性是指企业建立与实施内部控制对实现控制目标提供合理保证的程度，包括内部控制设计的有效性和内部控制运行的有效性。其中，内部控制设计的有效性，是指为实现控制目标所必需的内部控制要素都存在并且设计恰当，能够为控制目标的实现提供合理保证；内部控制运行的有效性是指在内部控制设计有效的前提下，现有内部控制按照规定程序得到了正确执行。

内部控制运行的有效性离不开设计的有效性。如果内部控制在设计上存在漏洞，即使这些内部控制制度能够得到一贯的执行，那么也不能认为其运行有效。

评价内部控制设计有效性的根本判断标准是所设计的内部控制是否能为内部控制目标的实现提供合理保证。具体评价时，应当着重考虑与内部控制的设计有关的以下几个方面：

第一，是否做到以《企业内部控制基本规范》及其配套指引为依据；

第二，是否覆盖了所有关键的业务与环节，是否对董事会、监事会、经理层和员工具有普遍的约束力；

第三，是否与企业自身的经营特点、业务模式以及风险管理要求相匹配。

评价内部控制运行的有效性，应当着重考虑以下几个方面：

第一，相关控制在评价期内是如何运行的；

第二，相关控制是否得到了持续一致的运行；

第三，实施控制的人员是否具备必要的权限和能力。

（四）企业内部控制评价是一个再控制过程

评价是内部控制体系中极为重要的一环，与内部控制的设计、建立、实施和整改共同构成了有机动态循环过程的整体。同时，企业内部控制评价不是内部控制系统的简单重复，它是对企业内部控制活动实现的再控制过程，这个过程并非一劳永逸、一蹴而就的。

三、企业内部控制评价的作用

企业内部控制评价是企业内部控制中一项重要并且必要的系统性活动，其作用主要表现在以下方面。

（一）有助于企业自我完善内部控制体系

在企业中，内部控制的作用类似于人体的免疫系统。如何发挥企业内部控制的免疫系统作用？内部控制评价是不可或缺的重要环节。通过内部控制评价，企业可以查找、发现、分析内部控制系统缺陷并有针对性地督促落实整改，防范偏离目标的各种风险，实现内部控制评价、反馈、再评价的自我完善过程。

（二）有助于发现并改善企业内部控制的薄弱环节

任何企业都有其运行的薄弱环节，企业的内部控制也是如此。内部控制中的任何薄弱环节都可能导致企业内部控制失效，甚至导致企业经营失败。通过内部控制的评价，可以实现对企业内部控制全过程的监控，及时发现和控制内部控制的薄弱环节。

（三）有助于发挥企业内部审计职能

内部审计既是对内部控制的再控制，同时也是内部控制的有机组成部分。内部控制评价形成了企业内部控制与内部审计之间相互重叠的内容。以内部控制评价结果为依据，可以了解内部控制系统的薄弱环节、高风险领域，增强内部审计的计划性和目的性，更准确地确定审计的范围、审计时间的合理分配、审计的重点以及采用的审计方法，提高内部控制审计工作的效率。

（四）有助于促进企业健康发展

全部的内部控制评价工作应包括设计标准、衡量差异、提出分析、采取措施、协助业务部门使其执行结果符合标准，以达到实现监督、考核与制约的目的，促进企业降低或规避企业风险，增加企业价值，实现可持续发展。

（五）有助于提升企业市场形象和公众认可度

内部控制评价报告是企业进行内部控制评价的最终结果体现，也是将企业的风险管理水平、内部控制状况以及企业发展战略、竞争优势、可持续发展能力等公之于众的窗口和平台。通过自我评价报告，有利于增强与企业有利益关系的各方的信任度和认可度，积极创造更为有利的外部环境，促进企业可持续发展。

此外，内部控制评价相关信息的公开，可以让投资者、债权人、监管机构等对企业内部控制是否被合理设计并得到有效执行进行确认和分析，从而可以对管理层的绩效进行综合评价。

四、企业内部控制评价的原则

企业实施内部控制评价应当遵循下列原则：

（一）全面性原则

内部控制评价工作应当包括内部控制的设计与运行，涵盖企业及其所属单位的各种业务和事项。内部控制评价应当贯穿决策、执行和监督的全过程，实现全过程、全员性控制评价，不存在内部控制评价的空白点。

（二）重要性原则

内部控制评价工作应当在全面评价的基础上，注意关注重要业务单位、重大业务事项和高风险领域。例如，企业对“三重一大”事项（即重大决策事项、重要人事任免事项、重大项目安排事项和大额度资金运作事项），实行集体决策和联签制度，就是重要性原则的体现。重要性原则的应用需要一定的职业判断，企业应当根据所处行业环境和经营特点，从业务事项的性质和涉及金额两方面来考虑是否及如何实行重点控制。

（三）客观性原则

内部控制评价应当结合企业的行业环境、发展阶段、经营规模、业务特点等经营实际，准确揭示经营管理中的风险状况，以事实为依据，如实反映内部控制设计与运行的有效性，确保评价结果有充足且适当的证据支持。

五、企业内部控制评价的组织

（一）企业内部控制评价的组织形式

企业可以授权内部审计机构或专门机构（以下简称“评价机构”）负责内部控制评价的具体组织实施工作。评价机构必须具备一定的设置条件：一是能够独立行使对内部控制系统的建立与运行及结果进行监督的权力；二是具备与监督和评价内部控制系统相适应的专业能力和职业道德素养；三是与企业其他职能机构就监督与评价内部控制系统方面应当保持协调一致，在工作中相互配合、相互制约，在效率效果上满足企业对内部控制系统进行监督与评价所提出的相关要求；四是能够得到企业董事会和经理层的支持，有足够的权威性来保证内部控制评价工作的顺利开展。

具体来说，企业可根据自身特点，决定是否单独设置专门的内部控制评价机构。对于专门设有内部控制机构的企业，也可以由内部控制机构来负责内部控制评价的具体组织实施工作。为了保证评价的独立性，负责内部控制设计和评价的部门应与评价工作适当分离。

企业可以委托会计师事务所等中介机构实施内部控制评价。

（二）企业内部控制评价的职责和任务

无论采取何种组织形式，董事会、经理层和内部控制评价机构在内部控制评价中的职能作用不会发生本质的变化（如表 8-1 所示）。

表 8-1　企业内部控制评价的职责和任务

评价主体	承担的基本责任	承担的具体责任
董事会	对内部控制评价报告的真实性负责	应听取内部控制评价报告，审定内部控制重大缺陷、重要缺陷整改意见，对内部控制部门在督促整改中遇到的困难，积极协调，排除障碍
监事会	审议内部控制评价报告，对董事会建立与实施内部控制进行监督	
经理层	负责组织实施内部控制评价工作	为内部控制评价方案提出应重点关注的业务或事项，审定内部控制评价方案和听取内部控制评价报告，对于内部控制评价中发现的问题或报告的缺陷，要按照董事会或审计委员会的整改意见积极采取有效措施予以整改

续表

评价主体	承担的基本责任	承担的具体责任
内部控制评价机构	(1) 根据授权承担内部控制评价的具体组织实施任务，通过复核、汇总、分析内部监督资料，结合经理层要求，拟订合理评价工作方案并认真组织实施 (2) 对于评价过程中发现的重大问题，应及时与董事会、审计委员会或经理层沟通，并认定内部控制缺陷，拟订整改方案，编写内部控制评价报告，及时向董事会、审计委员会或经理层报告 (3) 沟通外部审计师，督促各部门、所属企业对内、外部内部控制评价进行整改 (4) 根据评价和整改情况拟订内部控制考核方案	
各专业部门	负责组织本部门的内部控制自查、测试和评价工作，对发现的设计缺陷和运行缺陷提出整改方案及具体整改计划，积极整改，并报送内部控制机构复核，配合内部控制机构（部门）及外部审计师开展企业层面的内部控制评价工作	
企业所属单位	建立日常监控机制，开展内部控制自查、测试和定期检查评价，发现问题并认定内部控制有缺陷，需拟订整改方案和计划，报本级管理层审定后，督促整改，编制内部控制评价报告，对内部控制的执行和整改情况进行考核	

第二节　企业内部控制评价内容和标准

一、企业内部控制评价要求和具体内容

（一）企业内部控制评价要求

企业应当以《企业内部控制基本规范》和《企业内部控制评价指引》为依据，结合内部控制设计与运行的实际情况，制定具体的内部控制评价办法，规定评价的原则、内容、程序、方法和报告形式等，明确相关机构或岗位的职责权限，落实责任制，按照规定的办法、程序和要求，有序开展内部控制评价工作。

（二）企业内部控制评价具体内容

《企业内部控制评价指引》指出，企业应当根据《企业内部控制基本规

范》、应用指引以及本企业的内部控制制度，围绕内部环境、风险评估、控制活动、信息与沟通、内部监督等要素，确定内部控制评价的具体内容，对内部控制设计与运行情况进行全面评价。企业内部控制评价具体内容如表 8-2 所示。

表 8-2　企业内部控制评价具体内容

内部控制要素	核心指标	
1. 内部环境	（1）组织架构	①董事会、监事会、经理层的相互制衡；②董事会、监事会、经理层致力于内部控制建设和执行；③组织机构设置科学、精简、高效、透明、权责匹配、相互制衡；④组织架构适应性；⑤组织架构对子公司的控制力
	（2）发展战略	①发展战略科学合理，既不缺乏也不激进，且实施到位；②发展战略有效实施；③发展战略科学调整
	（3）人力资源政策	①人力资源结构合理，能够满足企业需要；②人力资源开发机制健全有效；③人力资源激励约束机制健全有效
	（4）社会责任	①安全生产体系、机制健全有效；②产品质量体系健全有效；③切实履行环境保护和资源节约责任；④促进就业和保护员工权益
	（5）企业文化	①企业文化具有凝聚力和竞争力，促进企业可持续发展；②企业文化评估具有客观性、实效性
2. 风险评估	（1）目标设定	①企业层面是否有明确的目标、目标是否具有广泛的认识基础、企业战略是否与企业目标相匹配；②业务层面，各业务层面目标是否与企业目标一致、各业务层面目标是否衔接一致、各业务层面目标是否具有操作指导性；③是否能结合企业的风险偏好，确定相应的风险承受度
	（2）风险识别	①目标是否层层分解并确立关键业务或事项；②是否持续性的收集相关信息，内外部风险识别机制是否健全；③是否根据关键业务或事项分析关键成功因素；④是否识别出影响公司目标实现的风险
	（3）风险分析	①风险分析技术方法的适用性；②结合风险发生可能性和影响程度标准划分风险等级的准确性；③风险发生后对负面影响判断的准确性
	（4）风险应对	①风险应对策略与公司战略、企业文化的一致性；②风险承受度与风险应对策略的匹配程度

续表

内部控制要素	核心指标	
3. 控制活动	(1) 控制活动的设计	控制措施足以覆盖企业重要风险，不存在控制缺失、控制过度
	(2) 控制活动的运行	控制活动运行符合控制措施规定
4. 信息与沟通	(1) 信息收集、处理和传递的及时、准确、适用 (2) 反舞弊机制健全 (3) 沟通顺畅 (4) 利用信息化的程度	
5. 内部监督	(1) 内部监督能够覆盖并监控企业日常业务活动 (2) 内部控制缺陷认定科学、客观、合理，且报送机制健全 (3) 内部控制建设与评价文档妥善保管	

(三) 内部控制评价工作底稿

根据《企业内部控制评价指引》的规定，企业开展内部控制评价工作应形成工作底稿，详细记录企业执行评价工作的内容，包括评价要素、主要风险点、采取的控制措施、有关证据资料以及认定结果等。

在实际工作中，工作底稿一般是通过一系列评价表格来体现的，包括个别评价表、业务流程评价表及其汇总表、企业内部控制评价汇总表等。

1. 个别评价表

个别评价表是指根据对每项内部控制要素进行评价编制的工作底稿，如内部环境评价表、控制活动表、内部监督评价表等。内部环境评价表如表 8-3 所示。

2. 业务流程评价表及其汇总表

内部控制活动涉及企业多项业务流程，每一项业务流程均根据企业内部控制制度规定和相应的测试评价方法进行评价。业务流程评价后，将各项业务流程评价结果汇总到一个统一的表格中，以便确定最终结果，并填列到汇总表中。

以一般物资采购供应业务流程为例，制作一项业务流程评价表格式如表 8-4 所示。

表 8–3　企业内部环境评价表

被检查单位：　　　　　　　　检查期间：自　　年　　月　　日至　　年　月　日

检查小组组长（副组长）

控制措施要点	测试与评价方法（以 0.1 分为扣分 单位）	测试记录（访谈部门、责任人，取得的书面 文件名称、编号等）	是否符合控制要求（或不适用）。如回答否，有无替代控制措施？	基础分值	评价得分
1 责任分配与授权（满分 1 分）					
1.1 分（子）公司经理层应有明确的职责分工及授权。公司经理层的任职资格、人数范围和岗位职责应符合总部规定	取得分（子）公司经理层人员名单及其职责分工等相关资料，了解任职人数与既定的岗位是否匹配，是否按照授权履行工作职责				
1.2 分（子）公司经理层应明确规定本单位重要岗位管理人员的任职资格、人数范围和岗位职责	访谈技术、经营、财务等重要部门，判断重要岗位管理人员的资源是否充足，能否满足公司持续发展的需要				
2. 组织结构（满分 1 分）					
3. 管理哲学与经营风格（含风险管理机制）（满分 1 分）					
4. 人力资源政策与实务（满分 1 分）					
5. 信息与沟通（满分 1 分）					
总分：					
综合评价：					

表 8-4　一般物资采购供应业务流程评价表

被检查单位：　　　　　检查人（签字）：　　　　检查期间：自　　年　月　日

复核人（签字）：　　　　至　　年　月　日

控制点描述	适用单位	不相容岗位	检查步骤及方法	相关制度索引	控制点相关资料	控制点分值	检查评价得分	检查记录（文件号/凭证号等，或注明不适用或未发生）	未有效执行的原因
合计									

完成所有业务流程评价后，将各项业务流程评价结果汇总到一个统一的表格中（如表 8-5 所示），以便确定最终结果，并填列到汇总表中。

表 8-5　年度内部控制业务流程评价汇总表

被检查单位：　　　　　检查期间：自　　年　月　日至　　年　月　日

序号	适用业务流程名称	控制点总数	不适用控制点数	应执行控制点数	未发生控制点数	未执行控制点数	应得分值	实际得分
01	一般物资采购供应业务流程							
02	全面预算管理业务流程							
03	生产成本管理业务流程							
04	管理费用、销售费用、营业外支出管理业务流程							
05	修理费用管理业务流程							
06	科技开发费管理业务流程							

续表

序号	适用业务流程名称	控制点总数	不适用控制点数	应执行控制点数	未发生控制点数	未执行控制点数	应得分值	实际得分
07	一般产品销售业务流程							
08	筹资业务流程							
09	货币资金管理业务流程							
10	固定资产管理业务流程							
11	编制财务报表业务流程							
12	担保业务流程							
13	利率汇率风险管理业务流程							
14	企业并购管理业务流程							
15	信息系统管理业务流程							
16	ERP 系统 IT 一般性控制流程							
……								
控制点得分合计								

（3）企业内部控制评价汇总表

企业内部控制评价汇总表包括内部环境、内部监督、业务流程（即控制活动）和缺陷认定几个部分，格式如表 8-6 所示。

表 8-6　企业内部控制评价汇总表

检查期间：自　　年　月　日至　　年　月　日

被检查单位：　　　　　　　　检查小组组长（副组长）：

行次	评价项目（评价部门）	总分	检查评价得分
1	一、企业内部环境检查评价		
2	二、企业内部监督评价		
3	三、业务流程综合检查评价		

续表

<table>
<tr><th>行次</th><th colspan="3">评价项目（评价部门）</th><th>总分</th><th>检查评价得分</th></tr>
<tr><td>4</td><td colspan="3">综合评价得分</td><td></td><td></td></tr>
<tr><td>5</td><td rowspan="8">四、缺陷认定</td><td rowspan="7">财务报告缺陷</td><td rowspan="3">影响会计报表缺陷</td><td>错报指标 1（‰）</td><td></td></tr>
<tr><td>6</td><td>错报指标 2（‰）</td><td></td></tr>
<tr><td>7</td><td>缺陷等级</td><td></td></tr>
<tr><td>8</td><td>其他会计信息质量缺陷</td><td>缺陷数量（个）</td><td></td></tr>
<tr><td>9</td><td>IT 控制缺陷</td><td>缺陷数量（个）</td><td></td></tr>
<tr><td>10</td><td rowspan="2">内部控制重大事故事件缺陷</td><td rowspan="2">缺陷等级及数量（个）</td><td rowspan="2"></td></tr>
<tr><td rowspan="2">11</td></tr>
<tr><td colspan="2">非财务报告缺陷</td><td>缺陷数量（个）</td><td></td></tr>
<tr><td>12</td><td colspan="3">综合扣分比例</td><td></td></tr>
<tr><td>13</td><td colspan="4">修正后综合评价得分</td><td></td></tr>
</table>

二、企业内部控制评价标准

在实际工作中，对内部控制进行评价，必须有一套客观可行的基本标准。这套标准的作用表现在两个方面：一是为企业自我评价和改进其内部控制以及会计师事务所发表评价意见提供依据；二是为内部控制相关责任方的沟通提供意见统一的基础。

内部控制评价标准分为一般评价标准和具体评价标准。

（一）一般评价标准

内部控制评价的一般标准，是指应用于内部控制评价各个方面的标准，也就是评价内部控制有效性的标准。有效性是指内部控制为其目标实现提供的保证程度。保证程度越高，内部控制就越有效；反之，则无效。

对于企业内部控制有效性的评价标准可从设计的有效性和执行的有效性两方面考虑。评价内部控制设计的有效性是指评估为实现控制目标所必需的内部控制要素是否都存在并且设计恰当，从而判断其中是否存在设计缺陷、是否缺少为实现控制目标所必需的控制。内部控制执行的有效性是评价内部控制系统是否按照规定程序得到了正确执行，是否存在设计完好的控制未按设计意图运行，判断执行者是否获得必要授权或是否胜任控制工作。

（二）具体评价标准

具体评价标准主要是应用于内部控制评价各方面的标准。根据考核的内容不同，可以将具体评价标准分为内部控制要素评价标准和作业层级评价标准两部分。内部控制要素评价标准可分为控制环境、风险评估、控制活动、信息与沟通、监督五个方面。作业层级评价标准因企业性质不同而有所不同。以制造业企业为例，作业层级可分为以下业务循环：销售业务循环、购货业务循环、生产业务循环、薪金业务循环等。

第三节　企业内部控制评价程序和方法

一、企业内部控制评价程序

企业内部控制评价程序一般包括：制订内部控制评价方案、组成评价工作组、实施现场检查与测试、汇总评价结果、编制评价报告等（如图 8-2 所示）。概括而言，内部控制评价主要分为四个阶段：准备阶段；实施阶段；汇总评价结果、编制评价报告阶段；报告反馈和跟踪阶段。

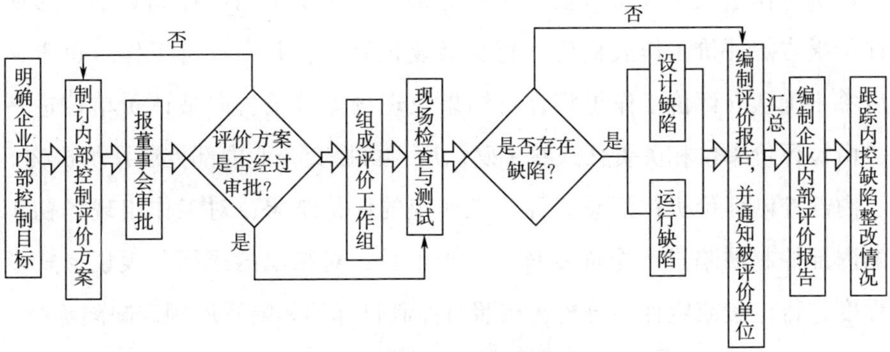

图 8-2　企业内部控制评价程序

（一）准备阶段

准备阶段的内容包括：

第一，制订评价工作方案。内部控制评价机构应当根据企业内部监督情况和管理要求，分析企业经营管理过程中的高风险领域和重要业务事项，确定检查评价方法，制订科学合理的评价工作方案，经董事会批准后实施。评价工作方案应当明确评价主体范围、工作任务、人员组织、进度安排和费用预算等相关内容。评价工作方案既以全面评价为主，也可以根据需要采用重点评价的方式。

第二，组成评价工作组。评价工作组是在内部控制评价机构领导下，具体承担内部控制检查评价任务。内部控制评价机构根据经批准的评价方案，挑选具备独立性、业务胜任能力和职业道德素养的评价人员实施评价。

第三，企业应根据自身条件，尽量建立长效内部控制评价培训机制。

（二）实施阶段

实施阶段的内容包括：

第一，了解被评价单位的基本情况。充分与企业沟通企业文化和发展战略、组织机构设置及职责分工、领导层成员构成及分工等基本情况。

第二，确定检查评价范围和重点。评价工作组根据掌握的情况进一步确定评价范围、检查重点和抽样数量，并结合评价人员的专业背景进行合理分工。

第三，开展现场检查测试。评价工作组根据评价人员分工，综合运用各种评价方法对内部控制设计与运行的有效性进行现场检查测试，按要求填写工作底稿、记录相关测试结果，并对发现的内部控制缺陷进行初步认定。

（三）汇总评价结果、编制评价报告阶段

评价工作组汇总评价人员的工作底稿，初步认定内部控制缺陷，形成现场评价报告。评价工作底稿应进行交叉复核签字，并由评价工作组负责人审核后签字确认。评价工作组将评价结果及现场评价报告向被评价单位进行通报，由被评价单位相关责任人签字确认后，再提交企业内部控制评价机构。

内部控制评价机构汇总各评价工作组的评价结果，对工作组现场初步认定的内部控制缺陷进行全面复核、分类汇总；对缺陷的成因、表现形式及风险程度进行定量或定性的分析，按照对控制目标的影响程度判定缺陷等级。

内部控制评价机构以汇总的评价结果和认定的内部控制缺陷为基础，根据内部控制工作整体情况，客观、公正、完整地编制内部控制评价报告，并报送企业经理层、董事会和监事会，由董事会最终审定后对外披露。

（四）报告反馈和跟踪阶段

对于认定的内部控制缺陷，内部控制评价机构应当结合董事会和审计委员会的要求，提出整改建议，要求责任单位及时整改，并跟踪其整改落实情况；已经造成损失或负面影响的，企业应当追究相关人员的责任。

需要说明的是，企业每年应对内部控制进行评价并予以披露。但是内部控制自我评价的方式、范围、程序和频率，可由企业根据经营业务调整、经营环境变化、业务发展状况、实际风险水平等自行确定。国家有关法律法规另有规定的，从其规定。另外，如果内部监督程序无效，或所提供信息不足以说明内部控制有效，应增加内部控制评价的频率。

二、企业内部控制评价的方法

内部控制评价工作组应当对被评价单位进行现场测试，综合运用以下方法，充分收集被评价单位内部控制设计和运行是否有效的证据，按照评价的具体内容，如实填写评价工作底稿，研究分析内部控制缺陷。

（一）个别访谈法

个别访谈法主要用于了解公司内部控制的现状，在企业层面评价及业务层面评价的了解阶段经常使用。访谈前应根据内部控制评价需求形成访谈提纲，撰写访谈纪要，记录访谈的内容。

（二）调查问卷法

调查问卷法主要用于企业层面评价。调查问卷应尽量扩大对象范围，包括企业各个层级员工，应注意事先保密性，题目尽量简单易答（如答案只需为“是”“否”“有”“没有”等等）。调查问卷格式如表 8-7 所示。

表 8-7　企业内部控制评价调查表

<table>
<tr><td colspan="2" rowspan="2">调查内容</td><td colspan="3">是</td><td rowspan="2">否</td><td rowspan="2">不适用</td><td rowspan="2">备注</td></tr>
<tr><td>强</td><td>弱</td><td>一般</td></tr>
<tr><td>调查说明</td><td></td><td></td><td></td><td></td><td></td><td></td><td></td></tr>
<tr><td>一、企业基本情况</td><td></td><td></td><td></td><td></td><td></td><td></td><td></td></tr>
<tr><td>二、企业内部控制建立和执行情况</td><td></td><td></td><td></td><td></td><td></td><td></td><td></td></tr>
</table>

续表

调查内容			是			否	不适用	备注
			强	弱	一般			
……								
四、内部环境	组织架构	…………						
	发展战略	…………						
		…………						
五、风险评估情况	目标设定	(1) 企业层面，是否有明确的目标、目标是否具有广泛的认识基础、企业战略是否与企业目标相匹配						
		(2) 业务层面，各业务层面目标是否与企业目标一致、各业务层面目标是否衔接一致、各业务层面目标是否具有操作指导性						
		(3) 是否结合企业的风险偏好，确定相应的风险承受度						
	风险识别	(1) 目标是否层层分解并确立关键业务或事项						
		(2) 是否持续性地收集相关信息，内外部风险识别机制是否健全，是否识别影响公司目标实现的风险						
		(3) 是否根据关键业务或事项分析关键成功因素						
		(4) 是否识别影响公司目标实现的风险						
	风险分析	(1) 风险分析技术方法的适用性						
		(2) 结合风险发生可能性和影响程度标准划分风险等级的准确性						
		(3) 风险发生后负面影响判断的准确性						
	风险应对	(1) 风险应对策略与公司战略、企业文化的一致性						
		(2) 风险承受度与风险应对策略的匹配程度						

续表

<table>
<tr><th colspan="3" rowspan="2">调查内容</th><th colspan="3">是</th><th rowspan="2">否</th><th rowspan="2">不适用</th><th rowspan="2">备注</th></tr>
<tr><th>强</th><th>弱</th><th>一般</th></tr>
<tr><td rowspan="2">六、控制活动</td><td>控制活动设计</td><td>…………</td><td></td><td></td><td></td><td></td><td></td><td></td></tr>
<tr><td>控制活动运行</td><td>…………</td><td></td><td></td><td></td><td></td><td></td><td></td></tr>
<tr><td>七、信息与沟通</td><td colspan="2">…………</td><td></td><td></td><td></td><td></td><td></td><td></td></tr>
<tr><td>八、内部监督</td><td colspan="2">…………</td><td></td><td></td><td></td><td></td><td></td><td></td></tr>
<tr><td>结论</td><td colspan="2"></td><td></td><td></td><td></td><td></td><td></td><td></td></tr>
</table>

（三）穿行测试法

穿行测试法，是指在内部控制流程中任意选取一笔交易作为样本，追踪该交易从最初记录直到最终在财务报表或其他经营管理报告中反映出来的过程，即该流程从起点到终点的全过程（例如，在保险公司的内部控制评价中，选取一笔保险新单，追踪其从投保申请到财务入账的全过程），以此了解控制措施设计的有效性，并识别出关键控制点。

（四）抽样法

抽样法分为随机抽样和其他抽样。随机抽样是指按随机原则从样本库中抽取一定数量的样本；其他抽样是指人工任意选取或按某一特定标准从样本库中抽取一定数量的样本。

（五）实地查验法

实地查验法主要针对业务层面控制，它通过使用统一的测试工作表，与实际的业务、财务单证进行核对的方法进行控制测试。如实地盘点某种存货。

（六）比较分析法

比较分析法，是指通过数据分析，识别评价关注点的方法。数据分析可以是与历史数据、行业（公司）标准数据或行业最优数据等进行比较。

（七）专题讨论法

专题讨论法，主要是集合有关专业人员就内部控制执行情况或控制问题进行分析。它既是控制评价的手段，也是形成缺陷整改方案的途径。

此外，还可以使用观察、重新执行等方法，也可以利用信息系统开发检查方法，或利用实际工作和检查测试经验。

第四节　企业内部控制缺陷及其认定

企业内部控制缺陷，是指财务报告内部控制系统中任何一部分如果有设计缺陷或运行出现故障，将使差错或错报不能被预防或可能无法查出的情况。[①] 管理层的责任包括设计有效的财务报告内部控制系统，以使控制缺陷最小化。内部控制缺陷是描述内部控制有效性的一个负向的维度。企业开展内部控制评价，主要工作内容之一就是要找出内部控制缺陷并有针对性地对其进行整改。内部控制缺陷认定在一定程度上决定了内部控制评价的成效。由于它具有一定的难度，因此需要运用职业判断。

有关内部控制缺陷的分类及其认定标准见第七章第三节。下面着重说明内部控制缺陷的报告与整改。

一、企业内部控制缺陷报告的格式和途径

《企业内部控制评价指引》规定，企业内部控制评价机构应当编制内部控制缺陷认定汇总表，结合日常监督和专项监督发现的内部控制缺陷及其持续改进情况，对内部控制缺陷及其成因、表现形式和影响程度进行综合分析和全面复核，提出认定意见（针对财务报告内部控制的缺陷，一般还应当反映缺陷对财务报告的具体影响），并以适当的形式向董事会、监事会或者经理层

① 克涅科，巴卢，索尔特里奥．审计增信服务与风险［M］．3版．大连：东北财经大学出版社，2011.

报告。重大缺陷应当由董事会予以最终认定。企业对于认定的重大缺陷，应当及时采取应对策略，切实将风险控制在可承受范围之内，并追究有关部门或相关人员的责任。

企业内部控制缺陷报告应当采取书面形式，可以单独报告，也可以作为企业内部控制评价报告的一个重要组成部分。一般而言，对内部控制的一般缺陷、重要缺陷应定期（至少要每年）报告，重大缺陷应立即报告。对于重大缺陷和重要缺陷及整改方案，企业内部控制评价机构应向董事会（审计委员会）、监事会或经理层报告并审定。如果出现不适合向经理层报告的情形，例如存在与管理层舞弊相关的内部控制缺陷，或存在管理层凌驾于内部控制之上的情形，企业内部控制评价机构应当直接向董事会（审计委员会）、监事会报告。对于一般缺陷，企业内部控制评价机构可以向企业经理层报告，并视情况考虑是否需要向董事会（审计委员会）、监事会报告。

二、企业内部控制缺陷的整改方案及期限

企业对于认定的内部控制缺陷，应当及时采取整改措施，切实将风险控制在可承受范围之内，并追究有关机构或相关人员的责任。

企业内部控制评价机构应当就发现的内部控制缺陷提出整改建议，并报经理层、董事会（审计委员会）、监事会批准。获批后，企业应制订切实可行的整改方案，包括整改目标、内容、步骤、措施、方法和期限。对整改期限超过一年的企业，整改目标应明确近期目标和远期目标以及相应的整改工作内容。

第五节　企业内部控制评价报告

一、企业内部控制评价报告的概念和种类

（一）企业内部控制评价报告的概念

企业内部控制评价报告，是企业对其内部控制系统评估工作结果的最终

体现。通过内部控制评价报告，反映企业内部控制体系的健全性、合理性和有效性及其实施的效率效果，促使企业切实加强内部控制体系的建设，重点分析企业在执行内部控制中可能存在的缺陷或漏洞，督促企业持续、有效地认真执行内部控制，促进企业实现内部控制目标。

（二）企业内部控制评价报告的种类

企业内部控制评价报告可以按照不同标准进行分类（如表 8-8 所示）。

表 8-8　企业内部控制评价报告的种类

分类标准	种类	定　义
编制时间	定期报告	指企业至少每年进行一次内部控制评价工作，编制评价报告，并由董事会对外发布或以其他方式加以合理利用。年度内部控制评价报告是以 12 月 31 日作为基准日编制的
	不定期报告	指企业出于特定目的或针对特定事项而临时开展内部控制评价工作并编制评价报告。编制时间和编制频率由企业确定
编制主体	单个企业编制的报告	指某一企业以自身经营业务和管理活动为基础而编制的内部控制评价报告
	企业集团的母公司内部编制的报告	指企业集团以母公司及控股子公司的经营业务和管理活动为基础而编制的内部控制评价报告，是对企业集团内部控制设计与运行有效性的总体评价
服务对象	对外报告	为满足外部信息使用者的需求而编制的报告。报告的内容、格式等强调符合披露要求，时间具有强制性
	对内报告	为满足管理层或治理层提高控制水平的需要而编制的报告。其特点是：服务对象主要是企业董事会（审计委员会）、经理层；编制主体层级更多、内容上更加详尽、格式更加多样，时间可以定期或不定期；不具有强制性，内容、格式和披露时间由企业自行决定

二、企业内部控制评价报告的内容和格式

企业内部控制评价报告是内部控制评价工作的结论性成果，一般包括下列内容：董事会对内部控制报告真实性的声明；内部控制评价工作的总体情况；内部控制评价的依据；内部控制评价的范围；内部控制评价的程序和方

法；内部控制缺陷及其认定；内部控制缺陷的整改情况和内部控制有效性的结论。企业内部控制评价报告格式如表 8-9 所示。

表 8-9　企业内部控制评价报告

××股份有限公司 20××年度内部控制评价报告
××股份有限公司全体股东：
根据《企业内部控制基本规范》等法律法规的要求，我们对本公司（下称“公司”）内部控制的有效性进行了自我评价。
一、董事会声明
公司董事会及全体董事保证本报告内容不存在任何虚假记载、误导性陈述或重大遗漏，并对报告内容的真实性、准确性和完整性承担个别及连带责任。
建立健全并有效实施内部控制是公司董事会的责任；监事会对董事会建立与实施内部控制进行监督；经理层负责组织领导公司内部控制的日常运行。
公司内部控制的目标是：〔一般包括合理保证经营合法合规、资产安全、财务报告及相关信息真实完整，提高经营效率和效果，促进实现发展战略〕。由于内部控制存在固有局限性，故仅能对达到上述目标提供合理保证。
二、内部控制评价工作的总体情况
公司董事会授权内部审计机构〔或其他专门机构〕负责内部控制评价的具体组织实施工作，对纳入评价范围的高风险领域和单位进行评价〔描述评价工作的组织领导体制，一般包括评价工作组织结构图、主要负责人及汇报途径等〕。
公司〔是/否〕聘请了专业机构〔中介机构名称〕实施内部控制评价，并编制内部控制评价报告；公司〔是/否〕聘请会计师事务所〔会计师事务所名称〕对公司内部控制有效性进行独立审计。
三、内部控制评价的依据
本评价报告旨在根据中华人民共和国财政部等五部委联合发布的《企业内部控制基本规范》及《企业内部控制评价指引》的要求，结合企业内部控制制度和评价办法，在内部控制日常监督和专项监督的基础上，对公司截至 20××年 12 月 31 日内部控制的设计与运行的有效性进行评价。
四、内部控制评价的范围
内部控制评价的范围涵盖了公司及其所属单位的各种业务和事项，重点关注下列高风险领域：
〔列示公司根据风险评估结果确定的前十大主要风险〕
纳入评价范围的单位包括：
〔描述公司及其所属单位的明确范围〕
纳入评价范围的业务和事项包括（根据实际情况充实调整）：
（一）组织架构
（二）发展战略
（三）人力资源
（四）社会责任

续表

（五）企业文化

（六）资金活动

（七）采购业务

（八）资产管理

（九）销售业务

（十）研究与开发

（十一）工程项目

（十二）担保业务

（十三）业务外包

（十四）财务报告

（十五）全面预算

（十六）合同管理

（十七）内部信息传递

（十八）信息系统

上述业务和事项的内部控制涵盖了公司经营管理的主要方面，不存在重大遗漏。

（如存在重大遗漏）公司本年度未能对以下构成内部控制重要方面的单位或业务（事项）进行内部控制评价：

〔逐条说明未纳入评价范围的重要单位或业务（事项），包括单位或业务（事项）描述、未纳入的原因、对内部控制评价报告真实完整性产生的重大影响等〕

五、内部控制评价的程序和方法

内部控制评价工作严格遵循基本规范、评价指引及公司内部控制评价办法规定的程序执行〔描述公司开展内部控制检查评价工作的基本流程〕。

在评价过程中，我们采用了（个别访谈、调查问题、专题讨论、穿行测试、实地查验、抽样和比较分析）等适当方法，广泛收集公司内部控制设计和运行是否有效的证据，如实填写评价工作底稿，分析、识别内部控制缺陷〔说明评价方法的适当性及证据的充分性〕。

六、内部控制缺陷及其认定

公司董事会根据基本规范、评价指引对重大缺陷、重要缺陷和一般缺陷的认定要求，结合公司规模、行业特征、风险水平等因素，研究确定了适用本公司的内部控制缺陷具体认定标准，并与以前年度保持了一致〔描述公司内部控制缺陷的定性及定量标准〕，或作出了调整〔描述具体调整标准及原因〕。

根据上述认定标准，结合日常监督和专项监督情况，我们发现报告期内存在〔数量〕个缺陷，其中重大缺陷〔数量〕个，重要缺陷〔数量〕个。重大缺陷分别为：〔对重大缺陷进行描述，并说明其对实现相关控制目标的影响程度〕。

七、内部控制缺陷的整改情况

针对报告期内发现的内部控制缺陷（含上一期间未完成整改的内部控制缺陷），公司采取了相

续表

应的整改措施〔描述整改措施的具体内容和实际效果〕。对于整改完成的重大缺陷，公司有足够的测试样本显示，与重大缺陷〔描述该重大缺陷〕相关的内部控制设计且运行有效（运行有效的结论需提供90天内有效运行的证据）。 经过整改，公司在报告期末仍存在〔数量〕个缺陷，其中重大缺陷〔数量〕个，重要缺陷〔数量〕个。重大缺陷分别为：〔对重大缺陷进行描述〕。 针对报告期末未完成整改的重大缺陷，公司拟进一步采取相应措施加以整改〔描述整改措施的具体内容及预期达到的效果〕。 **八、内部控制有效性的结论** 公司已经根据基本规范、评价指引及其他相关法律法规的要求，对公司截至20××年12月31日的内部控制设计与运行的有效性进行了自我评价。 （存在重大缺陷的情形）报告期内，公司在内部控制设计与运行方面存在尚未完成整改的重大缺陷〔描述该缺陷的性质及其对实现相关控制目标的影响程度〕。由于存在上述缺陷，可能会给公司未来生产经营带来相关风险〔描述该风险〕。 （不存在重大缺陷的情形）报告期内，公司对纳入评价范围的业务与事项均已建立了内部控制，并得以有效执行，达到了公司内部控制的目标，不存在重大缺陷。 自内部控制评价报告基准日至内部控制评价报告发出日之间〔是/否〕发生对评价结论产生实质性影响的内部控制的重大变化。〔如存在，描述该事项对评价结论的影响及董事会拟采取的应对措施〕 我们注意到，内部控制应当与公司经营规模、业务范围、竞争状况和风险水平等相适应，并随着情况的变化及时加以调整。〔简要描述下一年度内部控制工作计划〕未来，公司将继续完善内部控制制度，规范内部控制制度执行，强化内部控制监督检查，促进公司健康、可持续发展。 董事长：（签名） ××股份有限公司 20××年××月××日

三、企业内部控制评价报告的编制、报送和使用

（一）企业内部控制评价报告的编制

1. 企业内部控制评价报告的编制时间

企业应根据内部控制评价结果和整改情况，编制内部控制评价报告。企业内部控制评价报告分为定期内部控制评价报告和非定期内部控制评价报告。

企业应该定期进行内部控制评价并发布其内部控制评价报告。企业至少应该每年进行一次内部控制评价并由董事会对外发布内部控制评价报告。年

度内部控制评价报告应当以 12 月 31 日作为基准日。

非定期内部控制评价报告可以是因特殊事项或原因（如企业因目标变化或提升）而对外发布的内部控制评价报告，也可以是企业针对发现的重大缺陷专项评价等向董事会（审计委员会）或经理层报送的内部报告（即内部控制缺陷报告）。

2. 企业内部控制评价报告的编制主体

企业内部控制评价报告的编制主体包括单个企业和企业集团的母公司。单个企业内部控制评价报告是指某一企业以自身经营业务和管理活动为辐射范围编制的内部控制评价报告，属于对内报告；企业集团母公司内部控制评价报告是企业集团的母公司在汇总、复核、评价、分析后，以母公司及下属（或控股子公司）的经营业务和管理活动为辐射范围编制的内部控制评价报告，是对企业集团内部控制设计有效性和运行有效性的总体评价，可以是对内报告或对外报告。

3. 企业内部控制评价报告的编制程序

第一，企业内部控制评价机构对工作底稿进行复核，根据评价汇总表并按照规定的权限和程序审批确定的内部控制缺陷，判断内部控制的有效性。

第二，企业内部控制评价机构搜集整理编制内部控制评价报告所需的相关资料。

第三，企业内部控制评价机构根据有关资料撰写内部控制评价报告。

第四，企业内部控制评价报告上报经理层审核、董事会审批后确定，下属单位内部控制评价报告还须上报母公司。

（二）企业内部控制评价报告的报送

《企业内部控制评价指引》规定了评价报告及内部控制审计报告对外报送的要求。此外，企业内部控制评价报告应按相关规定报送有关监管部门。例如，国有控股企业应按要求报送国有资产监督管理部门和财政部门，金融企业应按规定报送银行业监督管理部门和保险监督管理部门，公开发行证券的企业应按规定报送证券监督管理部门。

（三）企业内部控制评价报告的使用

企业内部控制评价报告的使用者包括政府监管部门、投资者及其他利益相关者、中介机构和研究机构等。

1. 政府监管部门

政府监管部门根据企业内部控制评价报告可以了解《企业内部控制基本规范》及其配套指引的实施情况，通过不同企业、不同行业内部控制评价报告的分析比较，可以发现内部控制相关法律法规实施中存在的问题，作为进一步健全内部控制法律法规体系、优化内部控制执行机制的重要依据。

2. 投资者及其他利益相关者

投资者及其他利益相关者根据企业内部控制评价报告可以了解企业内部控制水平，评估企业抗风险能力和持续经营实力，从而为投资决策和正确行使相关权利奠定基础。必要时，投资者及其他利益相关者还可依据内部控制评价报告，有的放矢地进行调查研究和实地考察，促进企业持续完善内部控制系统。

3. 中介机构和研究机构

中介机构和研究机构可以通过研究分析企业内部控制评价报告，知悉企业内部控制发展现状，在综合运用比较分析、趋势分析等方法的基础上形成并发布内部控制研究报告，服务于监管部门、投资者和社会公众。

需要说明的是，企业内部控制评价是董事会对本企业内部控制有效性的自我评价，具有一定的主观性。因此，在此基础上形成的内部控制评价报告只能作为有关方面了解企业内部控制设计与运行情况的途径之一。在使用内部控制评价报告时，还应注意与内部控制审计信息、内部控制监管信息、财务报告信息等相关信息结合分析应用。

关键词汇

内部控制评价（evaluation of internal control）

内部控制评价报告（internal control evaluation report）

内部控制缺陷（internal control defects）

思考与练习

一、思考题

1. 什么是企业内部控制评价？如何理解企业内部控制评价？

2. 在开展企业内部控制评价工作时，全面性和重要性哪个更重要？二者应如何权衡？

3. 企业内部控制评价的具体内容有哪些？试说出几种常见的内部控制评价方法。

4. 内部控制的缺陷有几种类型？财务报告内部控制缺陷的认定标准是什么？

5. 简述内部控制评价报告的编制、报送和使用的基本内容。

二、单项选择题

1. 下列各项中，属于企业内部控制评价对象的是（　　）。

A. 内部控制规章制度　　B. 内部控制有效性

C. 财务报告的公允性　　D. 内部控制环境

2. 下列各项中，关于企业内部控制评价的表述正确的是（　　）。

A. 内部控制评价工作组应根据现场测试获取的证据，对内部控制缺陷进行最终认定

B. 可以聘请一家会计师事务所为其提供内部控制审计服务和内部控制自我评价服务

C. 内部控制评价工作组对内部控制评价报告的真实性负责

D. 评价报告在提交内部控制评价部门前需要得到被评价单位相关责任人签字确认

3. 下列各选项中，关于内部控制缺陷表述正确的是（　　）。

A. 内部控制评价工作只能由企业管理层实施。

B. 内部中控制评价仅对内部控制设计情况进行评价。

C. 内部控制缺陷按其影响程度可分为重大缺陷和非重大缺陷。

D. 重大缺陷是可能导致企业严重偏离控制目标的缺陷。

4. 甲公司在内部控制自评中发现，多项业务流程和控制手段存在缺陷或风险隐患。下列各项中，属于运行缺陷的是（　　）。

A. 规定更换库房保管员时要盘点核实库存，但没有规定要交接双方一同进行

B. 规定使用清澈的酒精溶液清洗容器，但未提供酒精溶液清澈的判断标准

C. 规定要对大宗物料供应商进行实地考察，但对必须考察生产现场的要求则缺少核实办法

D. 规定审核研发产品的技术先进性，但研发人员并不提供技术先进性的证据及证明

5. 下列各项中，企业实施内部控制评价工作的责任主体是（　　）。

A. 董事会或类似权力机构　　B. 内部审计部门

C. 内部控制评价部门　　D. 评价工作组

三、多项选择题

1. 下列关于企业内部控制自我评价的表述中，不正确的有（　　）。

A. 甲公司未建立定期的现金盘点程序属于设计缺陷

B. 乙公司要求所有认定的内部控制缺陷向董事会报告

C. 丙公司委托M会计师事务所对企业内部控制评价报告进行全面审计

D. 丁公司董事会对内部控制评价报告的真实性负责

2. 从控制目标的角度来看，内部控制的有效性可分为（　　）。

A. 合规目标内部控制的有效性　B. 资产目标内部控制的有效性

C. 报告目标内部控制的有效性　D. 经营目标内部控制的有效性

3. 下列各项迹象中，通常表明财务报告内部控制可能存在重大缺陷的有（　　）。

A. 企业决策失误，导致并购不成功

B. 董事、监事和高级管理人员舞弊

C. 管理人员或技术人员纷纷流失

D. 企业更正已公布的财务报告

4.《企业内部控制评价指引》第十五条规定，内部控制评价工作组对被评价单位进行现场测试时，可以单独或者综合运用的方法有（　　）。

A. 个别访问　　B. 调查问卷

C. 专题讨论　　D. 穿行测试

四、案例分析题

资料：甲公司系境内外同时上市的公司，其 A 股在上海证券交易所上市。根据财政部等五部委联合发布的《企业内部控制基本规范》及其配套指引与据此修改后的《公司内部控制手册》，甲公司应于 2011 年起实施内部控制评价制度。鉴于本公司在 2008 年 5 月《企业内部控制基本规范》发布后就已经着手建立、完善自身内部控制体系并取得了较好效果，甲公司决定从 2010 年开始提前实施内部控制评价制度，并由审计部牵头拟订内部控制评价方案。

该方案摘要如下：

1. 关于内部控制评价的组织领导和职责分工。董事会及其审计委员会负责内部控制评价的领导和监督。经理层负责实施内部控制评价，并对本公司内部控制有效性负全责。审计部具体组织实施内部控制评价工作，拟订评价计划、组成评价工作组、实施现场评价、审定内部控制重大缺陷、草拟内部控制评价报告，及时向董事会、监事会或经理层报告。其他有关业务部门负责组织本部门的内部控制自查工作。

2. 关于内部控制评价的内容和方法。内部控制评价围绕内部环境、风险评估、控制活动、信息与沟通、内部监督等五要素展开。鉴于本公司已按《公司法》和公司章程建立了科学规范的组织架构，组织架构相关内容不再纳入企业层面评价范围。同时，本着重要性原则，在实施业务层面评价时，主要评价上海证券交易所重点关注的对外担保、关联交易和信息披露等业务或事项。在内部控制评价中，可以采用个别访谈、调查问卷、专题讨论、穿行测试、实地查验、抽样和比较分析等方法。考虑到公司现阶段经营压力较大，为了减轻评价工作对正常经营活动的影响，在本次内部控制评价中，仅采用调查问卷法和专题讨论法实施测试和评价。

3. 关于实施现场评价。评价工作组应与被评价单位进行充分沟通，了解被评价单位的基本情况，合理调整已确定的评价范围、检查重点和抽样数量。评价人员要依据《企业内部控制基本规范》、《企业内部控制配套指引》和《公司内部控制手册》实施现场检查测试，按要求填写评价工作底稿，记录测试过程及结果，并对发现的内部控制缺陷进行初步认定。现场评价结束后，评价工作组汇总评价人员的工作底稿，形成现场评价报告。现场评价报告无须和被评价单位沟通，只需评价工作组负责人审核、签字确认后报审计部。审计部应编制内部控制缺陷认定汇总表，对内部控制缺陷进行综合分析和全面复核。

4. 关于内部控制评价报告。审计部在完成现场评价和缺陷汇总、复核后，负责起草内部控制评价报告。评价报告应当包括：董事会对内部控制报告真实性的声明、内部控制评价工作的总体情况、内部控制评价的依据、内部控制评价的范围、内部控制评价的程序和方法、内部控制缺陷及其认定情况、内部控制缺陷的整改情况、内部控制有效性的结论等内容。对于重大缺陷及其整改情况，只进行内部通报，不对外披露。内部控制评价报告报董事会审定后对外披露。

5. 关于内部控制审计。聘请某具有证券期货业务资格的大型会计师事务所对本公司内部控制有效性进行审计。鉴于本公司在 2008 年 5 月《企业内部控制基本规范》发布后就已建立、完善自身内部控制体系并取得较好效果，内部控制审计自 2010 年起，重点审计本公司内部控制评价的范围、内容、程序和方法等，并出具相关审计意见。

思考分析：根据《企业内部控制基本规范》及其配套指引，逐项判断甲公司内部控制评价方案中的 1 至 5 项内容是否存在不当之处；存在不当之处的，请逐项指出不当之处，并逐项简要说明理由。

第九章 企业内部控制审计

学习目标

本章主要阐述了企业内部控制审计的理论和方法。

通过对本章的学习，应了解企业内部控制审计的概念、意义和作用，熟悉企业内部控制审计的内容，掌握企业内部控制审计的程序和方法、企业内部控制审计报告的编制。

本章框架

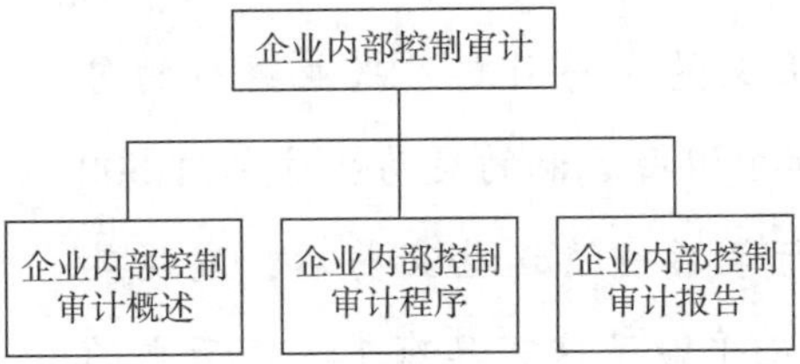

在财务报表审计中，注册会计师对内部控制的了解和测试不足以对内部控制发表意见，难以满足信息使用者的需求。因此，内部控制审计逐渐发展起来，很多国家要求注册会计师对内部控制设计和运行的有效性进行审计或鉴证。我国《企业内部控制基本规范》要求会计师事务所对企业内部控制的有效性进行审计，并出具审计报告。

导入案例

法国兴业银行的交易损失规模让人触目惊心。热罗姆·盖维耶尔，该银行的初级交易员，在未经授权的情况下豪赌欧洲股指期货交易，最终给兴业银行造成的损失竟然超过了该银行的净价值总额。

盖维耶尔的工作就是视欧洲股指的涨跌进行期货交易。银行规定每一笔交易都应该做一笔相反的交易以保持风险最小化，这两笔相反的交易产生的差额进而形成行业的利得与亏损。但是在盖维耶尔任职交易操盘手的几个月里，他开始就做一个方向的交易，而不是按照制度要求的那样进行双向交易。在完成伦敦运输系统交易获得丰厚的回报后，之前的成功诱使他下更大的赌注。盖维耶尔持续不断地删除和重新发起虚构交易以规避监控，并通过虚构交易以实现其套期保值目的。为此，盖维耶尔有规律地放弃节假日且极少去度假，不想让其交易账户被其他人查阅。最后，一笔以德国的经纪商名义的交易引起了兴业银行的警惕。在反复质问下，盖维耶尔坦白了他的交易头寸超过500亿欧元的情况。等兴业银行最后查清这些交易后，发现其总损失高达49亿欧元，这几乎毁了这家具有145年历史的老字号银行。①

法国兴业银行的案例说明了内部控制的缺陷可能导致发生财务报表重大错报的重大损失。正如安然和世通公司财务报告中的问题一样，一些公司的财务报告的问题也揭示了严重的内部控制缺陷。为了应对这一风险，2002年

① 阿伦斯，埃尔德，比斯利．审计学：一种整合方法［M］．14版．北京：中国人民大学出版社；2013. 1. 228.

7月30日，《萨班斯-奥克斯利法案》(SOX) 正式生效。该法案要求美国上市公司的审计师除了对被审计单位的财务报表发表审计报告之外，还要评价与报告被审计单位内部控制的有效性，由注册会计师验证并出具审计报告。此法案是自1933年美国《证券法》通过以来，美国证券法律制度所做的最大调整之一。

通过案例，你认为内部控制审计对公司内部控制发展会产生什么影响？

第一节　企业内部控制审计概述

一、企业内部控制审计的内涵

对企业内部控制进行法定审计的要求源自美国的《萨班斯-奥克斯利法案》。21世纪初，安然、安达信、世通、泰科和阿德菲亚这些公司的贪婪、欺诈和会计造假等丑闻败露，导致这些公司的股票价格和养老金储蓄暴跌，美国的公众变得异常愤怒并强烈地要求改革。作为对公众改革要求的回应，2002年7月美国国会颁布了《萨班斯-奥克斯利法案》。该法案对内部控制审计发展产生了积极的影响，主要体现在以下两个方面：一是上市公司管理层内部控制报告由以前的自愿性披露演变为强制性披露。二是由原先的内部控制审核变为内部控制审计。要求随定期报告一同对外披露有关财务报告内部控制的评价报告，这份报告还必须经过负责公司定期报告审计的注册会计师的审计。为了遵循该法案，美国公众公司会计监督委员会、证券交易委员会相继出台了与此相关的规范。经过各方努力，财务报告的内部控制审计作为一个新型审计体系的框架和内容基本建立起来，现代审计也因此进入一个财务报表审计与财务报告内部控制审计并重的全新时代。①

---

① 张龙平，陈作习．财务报告内部控制审计的历史回顾［J］．财会月刊，2008（9）．

企业内部控制审计，是指会计师事务所接受委托，对特定基准日内部控制设计与运行的有效性进行审计。内部控制审计内容包括企业治理结构、机构设置、企业文化、人力资源政策等内部控制环境因素，以及企业识别风险的评估程序、应对风险的具体措施和信息传递有效性、保证内部控制规范建设和有效运行的机制等。内部控制审计全面评价企业设计和运行的内部控制是否能够合理保证财务报告及相关信息合法、真实、完整，以及用于保护资产安全的内部控制是否可靠。

关于企业内部控制审计的概念，应进一步理解以下四个方面：

第一，企业内部控制审计属于外部审计。实施的审计主体是注册会计师，审计的范围限于在特定日期与财务报表相关的内部控制。与传统的财务报表审计业务相比，内部控制审计是注册会计师的一种新兴业务，也是经常性业务。

第二，企业内部控制审计与内部控制评价的关系。内部控制审计属于注册会计师外部评价，内部控制评价属于企业董事会自我评价，两者有着本质的区别（如表 9-1 所示）。

表 9-1　企业内部控制审计与内部控制评价的关系

	企业内部控制审计	企业内部控制评价
责任主体	注册会计师	董事会
责任内容	在实施审计工作的基础上对内部控制的有效性发表审计意见	建立健全和有效实施内部控制，评价内部控制的有效性
评价目标	侧重对财务报告内部控制目标实施的审计评价	对企业各类内部控制目标实施的全面评价
评价结论	注册会计师对财务报告内部控制的有效性发表意见，对内部控制审计过程中注意到的非财务报告内部控制的重大缺陷，在内部控制审计报告中增加“非财务报告内部控制重大缺陷描述段”予以披露	企业董事会对内部控制整体有效性发表意见，并在内部控制评价报告中得出内部控制有效性结论

虽然企业内部控制审计与企业内部控制评价具有上述区别，但两者往往依赖同样的证据、遵循类似的测试方法、使用同一基准日，因此，也必然存

在一些内在的联系。在内部控制审计过程中，注册会计师可以根据实际情况对企业内部控制评价工作进行评估，判断是否可利用企业内部审计人员、内部控制评价人员和其他相关人员的工作以及可利用程度。

第三，企业内部控制审计与企业财务报表审计的关系。企业内部控制审计要求对企业内部控制设计和运行的有效性进行测试；在财务报表审计中，也要求了解企业的内部控制，并在需要时测试控制。这是两种审计的相同之处，也是整合审计报告中应整合的部分。但由于两种审计的目标不同，审计指引要求在整合审计中，注册会计师对内部控制设计与运行的有效性进行测试，要同时实现两个目的：①获取充分、适当的证据，支持在内部控制审计中对内部控制有效性发表的意见；②获取充分、适当的证据，支持在财务报表审计中对控制风险的评估结果。企业内部控制审计与企业财务报表审计的区别如表 9-2 所示。

表 9-2　企业内部控制审计与企业财务报表审计的区别

	企业内部控制审计	企业财务报表审计
审计目的	评价内部控制的目的是对内部控制本身的有效性发表审计意见	评价内部控制的目的是判断是否可以相应减少实质性程序的工作量，以及支持财务报告的审计意见类型
审计方法	自上而下审计	风险导向审计
内部控制测试范围	注册会计师不能绕过内部控制测试程序进行审计，注册会计师应当针对每一审计领域搜集控制是否有效的证据，以便对整体的内部控制有效性发表意见	根据成本效益原则可能采取不同的审计策略，对于某些审计领域，可以绕过内部控制测试程序进行审计
内部控制测试结果所要达到的可靠程度	注册会计师需要获取内部控制有效性的高度保证，因此对控制测试的可靠性要求较严，样本量选择相对弹性较小	对控制测试的可靠性要求相对较低，注册会计师要测试的样本量也有一定的弹性
对控制缺陷的评价要求不同	注册会计师需要对内部控制缺陷进行严格的评估，将值得关注的内部控制缺陷进一步区分为重大缺陷和重要缺陷。重大缺陷将影响到审计意见的类型	注册会计师仅需将审计过程中识别出的内部控制缺陷区分为值得关注的内部控制缺陷和一般缺陷

续表

	企业内部控制审计	企业财务报表审计
审计报告的内容	注册会计师应报告整体内部控制的有效性	注册会计师一般不对外报告内部控制的情况，除非内部控制影响到对财务报告发表的审计意见

注：风险导向审计，是指注册会计师以审计风险模型为基础进行的审计。风险导向审计以战略观和系统观思想指导重大错报风险评估和整个审计流程，其核心思想可以概括为：审计风险主要来源于企业财务报告的重大错报风险，而错报风险主要来源于整个企业的经营风险和舞弊风险。

第四，关于企业内部控制审计基准日。内部控制审计基准日，是指注册会计师评价内部控制在某一时日是否有效所涉及的基准，也是被审计单位评价基准日，即最近一个会计期间截止日。注册会计师不可能对企业内部控制在某个期间段（如一年）内每天的运行情况进行描述，然后发表审计意见，这样做不切实际，并且无法向信息使用者提供准确清晰的信息，甚至会误导使用者。

注册会计师对特定基准日内部控制的有效性发表意见，并不意味着注册会计师只测试基准日这一天的内部控制，而是要考察足够长一段时间内部控制设计和运行的情况。对控制有效性的测试涵盖的期间越长，提供的控制有效性的审计证据越多。单就内部控制审计业务而言，注册会计师应当获取内部控制在基准日之前一段足够长的期间内有效运行的审计证据。在整合审计中，控制测试所涵盖的期间应当尽量与财务报表审计中拟信赖内部控制的期间保持一致。内部控制是防范企业财务报告错误和舞弊行为的重要防线，也是保证企业财务报告真实、完整的内在机制。

二、企业内部控制审计目标

《企业内部控制审计指引》规定，注册会计师应当对财务报告内部控制的有效性发表审计意见，并对内部控制审计过程中注意到的非财务报告内部控制的重大缺陷，在内部控制审计报告中增加“非财务报告内部控制重大缺陷描述段”予以披露。可见，内部控制审计目标包括两个方面：一是对财务报告内部控制的有效性发表审计意见；二是披露非财务报告内部控制重大缺陷。

但企业内部控制审计目标主要是针对财务报告内部控制有效性而言的。企业内部控制有效性是指企业建立与实施内部控制对实现控制目标提供合理保证的程度，包括内部控制设计的有效性和内部控制运行的有效性。

（一）企业内部控制设计的有效性

企业内部控制设计的有效性是指为实现控制目标所必需的内部控制要素都存在并且设计恰当，设计的有关控制政策和程序能够适当地防止或发现财务报表中存在的重大错报等。当缺乏实现控制目标的必要控制或即使按照设计的控制运行仍无法实现控制目标时，财务报告内部控制的设计就存在缺陷。评价企业内部控制设计的有效性，应充分考虑：①是否为防止、发现并纠正财务报告重大错报而设计了相应的控制；②是否为合理保障资产安全而设计了相应的控制；③相关控制的设计是否能够保证企业遵循适用的法律法规；④相关控制的设计是否有助于企业提高经营效率和效果，实现企业发展战略。

（二）企业内部控制运行的有效性

企业内部控制运行的有效性是指现有内部控制按照规定程序得到了正确执行，有关的控制政策和程序能够如其设计的一样发挥机能。评价内部控制运行的有效性时，除了要掌握企业是如何运用这些控制政策和程序及谁来执行这些政策和程序等信息，还应充分考虑：①相关控制在评价期内是如何运行的；②相关控制是否得到了持续一致的运行；③实施控制的人员是否具备必要的权限和能力；④相关控制运行的方式，一般包括人工控制和自动控制、预防性控制和发现性控制。

三、整合审计①

21 世纪初美国财务舞弊事件的出现，引起人们的思考与反思，使得上市公司不仅需要聘请会计师事务所审计本单位的财务报表，还需聘请会计师事务所来审计内部控制，因而出现了同一家会计师事务所为被审计单位进行财务报表审计、内部控制审计，整合审计由此而诞生。

整合审计是同一家会计师事务所在对被审计单位进行财务报表审计、内

① 谢晓燕，张龙平，李晓红．我国上市公司整合审计研究［J］．会计研究，2009（9）．

部控制审计的基础上，有效地整合资源，对重复的步骤予以删减，对重复的流程予以简化，设计合适的环节，同时实现两种审计目标。在整合审计模式中，审计师对内部控制的检查，可以通过财务报表审计的结果得以证实；另外，在内部控制审计过程中得到的审计结果和结论又可以帮助审计师更好地计划和执行那些设计来确定财务报表是否公允表达的审计程序。内部控制审计和财务报表审计这两个审计过程相互补充、互为强化，通过同一过程同时实现两种审计目标。

需要说明的是，整合审计并不是一种新的审计方式，它是内部控制审计与财务报表审计有机融合，且其具有整合的理论和实践基础。例如，两者都要求被审计单位管理者对其单位做出评价，然后由注册会计师进行审计；两者确定重要性的水平方式类似；彼此得出审计证据以及结论有许多是相同的；两者都是为了保证企业财务报表的安全和真实，得出结论，表达意见。整合审计减少了被审计单位和会计师事务所的工作量，剔除了重复性程序，提升了审计效率，提高了审计质量，降低了审计成本。

四、企业内部控制审计的意义

内部控制审计就是确认、评价企业内部控制有效性的过程，即确认和评价企业控制设计和控制运行缺陷和缺陷等级，分析缺陷形成原因，提出改进内部控制建议。其意义主要表现在以下三个方面：一是有效地对被审计单位的内部控制进行评价。相对于内部审计的实施主体而言，注册会计师是相对独立的第三方，是具有较高专业水平的一个群体，可以站在相对独立的视角，代表更广泛的股东的利益。二是促进企业加强内部控制规范建设，提升财务报告风险防范能力。注册会计师对企业内部控制有效性进行客观、独立的鉴证，能够监督、推动企业将内部控制规范落到实处。三是进一步提升企业信息披露的透明度，增强投资者对企业财务信息可靠性的公信力。投资者对投资行为的选择，已不仅仅基于财务数据和相关信息，还要基于对公司内部控制系统设计与运行质量的分析，以判断企业的抗风险能力。

第二节　企业内部控制审计程序

一、计划审计工作

（一）计划审计工作的一般要求

“计划”是任何项目管理中的一个关键步骤。尽管计划阶段可能枯燥，但它是有效项目管理的基石，它具有集中项目组成员的注意力、朝着成功实施项目方案的方向努力的功能。在内部控制审计过程中，合理的审计工作计划有助于注册会计师关注重点审计领域、及时发现和解决潜在问题并恰当地组织和管理审计工作，以使审计工作更加有效。同时，充分的审计工作计划可以帮助注册会计师对项目组成员进行恰当的分工和指导监督，并复核其工作。

在计划审计工作时，注册会计师应当评价下列事项对财务报告内部控制、财务报表及审计工作的影响：①与企业相关的风险；②相关法律法规和行业概况；③企业组织结构、经营特点和资本结构等相关重要事项；④企业内部控制最近发生变化的程度；⑤与企业沟通过的内部控制缺陷；⑥重要性、风险等与确定内部控制重大缺陷相关的因素；⑦对内部控制有效性的初步判断；⑧可获取的、与内部控制有效性相关的证据的类型和范围。

（二）计划审计工作的内容

注册会计师应当贯彻风险导向审计的思路，恰当地计划内部控制审计的工作，制定总体审计策略和具体审计计划，并在计划和实施过程中考虑对舞弊风险的评估结果。

1. 总体审计策略

注册会计师应当在总体审计策略中体现下列内容：①确定内部控制审计业务，以界定审计范围；②明确内部控制审计业务的报告目标，以计划审计的时间安排和所须沟通的性质；③根据职业判断，考虑用以指导项目组工作方向的重要因素；④考虑初步业务活动的结果，并考虑对被审计单位执行其他业务时获得的经验是否与内部控制审计业务相关（如适用）；⑤确定执行内部控制审计业务所需资源的性质、时间安排和范围。

2. 具体审计计划

注册会计师应当在具体审计计划中体现下列内容：①了解和识别内部控制的程序的性质、时间安排和范围；②测试控制设计有效性的程序的性质、时间安排和范围；③测试控制运行有效性的程序的性质、时间安排和范围。

3. 对舞弊风险的考虑

在计划和实施内部控制审计工作时，注册会计师应当考虑财务报表审计中对舞弊风险的评估结果。在识别和测试企业层面控制以及选择其他控制进行测试时，注册会计师应当评价被审计单位的内部控制是否足以应对识别出的、由于舞弊导致的重大错报风险，并评价为应对管理层和治理层凌驾于控制之上的风险而设计的控制。

被审计单位为应对这些风险可能设计的控制包括：①针对重大的非常规交易的控制，尤其是针对导致会计处理延迟或异常的交易的控制；②针对期末财务报告流程中编制的分录和做出的调整的控制；③针对关联方交易的控制；④与管理层的重大估计相关的控制；⑤能够减弱管理层和治理层伪造或不恰当操纵财务结果的动机和压力的控制。

4. 利用其他相关人员的工作

在计划审计工作时，注册会计师需要评估是否可利用他人（包括企业的内部审计人员、内部控制评价人员、其他人员以及在董事会及其审计委员会指导下的第三方）的工作以及可利用的程度，以减少可能本应由注册会计师执行的工作。

如果拟利用他人的工作，注册会计师则需要评价该人员的专业胜任能力和客观性。专业胜任能力即具备某种专业技能、知识或经验，有能力完成分派的任务；客观性则是公正、诚实地执行任务的能力。一般来说，专业胜任能力和客观性越高，可利用程度就越高，注册会计师就可以越多地利用其工作。

在内部控制审计中，注册会计师利用他人工作的程度还受到与被测试控制相关的风险的影响。与某项控制相关的风险越高，可利用他人工作的程度就越低，注册会计师就越需要更多地对该项控制亲自进行测试。

二、实施审计工作

《企业内部控制审计指引》规定，注册会计师应当按照自上而下的方法实施审计工作。在实施审计工作时，可以将企业层面控制和业务层面控制的测试结合进行。

自上而下的方法始于财务报表层次，从注册会计师对内部控制整体风险的了解开始，然后将关注重点放在企业层面的控制上，并将工作逐渐下移至重要账户、列报及其相关认定。随后，验证其对被审计单位业务流程中风险的了解，并对每个能足以应对评估的重大错报风险的控制进行测试。

（一）识别、了解和测试企业层面控制

企业的内部控制分为企业层面控制和业务流程、应用系统或交易层面的控制两个层面。

1. 企业层面控制

企业层面控制，是指为应对企业财务报表整体层面的风险而设计，或作为其他控制运行的“基础设施”，通常在比业务流程更高的层面上乃至整个企业范围内运行，其作用比较广泛，通常不局限于某个具体认定。企业层面控制包括下列内容：①与控制环境（即内部环境）相关的控制；②针对管理层和治理层凌驾于控制之上的风险而设计的控制；③被审计单位的风险评估过程；④对内部信息传递和期末财务报告流程的控制；⑤对控制有效性的内部监督（即监督其他控制的控制）和内部控制评价；⑥集中化的处理和控制（包括共享的服务环境）、监控经营成果的控制以及针对重大经营控制及风险管理实务的政策等。

2. 业务流程、应用系统或交易层面的控制

业务流程、应用系统或交易层面的控制主要针对交易的生成、记录、处理和报告等环节，内部控制要素中的“控制活动”要素中除业绩评价控制外的绝大部分可归于业务流程、应用系统或交易层面的控制。注册会计师测试业务层面控制，应当重点对企业生产经营活动中的重要业务与事项的控制进行测试。

（二）识别重要账户、列报及其相关认定

注册会计师应当基于财务报表层次识别重要账户、列报及其相关认定。判断某账户或列报是否重要，应当依据其固有风险，而不应考虑相关控制的影响。如果某账户或列报可能存在一个错报，该错报单独或连同其他错报将导致财务报表发生重大错报，该账户或列报为重要账户或列报。判断某认定是否为相关认定，应当依据其固有风险，而不应考虑相关控制的影响。如果某财务报表认定可能存在一个或多个错报，这些错报将导致财务报表发生重大错报，则该认定为相关认定。

为识别重要账户、列报及其相关认定，注册会计师应当从下列方面评价财务报表项目及附注的错报风险因素：①账户的规模和构成；②易于发生错报的程度；③账户或列报中反映的交易的业务量、复杂性及同质性；④账户或列报的性质；⑤与账户或列报相关的会计处理及报告的复杂程度；⑥账户发生损失的风险；⑦账户或列报中反映的活动引起重大或有负债的可能性；⑧账户记录中是否涉及关联方交易；⑨账户或列报的特征与前期相比发生的变化。

在识别重要账户、列报及其相关认定错报时，注册会计师还应当确定重大错报的可能来源。注册会计师可以通过考虑在特定的重要账户或列报中错报可能发生的领域和原因，确定重大错报的可能来源。

（三）了解潜在错报的来源并识别相应的控制

1. 了解潜在错报的来源

注册会计师应当实现下列目标，以进一步了解潜在错报的来源，并为选择拟测试的控制奠定基础：①了解与相关认定有关的交易的处理流程，包括这些交易如何生成、批准、处理及记录；②验证注册会计师识别出的业务流程中可能发生重大错报（包括由于舞弊导致的错报）的环节；③识别被审计单位用于应对这些错报或潜在错报的控制；④识别被审计单位用于及时防止或发现并纠正未经授权的、导致重大错报的资产取得、使用或处置的控制。

2. 实施穿行测试

穿行测试是指追踪某笔交易从记录发生到最终被反映在财务报表中的整

个处理过程。穿行测试是“穿行”与“测试”复合而成的一个专业词汇，其基本含义是指通过检查一段时间内执行过的某些重点流程各个控制点所留下的文件存档和信息等，使以往的流程得到重现，从而验证和确认控制是否被实际运行，现有的控制是否能够防范相应的风险（测试），最终得出控制设计及运行是否有效的结论。穿行测试是注册会计师了解被审计单位业务流程及其相关控制时经常使用的审计程序。

注册会计师执行穿行测试可获得的证据有：①确认对业务流程的了解；②确认对重要交易的了解是完整的，即在交易流程中所有与财务报表认定相关的可能发生错报的环节都已识别；③确认所获取的有关流程中的预防性控制和检查性控制信息的准确性；④评价控制设计的有效性；⑤确认控制是否得到执行；⑥确认之前所做的书面记录的准确性。

通常，在以下特定情况下，注册会计师会实施穿行测试：存在较高固有风险的复杂领域；以前年度审计中识别出的缺陷（需要考虑缺陷的严重程度）；由于引入新的人员、新的系统、收购和采取新的会计政策而导致流程发生重大变化。

（四）选择拟测试的控制

注册会计师应当针对每个相关认定获取控制有效性的审计证据，以便对内部控制整体的有效性发表意见，但没有责任对单项控制的有效性发表意见。注册会计师应当对被审计单位的控制是否每个足以应对评估的错报风险形成结论。因此，注册会计师应当选择对形成这一评价结论具有重要影响的控制进行测试。

三、评价内部控制缺陷

内部控制缺陷（又称内部控制漏洞）是指内部控制过程存在的缺点或不足，这种缺点或不足使得内部控制无法为控制目标的实现提供合理保证。

控制缺陷是公司流程的薄弱环节，它们暂时还未被发现或还没有遭到攻击。缺陷本身不会造成损失，但一旦遇到意外或被恶意攻击，就会出现问题。有效的控制缺陷模板可以帮助管理者找出这些缺陷，以及制定弥补缺陷需采取的措施。在内部控制审计过程中，发现控制中存在的重大问题，通过正确分析缺陷产生的原因，对存在重大问题的控制进行重新设计或制定措施，提高控制执行的有效性，为管理层测试和公司自我测试内部控制有效性声明提供依据。

（一）内部控制缺陷识别

1. 内部控制缺陷的分类

内部控制缺陷可按照不同标准进行分类。内部控制缺陷按其缺陷成因分为设计缺陷和运行缺陷，按其影响程度分为重大缺陷、重要缺陷和一般缺陷。内部控制的各种缺陷的内涵已在第七章中讲述过，此处不再赘述。不同层面控制缺陷类型的认定具体标准不同，但方法基本一致，即定量分析或定性判断。

2. 缺陷识别

在内部控制缺陷中，有些设计缺陷和运行缺陷仅表现为控制过程偏离控制目标的可能但并未造成现时的危害；有些缺陷则表现为控制系统已发生偏离控制目标的现实。注册会计师应当评价其识别的各项内部控制缺陷的严重程度，以确定这些缺陷单独或组合起来是否构成重大缺陷。在确定一项内部控制缺陷或多项内部控制缺陷的组合是否构成重大缺陷时，注册会计师应当评价补偿性控制（替代性控制）的影响。企业执行的补偿性控制应当具有同样的效果。

3. 评价控制缺陷的严重程度

注册会计师应当评价其识别出的各项控制缺陷的严重程度，以确定这些缺陷单独或组合起来是否构成内部控制的重大缺陷。但是，在计划和实施审计工作时，不要求注册会计师寻找单独或组合起来不构成重大缺陷的控制缺陷。

控制缺陷的严重程度取决于：第一，实施控制但不能防止或发现并纠正账户或列报发生错报的可能性的大小；第二，因一项或多项控制缺陷导致的潜在错报的金额大小。控制缺陷的严重程度与错报是否发生无关，而取决于控制不能防止或发现并纠正错报的可能性的大小。根据不同情况应考虑的风险因素如表 9-3 所示。

表 9-3　评价控制缺陷的严重程度应考虑的风险因素

评价的情况	注册会计师应当考虑的风险因素
一项控制缺陷或多项控制缺陷的组合是否可能导致账户或列报发生错报	(1) 所涉及的账户、列报及其相关认定的性质 (2) 相关资产或负债易于发生损失或舞弊的可能性 (3) 确定相关金额时所需判断的主观程度、复杂程度和范围 (4) 该项控制与其他控制的相互作用或关系 (5) 控制缺陷之间的相互作用 (6) 控制缺陷在未来可能产生的影响
因一项或多项控制缺陷导致的潜在错报的金额大小	(1) 受控制缺陷影响的财务报表金额或交易总额 (2) 在本期或预计的未来期间受控制缺陷影响的账户余额或各类交易涉及的交易量
一项控制缺陷或多项控制缺陷的组合是否构成重大缺陷	(1) 评价补偿性控制的影响 (2) 应当考虑补偿性控制是否有足够的精确度以防止或发现并纠正可能发生的重大错报

在评价潜在错报的金额大小时，账户余额或交易总额的最大多报金额通常是已记录的金额，但其最大少报金额可能超过已记录的金额。通常，小金额错报比大金额错报发生的概率更高。

如果注册会计师确定发现的一项控制缺陷或多项控制缺陷的组合将导致审慎的管理人员在执行工作时，认为自身无法合理保证按照适用的财务报告编制基础记录交易，应当将这一项控制缺陷或多项控制缺陷的组合视为存在重大缺陷的迹象。

出现下列迹象可能表明内部控制存在重大缺陷：①注册会计师发现董事、监事和高级管理人员舞弊；②企业更正已经公布的财务报表；③注册会计师发现当期财务报表存在重大错报，而内部控制在运行过程中未能发现该错报；④企业审计委员会和内部审计机构对内部控制的监督无效。

(二) 被审计单位对存在缺陷的控制进行整改

如果被审计单位在基准日前对存在缺陷的控制进行了整改，整改后的控制需要运行足够长的时间，才能使注册会计师判断其是否有效。注册会计师应当根据控制的性质和与控制相关的风险，合理运用职业判断，确定整改后控制运行的最短期间（或整改后控制的最少运行次数）以及最少测试数量。

四、完成审计工作

审计完成阶段是审计的最后一个阶段。注册会计师按照业务流程完成各项目的审计工作以后，在审计完成阶段应汇总审计测试结果，进行更具综合性的审计工作，如评价审计中的重大发现、汇总审计差异，并在此基础上评价审计结果，在与客户沟通后获取管理层声明，确定应出具审计报告的意见类型和措辞，进而编制并出具审计报告，终结审计工作。

（一）书面声明

注册会计师完成审计工作后，应当取得经企业签署的书面声明。书面声明应当包括下列内容：①企业董事会认可其对建立健全和有效实施内部控制负责；②企业已对内部控制的有效性作出自我评价，并说明评价时采用的标准以及得出的结论；③企业没有利用注册会计师执行的审计程序及其结果作为自我评价的基础；④企业已向注册会计师披露识别出的所有内部控制缺陷，并单独披露其中的重大缺陷和重要缺陷；⑤企业对于注册会计师在以前年度审计中识别的重大缺陷和重要缺陷，是否已经采取措施予以解决；⑥企业在内部控制自我评价基准日后，内部控制是否发生重大变化，或者存在对内部控制具有重要影响的其他因素。企业如果拒绝提供或以其他不当理由回避书面声明，注册会计师应当将其视为审计范围受到限制，解除业务约定或出具无法表示意见的内部控制审计报告。此外，注册会计师应当评价拒绝提供书面声明这一情况对其他声明（包括在财务报表审计中获取的声明）的可靠性的影响。

（二）沟通

注册会计师应当与企业沟通审计过程中识别的所有控制缺陷。对于其中的重大缺陷和重要缺陷，应当以书面形式与董事会和经理层沟通。书面沟通应当在注册会计师出具内部控制审计报告之前进行。

注册会计师应当以书面形式与管理层沟通其在审计过程中识别的所有其他内部控制缺陷，并在沟通完成后告知管理层。在进行沟通时，注册会计师无须重复自身、内部审计人员或被审计单位其他人员以前书面沟通过的控制缺陷。

虽然并不要求注册会计师执行足以识别所有控制缺陷的程序，但是注册会计师应当沟通其注意到的内部控制的所有缺陷。内部控制审计不能保证注册会计师能够发现严重程度低于重大缺陷的所有控制缺陷。注册会计师不应在内部控制审计报告中声明，在审计过程中没有发现严重程度低于重大缺陷的控制缺陷。

五、出具审计报告

注册会计师需要评价根据审计证据得出的结论，以作为对内部控制的有效性形成审计意见的基础。注册会计师需要在审计报告中清楚地表达对内部控制有效性的意见，并对出具的审计报告负责。注册会计师在整合完成内部控制审计和财务报表审计后，需要分别对内部控制和财务报表出具审计报告。

六、记录审计工作

注册会计师需要按照注册会计师审计准则的规定，编制内部控制审计工作底稿，完整记录审计工作情况。内部控制审计工作底稿是注册会计师对制订的内部控制审计计划、实施的审计程序、获取的相关审计证据，以及得出的内部控制审计结论作出的记录。它为注册会计师提供证据，作为得出企业内部控制有效性结论的基础，同时证明注册会计师按照《企业内部控制审计指引》、相关执业准则和相关法律法规的规定计划和执行了审计工作。

注册会计师需要在内部控制审计工作底稿中记录下列内容：①内部控制审计计划及重大修改情况；②相关风险评估和选择拟测试的内部控制的主要过程及结果；③测试内部控制设计与运行有效性的程序及结果；④对识别的控制缺陷的评价；⑤形成的审计结论和意见；⑥其他重要事项。

第三节　企业内部控制审计报告

企业内部控制审计报告是内部控制审计工作成果的载体，它既能够客观体现内部控制运行状况，又能够为报告使用者的科学有用决策所运用。企业内部控制审计报告的内容、质量是决定注册会计师与信息使用者能否良好沟通的关键。

一、审计报告要素

注册会计师在完成内部控制审计工作后，应当出具内部控制审计报告。标准的内部控制审计报告应当包括表 9-4 所示的要素。

表 9-4　企业内部控制审计报告要素

要素	内　　容
标题	内部控制审计报告标题统一规范为“内部控制审计报告”
收件人	指内部控制审计业务的委托人。内部控制审计报告应当按照审计业务的约定载明收件人的全称
引言段	应当包括两方面内容：一是指出被审计单位的名称；二是说明基准日财务报告内部控制的有效性已经审计
企业对内部控制的责任段	该段落应当说明：按照《企业内部控制基本规范》《企业内部控制应用指引》《企业内部控制评价指引》的规定，建立健全和有效实施内部控制，并评价其有效性是企业董事会的责任
注册会计师的责任段	该段落应当说明：注册会计师的责任是在实施审计工作的基础上，对财务报告内部控制的有效性发表审计意见，并对注意到的非财务报告内部控制的重大缺陷进行披露
内部控制固有局限性的说明段	该段落应当说明：内部控制具有固有局限性，存在不能防止和发现错报的可能性
财务报告内部控制审计意见段	用以说明出具的审计意见的类型

续表

要素	内　容
非财务报告内部控制重大缺陷描述段	该段落应当说明：在内部控制审计过程中，我们注意到××公司的非财务报告内部控制存在重大缺陷（描述该缺陷的性质及其对实现相关控制目标的影响程度）。由于存在上述重大缺陷，我们提醒本报告使用者注意相关风险。需要指出的是，我们并不对××公司的非财务报告内部控制发表意见或提供保证。本段内容不影响对财务报告内部控制有效性发表的审计意见
注册会计师的签名和盖章	内部控制审计报告应当由注册会计师签名并盖章
会计师事务所的名称、地址及盖章	内部控制审计报告应当载明会计师事务所的名称和地址，并加盖会计师事务所公章
报告日期	内部控制审计报告应当注明报告日期。审计报告日期不应早于注册会计师对内部控制有效性形成审计意见的日期

二、内部控制审计意见

（一）出具无保留意见内部控制审计报告

符合下列所有条件的，注册会计师应当对内部控制出具无保留意见内部控制审计报告：

（1）在基准日，企业按照《企业内部控制基本规范》《企业内部控制应用指引》《企业内部控制评价指引》以及企业自身内部控制制度的要求，在所有重大风险业务方面保持了有效的内部控制。

（2）注册会计师已经按照《企业内部控制审计指引》的要求计划和实施审计工作，在审计过程中未受到限制。

标准内部控制审计报告格式如表9-5所示。

表9-5　企业标准内部控制审计报告格式

企业内部控制审计报告
××股份有限公司全体股东：
按照《企业内部控制审计指引》及中国注册会计师执业准则的相关要求，我们审计了××股份有限公司（以下简称“××公司”）××年×月×日的财务报告内部控制的有效性。
一、企业对内部控制的责任
按照《企业内部控制基本规范》《企业内部控制应用指引》《企业内部控制评价指引》的规定，建立健全和有效实施内部控制，并评价其有效性是企业董事会的责任。

续表

二、注册会计师的责任 我们的责任是在实施审计工作的基础上，对财务报告内部控制的有效性发表审计意见，并对注意到的非财务报告内部控制的重大缺陷进行披露。 三、内部控制的固有局限性 内部控制具有固有局限性，存在不能防止和发现错报的可能性。此外，由于情况的变化可能导致内部控制变得不恰当，或对控制政策和程序遵循的程度降低，根据内部控制审计结果推测未来内部控制的有效性具有一定风险。 四、财务报告内部控制审计意见 我们认为，××公司按照《企业内部控制基本规范》和相关规定在所有重大方面保持了有效的财务报告内部控制。 五、非财务报告内部控制的重大缺陷 在内部控制审计过程中，我们注意到××公司的非财务报告内部控制存在重大缺陷［描述该缺陷的性质及其对实现相关控制目标的影响程度］。由于存在上述重大缺陷，我们提醒本报告使用者注意相关风险。需要指出的是，我们并不对××公司的非财务报告内部控制发表意见或提供保证。本段内容不影响对财务报告内部控制有效性发表的审计意见。 ××会计师事务所　　　　中国注册会计师：×××（签名并盖章） （盖章）　　　　中国注册会计师：×××（签名并盖章） 中国××市　　　　××年×月×日

注册会计师认为财务报告内部控制虽不存在重大缺陷，但仍有一项或者多项重大事项需要提请内部控制审计报告使用者注意的，应当在内部控制审计报告中增加强调事项段予以说明。注册会计师应当在强调事项段中指明，该段内容仅用于提醒内部控制审计报告使用者关注，并不影响对财务报告内部控制发表的审计意见。

带强调事项段的无保留意见内部控制审计报告格式如表 9-6 所示。

表 9-6　带强调事项段的无保留意见内部控制审计报告

企业内部控制审计报告
××股份有限公司全体股东： 按照《企业内部控制审计指引》及中国注册会计师执业准则的相关要求，我们审计了××股份有限公司（以下简称“××公司”）××年×月×日的财务报告内部控制的有效性。

续表

［“一、企业对内部控制的责任”至“五、非财务报告内部控制的重大缺陷”参见标准内部控制审计报告相关段落表述。］ 六、强调事项 我们提醒内部控制审计报告使用者关注，（描述强调事项的性质及其对内部控制的重大影响）。本段内容不影响已对财务报告内部控制发表的审计意见。 ××会计师事务所　　　　中国注册会计师：×××（签名并盖章） （盖章）　　　　中国注册会计师：×××（签名并盖章） 中国××市　　　　××年×月×日

（二）内部控制存在重大缺陷的处理

如果注册会计师认为财务报告内部控制存在一项或多项重大缺陷的，除非审计范围受到限制，否则应当对财务报告内部控制发表否定意见。注册会计师出具否定意见的内部控制审计报告还应当包括下列内容：①重大缺陷的定义；②重大缺陷的性质及其对财务报告内部控制的影响程度。

如果重大缺陷尚未包含在企业内部控制评价报告中，注册会计师应当在内部控制审计报告中说明重大缺陷已经识别、但没有包含在企业内部控制评价报告中。如果企业内部控制评价报告中包含了重大缺陷，但注册会计师认为这些重大缺陷未在所有重大方面得到公允反映，注册会计师应当在内部控制审计报告中说明这一结论，并公允表达有关重大缺陷的必要信息。

此外，注册会计师还应当就这些情况以书面形式与管理层进行沟通。

如果对内部控制的有效性发表否定意见，注册会计师应当确定该意见对财务报表审计意见的影响，并在内部控制审计报告中予以说明。

注册会计师出具否定意见的内部控制审计报告如表 9-7 所示。

表 9-7　出具否定意见的内部控制审计报告

企业内部控制审计报告
××股份有限公司全体股东： 按照《企业内部控制审计指引》及中国注册会计师执业准则的相关要求，我们审计了××股份有限公司（以下简称“××公司”）××年×月×日的财务报告内部控制的有效性。

续表

[“一、企业对内部控制的责任”至“三、内部控制的固有局限性”参见标准内部控制审计报告相关段落表述。] 四、导致否定意见的事项 重大缺陷，是指一个或多个控制缺陷的组合，可能导致企业严重偏离控制目标。 [指出注册会计师已识别出的重大缺陷，并说明重大缺陷的性质及其对财务报告内部控制的影响程度。] 有效的内部控制能够为财务报告及相关信息的真实完整提供合理保证，而上述重大缺陷使××公司内部控制失去这一功能。 五、财务报告内部控制审计意见 我们认为，由于存在上述重大缺陷及其对实现控制目标的影响，××公司未能按照《企业内部控制基本规范》和相关规定在所有重大方面保持有效的财务报告内部控制。 六、非财务报告内部控制的重大缺陷 [参见标准内部控制审计报告相关段落表述。] ××会计师事务所　　中国注册会计师：×××（签名并盖章） （盖章）　　中国注册会计师：×××（签名并盖章） 中国××市　　××年×月×日

（三）审计范围受到限制时的处理

如果注册会计师在实施必要的审计程序时审计范围受到限制，注册会计师应当解除业务约定或出具无法表示意见的内部控制审计报告，并就审计范围受到限制的情况，以书面形式与董事会进行沟通。注册会计师在出具无法表示意见的内部控制审计报告时，应当在内部控制审计报告中指明审计范围受到限制，无法对内部控制的有效性发表意见，并单设段落说明无法表示意见的实质性理由。如果注册会计师在已执行的有限程序中发现内部控制存在重大缺陷，应当在内部控制审计报告中对重大缺陷做出详细说明。

在因审计范围受到限制而无法表示意见时，注册会计师应当就未能完成整个内部控制审计工作的情况，以书面形式与管理层和治理层进行沟通。

无法表示意见的内部控制审计报告格式如表 9-8 所示。

表 9–8　无法表示意见的内部控制审计报告

企业内部控制审计报告

××股份有限公司全体股东：

我们接受委托，对××股份有限公司（以下简称“××公司”）××年×月×日的财务报告内部控制进行审计。

[删除注册会计师的责任段，“一、企业对内部控制的责任”和“二、内部控制的固有局限性”参见标准内部控制审计报告相关段落表述。]

三、导致无法表示意见的事项

[描述审计范围受到限制的具体情况。]

四、财务报告内部控制审计意见

由于审计范围受到上述限制，我们未能实施必要的审计程序以获取发表意见所需的充分、适当证据，因此，我们无法对××公司财务报告内部控制的有效性发表意见。

五、识别的财务报告内部控制重大缺陷（如在审计范围受到限制前，执行有限程序未能识别出重大缺陷，则应删除本段）

重大缺陷，是指一个或多个控制缺陷的组合，可能导致企业严重偏离控制目标。

尽管我们无法对××公司财务报告内部控制的有效性发表意见，但在我们实施的有限程序的过程中，发现了以下重大缺陷：

[指出注册会计师已识别出的重大缺陷，并说明重大缺陷的性质及其对财务报告内部控制的影响程度。]

有效的内部控制能够为财务报告及相关信息的真实完整提供合理保证，而上述重大缺陷使××公司内部控制失去这一功能。

六、非财务报告内部控制的重大缺陷

[参见标准内部控制审计报告相关段落表述。]

××会计师事务所	中国注册会计师：×××（签名并盖章）
（盖章）	中国注册会计师：×××（签名并盖章）
中国××市	××年×月×日

（四）非财务报告内部控制缺陷

注册会计师对在审计过程中注意到的非财务报告内部控制缺陷，应当区别具体情况予以处理：①注册会计师认为非财务报告内部控制缺陷为一般缺陷的，应当与企业进行沟通，提醒企业加以改进，但无须在内部控制审计报告中说明。②注册会计师认为非财务报告内部控制缺陷为重要缺陷的，应当以书面形式与企业董事会和经理层进行沟通，提醒企业加以改进，但无须在内部控制审计报告中说明。③注册会计师认为非财务报告内部控制缺陷为重大缺陷的，应当以书面形式与企业董事会和经理层进行沟通，提醒企业加以改进；同时应当在内部控制审计报告中增加非财务报告内部控制重大缺陷描述段，对重大缺陷的性质及其对实现相关控制目标的影响程度进行披露，提示内部控制审计报告使用者注意相关风险。

（五）期后事项

在基准日后至审计报告日前（以下简称“期后期间”），内部控制可能发生变化，或出现其他可能对内部控制产生重要影响的因素。注册会计师应当询问是否存在这类变化或因素，并获取被审计单位关于这类变化或因素的书面声明。

针对期后期间，注册会计师应当询问并检查下列信息：①在期后期间出具的内部审计报告或类似报告；②其他注册会计师出具的涉及被审计单位内部控制缺陷的报告；③监管机构发布的涉及被审计单位内部控制的报告；④注册会计师在执行其他业务中获取的、有关被审计单位内部控制有效性的信息。

关键词汇

内部控制审计（audit of internal control）

内部控制审计报告（internal control audit report）

内部控制审计意见（internal control audit opinion）

思考与练习

一、思考题

1. 什么是企业内部控制审计？企业内部控制审计有何意义？

2. 企业内部控制审计的业务范围包括哪些内容？

3. 企业内部控制审计的目标是什么？

4. 如何理解企业内部控制审计与企业财务报表审计的关系?

5. 在内部控制审计的计划审计工作阶段，注册会计师需要评价哪些重要事项?

6. 如何理解风险评估与内部控制审计的关系?

7. 如何理解企业内部控制审计的自上而下的方法?

8. 什么是企业内部控制审计报告? 内部控制审计报告分为哪几种类型，各自包括哪些内容?

二、单项选择题

1. 下列各项中，属于会计师事务所接受委托，对特定基准日内部控制设计与运行的有效性进行的审计是（　　）。

A. 内部控制审计　　B. 内部监督

C. 外部监督　　D. 控制测试

2. 下列各项中，属于企业内部控制审计对象的是（　　）。

A. 特定基准日财务报告内部控制设计与运行的有效性

B. 整个期间财务报告内部控制设计与运行的有效性

C. 被审计单位编制的内部控制评价报告

D. 被审计单位的财务报告

3. 华阳矿业公司由于一次投资活动失败而遭受重大损失。后经相关机构调查发现，华阳公司投资失败的原因是该公司未建立重大投资项目按照规定的权限和程序实行集体决策或者联签的制度。按照内部控制缺陷的本质分类，华阳公司的上述缺陷属于（　　）。

A. 运行缺陷　　B. 其他缺陷

C. 一般缺陷　　D. 设计缺陷

4. 注册会计师在完成内部控制审计工作后，应当出具企业内部控制审计报告，通常不会出具的审计意见类型是（　　）。

A. 无保留意见　　B. 保留意见

C. 否定意见　　D. 无法表示意见

5. 注册会计师不能确定期后事项对内部控制有效性的影响程度的，应当出具的内部控制审计报告类型是（　　）。

A. 无保留意见　　B. 保留意见

C. 否定意见　　D. 无法表示意见

三、多项选择题

1. 下列有关财务报表审计与内部控制审计的共同点的说法中，正确的有（　　）。

A. 两者识别的重要账户、列报及其相关认定相同

B. 两者的审计报告意见类型相同

C. 两者了解和测试内部控制设计和运行有效性的审计程序类型相同

D. 两者测试内部控制运行有效性的范围相同

2. 下列各项中，表明内部控制存在重大缺陷的有（　　）。

A. 注册会计师发现高级管理人员舞弊

B. 企业更正已经公布的财务报表

C. 内部控制设计所存在的严重缺陷

D. 企业内部审计机构对内部控制监督无效

3. 内部控制审计的审计意见包括（　　）。

A. 无保留审计意见　　B. 带强调段的无保留意见

C. 否定意见　　D. 无法表示意见

4. 在执行内部控制审计时，如果审计范围受到限制，导致注册会计师无法获取充分、适当的审计证据，下列做法中，正确的有（　　）。

A. 在内部控制审计报告中指明已执行的有限程序

B. 出具无法表示意见的内部控制审计报告

C. 在内部控制审计报告中对在已执行的有限程序中发现的内部控制重大缺陷进行详细说明

D. 在内部控制审计报告中指明审计范围受到限制

四、案例分析题

资料：2022 年初，M 公司聘请甲会计师事务所的注册会计师对企业 2021 年 12 月 31 日的内部控制运行有效性进行审计。

（1）聘请甲会计师事务所对企业内部控制进行审计，原因在于 2021 年 M 公司曾聘请该所的注册会计师对其内部控制相关问题提供咨询，在与之沟通交流的过程中，发现该所的注册会计师具有良好的专业素质，为更深入地挖掘企业潜力，找出问题和差距，因此，继续聘请该所注册会计师对其内部控制进行审计。

（2）甲会计师事务所的注册会计师在实施审计工作的基础上对内部控制的有效性发表审计意见，并对建立健全和有效实施内部控制承担责任。

（3）注册会计师应当进行风险评估，并判断是否在内部控制审计工作中利用企业内部审计人员、内部控制评价人员和其他相关人员的工作以及可利用程度，相应减少可能由注册会计师执行的工作。对相关人员工作的利用可以减轻注册会计师对审计意见的责任。

（4）注册会计师认为在审计过程中注意到的非财务报告内部控制缺陷为重大缺陷的，应当以书面形式与企业董事会和经理层进行沟通，提醒企业加以改进，但无须在内部控制审计报告中说明。

（5）M 公司销售部门于 2022 年 1 月初擅自扩大销售信用额度，预计可能造成的坏账损失占 M 公司 2022 年全年销售收入的 45%，董事会责成销售部门立即整改。鉴于上述事项发生在 2021 年 12 月 31 日之后，M 公司认为，该事项不影响甲会计师事务所对本公司 2021 年度内部控制有效性出具审计意见。

思考分析：请根据《企业内部控制审计指引》的要求，分析、判断 M 公司在上述内部控制审计的执行过程中有哪些不当之处，并简要说明理由。

参考答案

第一章　总论

一、思考题（略）

二、单项选择题

1. B　2. C　3. A　4. A　5. C　6. C.

三、多项选择题

1. ABC　2. ABCD　3. ABD　4. AC　5. AB

第二章　企业内部控制基础理论

一、思考题（略）

二、单项选择题

1. B　2. B　3. B　4. D　5. D

三、多项选择题

1. ABCD　2. ABD　3. AB　4. AD. 5. ABCD

第三章　内部控制环境

一、思考题（略）

二、单项选择题

1. A　2. B　3. A　4. B

三、多项选择题

1. ABCD　2. ACD　3. AB　4. ABC

四、案例分析题（略）

第四章　风险评估

一、思考题（略）

二、单项选择题

1. B　2. C　3. C　4. C

三、多项选择题

1. AB　2. ABC　3. CD

四、案例分析题（略）

第五章　控制活动

一、思考题（略）

二、单项选择题

1. B　2. B　3. C　4. D　5. D　6. A　7. D　8. C　9. C　10. D　11. B
12. C　13. D　14. B　15. D　16. D　17. D　18. C

三、多项选择题

1. ABCD　2. ABCD　3. ABCD　4. ABC　5. ABC　6. ABD　7. ABCD
8. ABCD　9. ABCD　10. ABCD　11. ABD　12. ABCD　13. ABD　14. ABCD
15. ABCD　16. ABCD　17. BCD　18. ABD

四、案例分析题（略）

第六章　信息与沟通

一、思考题（略）

二、单项选择题

1. A　2. B　3. D　4. B　5. D　6. D

三．多项选择题

1. ABCD　2. ABCD　3. CD　4. ABCD　5. BCD.

四、案例分析题（略）

第七章　内部监督

一、思考题（略）

二、单项选择题

1. A　2. D　3. B　4. B　5. C

三、多项选择题

1. ABC　2. ABC　3. BCD　4. ACD　5. ABCD

四、案例分析题（略）

第八章　企业内部控制评价

一、思考题（略）

二、单项选择题

1. B　2. D　3. D　4. D　5. A

三、多项选择题

1. BC　2. ABCD　3. BD　4. ABCD

四、案例分析题（略）

第九章　企业内部控制审计

一、思考题（略）

二、单项选择题

1. A　2. A　3. D　4. B　5. D

三、多项选择题

1. AC　2. ABD　3. ACD　4. BCD

四、案例分析题（略）

主要参考文献

[1] 国务院国有资产监督管理委员会．中央企业全面风险管理指引，2006.

[2] 中华人民共和国财政部等．企业内部控制规范 2010 [M]. 北京：中国财政经济出版社，2010.

[3] 中华人民共和国财政部会计司．企业内部控制规范讲解 2010 [M]. 北京：经济科学出版社，2010.

[4] 中华人民共和国财政部等．关于印发企业内部控制规范体系实施中相关问题解释第 1 号的通知，2012.

[5] 中华人民共和国财政部等．关于印发企业内部控制规范体系实施中相关问题解释第 2 号的通知，2012.

[6] 刘玉挺．企业内部控制规范论 [M]. 上海：立信会计出版社，2012.

[7] 财政部会计资格评价中心．高级会计实务 [M]. 北京：经济科学出版社，2010.

[8] 中国注册会计师协会，公司战略与风险管理：2015 年度注册会计师全国统一考试辅导教材 [M]. 北京：经济科学出版社，2015.

[9] COSO. 企业风险管理：整合框架 [M]. 北京：中国财政经济出版社，2014.

[10] 国际内部控制协会．国际注册内部控制师通用知识与技能指南 [M]. 北京：中国财政经济出版社，2009.

[11] 池国华．内部控制学 [M]. 2 版．北京：北京大学出版社，2013.

[12] 池国华，朱荣．内部控制与风险管理 [M]. 北京：中国人民大学出版社，2015.

[13] 潘琰．内部控制 [M]. 北京：高等教育出版社，2018.

［14］张俊民．内部控制［M］．2 版．北京：高等教育出版社，2020.

［15］潘琰．内部控制［M］．北京：高等教育出版社，2018.

［16］郑石桥．内部控制基础理论研究［M］．北京：中国国际广播出版社，2018.

［17］刘玉挺，朱海林，王宏．中国内部控制改革与发展［M］．北京：经济科学出版社，2010.

［18］财政部会计司．行政事业单位内部控制规范讲座［M］．北京：经济科学出版社，2013.

［19］陈汉文，池国华．CEO 内部控制：基业长青的奠基石［M］．北京：北京大学出版社，2015.

［20］李连华．内部控制学［M］．厦门：厦门大学出版社，2009.